致勝思維

頂尖人士追求勝利，成就卓越的13道冠軍法則

提姆．葛洛弗
莎里．溫克——著
黃佳瑜——譯

Winning

The Unforgiving Race to Greatness

by Tim S. Grover & Shari Wenk

致莎里·溫克

我的合著者，我的搭檔，我的知己。

目次

追逐

我的朋友兼客戶科比・布萊恩（Kobe Bryant）死於直升機失事的一星期前，我們通了最後一次的電話。

我們有陣子沒聊了，兩人都沒有因為很久沒有聯絡而道歉。我們偶爾給彼此發個訊息、簡單問候一下。他忙我也忙，各自安好。

反正時間多的是，很快就有大把時間敘舊。

科比自二〇一六年從籃壇退休以來，反而比當球員的日子更加忙碌。他或許不必像我們合作時的許多年那樣，每天清晨四點進籃球場練投；但在令每個求勝心切的人輾轉難眠的那些黑暗而孤獨的時刻，他依然致力於新的事業、新的志向。他已贏得一座奧斯卡獎、推出一系列暢銷童書、製作好幾部電視節目。當直升機失事，他和女兒吉安娜（Gianna）與另外七人不幸罹難時，他正以教練身分帶領女兒的籃球隊四處征戰。他絲毫沒有放慢腳步，依然幹勁十足地追求更多成就。

「結束之後再休息，」他總愛說，「中途不能放鬆。」

二〇〇九年的NBA總決賽，他效力的湖人隊以兩勝暫時領先奧蘭多魔術隊，記者問他為什麼看起來並不怎麼開心。科比對記者投以他招牌的曼巴凝視，然後說：

「事情還沒做完。」

短短幾個字將他的性格展露無遺。

最後那通電話，我們聊了一會兒，兩人計畫在即將於芝加哥的全明星賽上碰面。但那次聚會從未實現。

我們最後的對話是這樣的：

「你沒事吧？」我問。

「嗯，我很好。總是在追逐勝利，永遠沒有結束的時候。」

那些話我聽過一遍又一遍。

總是在追逐勝利。

永遠沒有結束的時候。

科比的一生是一次次的勝利，而求勝的動力，來自於他對成功永不滿足的胃口。你越勸阻他，他越想辦成一件事。他必須知道為什麼、什麼時候、多少、多久……對他來說，每個細節都很重要。他無法簡單騎騎腳踏車就好，他必須趁著日正當中到沙漠騎車，只為了向自己證明他能做到。他從來不會光為了看影片而看，他會拆解一格一格畫面，分析每一個動作、每一項偏差。有一次在全明星賽中，他瞞著所有人帶著腦震盪上場打球，只為了體驗帶傷上陣的感覺。他打電話給好朋友兼偶像麥可．喬丹（Michael Jordan），絕對不只是為了閒話家常；他在半夜三更打電話給他，是為了問如何讓自己的表現提升百分之〇．〇〇〇一。他所做的一切——不論在籃球場上或人生——都是出於對勝利的渴望。作為一名運動員、父親、創作者和夢想家，他一次次直接與勝利面對面，然後要求更多。更多成功、更多勝利、更多掌聲、更多時間陪伴家人。

更多時間追逐偉大。

儘管勝利總對科比張開雙臂，但在二〇二〇年一月二十六日，它終於說：不。

我知道這聽起來很刺耳，但我無法從其他角度來看待這件事。

勝利從不道歉，也從不解釋。它以你的名義開了一場派對，卻不通知你時間和地點，最後把帳單塞到你手上；它斟你的香檳，然後撞翻玻璃杯。

你想跟它握握手，可是它根本不知道你是誰。

勝利將你推上最大的舞台，然後熄滅所有燈光。

在我跟當代最偉大的競爭者——從喬丹、科比、德韋恩．韋德（Dwyane Wade）、查爾斯．巴克利（Charles Barkley）和其他無數運動員，到企業執行長以及各行各業菁英——合作的三十多年當中，我見過勝利最慷慨的一面，也見過它最殘忍的一面；它前一天還戴著光環，隔天便露出尖銳的獠牙。

它想要呈現哪一個面貌，輪不到你來決定。

你只能追逐它。假如你願意付出代價，你或許有機會逮住它，短暫擁有。

每個人都有贏的能力。對某些人來說，勝利是第一次奪得冠軍、賺到第一桶金、簽下一筆生意、買新房子。對另一些人來說，那是做完一整套健身訓練、完成學業、送小孩進大學、買第一輛車、一整天忍住沒抽菸、結束一段惡劣的關係、開口要求加薪、違規迴轉沒被逮到、看到最後一個停車位，比其他駕駛人搶先一步停好車。

每天起床，腳踏實地。

勝利無處不在。你每一分鐘都可能發現機會、鞭策自己更努力一點、拋開害怕與擔心、停止聽從別人的話、決定擁有當下。而且不只那一刻，還有下一刻，以及再下一刻。沒多久，你就擁有了一整個小時、一整天、一整個月。一遍又一遍。

那就是致勝的方法。

勝利並非一蹴可幾。對我的運動員來說，勝利從休賽期的第一次體能訓練開始，不斷累積，直到總冠軍賽的最後一秒……然後持續到下一個休賽期的第一次體能訓練。對我的商業界客戶來說（他們的行程比任何一位運動員更繁重），勝利從出現一大批意想不到的對手開始；他們沒有休賽期、沒有教戰手冊、沒有結束比賽的計時器，只有非正式的記分員，以及隨時更改規則的裁判。每個人都要面對無止境的挫折、挑戰、障礙、失望，以及逼得大多數人退出比賽的種種問題。

但假如你能堅持住，假如你能撐過內心的天人交戰，假如你能忍受恐懼、懷疑和孤獨……勝利會想找你聊一聊。

勝利是對你自己的一場豪賭，是空想與實際讓夢想成真之間的區別。

勝利督促你前進。每往前一步，你都會聽到鐵柵欄在你身後匡噹一聲落下，實實在在且當之無愧。現在，你無路可退，只能繼續前進。你不可能忘掉以前所學，也不可能抹去曾經體驗過的感受。

勝利從不撒謊，但它總隱瞞真相。它會讓你知道你所渴望的一切已近在咫尺，然後笑著在你面前猛然關上大門；它會讓你知道你的所有目標與夢想都不可能實現，然後慫恿你繼續前進。再往前走一步，再一步、再一步，朝著可能甚至不存在的某個未知目的地前進。

勝利是瘋子。它從不睡覺，也不懂為什麼你需要睡覺。

它拒絕跟你生命中的其他人分享時間或空間，就像愛吃醋的情人，它要的是全部的你，並總是能得償所願。它是一股執迷不悔的前進動力，在別人眼中，它毫無道理，你卻覺得完美無缺。

勝利冷面無情。你一旦搞砸、放鬆或露出弱點就完蛋了。

它會讓你看見自己最好的一面，也會讓你看見自己最慘的一面。

勝利把雙手插進口袋，以免不小心指到某個不配成功的人。

它把你舉向太陽，然後看著你被烈焰焚身。

如果你成功登頂，勝利會張開雙臂迎接你，然後把你推下山崖，好讓出位置給別人。

勝利會給你當頭棒喝，火辣辣地打醒你，讓你看清真正的自己和你裝出來的樣子，強迫你消滅兩者之間的差距；勝利是一整夜帶著你上天堂，然後隔天早上消失無蹤的情人；它是你醒來之後記不住的一場美夢。

勝利絲毫不留情面。你可以被取代，而且必定會被取代。

我知道，這個類別的書常會請出「專家」教你各種「步驟」。五個簡單步驟！十個祕密！我為這本書瞎編出來的二十個步驟！

是在搞笑吧？

你買不到爬山攻頂的地圖，要不然每個人都能簡單地攀上巔峰。

不是誰都能登頂。

通往勝利的步驟無窮無盡，而且變化無常。上一分鐘眼前還有個階梯，下一刻卻只剩下一灘流沙。

大多數人都沒注意到階梯消失，直到太遲而他們陷入流沙，然後放棄掙扎。

誰都會爬樓梯，勝利不在乎你能否一步步拾級而上，它只想知道當你錯失階梯，當你看不見也摸不著前方的路，當你必須相信自己、相信直覺，而不是相信眼前所見時，你會怎麼做？

你有時候一次爬一階，有時候一步跨過兩階。你有時候渾身舒暢，健步如飛；有時候累得趴在地上爬行，上氣不接下氣，後悔自己參加了這場比賽。你會滑倒、摔跤，失去不久前才剛獲得的一切。

而當你終於有了一些進展……眼前卻還有更多階梯得爬。你的鞋子裡卡了石頭，每根腳趾都起了水泡；你的肺就快要爆炸了。日復一日。每一個該死的日子。

十個步驟？

那該有多好！

「十個步驟」是簡化事情、販賣成功的方便法門，但幾乎沒有效果。

二〇一三年，我寫了一本叫做《強者之道》（*Relentless: From Good to Great to Unstoppable*）的書，描述成功人士的心理優勢與性格特徵，說明他們如何思考、如何行動、如何制定戰略。我把那些人稱作「掃蕩者」（Cleaners）。如果你看過那本書，你會知道掃蕩者具備許多特質。但掃蕩者之間有一個共通點，那就是一次又一次達到最終目標的能力。他們絕非只打了一場好球，或擁有精彩的一個月；他們擁有的是為其他人立下標竿的傳奇生涯。他們帶領球隊進入季後賽、分區決賽，直至總冠軍賽；他們帶領企業從地下室創造出七位數、八位數，甚至上億的營收。他們不需要別人教他們怎麼做，他們自己找到方法並徹底執行。一次又一次。

《強者之道》出版後，我很榮幸得到廣大支持——從運動員到企業執行長、家長、創業家、演藝人員、醫生、長官，以及差不多每一位在各自的領域追求卓越的強者。你問我最常聽到哪種迴響？

「我以為自己是特例，謝謝你讓我知道我不是瘋子。」

你不是瘋子。世上有很多我們這樣的人。

不過，我也覺得偶爾聽到的這種批評很有意思：「這本書沒有告訴你怎麼做！」

沒錯。

你他媽的為什麼希望別人告訴你怎麼做？

我不會對我的客戶說「堅持下去！」或者「你行的！」，他們自然感覺得到。強者跟你一樣，也會摔倒、上氣不接下氣。但他們繼續前進。他們知道腳下的立足之地總有一天會坍塌，並已經做好心理準備；他們相信就算現在還看不到解決的方法，但前方總會有另一步可以走。他們不去想著痛苦與犧牲，只看到最終成果——勝利。他們堅持走在前進的路上，不斷追逐偉大。

回想這些年來，我的每個客戶都在追逐著什麼。一項紀錄、一份報酬、一則傳奇、一縷幽靈。

喬丹追逐不朽，並成功到手。他將名垂千古。

科比也將名垂千古。他也追逐不朽，但在他到手之前，永生先追上了他。

你在追逐什麼？

什麼在追逐你？

因為假如你能坦然接受犧牲、壓力、批評與痛苦，假如你能學會專注於結果，不要總糾結於事情的難度……你就能追逐勝利、全力爭取、捍衛你贏得勝利的權利。

但我不會告訴你怎麼做。我將以非常誠實且直接的口氣，告訴你如何越過橫擺在道路上、拖慢你的腳步並對你的夢想構成威脅的路障、阻礙和挑戰。我將給你一套行動計畫，讓你既能獲得成功又能練就強者心態。兩者互為因果，缺一不可。這就是強者控制並熬過求勝之旅的方法，你也可以做到。等讀完這本書，你不會需要別人告訴你怎麼做。到時候，你肯定心裡有數。

二〇二〇年四月，ESPN和Netflix播出了觀眾期待已久的紀錄片《最後一舞》（*The Last*

Dance），內容講述麥可・喬丹和芝加哥公牛隊共同尋求他們的第六座、也是最後一座冠軍獎盃的過程。作為喬丹長達十五年的訓練師，我很榮幸接受訪問，參與這一系列的影片。

對許多人而言，這是一趟懷舊之旅。看著偉大球員的影片、相片與訪談，聽著不為人知的故事、那些沒有完成的工作以及種種恩怨，有如重溫舊夢，往事歷歷在目。

對另一些人而言，這是一齣悲喜交集的大製作，講述一群人不計一切代價、不屈不撓追求卓越的過程。不留情面、堅忍不屈、殘酷無情，令人難忘。

對故事中人而言，《最後一舞》只有一個焦點：勝利。那些年成了我與當代最偉大運動員共事的平台，奠定我今日與體育界、商業界以及各行各業頂尖人士合作的基礎，即那些不論目標多麼遙不可及，也從不停止追逐偉大的人。三十多年來，我曾見證最高規格的勝利，也曾在你無法想像的層級嘗到失敗。我見過贏家輸了，也見過輸家贏了。我體會過兩個極端，而我仍持續追逐。

你也同樣在追逐的路上。

讓我帶你走進強者的殺戮世界，給你看看如何穿越一條沒有任何GPS找得到的道路。沒有地圖、沒有光線，路面崎嶇不平。那是通往天堂的道路，而起點在地獄。

你已雀屏中選。挑中你的不是別人，是你自己。

歡迎加入勝利的行列。

勝利的語言

如果你是那種需要「加油打氣」的人……

如果你是靠吶喊「來吧，上場吧！」和「你可以搞定！」來鼓舞自己和其他人……

如果你經常在社群媒體宣稱你「大獲全勝」、「馬到成功」、「輕鬆解決」……

……以下的話會很刺耳。

我不在乎。我只是在陳述事實。

勝利有自己的語言，而且從不廢話。

並非每個人都是「傳奇」或「猛獸」，並非每起事件或每次採訪都會「驚天動地」或「扭轉人生」，並非在球季第一場賽事表現出色的每個球員都必然成為聯盟或其他人眼中的「大麻煩」，並非每個開法拉利車的人都能「火力全開」。

想要勝利，你必須能說出一些東西來。或者更好的是，什麼都別說。

舉個例子：勝利的語言不包含有關動機的任何話題。動機屬於入門段數，是你吃了太多糖霜之後一時頭腦發熱的衝勁，那是一股如激流般的虛幻力量、熱情與龐大精力……然後它消耗殆盡，你猛然在硬木地板上摔個狗吃屎，納悶到底發生了什麼見鬼的事。

動機是給那些還沒有痛下決心追求目標，或者還不確定要為目標投入多少時間、力氣和生命的人。我不是在衡量一個人的成功程度，身無分文、沒有工作、體重超重或遭遇逆境的人，也可能亟欲改變現狀。我指的是那些需要別人踢一下才會動一下的人。

我不跟需要他人鞭策的客戶合作。你如果來找我，我需要知道你已開始鞭策自己，準備好追求更高目標。同樣地，我不是「勵志演說家」，也不寫勵志書籍。我不想「點燃你的熱情」——那是你自己的事。我的責任是以你現有的最大成就為基礎，將你推上更高的成就。我想對你說能讓你的最佳成績往上提升的語言。

那就是勝利的語言。

所以，假如你以為這本書的內容是關於冠軍戒指、獎牌、獎盃和牌匾的榮耀，假如你想讀到「你辦得到」和「人人都是贏家」之類的勵志文字，那你挑錯書了。這裡不頒發安慰獎或參與獎，沒有「人人有獎」這回事。我不會告訴你穿什麼衣服去參加勝利遊行。

這本書是關於追逐偉大的歷程。關於你在跟看不見的鬼魂拔河時，雙手皮開肉綻流下的鮮血；關於深陷泥淖，被想把你埋進泥裡的人包圍；關於難以承受的孤寂與疲憊；關於前方會遭遇什麼……以及不會遭遇什麼的深深恐懼。

如果這些話聽起來不太正常，那我就成功了。隨便問問哪個確實贏過的人——不論在體壇、商場或任何一個需要與別人和自己競爭的領域——他們會對你說同樣的話：

勝利本就不是一件正常的事。如果你需要覺得正常，如果你需要融入群體，那就準備好做個普通人，長期保持不上不下。

勝利有賴與眾不同，而不同令人害怕。假如你擔心別人的看法和長遠的效果；假如你擔心你將做出的犧牲和損失的睡眠；假如你擔心家人會生氣……我愛莫能助。關於生活方式以及你必須做出的選擇，從來沒有「標準答案」。每個人都有求勝的本能，但對大多數人來說，那份本能將永遠埋在心底，困在一輩子的恐懼、擔心與懷疑之下。

在追逐偉大的競賽中，沒有規則可以保護你。沒有人規定你不會輸、不會受傷、不會白費力氣一無所獲。這場競賽不保證「公平」，而且很可能不公平。你會輸在壓哨的那一球；你會輸給沒有你努力的對手；你會輸在一次愚蠢的判罰或失誤；別人會得到你想要的工作；一場疫情會搞砸你的球季、清空你的銀行帳戶、毀掉你的職業生涯。

然而，競賽終點的獎賞是那麼誘人、那麼美妙、令人執迷不悔，促使我們為了贏得獎賞而不斷奔跑、摔倒、犧牲和競爭。

勝利會想盡一切辦法阻止你逮到它，但假如你真的逮到它，假如你真的為自己掙得一席之地，終於有資格參與對話，請做好兩項心理準備：（一）勝利給你的席位是斷了一隻腳的座椅，你永遠坐不安穩；（二）你最好學會使用它的語言。

你談論勝利的方式，攸關你能否取得勝利……並維持勝利。

想不想做做我給客戶的詞彙測驗？題目短而簡單：

用一個名詞形容勝利。

沒錯。勝利帶給你什麼感覺？它代表什麼？

一個名詞。花一分鐘寫下你的第一反應。你大可以坦言不諱，答案只有你自己知道。我沒打算頒發獎品。

我曾向合作過的無數運動員、企業菁英和其他人士提出這個問題，答案總意味深長，耐人尋味。以下是幾個最常見的答案：

光榮、痛快、成功、霸氣、成就、力量、滿足、征服感、爽、了不起。

還不錯的答案。如果你的答案也在其中，你就和大多數人一樣。假如你想和大多數人一樣的話。

當然，誰都可以融入大多數人當中，卓越的人則會脫穎而出。

讓我和你分享我從強者聽來的幾個答案。不限於體壇，也包括商場：

野蠻、辛苦、卑劣、粗鄙、齷齪、坎坷、無情、不留情面、毫無顧忌。

科比說：「勝利即一切。」

有些人會凝望虛空，思考這個大哉問。有些人內心澎湃洶湧，有些人只是搖搖頭。你如何定義那個耗盡並定義你一生的東西？

我從沒問過喬丹。但他在《最後一舞》回答了這個問題。他一度總結他學到的、努力追求過的一切……他終生與勝利為伍而得知的每一件事。他的答案遠超過一個單詞，但字字珠璣：

我驅策那些不想被驅策的人、挑戰那些不想被挑戰的人，這是我贏來的權利，因為比我晚加入的隊友不曾經歷我經歷過的一切。一旦你加入球隊，就必須達到我對比賽的標準，沒有商量餘地。

假如那意味著我得稍微修理你，我不會客氣。隨便問問我的哪個隊友都知道，「麥可．喬丹從不要求我做他自己不做的事。」

當人們看到這個，他們會說：「哎呀，他真不是個好相處的人，甚至可以被稱作暴君。」嗯，那是你，因為你從來沒贏過。我想贏，但我也希望隊友贏球，成為其中的一部分。

你瞧，我可以不用這麼做。我之所以這麼做，是因為我就是這樣的人。那就是我打球的方式。那就是我的心態。如果你不想那樣打球，那就不要。

然後出現著名的「中斷錄影」。

對他來說，那不悔的一刻太過刺痛，他得暫時中斷訪問來控制情緒。而影片才剛剛開錄不到一個鐘頭。

的確，勝利是光榮、美妙、強大而痛快的，這些誰都無法否認。

但假如你以為勝利僅止於此，那麼正如喬丹所說的：你從來沒贏過。

勝利是喬丹驅策自己成為籃球場上最偉大的球員之前，其他球隊給他嘗過的種種苦頭。他多年來承受無情的壓力，一言一行都被放大檢視，但他全神貫注於單一目標：奪下冠軍，不僅為自己，也為周遭所有人。

勝利是科比撕裂了阿基里斯腱，卻拒絕在投完兩顆罰球——並且命中——之前進入更衣室休息。勝利是出了名的在清晨四點進球場練投，直到他能搞定前一天晚上失去準頭的角度，百發百中。勝利是在數不盡的時分獨坐黑暗中，在腦海反覆上演每一場比賽和每一次練習。

勝利是德韋恩・韋德在接受或許會終結大多數球員生涯的膝蓋與肩膀手術後，奮力重回球場，除了原有的一次奪冠經驗，再添兩座NBA冠軍獎盃，外加以得分王之姿幫助美國男子籃球隊奪得二〇〇八年奧運金牌。勝利是「大鳥」拉里・伯德（Larry Bird）強忍著背痛帶傷上陣。勝利是喬丹時代的所有強者——查爾斯・巴克利、派翠克・尤英（Patrick Ewing）、多米尼克・威金斯（Dominique Wilkins）、約翰・史塔克頓（John Stockton）、卡爾・馬龍（Karl Malone）、克雷德・崔斯勒（Clyde Drexler）——明白只要有喬丹在，他們永遠贏不了。

那是一場無情的競賽。勝利可以是光榮的，但也可能令你灰頭土臉。

想想你知道的那些最偉大的成功人士，那些贏家、那些掃蕩者。想想你自己，走到今天這一步，你經歷過什麼事情？前方還有哪些可見和不可見的際遇？前途是否一片光明燦爛？

如果是的話，你的追逐已經結束。我恭喜你。

現在請讓開，因為我們其他人還有事要幹。

再次看看勝利的這些定義：

野蠻、辛苦、卑劣、粗鄙、齷齪、坎坷、無情、不留情面、毫無顧忌。

勝利即一切。

假如這些詞彙切合你的旅程以及你追求目標的方式，那麼我們說的是同一種語言。

這本書談的是毅力，而不是魅力。假如你覺得形象比結果重要，假如你需要以某種模樣和舉止令人對你刮目相看，假如你的成功策略是「弄假直到成真」，假如你需要別人認可才敢做真正的自己，你肯定會陷入掙扎。

如果我們合作，我不需要你客氣有禮，只需要你努力、堅毅、專注、真誠。我希望你拋開外界的一切，信任自己的聲音和直覺、不受自己和他人的想法傷害。在追逐偉大的競賽中，我希望你動動那條除了你自己沒有其他人看得到的最重要的肌肉：那條「管它去死」肌肉。我會在書中多次提到這一點。

我需要你塗上一層鐵氟龍，確保什麼都沾染不了你也傷不到你。你越放任自己被激怒——每句評語聽起來都像批評，每個批評都讓你發火——保護層就越容易磨損，直到堅硬的外殼變得柔軟而脆弱。

想也知道，勝利完全無法容忍柔軟與脆弱。

強者懂得視情況所需在特定場合換上不同面孔，然後在必要時卸下偽裝。面對贊助商、觀眾和採訪記者，喬丹總彬彬有禮、舉止優雅、說話得體。但只要置身自家環境——球館、賽場——就會露出真實的本性。為了達成目的，他什麼都敢說、什麼都敢做，毫無顧忌，沒有節制。

勝利會令人引發強烈自覺，彷彿別人都在看你。不受矚目的時候簡單許多，因為沒有人認識你、注意你，你大可以胡搞、動粗、耍賤招，因為甚至沒有人知道你在那裡。但當你一開始贏、別人開始注意你，你突然察覺自己被人盯著，受人評判。你擔心別人會發現你的缺陷和弱點，於是你開始隱藏真實性格，以便成為好榜樣、好公民，以及受人尊敬的領袖。這沒什麼不對。但假如代價是失去真實的自我、做出取悅他人而不是取悅自己的決策，你恐怕支撐不了太久。

當你開始為自己真實的樣子道歉，你就會停止成長和獲勝。

你越常獲勝，其他人越處心積慮阻止你成長，叫你放慢速度、守好本分。他們會想辦法將你留在單一條車道上，以便對你施加控制。

但勝利是關於選擇任何一條車道、必要時變換車道，並且以沒有人料想得到的額外裝備，同等熟練地行駛在每一條車道上。

贏家使用的語言，沒有體驗過勝利的人完全無法領會。匆匆的一瞥、冰冷的凝視、翻白眼。有時候安靜無聲，無法解釋、無法言傳，但是一旦領略過，你就能意會。你不會到處宣傳或吹噓——「嘿！我很野蠻，而且肆無忌憚！」——因為假如你得告訴別人，那恐怕不是真的。但那份本能深藏於每個人的心底，只要你願意拋開束縛，就能體驗屬於你自己的野蠻、不留情面、毫無顧忌的力量。

你即將看到，除了這些詞彙，勝利對我而言還包括更多。勝利是在紛亂擾攘中心如止水；勝利可以是最大的喜悅，也可以是全世界最寂寞的感覺。不是每個人都有這樣的感覺，你不必跟我有相同感受。我想，真正的贏家應能體會其中的滋味。勝利不在於歡呼、吶喊和慶祝，而是恍然察覺剛剛發生的事情，深受震撼。你追逐一個遠大的目標，一個縹緲難及的結果……而你達成了，你該死的達成了。那是喬丹在地上啜泣，是科比孤身在角落擁抱獎盃，是市值數十億的企業帝國執行長納悶他最開始充當辦公桌的那張廚房餐桌後來跑哪兒去了。沒有人曉得你這一路如何走來，也沒有人知道怎麼做才能複製成功。

我告訴你這些，是因為我一開始坐下來寫這本書時，我自己做了詞彙測驗，寫下我對勝利的定義。

我思考這一生各個階段的勝敗得失：兒時隨父母來到這個國家，目睹他們為家庭投注的犧牲與決心；少年時期夢想進入ＮＢＡ打球，隨後因傷而夢想破滅，承認自己不夠資格；成年後立志幫助職業運動員，得到史上最偉大的球員做我的第一個專業客戶；成為體能訓練師，指導史上最了不起的幾位冠軍球員；創立全球最受推崇的運動績效中心；成為作家、演講者，以及最重要的，一位父親。

勝利一直是我的良師兼劊子手，是我最堅強的盟友兼最可怕的敵人。它是無數片拼圖中的一片，這組拼圖很困難，甚至可能已經弄丟了其中幾片——而且沒有示意圖告訴你成品是什麼模樣。它是欲望和貪婪的黑洞，是永不滿足的胃口，是漫不經心的情人勾引你之後，告訴你他只是隨便玩玩。

我曾跟勝利對視，時間長到足以看到它眨眼，然後轉過身去。我曾蠢得對它說「明年見」，卻只聽到它喃喃地說：「看看吧。」

我見識過它能為人們做些什麼，也知道它能對人們做些什麼。

它為你做了什麼？又對你做了什麼？

喬丹很少談起勝利，科比甚至無法公開談論勝利。但他們在沒有人聽到或見到的討論和爭辯中對我推心置腹，透露你不曾在訪談或童書中讀到的事。我依然在研究他們二位，經常在腦海中持續那些對話。

我之前請你說說你對勝利的定義。現在換我來說。

總共有十三條。如果你讀過《強者之道》，你或許記得我喜歡十三這個數字，因為我不相信運氣。勝利也不相信運氣，它信奉勝利。

你或許也記得，在我的清單上，每一條法則都排在第一位，因為當你開始排列順序，人們以為第一條最重要、第二條比較不重要，而其餘一切都只是濫竽充數。所以每一條法則都是第一條，你可以從任何一條開始閱讀。

致勝十三法則

- 勝利令你不同，而不同令人害怕。
- 勝利在你的內心發動戰爭。
- 勝利是對你自己的一場豪賭。
- 勝利並非無情，但你會比較少動感情。

◆勝利屬於別人……你得把它奪過來。

◆勝利要占據全部的你，沒有平衡可言。

◆勝利是自私的。

◆勝利將你拖進地獄，假如你認輸，地獄將是你的歸宿。

◆勝利是一場沒有標準答案的考試。

◆勝利知道你的所有祕密。

◆勝利從不撒謊。

◆勝利不是一場馬拉松，而是沒有終點線的衝刺。

◆勝利是一切。

這就是我所知道的。

勝利會讓你付出一切代價，但假如你願意苦幹實幹，勝利會帶給你更高的回報。別費事捲起袖子，乾脆扯掉整件該死的衣服——做其他人不願做或不敢做的事。反正他們並不重要；你能靠的只有自己。

停止擔心你將會成為什麼樣的人，你應該更害怕無法成為那樣的人。

如果你聽不進這些話，如果你還沒準備好或覺得自己不配，如果你不肯下定決心追求屬於你的成功，那麼你從未贏過，或許也永遠贏不了。因為贏家全都明白一件事：成功是有代價的，你必須付出代價。

致勝法則

勝利令你不同，而不同令人害怕

我擔任喬丹訓練師的那些年，我們的課程安排包括在比賽當天進行操練。這在當年是聞所未聞的事，對此，每個人都頗有意見。在出賽日訓練體能？你會害他失去準頭！他會累得半死！他會變得沒那麼靈活！

訓練體能會讓你變得沒那麼靈活？

我們的看法不同。

想想看。他每星期出賽三到四次，外加征戰客場的移動時間、外加練習、外加休息日。什麼時候才有空訓練體能？

沒有人答得出來，因為在當年的NBA，每日例行訓練體能既非常態，也不受重視。特別是球季期間，認真訓練體能的球員寥寥無幾，更沒有人找外人來訓練他們。喬丹聘用我，實屬破天荒之舉。

別忘了，他找我來，是專門為了增強肌肉和身體力量，因為他知道那能幫助他閃躲在球場上衝撞他、比他更強壯也更高大的球員。當賽事越來越白熱化，對手的肢體衝撞強度也日益升高，他明白若要提升層次並取得勝利，他需要採取不同的行動。公牛隊有一套用來加強球員體適能的訓練計畫，但他想要、也需要更多。

他是我的第一位職業運動員客戶：全世界最偉大的籃球員，找來從未訓練過職業運動員的訓練師替他訓練。不可思議？的確；瘋狂？或許吧。但瘋狂——結合冒險意願——是致勝的祕密武器，而我們倆都擁有驚人的瘋狂彈藥庫存。

如果你的想法和其他人一樣，如果你的作法和其他人一樣，如果你和其他人遵照同一套規範、傳統和習慣，你猜怎麼著？你會和其他人一樣。

每個人都想跟喬丹一樣。

喬丹不想跟任何人一樣。

這就導致我們在出賽當天進行操練。

如果我們的目標是持續增加肌肉、讓他變得更強壯——同時將受傷機率降至最低、盡可能延長他的職業壽命——那麼出賽當天暫停訓練恐怕適得其反。相信我，我研究過也測試過他，並且分析可能影響表現的每一個變數。我們在比賽當天維持一貫的訓練——鍛練同一群肌肉、做同一組健身動作、把可能影響他準頭與耐力的每一項元素納入考量、盡可能消除一切變數，藉此幫助他隨時保持同樣的體能狀態，不論當天是否需要出戰。這成了他日常生活中的重要一環，以至於當我們沒去健身，他會渾身不對勁地說：「感覺怪怪的。」

總之，這對他有用，而且效果明顯可見，我再也不必應付認為這套作法有害無益的每一個人。

絕不要為了與眾不同而標新立異，也不是為了增加知名度，或想讓自己看起來很厲害、很前衛。

重點在於明白獨立思考與人云亦云之間的差異。

贏家投入自己的心智與經驗，創造更偉大的層次。我這裡指的不只運動員，還包括商業界、娛樂界、科學界、高科技業、教育界、醫界、父母……各行各業的革新者和開創者。微軟創立開頭五年，比爾．蓋茲（Bill Gates）親自檢查每一行程式；傑夫．貝佐斯（Jeff Bezos）從他的車庫寄書發貨；莎拉．布萊克莉（Sara Blakely）（譯註：美國塑身內衣品牌Spanx創辦人，全球著名的年輕女富豪）裁掉她的褲襪足部，創造出無足絲襪；伊隆．

馬斯克（Elon Musk）仰望火星。他們不害怕異想天開，也不擔心別人怎麼看待他們的「瘋狂」念頭。所有關於「思維跳出框架」的鬼話都只是鬼話而已，贏家沒看到框架，他們看到了可能性。他們將自己的決策、成功與失敗，當作提升思維能力與最後成果的跳板。

每一個偉大的創造和發明，都從懂得獨立思考、不允許自己人云亦云開始。這就是幫助你出類拔萃、達到頂尖水準的方法。如果你完全遵照教科書的指示，如果永遠採取「正常」作法，你或許可以得到很好的成績。然而，要是出現教科書沒教的差錯、發生了意料之外的問題，你該怎麼辦？當沒有一件事情是「正常」的時候，你要如何應付？人們喜歡談論困境中的「戰略轉向」——迅速改變方向——但轉向之後總得朝某個目標前進，你不能不斷為了轉向而轉向。除非你懂得獨立思考，否則你只是不停轉來轉去，等著別人來救你，等著別人告訴你如何思考。

如果我給你一張畫了一千個點的紙，叫你把點連結起來，你會如何迎接這項挑戰？你會把點連成某種的圖案？還是畫出莫名其妙的形狀？會像鬼畫符嗎？還是索性撕掉這張紙？

那些點就是追逐偉大的路線圖。你可以走直線，可以畫出自己的路徑，也可以毫無目標地任意遊蕩。你可以向其他人問路，也可以乾脆放棄。

對我來說，我可以用那些點觀察贏家的行動路徑，思考如何幫助他走得更好。我知道其他人如何看待他；我能看見不同的角度嗎？我能帶領他走上另一個方向嗎？我能幫助他展翅飛翔嗎？那就是我從這些點之中看到的藝術作品，是我靠著從別人身上學到的一切心得，然後憑藉我自己的知識向上提升的結果。我知道已有既定模式可以效法，但我不想效法他人，我想走出自己的路。

勝利在觀察你是否足夠自信和大膽，敢相信「與眾不同」沒什麼不對。那是自己點燃心中之火跟等著別人替你點火之間的區別。對我來說，好奇心是點燃那把火的火種。我有盯著別人瞧的習慣，不是因為我莽撞無禮，而是因為我想研究他們。我知道這會令人不舒服，我無意如此；但我相信那有助於提升我的專業能力。我寧願仔細觀察他人，也不願意仰賴別人給我的說詞。

你問問題嗎？你是否允許自己像小時候一樣，天馬行空地想像各種新的可能性和新的情節，不論內容看起來多麼荒謬、多麼遙不可及？小孩子都很好奇。他們看到好玩的東西就得去玩一下、嘗一下、扔一下……沒辦法置之不理。幾分鐘後，那成了他們見過最了不起的東西，直到大人走過來拿走它。他們會一個問題接著一個問題再接一個問題地問……直到大人失去耐性，叫他們不要問個不停。

那就是我剛開始和喬丹合作時的情形。我有好多事情想知道，我曉得我可以從他身上學到許多。我每件事情都要問，直到他終於說：「老兄，你的問題真多。」我不斷發問。我已經知道我應該對他抱持怎樣的看法，也知道其他人對他的看法。我需要知道更多。

科比也對喬丹做了相同的事。他會在三更半夜打電話或傳簡訊給喬丹，請教他如何對戰某個傢伙、如何處理某種情況，以及他對這件事情或那件事情有什麼想法。喬丹總會回答他的問題，傾囊相授。順帶一提，那是強者的一大特色：他們希望將自己的知識傳承下去，幫助後輩持續學習。

那就是參賽與獲勝之間的區別。

我的企業客戶經常告訴我：「我們知道如何競爭，現在，我們需要學習如何獲勝。」

兩者未必是同一回事。

當你知道思考什麼，你已準備好參賽；當你知道如何思考，你就準備好獲勝。

學校教育教會你思考的內容，人生閱歷教會你思考的方法；在學校是先學習再考試，人生則是通過試煉才能獲取學習機會。

教練和上司指示你思考什麼，實踐則教會你如何思考。

父母告訴你思考什麼，長大成人則教會你如何思考……只要你願意學習。

如果你拿到一份完美的巧克力蛋糕食譜，按部就班去做，你會做出一模一樣的蛋糕，因為你被告知該做些什麼。但嘗試幾次之後，你也許會開始想辦法讓它變得更完美，於是你稍微更改配方。你是對的，新的成品甚至更好。祕訣就在於懂得如何思考，而不是思考什麼。

你可以走進一家大型連鎖餐廳，點一份起司通心粉，百分之百相信你會拿到和其他上百家分店用一模一樣的烹調方法端出來一模一樣的餐點。他們已確立制度、有嚴格規定的流程與指南，假如你負責烹調那道餐點，你沒有想辦法改良餐點的餘地。

廚藝大師有無數方法來製作那道餐點，從不重複同一套作法。重點是如何思考，而不是思考什麼。

學會自己拿主意能幫助你獨立，這是市面上許多自我成長「專家」擔心的事情，儘管他們恰恰承諾幫助你學會獨立。為什麼？因為當你越有主見，你就越不需要那些專家。如果你總在閱讀自我成長書籍、聆聽勵志演說、關注社群媒體和podcast上的心靈雞湯奇才，如果你沒有事先請教良師和大師就無法做決定……你就被左右了思考的內容。人家告訴你：我成功了，我的作法是這樣的、我的想法是這樣的，你也應該這麼想。那些話言之成理，聽起來都是金玉良言，所以你照單全收。但是你怎麼知道？你經驗過嗎？使用過嗎？你是否有足夠恆心來吸收學習，或者總是迫不及待追逐下一波新的熱潮？你是否落實每一項忠告，以便自行體會與判斷？你也許會得到許多了不起的指導與知識，但在你質疑、調整、親身體會是否適合自己之前，那都只是別人的知識。

科比常常說：「知識就是力量。」我會告訴他：「唯有派上用場，知識才有力量。」科比肯定常將知識派上用場。

的確，我知道這句話也適用於我、我的書，以及我和你分享的道理。假如這個話題促使你停下來想想如何調整我告訴你的一切，以不同方法運用在你自己的生活，那我就成功了。我希望你質疑我的信念。這正是某些讀者抱怨《強者之道》沒有告訴他們怎麼做的原因。

我不打算告訴你該做些什麼，也不打算告訴你該想些什麼。我希望你學習如何思考，親身投入學習過程，以便創造你自己的點子與想法、回答你自己的問題，並在別人甚至還沒看清問題時找出對策。

不論我的客戶是運動選手或商場菁英，我以同樣方法鍛鍊他們的心理韌性與專注力。一開始，大多數客戶希望固定時間上課，每星期一次。但那不是我的作風，因為對我而言，那意味客戶等著我在每星期固定時間指示他們做些什麼。太好了，今天星期二，我終於可以處理我本該在五天前處理、但我決定等到跟提姆約好的時間再處理的事情。我們依然經常交流，但絕非「照表操課」。我希望他們學會自己拿主意，鍛鍊自己做決定與處理問題的能力。我希望看到他們提出贏的對策並確實執行，不必事先徵詢我的意見。那就是你學會獨立思考的方式。

偶爾當客戶手感火熱、連續獲勝，我甚至不想跟他們多說什麼。我跟他們的全部交流或許只是一個眼神、一個點頭。許多時候，那樣便已足夠。他們已經知道並感覺到事情進展順利，我不想改變他們的思維。我們不需要討論他們做對了哪些事情，只需持續去做就好。

每個人都在尋找勝利的「鑰匙」，彷彿你能把它放在口袋裡，隨時打開某一道鎖。勝利沒有鑰匙，只有一個由無窮數字與無盡組合構成的保險箱密碼鎖，它的轉盤生鏽得幾乎轉不動，上頭的數字被迫切希望打開保險箱的無數隻手指磨得模糊不清。

大多數人會解開部分密碼，但他們放棄摸索剩餘部分，湊合著接受現狀。只有極少數人會持續撥弄轉盤，但願解開最後幾個數字。

但假如你堅持夠久，假如你能將思維與能力拉高到足以解開所有密碼的水準，你就能撬開門鎖，闖入重兵防守的勝利堡壘。

而在你歡天喜地慶祝時，勝利已更改了密碼。

對我而言，挑戰在於時時刻刻努力破解密碼，以便找到新的方法幫助強者變得甚至更強大。我無法靠其他人使用的技巧幫助他們進步，因為我們談的不是進步百分之十或百分之五。目標是提升百分之〇．〇〇〇一，因為這些選手早已是行業中的頂尖高手。例如麥可．費爾普斯（Michael Phelps），他靠尋找方法縮減百分之一秒而贏得二十三面奧運金牌（總獎牌數為二十八面）。你無法憑藉和別人一樣的訓練和思維達成這樣的目標；你得足夠創新、專心致志，才能到達別人去不了或不願去的地方。所以，當我的客戶是如此頂尖的選手，當他的對手差不多只有自己，我必須結合所有研究、理論與數據，加上符合他的特殊需求與挑戰的獨特元素，提出他專享的解決對策。

我在訓練喬丹時，公牛隊的肌力教練問我為什麼要求喬丹做二頭肌彎舉。他的理論是，二頭肌中看不中用，無法真的幫助提升球技。他說不定是對的。但我們要追求的是那百分之〇．〇〇〇一的進步，包括能恫嚇對手的更魁梧、更強壯、更具優勢的體格。籃球員脫掉暖身衣後，你最先看到的是什麼？他們的雙臂。

細節很重要。

同樣的道理也適用於商業界。在公司裡，每個人都接受同一套訓練、採用同一套流程、遵守同一套章程與規則、販賣同一套商品與服務，每個人都代表商標上的同一個名字。但有些人成績斐然、脫穎而出，因為他們提升了自己的技能和思維，這就是被動學習和懂得如何拓展知識之間的區別。

要追求勝利，你必須努力學習、質疑你所學的，然後學習更多。你必須願意質疑你獲取的知識，以另一個角度重新學習。我為客戶所做的一切，都是為了幫助他們縮小「當今第一」與「史上第一」之間的差距。兩者大不相同。我必須挑戰傳統的訓練方法，然後以我自己發現的全新眼光重新學習它們。沒有哪一位大學教授建議我找到史上最偉大的運動員、在他出賽當天進行體能訓練，並在開賽前幾個鐘頭給他一塊牛排。

沒錯，喬丹出賽前吃牛排。

遠在一九八〇和一九九〇年代，運動員的飲食處方是碳水化合物、碳水化合物和更多碳水化合物。所有人都猛吃米飯和義大利麵補充能量，但這方法對喬丹不管用：撇開脹氣不談，以他打球的拚勁，光吃碳水化合物根本不夠。當球隊在主場出賽，他會在三點半用餐，以便六點以前抵達球場。所以到了七點半開賽，他已飢腸轆轆，打到第四節時，他已感到體力流失。

於是我們在他的賽前餐點加了一小塊牛排。

聽好了：我不是叫你在賽前吃牛排，也不是在給你飲食建議。我要說的是，我們必須根據喬丹的身體狀況、作息、上場時間以及他在場上消耗的大量體力，為他設計全新的計畫。牛排能減緩他攝取的其他食物——澱粉、蔬菜等等——的消化速度，保持血糖穩定，讓他擁有更多精力應付整場比賽。那不是我從書本或營養課學到的知識，我只是單純覺得這會是個好方法。我知道我們嘗試過哪些事情，也知道哪些方法沒有效果。就這麼做吧，大不了中場時間再吃點義大利麵或其他食物，但是讓我們暫且試試牛排。

相信我，我試過許多毫無用處的點子。我曾費盡心思地規劃了一套完美方案，卻在開始帶領客戶訓練後，短短五分鐘內發現我們得全盤推翻計畫。我不是天才，差得遠了。我不會誇口說我無所不知，但我會持續嘗試，直到找到解決方法。

如果想贏，你也必須拋開所謂「正確方法」，走出自己的路。教練喜歡嘲諷因疲憊而俯身的球員，他們說那樣的動作是在示弱。他們轉而叫球員挺直腰桿，雙手放在腦後。我還是球員的時候，就覺得這麼做毫無道理。你是在告訴我，假如我累了，我得把雙手高舉過頭，以便進一步擴展肺部？當我因為健身或打球累得喘不過氣，我的肺已經全開了。我總覺得彎腰前傾的姿勢更符合自然。

所以我最後告訴喬丹：「伸手抓你的短褲。」他覺得我瘋了。「就這麼做，」我說，「當你需要稍微喘息，彎下腰，抓住你的短褲褲腳。」手不要放在膝上，因為我不希望他的膝蓋承受更大壓力。但是當他開始伸手抓褲腳，他發現自己能夠更深地呼吸、更快恢復體力。你可以上網搜尋，輕易找到好幾百張他在場上抽空抓住褲腳的照片。

我們研究每一個細節：手指、腳趾、腳踝……每一個可能出錯的地方，然後找出相應對策。我們合作的那些年，他幾乎場場出賽，從不缺席。這絕非巧合，我們製造了讓他能這麼做的機會。那就是我們的「工作量管理」（load management）作風：管理你的身體，以便打滿賽季的八十二場例行賽，外加可能的二十六場季後賽，以及季前的熱身賽。

如何思考，而不是思考什麼。

至於科比，只要他相信有助於進步那百分之〇．〇〇〇一，幾乎什麼方法都願意嘗試。我最初叫他俯身抓住褲腳時，他說他不會照辦，因為那樣子不好看。我告訴他，贏球會讓每個人都很好看。他試了。效果很好。

我們會趁著日正當中到拉斯維加斯的沙漠騎自行車，讓他在最極限的環境下鍛鍊。我們會飛到歐洲嘗試剛剛問世的冰凍療法，在冰櫃裡走來走去，整個人關進會讓今天的冷凍室堪比烤箱的溫度裡。當他需要連續兩天出賽，我叫他在賽前吃披薩，因為那能提高他的精力與耐力。就連決定每逢出賽日從橘郡搭直升機飛往史坦波中心（Staple Center；洛杉磯湖人隊的主場體育館），都是為了找到新的方法搶占些微優勢，因為那能讓他在賽前遠離每一件事和每一個人。我知道直升機後來象徵有如災難的重大悲劇，但他對未知的災難毫無所懼。如果他認為某件事能為他帶來優勢，他絕不會放過。

不論別人怎麼做，強者知道什麼對自己最有用，這點絕非巧合。韋德不僅在出賽當天健身，他甚至喜歡在賽前幾分鐘健身。他早上寧可待在家裡，那是他的放鬆時間。所以在主場比賽時，開打之前，我會在下午六點跟他在體育館會合，完成一套大約二十分鐘的健身動作，花十分鐘躲起來練習投籃，剛剛好讓他的身體進入狀況。整間重訓室和練習場只有他一個人，他利用那段時間做好生理與心理準備。沒有人要求他那麼做，那是他自己的一套方法，用來創造能讓他發揮更高水準的環境與生理時鐘。

「詹皇」勒布朗．詹姆斯（LeBron James）是另一個自己摸索出專屬致勝之道的強者。藉由決定在哪裡打球、跟誰一起打球，他基本上掀起了ＮＢＡ的「超級強隊」風潮，心知他會因為背離其他人以往經營職業生涯的方式而遭到抨擊。人人都在告訴他該怎麼想、怎麼做、到哪裡打球。他行使他的獨立思考的權利，不僅改變了自己的生涯道路，更改變了整個ＮＢＡ的走向。

每個球季我都會聽到球員說：「讓我們一起努力，我會全力以赴，不惜一切代價。」於是我告訴他們需要付出哪些代價，但他們甚至聽不懂我的意思。不是因為訊息太複雜，而是因為那不是他們習慣聽到的話。他們向來遵照同一套訓練方式，也只知道這樣去做。但假如你遵照你知道的方式卻得不到成果，假如你的訓練計畫必須避開放假時段，假如你每一季都受傷卻不明白其中的緣由……或許是時候想想新的方法來達成你追逐的目標。

對我而言，重點不在於方法的對錯，而在於你願意或不願意為自己妥協什麼，以及你是否願意敞開心胸，接納能幫助你比對手更接近勝利的思維。

人們會被他們的「無可商量的條件」——那些不可更動的規則與信念——所束縛，因為……因為……為什麼？因為大家都這麼說？因為你向來都這麼做？你大可一遍遍告訴自己，你的夢想、目標和計畫沒有絲毫退讓餘地，但是假如事情毫無進展，你或許該跟自己商量商量。不是別人，是你自己。

你得謹慎面對所謂「無可商量的條件」，因為儘管宣稱自己絕對會或不會做哪些事情，聽起來既強硬又囂張，但總會有無數的事情從中作梗，迫使你改變方向。二〇二〇年之初，絕大多數人沒計畫在家教育孩子或在餐桌上辦公，也沒料到他們的健身房會關閉；我的運動員沒計畫生活在安全泡泡裡，或者球季被腰斬；我的企業客戶沒計畫透過視訊來經營生意。在所有計畫一夕之間脫離你的掌控時，試試堅持你那些無可商量的條件。

你的無可商量的條件，必須是那些你——也唯有你——能控制的事情。你攝取的食物、你付出的努力、你說出的話、你遞交的成績。

假使結果不在你個人掌控之下，你追逐的目標，或許需要你不斷調適、改變方向、發揮創意，並且以不同的思維應付阻擋你前進的障礙。我們的隊伍將奪冠、我們公司的營收將往上翻三倍、我的小孩將進入醫學院。沒得商量？或是癡心妄想？

勝利聽到了你的誓言，大笑出聲。如果事情不在你的掌控之下，你最好準備一而再、再而三地讓步。

我見過許多強者因為堅決求勝、絕不妥協而攀上巔峰。他們做出正確決策、投入時間與精力，表現得比所有人出色。然而獲勝之後，他們馬上忘記自己堅持的一切。慶祝開始了，壓力消失了，要緊的事不再要緊，由於有太多事情需要追逐，求勝的意志突然變得模糊。

對於我的客戶，我有一條無可退讓的底線：成績。只要能達到最終目標，其餘一切都有商量餘地。如果出賽當天操練體能對你有幫助，如果吃牛排能讓你表現更出色，如果你想頂著攝氏五十度的高溫在沙漠騎自行車，我會全力支持……只要你的成績能證明這些事情對你有好處。

你需要喝一杯？沒問題。我讀過關於酒精影響成績的種種研究，但我也親眼見過一杯酒能對身心產生怎樣的放鬆效果。我不是叫你去喝酒。如果你需要參加派對找點樂子，我可以理解，但假如你的成績開始令人懷疑你前一晚跑哪兒瘋了，我們就得設下一些限制與規定。因為只要會對你的成績產生負面影響，絕對沒有商量餘地。就算你玩到清晨五點、就算你多喝了幾杯、就算你抽根菸來放鬆，我都只以成敗論英雄。你隔天在球場上的表現是否遜斃了？我們得聊聊前一天晚上發生了什麼事。你打得很棒？告訴我你前一天晚上幹了什麼，我們得再做一次。

我不記得我有多少次因為信任自己的想法而獲得成功；但我記得幾次我忽視自己的想法、照別人說的去做，然後失敗的經驗。

幾年前，我對一大群企業家發表演說。他們多半是男性，非常有錢，也非常保守。那次活動有許多位演講人，我負責發表閉幕演說。主辦單位對所有演講人提出一項要求：不罵髒話。「我們其實並不介意，但這群觀眾非常保守，」他們說，「我們不想得罪任何人。」

哎呀，我可以說髒話，也可以不說髒話。我相信你料想得到，如果能在台上展現真實的自我，我會自在得多，那意味偶爾脫口罵幾句髒話。不過我也尊重不愛聽髒話的觀眾，而當我被要求保持格調，我會從善如流。

於是我一邊等著上台，一邊聆聽前一個傢伙的演講。他是海豹部隊的退役軍人，講題是領導力與團隊合作……而他用了我甚至不會在更衣室壓低聲音說的許多字眼。沒有一句話不夾雜重量級粗口。我望向觀眾……他們樂在其中。笑聲、掌聲，最後全場起立致敬。

此刻，我得做出決定。我曾向主辦單位保證演說中沒有髒字，起碼我不會爆粗口。我是否該像前一個傢伙那樣打破承諾、忽略他們的要求，因為我知道觀眾會享受我想發表的演說？或者應該遵守規則，使用文雅的語言？

我沒有食言，那是我的底線，於是我遵守規則。那是我第一次厭惡自己的演說。

並非因為我沒有使用不雅字眼——我尊重觀眾，那是合宜的作法——而是因為我讓別人告訴我什麼是「對」的，儘管我明知他們錯了。

那也是我的一道底線。

我的無可商量的核心價值觀之一，就是信任直覺、相信自己的判斷。我或許錯了，但我希望有機會證明自己是對的。我寧可自己決定，而不是讓別人替我作主。

勝利沒有商量餘地。你若非贏了就是輸了。勝利不在乎你多麼努力，不在乎你是否遭遇了情非得已的狀況。你很努力？好極了。我需要某個努力、聰明、俐落，外加其他種種特質的人。回去排隊，自己想想清楚。

自己想清楚。把你的瘋狂投入工作中。創新，不要模仿。最重要的是，停止聽從別人、墨守成規。如果他們知道自己在說什麼，他們早就成了贏家。

致勝法則

勝利在你的內心發動戰爭

我不知道其他更好的說法，如果以下的話令你感到不舒服……我也沒有辦法：勝利會擾亂你的心，把你當成傻子耍。

事實就是如此。

沒有什麼比勝利更能把你耍得團團轉。你才剛剛開跑，比賽已瞬間結束；你正感到從容淡定，卻一下子怒火中燒；你和勝利面對面相望，它卻突然從背後搧你一巴掌。所有事情都在你的掌握之中，直到你發現另一個人控制了一切；你終於追上勝利……它卻任由你倒地不起，上氣不接下氣。

你為了一次輝煌的勝利竭盡所能……卻發現怎麼做都不夠。

就像我說的。勝利會擾亂你的心，把你當成傻子耍。

你沒有辦法不受它影響。

史上最了不起的贏家如此，每一個曾渴望勝利並達成目標的人也是如此。他們前一分鐘還因為獲勝而心花怒放，隔天就得面對現實：若要保持那份感受，他們必須重新再來一遍，而這一次將加倍困難。

勝利是一場戰爭，你的內心就是它的戰場。

這場戰爭沒有休兵的時候。你的心起伏不定，永遠不得安寧。不論你住在有十二間臥房的大豪宅，還是窩在朋友家的車庫沙發上，當你加入追逐勝利的競爭，你每天晚上都和敵人同床共枕。那個敵人就是你：那個對你的所有弱點與恐懼、欲望和擔憂瞭若指掌，從不停止利用這些事情對付你的人。

勝利用念頭、警告和問題在你的腦中布下雷區……然後同時引爆所有地雷。就算睡著，你的思緒仍持續交戰，準備迎接想像出來、尚未發生的戰爭，如臨大敵。它們或許會發生，或許不會。

你疲憊地上床，疲憊地醒來，因為紛亂的思緒在你腦中發動猛烈襲擊，怎麼睡都無法消除那團亂麻。從醒來的那一分鐘起，腦子又開始交戰，各種衝突在你腦中肆虐，你甚至不記得自己睡了一覺。

每天從早到晚，你的心靈戰場被有如泉湧的腎上腺素、憤怒、恐懼和焦慮和其他各種爆裂物攻擊。壓力、自卑、猜忌、嫉妒。有時是陌生人在你心裡埋下了種子，有時是你身邊的人。有時是你自己。大多數時候都是你自己。

只要仔細看，你能看到炸彈上的標籤：你贏不了；壞主意；大家都在笑；你看起來很蠢；這會害我付出太高代價；叫那些人吃屎去。

並非所有地雷都殘忍凶狠；它們也可能口蜜腹劍：你該休息一天；你太辛苦了；你比別人優秀，他們毫無機會；你已經贏了；放輕鬆享受一下，不必凡事那麼認真。

贏家可以偵測炸彈，在它們造成損害之前拆除引信；輸家則抱頭等待衝擊，納悶自己如何清理善後。

你了解那些爆裂物，也知道它們的引爆點在哪裡，但是等到你準備好應付它們，你已經累了，心不在焉、腦子迷迷糊糊。你想尋求平靜、找個祥和安寧的地方思考，卻發現自己踏入瘋狂的心靈戰區，爆炸聲四起、硝煙瀰漫，四周充斥各式各樣的尖叫聲，而且那很可能是你自己在尖叫。正當你即將拆掉一枚滴答作響的定時炸彈，赫然察覺另一顆有五倍威力的重磅炸彈轟然引爆；你前一分鐘捻熄火苗，下一刻，一枚手榴彈猛然砸中剛剛熄火的地點。你到處救火，當你撲滅一處，另一處卻突然竄起熊熊火焰。

每個人都想「點燃世界」，但你也必須懂得控制火勢。勝利熱愛這場戰爭：你能承受多少？我能把你逼到什麼地步？你玩得還開心吧？不論你具備多高的才能與天賦、夢想怎樣的計畫、許過哪些承諾，如果你無法主宰這個戰局，你就無法獲勝。

這是你的疆域、你的領土，由你來稱霸稱王，否則就會有別人來攻城掠地。

你有能力拆除地雷區的爆裂物嗎？你是否擁有必要的意志力與敏捷度？是否能察覺你的分神、自卑，以及被灌輸到你腦中的錯誤信念？

這就是了不起的贏家有別於其他人的地方。他們也會遭遇挫折失敗，也需要面對批評、議論和形形色色的障礙。但他們始終具備十足的能力打贏心靈戰爭，平息紛亂，接著去打下一場仗。

你的心靈戰場是個指揮中心，宰制你所做的每一項決策。假如你認定某件事情是個麻煩，它肯定會給你惹麻煩。當你為錢操煩而在半夜驚醒，你可以想辦法解決你的經濟問題，或者躺在黑暗中擔心自己走投無路。在重大比賽或會議之前，你可以滿腦子想著自己可能出錯的種種情況，或者在腦中梳理成功完成任務所需的一切細節。當你犯了錯誤或遭遇失敗，你可以一腳踩上吶喊著「廢物！」的地雷，或者摸索著走到更好的地方，以清晰的頭腦計畫自己的下一步。

相信我，我不會跟你胡扯「正向思考」和「心靈意象」這類鬼話。你可以想像自己成為贏家，想像那光榮的一刻，樂觀地認為一切都會順利進行。那是一場美妙的白日夢，但作白日夢就跟打一支已經停用的電話號碼一樣白費力氣。醒醒吧。那些事情還沒發生。勝利不會走進你的美夢……它只會出現在你的惡夢中。

當夜深人靜，你終於可以聽到自己的想法時，會有哪些念頭跳進你的腦海？我做得夠不夠多？我是否應該更努力一點？我辦得到嗎？我是在自欺欺人吧？我這輩子有沒有成功機會？

對許多害怕失敗的人來說，那些念頭可以引發災難；他們每天在慌亂中醒來，迎接充滿焦慮與憂懼的另一天。我不曉得自己在幹嘛；我是個冒牌貨，誰都能拆穿；我永遠不會成功；我簡直一團糟；我搞不定的。

但對其他人來說，那些念頭是進步的藍圖。我做得對不對？可以做得更好嗎？我知道該怎麼做，我需要落實於行動。他們走近地雷，從各個角度審視，直到有辦法摘掉地雷、解除引信。

那就是科比。在我可以百分之百命中今天本該投進的那一球之前，我絕不休息。他會在腦中一遍遍上演那一刻，釐清當時發生了什麼問題，以避免重蹈覆轍。他會在腦海裡重播那場比賽、在清晨四點觀看影片，直到弄清楚他為什麼沒有投進那一球。防守球員做了什麼？球在哪裡？球的旋轉幅度對不對？球濕了嗎？太重嗎？我的頭是否過於後仰？我接球的動作對不對？手肘的位置對不對？他會思考每一個可能的變數，直到他能回答自己的問題，並且確定他腦中的答案能解決球場上的狀況。

一切行動都從念頭開始。你有多少次因為腦筋短路而扯了自己的後腿，阻撓自己落實目標和野心？你想減重十磅，但那片披薩看起來真誘人；你想戒酒，但管它的，今天真難熬；你知道你應該打那通電話，但你不知道該說些什麼。你做好種種計畫，準備跨出人生的一大步……但因為別人的一句話而打了退堂鼓。

沒有人強迫你做出這些選擇。你只是還沒準備好打贏那些戰爭。

我見過了不起的球員失去一切，因為他們的心靈無法往前跨出一大步，從渴望勝利躍升到付諸實現。他們開始相信炒作和種種話術，不再相信當初幫助他們走到今天這一步的一切。

當然，不只運動員如此。事情可能發生在任何領域的任何人身上。我經常見到與我合作的企業領袖和創業家發生這種情況：他們前一天還走在邁向成功的康莊大道，隔天突然處處碰壁。發生了什麼事？他們不是突然忘了怎麼做事。有某個因素橫加阻撓，而且幾乎總是心理因素。

我曾跟許多擁有極高天賦的運動員打交道，他們的職業生涯徹底毀在自己的心理防空洞內。對於他們的天賦與卓越表現，人們所說的每一句天花亂墜的讚美、每一句浮誇的恭維，他們深信不疑。他們從小就知道自己非常特別，在高中或大學時期或許如此，遺憾的是，他們無法在職業球壇拿出真正的成績。而他們沒有付出更多努力以不辜負他們被認定的潛力，反而執迷於宣傳炒作，一心一意「打造自己的品牌」，而不是打造成績。

請記得：拿出成績，品牌自會茁壯成長。假如本末倒置，你的職業生涯將遠比你的運動鞋代言合約短命。

那就叫自毀長城。

你是否在自己的戰爭中占了上風？人們發現許多事情會讓他們背離成功的軌道。心有旁騖、懈怠懶惰、自我膨脹……假如你沒有回擊的韌性，勝利有千百萬種方法阻擋你。

你是否善於應付雜念？我相信在你認識的人當中——包括你自己——肯定有人毫無能力過濾並應付和親人朋友、毒癮、金錢、感情、健康、官司有關的問題……發生在他們身上的每一件事，都是阻礙他們抵達終點線的新藉口。他們為每件事、每個人付出時間與精力，然後回過頭責怪那些事情「阻礙」了他們，從沒發現成功之路上，最大的障礙就是他們自己。說穿了，他們專注於每件事情，只除了最重要的一件事——勝利。

我說的分心，不是看手機、傳簡訊或走進廚房吃今晚的第十五份點心這類的事。儘管這些事情確實令人分心，但我說的是你自己內心交戰而產生的雜念。

如果你喜歡拖拖拉拉，如果你總是在為你做過或沒做過的事情道歉，如果你發現一天下來，你沒完成你想做——或需要做——的任何一件事情，你就是被自己的雜念分了心。

每個人都有某種「待辦事項」清單，對大部分人而言，那是一份「需要完成但永遠不會去做」的清單。

贏家有一份「已完成」清單。

你是否有一張永遠不會變短的清單？是否就是無法完成某些事情，因為你永遠沒有時間、知識、經費、其他人的認可，或者有其他種種藉口？你因為新冠疫情關在家裡，追完Netflix所有影集後無所事事的時候，是否有應該做卻沒去做的事情？

幫自己一個忙：要嘛去做，要嘛承認你永遠不會去做，然後繼續向前，應付「懸而未決的事」會白白浪費莫大的時間和精力。不管怎麼說，那些擱置事項會耗掉同等的力氣，讓你念念不忘，在你每次開始思考自己尚未完成——或者尚未展開的每一件事情時嘲笑你。甩開它們，你會立刻舒坦許多。

如果無法妥善管理雜念，雜念有可能毀掉你的目標。請注意，我說的是「管理」，不是「消除」。我知道，人們曾千萬遍地囑咐你「消除雜念」。那是不可能的事。你或許能刪除部分雜念，但人們依舊需要你，你依舊有需要完成的任務和雜事，手機、電視和冰箱依舊在那裡撩撥你。假如這些事情如此引人分心、足以產生問題，當你試圖消除它們，它們甚至會令你更加心煩意亂。

如果你想要管理雜念、主導戰爭，你需要建立一些規律。

我不是叫你堅守能讓你舒服平安度過每一天、不「破壞現狀」的舊規律，因為有時候，現狀就是需要被破壞。很難。但假使你不破壞現狀，如何得知自己能走到哪一步？重點不在於打破沉悶、應付焦慮或逃避新事物。我不希望看到你渾渾噩噩過一輩子，湊合著生活。我們都認識一些得過且過的人。他們會說：做一天和尚敲一天鐘……來得容易去得也快……日升日落，慶幸自己還活著……還是老樣子之類的話。假如那是你——我真心希望不是——你需要破除那樣的規律，以能令你更用心、幫助你創造新挑戰與成果的事情取而代之。

在我看來，假如你正確運用規律，規律能帶來自由。規律能幫助你在採取行動時更篤定、更有方向，去除拖你後腿的變數與減速丘。最重要的是，它們讓你得以迴避導致天人交戰的決策：我應該嗎？還是不應該？這麼做？那麼做？今天？明天？多長時間？我該問誰？當你有一套考慮周密的規律，那些問題都已有了答案。你只需執行，然後繼續向前。完畢。下一個。

喬丹擁有我所見過最嚴謹的出賽日規律，從挑選計時器到綁鞋帶的方法，囊括所有細節。他計畫並安排一整天從早到晚的每一件瑣事，從什麼時候進行體能訓練，到開什麼車前往球場。他以特定順序穿衣服、為家人朋友準備球賽門票、每天固定時間用餐……每件事情都有目的，紀律嚴明。

他個人團隊裡的每個人都參與其中。我知道我們什麼時候訓練體能、每次鍛鍊多長時間（每天早晨五點、六點或七點，就連移動期間都不例外）；他的汽車管理員知道他計畫開哪一輛車，也知道什麼時候應該將車子洗乾淨準備好（喬丹只開剛剛洗好的車子）；廚師知道他要吃什麼，也知道應該幾點上餐。每件事情都安排得天衣無縫，時間表上不會出現任何衝突。

他的規律之一，是在比賽前從鞋盒拿出一雙全新的球鞋，親自綁鞋帶。這項儀式對他具有特殊意義；每一次這麼做，他都能想起小時候拿到新鞋子的感受，霎時幫助他進入狀況，做好出賽的心理準備。有一次，球隊巴士在前往球場的路上遇到堵車，我為了替他節省時間，逕自用一模一樣的方法幫他綁了鞋帶。他拒絕穿那雙鞋。我擾亂了他的規律，他吩咐裝備管理員找來一雙沒綁鞋帶的新鞋，好讓他親自動手。

他練球和出賽也同樣有固定規律。每一次熱身都從胸前傳球開始。全世界最偉大的球員練習最基本的胸前傳球，為什麼？規律。基本功夫。基礎技術。球場是他的戰場，他知道每顆地雷埋在哪裡。如果你無法掌握基本動作，其餘全都免談。

就連開賽之前，當他穿越從休息室前往球場的通道，他都會在心裡模擬胸前傳球的動作，看著想像的籃球從他的指間完美拋出，在腦中旋轉飛躍，切斷腦海裡多餘的雜念。

他的基本動作演練得如此純熟，上場之後從來不需要多加思考。他知道只要自己站在特定定點，沒有什麼可以阻擋他。大多數球員都有這樣的定點。喬丹的定點遍布全場，那是他的地雷區。他知道要跑到哪個定點，把倒楣的對手炸得頭暈目眩。

精銳軍事部隊執行複雜行動時也沒什麼不同。規律並非選項，而是命令。每個細節都經過規劃、勘測，不得有誤；整個團隊必須完全同步行動，否則所有人都會面臨危險。從你學到的整理床鋪的方式，到跳下飛機的精準動作，沒有一件事情有發揮創意的空間。一切決策都已有人為你做好，你只需執行，不必思考。

喬丹的偉大之處，一部分在於他的執行能力。就連動作中最微小的細節，都能幫助他比場上其他人更快速地行動與反應。他可以迅速射籃，因為他接球時膝蓋微曲，肩膀對準籃框，所以他已準備好投籃，大部分球員接到球之後才進入投籃姿勢。喬丹則早已準備好了，槍已上膛。他很少需要在接球之後調整姿勢或轉動肩膀，他所需做的就是接球，然後轉頭面向籃框。

直到今天，我仍不知道那是別人傳授給他的祕訣，還是他憑空想出來的點子。但那種方法讓他可以減去幾分之一秒，不必思考多餘的步驟，不必浪費體力和腦力。

那就是控制心靈戰場的方法。

規律為什麼對他如此重要？因為比賽本身充滿變數。並非不可控制，但確實無法預測。控制不可測因素是他的專長。他從不驚慌，從不因遭遇意料之外的障礙而退縮。羅德曼（Dennis Rodman）被判離場？沒關係，我們會代替他搶籃板。皮朋（Scottie Pippen）受傷了？沒問題，我們會替他得分。球隊即將在球季結束後拆夥？我會搞定。把球交給我，然後閃一邊去。

假如你的心靈因為生活中的其他事情陷入交戰，你絕對無法處理上述任何情況。規律讓他得以擁有自由而澄澈的心靈，使他能專注於一件事：賽事的複雜度，並處理橫亙在他和勝利之間的每一個變數。他為不可測因素做準備，調整生活作息，盡可能降低變數對他的表現造成的衝擊。

但強者明白自己不可能為所有事情做好準備。勝利尊重你的規律與習慣，但它熱愛不可測因素，而且會不斷丟出快速球——內角高球，有時對準你的腦袋——直到它突然投出刁鑽的曲球，只為了看看你能否適應變化、處理突發狀況。如果你只能按照固定方法做事，如果你無法跳出自己的框架，勝利會感到厭倦，決定去找別人玩。

規律或許能讓你以自動駕駛走完部分行程，但要抵達目的地，你需要全盤掌控最終成果，那就是成功的四分衛和失敗的四分衛之間的差別。成功的四分衛可以在球隊處於劣勢時改變策略、轉敗為勝；失敗的四分衛只能執行排練好的戰術。如果你是戰鬥機飛行員，你不能將控制權全然交給自動駕駛，你必須隨時準備好壓制系統，處理突發狀況。

新冠疫情幾乎破壞或改變了我們的每個生活層面，疫情期間，許多人都面臨了挑戰。基本的規律突然之間改變了或是徹底消失，不太可能回歸原來的生活。原本的日常作息，諸如幾點起床、幾點出門、幾點上健身房、去哪裡吃午餐、跟誰見面聊天、幾點回家、進門之後做些什麼、晚上如何放鬆、幾點上床，一夕之間全都變了模樣或不復存在。

每一項規律、習慣和程序都需要重新規劃與重新學習。這對某些人而言是一大災難，因為他們無法應付天翻地覆的變化；但在其他人看來，這是去除陋習、打破陳規、找到全新做事方法的機會。

這場變化暴露了許多人的墨守成規，我們一遍遍陷入這些毫無意義的習慣與秩序，沒有任何實質好處。我藉此機會質問我的客戶，尤其是試圖替自己與團隊建立新「常規」的企業客戶：你為什麼有這樣的例行程序？因為恐懼？無聊？策略？因為向來這麼做？因為你不知道其他方法？如果堅持這套作法，你會不會畫地自限？它如何幫助你成功？

對於恪守時間表與規律的職業運動員來說，檢疫隔離和新的行動準則是一項有趣的挑戰。當你的整個職籃生涯都以同一種方式打球——遵守從不更動的固定時間表，面對成千上萬粉絲，家人朋友圍繞身旁——你需要更高的專注度來應付新的現實，包括從空蕩蕩的球館到NBA泡泡等等。有些球員游刃有餘；有些球員無法忍受規律遭到破壞，進而影響了他們的成績。差異不在於生理條件，一切取決於心理狀態。

每套規律都必須將不確定因素納入考量。如果你只為一種情節做準備，肯定無法應付正式比賽變化無常的情況。運動場上如此，生意場上如此，人生也是如此。如果只有在特定環境、特定時間你才能正常發揮，那表示你欠缺臨機應變的能力。

以籃球為例，你盡可以在練習時百發百中，但在比賽中，你永遠不知道球會從哪個方向傳給你。這些年來，我無數次傳球給我的運動員，他們有時候把球丟回來給我，因為他們不喜歡我傳的球。太高了，太低了，力道太大，力道太小，諸如此類。我手下曾有一名實習生，大家都討厭他，不是因為他能力太差，而是因為他傳球的力道太弱，簡直把球員們逼瘋。我可以理解那名實習生，因為即便你身強體壯，你恐怕也不具備NBA球員的力量，更何況你一天要傳上千顆球給這些傢伙，每個球員希望的傳球高度與位置都不同。但他每次傳出軟弱無力的球，球員滿腦子都是抱怨，忘了專注在自己的練習。他們希望見到符合比賽情況的球速。

所以我故意用他們沒料到的方式傳球，當他們開口抱怨，我會告訴他們：你多常在比賽中站在完美的定點接到完美的傳球？你必須有能力前後左右移動，準備好接住和你預想狀況不同的球。我不希望你在那一刻想著：媽的，傳得真爛！我希望你想像自己靈活地接住任何一球。

如果球員沒投進他應該投進的球，我們會以和當時一模一樣的情況傳球給他，多加練習，藉此查明出了什麼問題，確保他不會再犯相同錯誤。

為了這些傳球，我常常把自己操個半死。大多數教練會站在籃框底下，將球回傳給球員投籃。但在正式比賽中，球可能從任何角度傳過來。所以我每一次陪球員練投，我會跑到籃框下接住球，然後跑到另一個定點，將球傳給他，再跑回籃框下接住球，跑到另一個定點，將球傳給他……因為這正是他們要面對的戰況。不只是百步穿楊的生理戰爭，更是在事情沒照計畫走時保持專注的心理戰爭。

的確，我可以聘用實習生或助理跑來跑去、接籃板球；我有時確實如此。但我最頂尖的球員希望看到我和他們一樣拚命；他們需要知道我會和他們並肩作戰，攜手打贏這場仗。科比偶爾會故意失去準頭，只為了看我拚死拚活去接彈得老遠的球。他在這些時候露出的竊笑，依然時常出現在我眼前。

戰爭在你腦中開始，也在你腦中結束。你的念頭必須像付費的每日訂閱服務不斷更新，好讓你保持頭腦清晰。你的電腦和手機經常獲取全新內容；但你有多常更新自己的想法？你的策略？你的輕重緩急順序？你多常重新啟動你的腦力，刪除過時的程序與檔案？

行動源於你的念頭。勝利拉著你往一個方向跑，但你的念頭會把你拽回來：太難了；我沒料到會這樣；我還沒做好準備；我不夠優秀。

你是否有足夠自信，相信自己能打贏這場仗？你是否準備好賭自己會贏？我們即將得到答案。

致勝法則

勝利是對你自己的一場豪賭

二〇〇七年，我開始訓練科比．布萊恩的前一晚，我坐在一家小餐館裡，距離我在新港海岸（Newport Coast）下榻的飯店不遠。科比走進來點了一份壽司外帶。

我當時跟他還不熟。喬丹建議他聘用我後，我們交換過許多通電話，之前幾年也打過幾次交道，但從未真正相處。

情況即將急遽改變。

多年來，許多球員問喬丹是否可以在球季期間聘用我訓練他們，總是得到一個標準答案：我不是付錢讓他訓練我，而是付錢讓他不要訓練別人。但他此時已經退休，真心希望科比的職業生涯盡可能維持最高水準。

我見過也聽過有關這兩人的種種對比。我做足了功課，準備好親眼看看他們究竟多麼相像或不同。

我注意到的第一個重大差異是：科比．布萊恩可以在晚餐時間走進壽司餐館，沒有人跑過來索取照片或簽名。

我沒有批評或不敬的意思，只是實話實說。喬丹從來沒辦法這麼做。我在他身邊多年，早以為每一位超級巨星都有相同的待遇。

我們隔天在加州大學爾灣分校開始合作。科比很安靜，個性拘謹……全神貫注。我們談起他的膝蓋問題、他想加強訓練的其他部位，以及他長久以來心心念念的一件事：他想知道關於喬丹的一切。訓練計畫、排程、動作，整套例行程序。他想知道喬丹的生活方式、他如何應對特定情況、如何對待隊友和教練，以及科比可以替他的私人火藥庫添加的其他各種武器。

他渴望求取知識。

不是為了變成喬丹，而是為了變成更好的科比。

這些年來跟我打聽喬丹的許多球員，大多想模仿他的心態與戰術；這是辦不到的事。我可以列出令他如此偉大的所有特色、習慣和道理，但祕訣在於如何將所有因素融合起來，在這一點上，每個人都有自己獨一無二的方法。你可以取得可口可樂的每一項成分（瓶身上就有寫），以上千種不同方法進行組合，但你永遠無法複製可口可樂，因為重點不在於成分，而是將所有原料結合起來的配方。

當你成為偶像，你永遠無法被複製。

科比明白這個道理。他想學習，想落實對他有用的特定方法，持續提升他自己的競技狀態。因為當你已是頂尖人物，沒有太多人能教你如何變得更好。

經常有人問我這兩人的相異與相似之處。我不喜歡比較，因為對我來說，他們是如此不同而獨特，任何比較都對他們兩人不公平。但是如果你想聽聽簡單的總結，我可以這麼告訴你：

科比苦幹，喬丹巧幹。

科比從不停歇。他質疑訓練計畫的每個面向；他需要知道每個項目為什麼有效果、有什麼效果。他並非沒有倦怠的時候——還剩下什麼？——但他總會完成訓練，而且總會回頭要求加重訓練。

他永遠看不膩比賽影片。他會一遍遍觀看某個片段，重溫當時的狀況，思考如何能打得更好。他隨身攜帶一台DVD放影機——當時還沒有iPad——以便觀看球隊特地為他製作的影片。這樣還不夠，我們找來我的球員發展總監麥克·普羅柯皮奧（Mike Procopio）分析每一場比賽和每一名對手的影片，研究各種可能情節，制定戰略。那是科比在凌晨兩點到四點的關注焦點……除非他在球場練習投籃。

當他想鍛鍊特定技術，假如凌晨三點有體育館還開著，他必定到場。那些年我從不睡覺，只是抓時間打盹，因為你不知道他什麼時候打算進行訓練。我們會在半夜三點進球場，到了四點半，我會要求他回家稍作休息。但我會留下來……因為我知道他十五分鐘後會偷溜回來，我得再度要求他回家。在我們的所有訓練項目當中，最難的就是要求他稍微停歇。

運動場上充斥著「衝衝衝」和「打打打」的加油聲，從未對「停止」投以足夠的時間與關注。勝利需要你偶爾停下來，雙腳著地，聽一聽、看一看、聞一聞、學習、領略。如果你只能蒙著頭一陣猛衝，最後說不定會和勝利擦肩而過，甚至沒認出它來。

喬丹知道何時停下來。他有極高的悟性，不需要和別人一樣投入大量時間與力氣研究；他就是能心領神會。他也會看看影片，但只是為了確認他已經在腦中重播過的情節。他的頭腦就像一座收藏了無限畫面、片段與戰術的圖書館；他記得每一個動作與反應，也知道如何迎戰每一場比賽。

你永遠不會在清晨四點的球場看到他的身影。他從不熬夜，因為他知道睡眠也是訓練的一環，而且正如我前面說的，我們幾乎每天在早上五點、六點或七點訓練，視排程與時區而定。到外地出賽的時候，他偶爾會在深夜進行體能訓練，只為了保持良好狀態。有一次，他打算一下飛機就直奔體育館，我得跟他借一件T恤，因為我沒時間進房間換衣服。兩年後，他看見我再度穿上那件T恤，想起我沒有還他衣服。那傢伙從不忘記任何事情——正如我們在《最後一舞》中所見。

他從不質問訓練項目的內容與理由；他靠自己的感受力來判斷哪些項目對他有效。我會替他做好規劃，看著他完成訓練。他通常要求我陪他一起練，只為了找個人一較高下。但他的目標是效率與成效，一如所有事情。

關於清晨五點、六點或七點的體能訓練：球賽結束之後，我們之間的對話有時候僅限於我問他：「幾點？」喬丹言簡意賅地回我一個數字——五、六或七。但我從未向讀者解釋，我們為什麼總是需要切換練習時間。

贏家需要在任何情況下處於巔峰，不受時區、地點或其他變數影響。對你而言，那可能意味著在惡劣天候、飛機航班取消的情況下趕赴一場會議；行程臨時改變，你不得不比平時更早起床；或者迫使你走出舒適區的其餘一切。我的運動員需要在任何時區的任何時段維持最佳狀況，充分發揮水準。假如他們總是在特定時間訓練，他們的生理時鐘會漸漸固定，這並不適合需要征戰全國——尤其偶爾需要在短短幾天內東西兩岸奔波——的運動員。所以我們經常更動體能訓練的時間，好讓運動員準備好應付一切狀況。

喬丹著重效率，科比則講求「更多」：假如某件事情是好的，更多顯然更好。喬丹會適可而止，以便接著去做下一件事。

多年來，我經常思考他們倆為什麼如此特別，毫無疑問，他們各自擁有數不盡的優點，造就了他們各自的不凡。球技與天賦當然不在話下。還有職業操守、頭腦、敬業精神、韌性。

但最重要的是以下這個共通點：他們都對自己有堅定不移的信心，從不動搖。

他們不必知道自己即將面對什麼；他們隨時可以應付一切。他們知道什麼時候應該投籃，什麼時候應該把球傳給別人。他們知道什麼時候開口，什麼時候保持沉默；什麼時候加速，什麼時候放慢動作；什麼時候回應非議，什麼時候一笑置之。

對喬丹而言，那是相信他能突破底特律活塞隊的壞孩子軍團（Bad Boy Detroit Pistons），以及他們加諸在他身上的粗暴打法，進而成為史上最偉大的球員。那是忽略他在三度奪冠之後退出籃壇、轉戰職棒時面臨的批評與懷疑；忽略他在將近兩年後復出NBA、大家都說他不可能重返巔峰時面臨的批評與懷疑，然後奪下另外三次冠軍。那是在公牛隊的最後一舞中傾盡自己的一切，明知隊伍即將在球季結束時解體。

雖然球團總是要求他吸收超級巨星加入隊伍，但他從未這麼做。有一次，公牛的管理團隊要求他參加跟山姆．鮑伊（Sam Bowie）的電話會議，後者當時是一名自由球員。每個人都說盡好話，試圖說服山姆加入公牛，表示芝加哥多麼想要他也需要他。菲爾（Phil Jackson）（譯註：指公牛隊的傳奇教練「禪師」菲爾．傑克遜）拋出他的推銷詞，接著是傑瑞．克勞斯（Jerry Krause；公牛隊前總經理）和皮朋……然後輪到喬丹。

「山姆，你來還是不來？」他說，「不管有沒有你，我們都會贏。」

他對自己信心十足，從不懷疑最終結果。即便高掛球鞋之後，他仍持續尋找新的方法投資自己和自己的能力。他買下夏洛特黃蜂隊，成為第一位當上球隊老闆的ＮＢＡ球員。他仍然和耐吉的喬丹副品牌密不可分，後者在二〇二〇年賺了超過三十億美元。他創立、並經營好幾個新的生意。他在高爾夫球場（包括替自己蓋的一座私人球場）上競爭，也參加釣魚比賽。

他大可不必做這些事情——那傢伙的身價早已超過十億美元。但勝利會令人上癮，沒有其他東西可以比擬。你一旦嘗過它那狠絕的愛，你會永遠渴望那份愛。

科比也是一樣。他的一切行動，從他選擇不上大學、高中畢業直接加入ＮＢＡ開始，都是出於對自己的巨大信心。他和俠客．歐尼爾（Shaquille O'Neal）攜手奪得三次冠軍，然後將餘下的生涯用來向自己證明，不必靠俠客，他也能奪冠——兩次。他學習五種語言，包括中文（因為他知道ＮＢＡ將在中國大火）和斯洛維尼亞語（以便在場邊對盧卡．東契奇〔Luka Doncic〕嗆聲）。他跟湖人隊隊友保羅．蓋索（Pau Gasol）說西班牙話，以免對手得知他們的戰術。他撐著能毀掉多數球員的傷病打球，一度在阿基里斯腱斷裂後留在場上投完兩顆罰球，然後詢問能否暫時「包紮起來」，好讓他打完比賽。

結束籃球生涯後，大多數球員會緊緊依附往日的榮耀，抓住不放，他卻立即投入娛樂業，以短片《親愛的籃球》（*Dear Basketball*）贏得一座奧斯卡獎（他是該片的旁白兼執行製作），也開始撰寫暢銷童書。他跟下一代球員分享他對籃球的熱愛，投入時間與熱情，以大多數ＮＢＡ球隊無法企及的卓越標準，訓練女兒吉安娜和其他幾名女孩。我非常肯定，他打算培養吉安娜成為ＮＢＡ史上第一位女性球員。

那就叫做把賭注押在自己身上。

不論對喬丹或科比，一切都歸結於對自己的所作所為深信不疑。我合作過的所有強者都是如此——德韋恩・韋德、查爾斯・巴克利、崔西・麥葛瑞迪（Tracy McGrady）、史考提・皮朋、哈基姆・歐拉朱萬（Hakeem Olajuwon），以及其他許多人。每一項決策、每一個行動，都根植於自信。

喬丹生涯之初，有記者問他的教練道格・科林斯（Doug Collins），訓練史上最偉大球員的策略是什麼。

「很簡單，」科林斯說，「把球給他，然後滾一邊去。」

強者不需要被告知怎麼做。他們早就心知肚明，而且總會找到方法贏回自己下的賭注。

很少人能夠——或願意——下注在自己身上。他們在自己的人生扮演助理角色，等待上級的指示與認可，因為他們沒有足夠信心自己做決定或採取行動。

自信是最猛的藥，而勝利是藥販。自信是懷疑、不安全感、驚慌和自卑的解藥，在你失控墜落時拉你一把，在你恐懼和脆弱時給你打預防針。不過沒有人可以替你開處方箋，沒有人可以拿藥給你。你如果不能察覺潛藏內心深處的自信，把它召喚出來，就無法擁有自信。

每當談起「潛藏內心深處」的本能，我總會訴諸無可爭議的專家：嬰兒和小孩。哪些東西是我們與生俱來的，哪些是我們後天學到的？

每個人的人生都從自信滿滿開始。嬰兒邁出他們的第一步、跌倒、爬起來、跌倒、笑一笑、哭一哭、爬起來、再跌倒，然後繼續嘗試。他們不會說：我受夠了，我要一輩子坐著。他們做自己覺得對的事，不在乎你怎麼想。如果不喜歡你餵他們的食物，他們會直接吐出來。小朋友看到小狗，第一個反應是跟牠玩，直到有人告訴他們：不！不可以！小心一點！他們才開始害怕遲疑。

小孩子會毫無理由地唱歌跳舞、胡亂塗鴉、穿他們想穿的衣服。他們會一腳穿紫色靴子，一腳穿橘色球鞋，背上仙女翅膀、頭戴安全帽、套進四件T恤，對街上每個人唱「生日快樂」。

直到大人插手。你不能那樣穿！看起來像神經病！進屋子裡來！去換衣服！又沒人生日，你幹嘛唱生日快樂歌？

不論孩子們多麼自信，遲早會因為某個人的話而羞愧得失去信心，或者發生了什麼事，讓他們認定自己某方面不夠好。

沒有幾個孩子有能力忽略那些話，它們從此在你心裡扎了根。

每個成功人士都能對你訴說他們人生中的某個（或好幾個）屈辱時刻，那些時刻界定了他們的自信程度，強迫他們選擇：贏或輸？

對喬丹來說，那是沒有入選高中籃球校隊的一刻。在國家美式足球聯盟（ＮＦＬ）選秀中，湯姆．布雷迪（Tom Brady，職業美式足球傳奇四分衛）直到第一九九順位才被選中。一九九七年季後賽，十八歲的菜鳥科比上演一場著名的「籃外空心球大賽」（airball game）；他在第四節投了一記籃外空心，到了延長加賽又投了三記麵包球。德韋恩．韋德高中畢業前只有三所大學願意為他提供獎學金，在馬凱特大學（Marquette）上大一那年，又因學業成績太差而被禁止出賽。查爾斯．巴克利剛進職業籃壇時重達三百磅，他問隊友摩斯．馬龍（Moses Malone）他的上場時間為什麼那麼少，馬龍說他太肥也太懶了。史考提．皮朋在中阿肯色大學（University of Central Arkansas）的大一新鮮人球季，是從擔任球隊的裝備管理員開始。

沒有人能倖免於勝利的病態幽默感。只需問問因為差了一筆生意而拿不到獎金的業務代表、沒有踢進致勝關鍵球的ＮＦＬ射門員、在第七局比賽表現失常的棒球投手、因技術問題輸掉重大官司的律師。

如果你是贏家，遭遇屈辱後，你應該義無反顧地持續下注在自己身上，為日後做決定：我接下來該怎麼做？我真的那麼差嗎？或者，我的本事其實遠遠不止於此，而我現在需要證明……不是對別人，而是對自己證明？

我的人生有許多屈辱時刻，我甚至無法一一記住。小時候，我四歲進小學，立刻跟其他趕不上學習進度的孩子被列為特教生（當時，我剛剛隨父親抵達美國。父親表示我原本已經就讀一年級，學校信了他的話）。我不會朗讀，也不會拼寫。我們得當著全班的面站起來，老師會給我們一個簡單的單字：

「提姆，請拼出『火腿』（ham）。」

我想了一分鐘。誰在乎「火腿」應該怎麼拼，火腿是用來吃的，不是拿來拼寫的。不過好吧：「H…A…N。」

全班笑翻了，但我沒笑。儘管訴說這個故事總能引來哄堂大笑，我至今依然不覺得好笑。那些事情會在小朋友的心裡扎根。

回顧往事，我受過的最大屈辱常常發生在課堂上。鑑於我向來成績優異（在我們家，你沒有其他選項），這樣的情況很不應該。進大學主修人體運動學的頭一年，我靠著三寸不爛之舌說服學校讓我直接上進階課程，不必完成原本可以教給我必要知識的先修課。一開學，教授要求所有人起立，他對每個學生逐一提問，假如答不出來，你就得站著上課。

我站了七個半星期，每星期三次。其他人都回答了他的問題──他們通通坐下來了。我獨自站著，汗流浹背、無地自容、對自己生氣，直到我悟出一個道理：我可以站在那裡當個廢物，或者拾起人體運動學的入門書籍，學習我照理應該已經學過的知識。

直至今天，我還記得我正確回答問題的那一刻──諷刺的是，那已經是第二十三堂課了──教授說：「葛洛佛同學，你可以坐下了。」

當然，到了那個時候，我已經自修完一整門課。我頻頻搶答，完全停不下來，直到教授終於忍不住說：「葛洛佛同學，我現在不需要你發言。」

我終於做到了。我的自信心也隨之浮現。

自信來自許多方面，不僅是我們如何看待自己，也包括別人如何看待我們。

幾年前，我給一群執行長和企業領袖上課；那是競爭優勢研討會的一個環節。在場人士全都事業有成、身家不菲、備受同事與同儕敬重。我們談起他們在攀上巔峰的路上遭遇過的個人阻礙和問題。

「這裡有誰被人罵過一無是處？」我問。幾個人怯生生地舉起了手。

「起立站好，」我指示他們。「有誰被人說過你是在浪費時間？」又有幾個人站起來。「肯定會失敗，你絕對不會成功。」越來越多人起立。最後：「你瘋了。」

此時，全部的人都站起來了。「我也站著，」我說，「最後一個問題其實是個讚美。任何一個有點成就的人，都有稍微發瘋的自信。」

我們這裡所說的是你嗎？你是否在做別人覺得瘋狂，但你卻覺得完全合乎邏輯的事情？你是否對自己的能力與遠見深具信心，即便別人看不明白、希望你停下來，你仍願意下注在自己身上，賭自己會贏？

千萬別停下來。

卓越是孤獨的。沒有人能體會你這一路怎麼走來。

當然，你必須有理由相信你可以達成你奮鬥的目標。你不可能成為第一個以五十一歲高齡入選ＮＢＡ的新秀；假如你不曾在高爾夫小型錦標賽中勝出，你不可能一舉打贏名人賽；你不可能光靠盯著高價商品、渴望擁有它們而因此成為億萬富翁。每一天都很重要，尤其對於運動員而言更是如此，因為他們擁有的特定技能組合很快就會遭到淘汰。強者明白現實的殘酷。

當你賭上一切，自信就有了特殊意義。自信不再只是以睥睨天下的姿態走進某個房間，或者覺得自己的穿著打扮非常出色，或者知道所有問題的答案。當你爭奪某個獎項、肩負重任，自信是深知自己一定會贏，毫無懸念。那是湯姆．布雷迪在六度奪冠之後，決定離開新英格蘭愛國者隊轉戰坦帕灣海盜隊，並且以四十三歲之齡，幫助該隊在將近二十年後首度奪下超級盃冠軍。

自信的人是自成一格的殺手。你打不垮他們，因為他們早已一次次打破重來。那就是他們如此自信的原因：並非基於別人的讚美、歡呼與擁戴，而是被人按在地上拳打腳踢、嘲笑奚落之後，自行體會出自己究竟多麼強大。在最惡劣的情況中仍有信心相信：我們一定會走出困境。

只要問問芝加哥小熊隊就知道。二〇一六年，他們背負著睽違冠軍一百零八年的歷史，進入世界大賽的第七場比賽，對戰克利夫蘭印地安人隊。當雙方戰成平分而印地安人隊士氣如虹、越打越順時，一場突如其來的大雨迫使比賽暫停十七分鐘。小牛隊的外野手傑森．海沃德（Jason Heyward）環顧隊友，發現他們個個垂頭喪氣，準備迎接第一百零九個鎩羽而歸的球季。於是他決定向大家精神喊話，最後無疑振奮了團隊士氣、挽救了這場比賽。他的自信感染了他們。這就是領導能力。

自信是當你陷入人生低谷，仍知道自己必將捲土重來，比以往更強大。自信是當別人告訴你事情一切順利，你現在已經很好了……你仍知道他們是錯的，你還得繼續努力。

以傳奇的菲爾．西斯（Phil Heath）（譯註：美國職業健美運動員）為例。他曾七度蟬聯奧林匹亞先生頭銜，因手術退出比賽一年之後，復出角逐第八座冠軍。他大可以選擇離去，大可以拿著他的獎牌和掌聲，追逐其他許多機會。但他有足夠自信，縱然明知結果難以預料，仍願意再次嘗試，證明自己依舊寶刀未老，還能參加最高級別的賽事。

自信的人不會活在過去。他們記得自己經歷過的一切，但不會讓過去影響他們前進的腳步。他們明白勝負乃兵家常事；他們會盡速從失敗中復原，甩掉陰影。我不希望看見球員在賽後記者會上無精打采，躲在運動衫的帽兜底下。假如你搞砸了，假如你爛透了，假如你難過得要死，大大方方承認，爽快一點，展現出不會再犯同樣錯誤的自信。只要還在比賽當中，你的心態不應該有所改變，直到跑完全程。

當你被擊倒，自信有耐性給你一分鐘趴在地上，直到你知道如何更好地重新站起來。大多數人不希望自己看起來軟弱且千瘡百孔，他們會立刻跳起來，結果馬上又被打趴下去。當你對自己的復原能力有信心，你知道你永遠不會再次軟弱、再次千瘡百孔。

誰都有缺點。自信的人不會隱藏他們的缺陷，而是以此自嘲，因為他們不在乎你怎麼想。那些缺陷與他們契合，沒必要為你服務。

自信讓你可以聆聽周遭和內心的聲音，不必做出回應。你能夠聽見它們，卻不必聽進一個字。

自信讓你有勇氣站在更強者的陰影下，而仍然保有你的力量。我的每一位客戶都比我更富有、更有名，並且有權力隨時終止我們的合作關係。但我從不讓那些事情影響我對他們的訓練方法以及我們的相處模式，我也從不忘記自己的初衷：幫助他們交出其他人無法幫忙做到的成績。那就是我的力量，而我從不半途而廢。

自信是通往自由的門票，也是你的逃生路線，幫助你甩開一切阻礙。錯誤的感情、不良的決策、惡劣的形勢……橫亙在你和目標之間的每一個人、每個問題。永遠別讓任何人奪走你的自信；他們就算掌控局勢也掌控不了你。

說到底，自信是勇於冒險，並對最後結果深信不疑。

如果你不敢下注在自己身上，你就不可能贏；如果你不相信自己能贏，你就不可能賭上自己。

勝利有賴你設立不切實際的目標，期望達成它們。那不代表追逐遙不可及的夢想，而是以聰明、深思熟慮、有自信的方式，判斷你有能力達成怎樣的目標。當你做出正確判斷並享受成果，生命是如此短促，你彷彿永遠沒有足夠時間來享受勝利、締造新的紀錄。

不過，當你卡在同一個地方，害怕嘗試新事物，覺得自己被困在你並不想要的人生，那麼每一天都變得漫無止境，永遠活在悔恨中。

冒險是接納陰暗的未知，是面對現實、恐懼與不確定性，因為不論你往哪裡走，你只能獨自前行。在迷茫的道路上，每一步都高低不平、搖搖晃晃、充滿風險。但只要持續前進，當你越來越接近勝利，你會在黑暗中看見光，透過迷霧看見真實情況，直到那場豪賭開始出現贏的可能性。即便只有你能看見。

人們會叫你將勝利「視覺化」，想像自己是個贏家。那並不夠。勝利希望你運用視覺、聽覺、嗅覺、觸覺、味覺和第六感，甚至運用只有你自己知道的第七感。

這是你得冒的風險，不是其他人的。如果你需要激勵才敢往前走，如果你有一張「保持樂觀的二十種方法」清單，如果你周圍的人不斷叫你放慢速度、在你每一次談起自己的計畫時翻白眼……你永遠不會成功。

大多數人緊緊抱著他們的許多夢想、點子和能力不放，卻無法果斷地把賭注押在自己身上，直到太遲，死的時候徒留一切，什麼也未曾使用、未曾嘗試。

我們說的不是隨機性的賭博，也不是輕率的猜測，而是針對你在乎的事，做出嚴謹的選擇。假如你想體驗生活，而不是虛度一生，你就必須做出這些決定。你是否擔得起風險？

如果你覺得成本太高，那就等著收到一事無成的帳單。

你每天都在無數的事情上賭一把。吃什麼、開車走哪一條路線、如何跟別人交談、將信任託付給誰。每件事情都有風險，都需要承擔後果。你未必知道結局，但勝利知道，它在等你找出答案。

致勝法則

勝利並非無情，但你會比較少動感情

你如何定義了不起的隊友？仗義？忠誠？盡職？負責任？

再聽聽這些：謙遜？願意承擔任何工作？積極樂觀？

以上都是優秀的特點，毫無疑問。你確實需要這樣的隊友。

嗳，科比的看法略有不同。他在某次訪談中描述隊友的角色：

「如果你打算在這場練習賽或這次操練中打混摸魚，我會擊垮你。我會讓你知道我擊垮你了，我會要你考慮轉行。大多數情況下，人們會說這樣的人不是好隊友。呃，我不是來當好隊友的，我是來幫助你奪冠的。」

不太一樣，是吧？

以下是喬丹在《最後一舞》中談到相同話題的片段：

「我的心態是走到場上全力以赴，不惜一切代價贏得比賽，」他說，「如果你不想活得這麼辛苦，就不要和我並肩作戰。因為我會不斷嘲笑你，直到你達到跟我相同水準。假如你達不到我的標準，等待你的將是地獄。」

「大家都怕他，」喬丹的前隊友雅德・布奇勒（Jud Buechler）說，「我們是他的隊友，我們全都怕他。只有害怕的感受。對喬丹的畏懼是那麼、那麼厚重。」

公牛隊的另一名隊友威爾・普杜（Will Perdue）補充說：「別搞錯了。他是個王八蛋，是個混球，常常越過界線。但隨著時間過去，你回想他究竟試圖完成什麼，你會發現：『是啊，他確實是個了不起的隊友。』」

很難忽略那六次奪冠。

喬丹和科比對他們的隊友非常嚴苛，我不認為有誰會為此感到意外。坦白說，若是這本書的讀者還不知道這項事實，才更令人意外。

兩人合計十一枚總冠軍戒指。金牌，最有價值球員頭銜。喬丹六度打入總決賽，六度奪冠。科比七度打入總決賽，五度奪冠。

你告訴我。你可以跟這樣的人共事嗎？你可以為只能用混蛋形容的傢伙拚盡全力嗎？你有辦法面對每天都害怕見到的人，心知最終結果很可能是勝利嗎？

我相信答案是肯定的。

「想贏」跟「知道如何能贏」是兩回事。他們知道如何能贏。他們將理智置於自己的感情和其他人的感情之上，切實完成任務。

他們的心智比他們的感情更強大。

如果你需要公式，它看起來是這樣的：心智＞感情。

你可以把它貼在健身房、辦公室、布告欄或臥室天花板上——你和你的隊友需要被耳提面命的任何地方。

如果你想理解贏家的精神世界，就必須接受他們的心智與眾不同的事實。如果你沒有站在相同水準，你會覺得那個世界粗暴、激烈、黑暗，甚至令人害怕。假如你想加入戰局、達成你的最終目標，就必須將過程中的感受放到一旁。

假如心智發揮作用，良好的感受會在你最後獲勝時湧現。若非如此，你會陷入沒有人願意陷入的感受。

贏家的心智專注於盡可能掌握各種情況，在盡可能長的時間裡，控制各種不可控因素。那或許只是短短一瞬，但那一瞬可能就是天上和地下的區別。

當壓力越大，當你奮力維持頂尖地位的時間越長，當你越專注於這件事情，你越不可能容許感情影響你的決策和行動。你沒有選擇餘地。當你為勝利拚盡全力、犧牲一切、投入全副生命，你很難容忍隊友沒有給予同等的付出。不論他們是做不到或不願意做，通通無所謂，反正一樣令你感到無力。

他們或許懂得你的感受，或許不懂。

當你為了目標竭盡全力，不留餘地，其他人可能無法理解你，你得接受這個事實。他們沒有你的眼界，因為他們甚至想像不到你的願景。

你把其他人遠遠甩在後頭，他們終於停止追趕。他們告訴自己和所有人，你實在太難相處。你走火入魔。你瘋了。你在自尋死路。

你是問題所在。

相信我：你絕不是問題，而是解答。你已經在解決他們甚至還沒看到的問題。

我曾替一家高科技公司提供諮詢服務，他們決定開除一名得力幹將，因為大家都說她太「難搞」了。他們說，她跟每個人都合不來；她把別人逼得太凶，常常強硬要求所有人更加努力，讓大家都不舒服。或許，我有一天能明白這樣有什麼不對。我寧可跟執拗而能幹的人共事，也不願意跟隨和而無能的人合作。但其中牽涉了自尊心和個性問題，或許由於承受太大的壓力和緊張衝突，管理層覺得開除她、連帶放走她的多年經驗和手上的大筆生意，更有助於提升「士氣」。

她離開之後的短短一個月內，士氣和生產力反而變得更差，因為和她處不來的那些人突然之間找不到人替他們的不良績效背黑鍋，也沒有人逼他們扛起本分。她的前東家終於明白，被視為「問題」的那個人，其實是撐起一切的樞紐。每個人身邊的那根「刺」，是玫瑰最重要的部分。

有刺的玫瑰比剪了刺的玫瑰活得更久。

當你不再看重別人的觀感，就等於放自己一馬，讓自己停止在意其他人所糾結的種種小事、問題與雜念。那讓你變得更強硬、冷漠、刀槍不入，不在乎別人對你指指點點。

喬丹剛入行的時候，球評說他是公牛隊無法贏球的癥結所在。他傳球傳得太少，投籃出手次數太多，並且不信任他稱呼的那些「配角」。那是在他六度奪冠之前。

球評也說科比是個自私的球員，不肯拉隊友一把，要是沒有俠客・歐尼爾助陣，他不可能拿下生涯的前三次冠軍。他後來不靠俠客奪得了另外兩次冠軍。

他們都在追逐自己的目標，不容任何人、任何事阻擋。當其他人東奔西跑努力撲滅四竄的星星之火，他們已經控制了煉獄般的熊熊火海。我可以搞定。讓我放手去幹。

最偉大的贏家是最不敏感的人。贏的次數越多，心腸就變得越硬。小皇帝詹姆斯就是個好例子。生涯初期，他遠比今日更容易受媒體與批評影響。那就是強者應對雜音的方法。他們嘗盡一切，練就一身銅筋鐵骨，承受得住批評與挫敗。假如喬丹允許自己受情緒與感受干擾，那麼在明知球團內部山雨欲來的情況下，他還能帶領公牛隊奪下他們的第六座、也是最後一座冠軍嗎？不。他照常出賽、稱霸全場、奪得勝利。

就算在過程中成了「混蛋」，他也不以為意。

正如喬丹在《最後一舞》中說的：獲勝必須付出代價，身為領袖也必須付出代價。

這些年來，我學會一個道理：如果你想讓其他人變得情緒化，就談談他們的情緒。我在拙作《強者之道》中這麼做，引來許多人不滿。我談起在比賽中進入絕對領域（the Zone）、控制不可控因素，而我寫道：「情緒讓你變得軟弱。」

我不打算在此重複整段內容，你可以自己去讀一讀。重點是：絕對領域平靜而澄澈；情緒恰恰相反。

沒有錯。你越情緒化，越需要花時間處理情緒，而不是全神貫注於眼前的任務。

人們不喜歡這個說法。有家長告訴我，孩子們需要懂得宣洩情緒。心理學家告訴我，社會的問題就在於人人害怕表達情緒。教練們告訴我，他們希望他們的球隊帶著情緒打球。

各位：我不反對情緒。我們不是機器人。我希望你會哭會笑，會高興、會傷心，然後再度轉悲為喜。

只是不要讓各種情緒同時一湧而上，尤其當你努力爭取勝利。

對於教練，我要補充這一點：

停止叫你的球隊帶著情緒打球。情緒是反覆無常、難以預料且飄忽不定的，尤其當許多種情緒同時洶湧翻騰。他們不該帶著情緒打球，而是應該帶著能量打球。差別很大。

你盡可以告訴隊員你想看到情緒。但那對每個球員而言究竟代表什麼意義？你希望看到哪些情緒？你希望他們笑？哭？縮成一團卻步不前？比賽落後時，你希望看見他們高高興興？傷心？害怕？慌亂？受傷？尷尬？你真的希望在比賽中見到那些場面？那些都是情緒，全都無益於獲勝。

你想要的是活力、專注力與強度。你想要球員警覺、積極且強大；這些都不屬於情緒，而是一種精神力量。你希望自己凝神專注，這樣一來，你甚至感受不到隨著競賽而來的緊張與壓力。激動吼叫不會讓你成為贏家，只會讓你顯得很吵、很煩人。

我不是勸你不要在重大時刻大笑、歡呼或激動。你儘管去做，但僅限於那一刻；你必須有能力立刻恢復鎮定與清醒，因為你不知道下一刻會出現什麼狀況。

假如你要帶著情緒打球——因為那種風格適合你，而且你已經用成績證明——那麼請確保你只帶著一種情緒打球，穩定如一，去除有如雲霄飛車般的跌宕起伏。不論心裡有什麼感受，你必須保持穩定與專注。你的心智必須始終比你的感情更強大。

贏或輸之後，你有的是時間為已發生的事情感觸萬分。不過比賽當下，你該有的唯一感受就是全然的控制。你有責任這樣要求自己。

我知道，這並不容易。勝利每天都不遺餘力地擾亂你的心神與情緒，只為了把你拖離軌道。

你的理智做了決定；情緒問：真的嗎？你確定嗎？

理智告訴你上健身房運動；情緒說：繼續躺著吧，不差這一天。

理智尋找方法停止痛苦；情緒卻因痛苦而壯大。

理智知道失敗了還能重來，以這樣的信念排解失望；情緒則讓你為了從未嘗試的每一件事情而一直活在悔恨中。

理智設法處理壓力；情緒則將外在壓力轉變成心理壓力，毫無作為。

理智可以揮別過去、放下嫌隙、展望未來；情緒則緊緊抓住所有新仇舊恨，點滴難忘。

軟弱、怠惰、灰心、消極、焦慮。你每天早上都能決定是否投它們一票。你會乖乖聽它們的嗎？還是有足夠自制力說：不，沒得商量，把手放下，你今天一票都沒有。這就是所謂「自制」：決定哪一面的你得票勝出。有時候，挫折感也許有話要說，不吐不快。有時候，軟弱的一面也許占了上風。還有些時候，你也許對嫉妒、怠惰或恐懼讓步。每個人都會犯錯，都有失控的時候；但絕非天天如此。藏在你心底的幽靈不會天天得票。把那幾隻手放下。

保持自制是一種選擇。失控也是一種選擇。但要培養出高度自制力，你必須明白那些因素在左右你的行動和想法。是你嗎？是某個外在因素嗎？你是否忙著跟其他人對抗，甚至沒發現最大的對手就是自己？

自制意味著面對你不想面對的，在你自己（而不是別人）身上找答案，心知答案未必令你高興或心安。自制意味著抗拒每次一有好事就想大肆慶祝的衝動，也不要一不如意就頹廢喪志。重點在於應對低潮時刻，不要沉溺於你不該糾結的事情——那些對你提出考驗的事情。

面對棘手狀況，你會怎麼做？你會出現一開始的情緒反應——不高興、恐懼、焦慮，或其他任何情緒——然後當你再三思考、反覆琢磨，將無可避免地遭受另一波情緒襲擊。你想得越多，越容易引來額外的衝突、戲劇性場面與混亂，直到你遠遠偏離了正軌，原本要面對的狀況早已不再重要，因為你現在有種種新的情緒需要應付。

你不見得能控制人生際遇，但你總能控制自己的反應。當周圍一片混亂，當每個人都在你耳邊指點你該怎麼做，你必須穩穩地掌握自己腦中的想法。你聽到的每個聲音都會製造不同的感受與情緒，你只能靠自己約束這些情緒。如果你理會每個人對你的指點或議論，你肯定會輸。

你想要一套公式彙總這個道理？我來幫幫你：

- 只要控制想法，就能控制情緒。
- 只要控制情緒，就能控制行動。
- 只要控制行動，就能控制結果。

就這麼簡單。想法引發情緒，情緒驅策行動，行動決定結果。

你必須知道何時關閉心靈，打開理智。你必須有能力在迷路之後找到歸途。勝利希望看見你的回程車票，而不是搭上通往失敗的失速列車，一去不回。

如果你跟喬丹一起打球，你要不是覺得他的話很傷人，於是被激起鬥志；就是覺得他的話很傷人，然後一蹶不振。

當主控權不在你手上，請將焦點放在你能控制的事情，而不是你無法控制的部分。喬丹就是憑藉這樣的力量帶領公牛隊最後一次奪冠：教練不會回來了，球隊也將解散，你們奪走了我們對未來的主控權。我不能吵著要你把教練找回來，你們已經決定拆散球隊，隨你便。但我仍然能控制我們在場上的表現，所以我將控制我能控制的一件事：贏球。

你可以控制要不要現身。你可以控制要不要逼自己更拚命。你可以控制要不要抱怨。你可以控制要不要在意別人的觀感。你可以控制要不要投入。

新冠疫情期間，每次聽到運動員說他或她找不到地方健身，我都快要瘋掉。健身房關門了，你對此無能為力，我可以理解。你有地下室吧？後院？操場？我們控制我們能控制的事情。

你想控制什麼？你允許自己被什麼所制？

喬丹每一次上場，對方總有至少一名球員打定主意激怒他，因為他們知道，假如可以除掉他，假如他們可以令他情緒失控、動手打人，或做出其他舉動而被罰出場外，他們贏球的機會將高出許多。雷吉．米勒（Reggie Miller）、丹尼．安吉（Danny Ainge）、約翰．史塔克斯（John Starks）、格雷格．安東尼（Greg Anthony）、丹尼斯．羅德曼（Dennis Rodman）、丹尼．費里（Danny Ferry）、澤維爾．麥克丹尼爾（Xavier McDaniel）……是盡力而為並得到期望反應的少數幾人。這並不容易做到——整個生涯之中，喬丹從未被驅逐出場，總共也只有十一次五犯畢業——但是當有人故意挑事，他完全不介意跟人對幹。不過他會立刻恢復自制，因為他絕不允許突然爆發的情緒影響比賽結果。

憤怒是最常在我的運動員和頂級企業客戶身上見到的情緒，因為他們是如此執著、如此好勝。如果那是你的燃料，如果那能點燃你、把你推進刀槍不入的絕對領域，你盡可以使用這樣的情緒。但正如所有爆裂物，這項燃料也附帶一句警語：「警告：若無超高技巧、智慧與經驗，請勿使用。」

帶著憤怒行動有兩個前提條件：（一）那是你面對競爭的自然反應；以及（二）你知道如何控制怒氣。若非如此，你將在盛怒之下失控，沒有能力掌握後續情形。

握緊拳頭不需要自制力。鬆開拳頭、轉身離開需要很大的自制力。

我從未把拳擊列入運動員的訓練項目，因為我不希望他們動起揮拳打人的念頭。吼著要求隊員「像瘋子一樣打球」的教練是在自找混亂，除非球員已經習慣那種打法。假如他們還沒培養出處理混亂場面的心理技巧和控制力，等於是把藍寶堅尼的車鑰匙交給小孩。不會有什麼好下場。

我有一套衡量憤怒的尺度，因為怒氣有各種不同等級。從平靜開始，漸漸變成慍怒、惱火、發飆、火冒三丈，直至暴跳如雷。平靜時自制力最強，沖天的怒氣則會讓你徹底失去自制。

當你慍怒或惱火，你可能不會訴諸行動，而是自己生悶氣。但一旦發飆，那些情緒開始表露無遺。憤怒會將你推向失控邊緣，等到你暴跳如雷，你已完全失控。

最理想的狀況是，你學會製造可控制的怒氣，幫助你既平靜又強勢。

大多數人一下子就火冒三丈。如果你無法應付慍怒和惱火，怒氣會讓你五內俱焚，霎時暴跳如雷。但怒氣並不持久：那樣激烈的能量與情緒燒得很快，也熄得很快。如果你無法在剛發火的時候取得你要的結果，你就完了。你失去了優勢。你發過雷霆之怒，燃料消耗殆盡，油槽裡一滴不剩。你左顧右盼，不禁納悶：等等，我這是在哪裡？

如果你無法掌控車速五十公里的普通汽車，怎麼有本事掌控時速飆到三百公里的高性能跑車？

強者懂得如何駕馭汽車。對他們來說，使用低速檔點剎，跟踩油門一樣易如反掌；他們有能力也有經驗應付那樣的速度。你可能甚至無法看穿他們藏在表面下的情緒。德韋恩·韋德最精湛的表現，常常出現在他憤怒的時候，但他從不顯露怒氣。誰都能看見血，但沒有幾個人能聞到血腥味。韋德可以，而那會將他帶往另一個境界。不過他把一切藏進心底，作為他的動力。

不論在體育界、商業界或其他領域，大多數人做不到這一點。他們會一時衝動發洩情緒，然後瞬間發現覆水難收，卻為時已晚。

勵志演說家和教練不斷叫你：衝衝衝，向前衝！爬起來向前衝！衝刺的時間到了！好吧，我們他媽的究竟要衝去哪裡？我之前說過，從來沒有人教你停下來。停下來能讓你有機會去學習、調整、集中注意力、思考、籌劃、控制自己的心靈與情緒。所有人都要求你做得更多。但是多不見得好；有時候只是多出一些你並不想要的東西。

科比的最佳狀態，出現在我能令他停下來的時候。我告訴他，你需要少操練、多睡覺。科比身邊有太多人怕他，不敢跟他點出問題所在，但又不得不幫助他維持最佳狀態。在每個人眼中，他是會一絲不苟嚴格操練自己的人。確實如此。但是當我們能稍微縮短操練時間，好好把關，他才能真正發揮出更高水準。

許多人認為科比是「控制狂」。我不敢苟同。在我看來，控制狂意味著試圖掌控不歸你掌控的領域，不願放手給更有能力的人發揮所長。科比知道自己何時需要幫助，而且願意虛心求教。他聘用我，也延攬了其他多位頂尖專業人士。但我明白人們為什麼那樣看待他；當你掌控大局，當你需要隨時掌控大局，你很難轉變心態。

如果你覺得自己在職場上或私生活中是個「控制狂」，我勸你仔細想想那樣做究竟好不好。大多數時候弊多於利。想要支配一切——而且在無法掌控全局時會感到焦慮、憤怒——的人，最後往往會苛待自己和身邊的每一個人。

為客戶進行訓練時，我不希望運動員、他的父親或經紀人告訴我應該做哪些運動。如果我聽從他們的「建議」，最終恐怕會以失敗收場。請放手讓我做我的工作，那就是你們聘用我的原因。與此同時，我知道何時讓出控制權給更內行的人，大家各司其職。我以前總是親自為我的球員打理一切：物理治療、按摩、技能訓練、體能訓練、營養……他們所需的一切。不過後來我學聰明了，明白有些人在某些領域上比我更專業。那樣對我的客戶更好，對大家都好。

勝利想要奪走你的自制力。它希望你大喜大悲、瘋狂、激動，以至於頭腦不清，更快被判出局。

但假如你想留在比賽中，假如你希望內心的燃料以最理想的速度燃燒，你必須保持自制。那與天賦無關——你有可能天賦過人卻毫無自制力。重點在於不論周圍變得多麼火熱，你得讓內心的引擎隨時保持清涼。

致勝法則

勝利屬於別人……你得把它奪過來

你如何定義了不起的隊友？

一九九三年，喬丹接受ＣＢＳ主播宗毓華（Connie Chung）採訪，被問到是否有賭癮問題。

「不，」他笑著說，「我隨時可以不賭。我只是對競爭上癮……」

認識喬丹的人，沒有人會反對這句話。

我在他聘用我的那天就知道了。他是我的第一個職業運動員客戶。我當時在一家健身俱樂部當健身教練，頂著碩士學位賺三塊三毛五美元的時薪，決定寫信向公牛隊的每一位球員毛遂自薦——我是說，除了麥可．喬丹以外的每一位球員，因為我猜他是天底下最不需要聘請健身教練的傢伙。事實證明，他是唯一願意聘請健身教練的人。他當時是全聯盟最厲害的球員，但還從未打入總決賽，而他明白他的體能抵擋不住那些更高大、更強壯，並想在球場上痛宰他的球員。他想將自己推上甚至更高的競技殿堂，願意為此操練到極限。他在另一名球員的更衣櫃看到我寫的信，於是要求隊醫打電話給我。

跟公牛隊隊醫以及首席運動傷害防護員面談三個月後，他們給我一個地址，吩咐我隔天上門。他們沒有說是哪位球員要見我，而我十分珍惜這次機會，不想因為多問問題搞砸事情。不過我寄出了十四封信，為每個球員制定了十四套不同的計畫。

我找到那間房子，按了門鈴……麥可．喬丹打開了大門。我唯一沒想過會見到的球員。

他全身上下都是Nike的裝備。他低頭看看我的鞋子，Converse。他盯著它們，搖了搖頭。

於是我脫掉鞋子——想著是否應該提議燒掉它們——卻想起我的襪子破了一個洞。我重新穿上鞋子。他只是盯著我瞧，沒有多說什麼。

我們會談一個鐘頭左右，我說明我能為他做什麼，他說：「聽起來不太對頭。」

我回答：「再對頭不過了。」

他答應給我三十天，交代我購置我們所需的一切設備，因為我們會在他的住家進行訓練。我開始在腦中計算需要多長時間才能找到合適的重訓器材和設備、下單、運送、安裝完畢。別忘了，那是一九八九年，網路購物還沒發明，你得親自到店裡採買，或者郵購下單。最快一個禮拜，或許更久。

我問他打算什麼時候開始。

「明天。」他以這句話結束會議。

我離開的時候，他最後看了我腳上的Converse一眼。「下不為例。」他說，然後關上大門。

從那一刻起，我的一切行動，都是以推著我們倆一天天進步為目標。他的體能與球技、我的專業技術與知識、我的鞋子。競爭從未停止，不論是跟另一支隊伍、其他球員或另一個球鞋品牌。對我而言，眼前立刻就得拚個高下，看看我能多快設置好他的健身房（沒錯，我們隔天就要開始訓練），也看看我能否在接下來三十天交出漂亮的成績。我做到了。三十天變成了十五年。

如果你是喬丹團隊的一分子，你必須隨時跟上他的腳步。你不僅需要擁有和他旗鼓相當的心態和幹勁，他還期望你跟上最新的知識與技術、最快的步伐，以及最熾烈的好勝心。沒有商量餘地。我第一次跟他出遠門是在休賽期間，他帶上了整個私人團隊：保安人員、顧問、幾位密友，當然，還有他的訓練師。他吩咐大夥兒到他家集合，然後開著各自的車一起前往機場。

喬丹跳進他的一輛高性能跑車——我記得是一輛法拉利——然後對大夥兒說：「你們最好跟上。」

我開的是家父的一九八七年斯特林（Sterling）汽車，不是飆車的料，但我使出渾身解數，最後跟他同時抵達機場，我絕不允許自己落於人後。我開上路肩，幾度上下出口匝道……不擇一切手段，設法與他保持視線距離。這種行為不值得效法，我只是在陳述事情經過。其他人晚到了五分鐘。當然，他沒放過教訓他們的機會。

當他們抗議說沒有人能追上他的車，他指著我說：「提米追上了。」

讀者請注意：千萬不要叫我提米。除了他之外，其他人想都別想。

不掉隊。那是他對周圍每一個人下的死令，不論做什麼。他從來不必說出口，但大家心知肚明：我們不妥協，不走捷徑，不找藉口。跟上我的腳步和標準，否則滾蛋。

關於他的好勝心，關於他凡事不服輸、永無止境追求勝利的性格，我可以說出好幾百個故事，不勝枚舉。你也可以找到幾千支影片、書本和歷史學家，告訴你在他凡事追逐勝利的這些年中，他們親眼見證的事蹟。

但我下面要說的是我最喜歡的一個例子，或許是因為沒有其他人知道這件事：

在喬丹的公牛王朝時期，每逢夏天，來自世界各地的數十位頂尖運動員會擠爆我在芝加哥的健身中心，只為了參與一項活動：我們遠近馳名的隨機組隊鬥牛大賽。數十名NBA全明星球員、未來的全明星球員、新秀和裁判齊聚一堂，在我們的四個球場上打球。他們參加我們的健身計畫，在這裡接受訓練、指導以及他們所需的其餘一切。不過最吸引他們的，是和喬丹同場競技的機會。

在氣溫很高、溽暑蒸騰的一天，有個新來的傢伙在場上拚盡全力，想讓所有人——尤其喬丹——對他印象深刻。他有一點點熱過頭，打到一半暈過去，直接倒在球場上。顯然，他之前灌了五罐紅牛提神飲料，此刻突然心臟病發。他口吐白沫，大量冒汗，我摸不到他的脈搏。

我們打了九一一，清空場地，我一邊等待救護車來臨，一邊替他執行心肺復甦術。

在我按壓這傢伙的胸部、祈禱他不要死在我的場地上時，我感覺有人站在我身後觀看事態發展。

那是喬丹。

「我猜他突發心臟病。」我告訴他。

「顯而易見。」他說。

就在此時，那傢伙睜開眼睛，慢慢起身，左看看右看看，看見喬丹站在他身旁。

他覺得很糗，但起碼還在呼吸。

喬丹低頭看了一眼，說：「他還好吧？」

「還活著。」我說。

「你沒事了？」喬丹問他。

那小鬼抬起頭虛弱地笑了笑，身體搖搖欲墜，但他說：「是的，長官，我沒事了。」

「很好，」喬丹說，「找個人替補，」他指示我，「我還有比賽要贏。」

那就叫競爭成癮。

不過，如果你想成為同行中的頂尖強者，你應該——也必須——成為最好強的那一個。

沒有藉口，不必道歉。如果你覺得這樣太極端，你的感覺是對的。極端的成果有賴極端的好勝心。

因為當別人擁有你想要的東西，你需要把它奪過來。

如果你認為自己非常好勝，如果你從不退卻也從不懈怠，如果別人說你太瘋狂、太執著、太過火……我鼓勵你坦然接納自己。我鼓勵你繼續以同樣的自信與決心競爭，一如既往。當別人說你的好勝心不是件好事，提醒自己：他們無法體會你的感受，因為他們從來沒有感受過。那是他們的損失；不該是你的。

你可以控制求勝的欲望，但何必呢？

勝利不會對你忠心耿耿。不論你奮鬥多久才成為贏家，你很可能轉瞬間跌落神壇，變回輸家。我知道許多人很難接受如此殘忍的現實。他們歷經艱苦奮鬥才達到的某種成就，全在轉瞬間化為烏有。他們放開了手。或者更確切地說……被別人奪走。

他們是曾贏過的人——只贏過一次，從此與勝利無緣，因為那一次的大勝令他們如此滿足、不知所措，以至於停止追逐其他勝利。他們依舊拿高中足球冠軍或七年前業務比賽贏得的汽車說嘴。在那之後呢？一事無成，依舊喋喋不休。

另外還有一些「贏家」終於達到目標，擁有了大房子、四部汽車、奢靡的假期……以為好日子會持續到永遠。事與願違。另一個人效法他們的成功，而且做得更好。勝利喜歡看別人扼殺你的夢想。

這個月過得很棒？好極了，三十天後見。屆時會有某個人奪取勝利，也許不是你。

還有一些人任何時候、任何事情都愛爭強奪勝，卻沒有真正的焦點或目標。他們熱愛追逐，卻不肯投入時間或能力去捕捉他們追逐的目標。於是他們爭奪一切，卻從未在任何事情上取得領先。不過他們確實「好勝」。

請記住：好勝跟成為贏家是兩回事。

即便在最高殿堂，你的王者地位只能保留到別人奪走冠軍頭銜的那一刻……而且幾乎總會被奪走。王者地位不是你想留就能留的。你能留下回憶、一塊獎牌、其他幾件紀念品……但只有在獲勝的時候才能被稱作贏家。一旦輸了，就得如數歸還。然後勝利讓別人登上你的寶座。

所以假如勝利對你很重要，你必須拚死捍衛自己的地位，一刻不得放鬆。強者珍惜獎盃、獎牌和冠軍戒指，但那些不是他們記憶最深刻的紀念品。他們更可能想起對手的潰敗、孤獨的決策、破裂的關係、離婚協議書、一年在外奔波三百天的差旅費帳單，以及他們從未回覆的電話留言。冠軍戒指很漂亮，戰爭很醜惡。

當你爭強奪勝，你知道那枚戒指是你應得的，但那還不夠。你能拿到另一枚嗎？再一枚？曾有人問湯姆·布雷迪最喜歡他的七枚超級盃冠軍戒指中的哪一個，他回答：「下一個。」

科比的性格也是如此。我前面說過，即便湖人隊在二〇〇〇、二〇〇一和二〇〇二年連續三年奪冠，只要日後將登上名人堂的俠客·歐尼爾還在隊上，科比聽到的都是「對啊，他有俠客助陣」。最喧譁的聲音在他的腦海裡：我可以不靠俠客贏球嗎？他必須得到答案、他必須贏得更多勝利。這就是強者進入更高層次的方法，審視過去的成績，力求提升，沒有進步之前絕不休息。

八年過去了，他贏得第四枚和第五枚冠軍戒指（兩次都沒有仰賴俠客），科比在賽後記者會被問到這第五枚戒指對他的意義。他沒有提到名垂千古、歷史地位，或他為了這些戒指付出的努力。他抱著兩個小女兒，笑著說：「就是比俠客多了一枚戒指，這是我的真心話。」他停頓片刻後補充說：「你們知道我的個性，我從不忘記任何事情。」

如果這段話令你產生共鳴，我猜你一定贏過，你能體會打敗對手、競爭者、同事、朋友……或你自己的那種美妙感受。你知道超越別人、繼續向前、彷彿他們壓根不存在是什麼感覺。你不會回頭看看你超越了什麼，只會看到勝利興致盎然地看著你，對你點頭讚許。

但假如你還沒有嘗過這種滋味，假如你覺得自己不夠好勝，假如你擔心自己欠缺了什麼，假如你看不到成果……你需要知道：每個人都有競爭的能力。你每時每刻都在用你所做的每一項決策為某個目標競爭。從最基本的來說，你每天都跟日常的阻礙競爭：我應該上健身房嗎？我應該忍住不吃這顆甜甜圈嗎？我可以及時出門嗎？我今天會把工作做完嗎？

這些只是起點。要是無法克服這些事情，你也無法在其他領域獲勝。假如你正試著戒酒，但是每到週末依然會出門喝一杯，你就輸了每個週末。正確的抉擇會帶領你走上另一個高度，更接近勝利。錯誤的決定則令你原地踏步。

當你拿下那些小小的勝利，你可以開始追求更多：我需要提高健身強度、我想減掉十五磅、我要提早進公司以便完成更多工作、我要拿出超越目標的成績。

你每一天都需要比前一天更強大。小小的決策、小小的改變、新的挑戰、更大的雄心。你不可能一夕之間成為百萬富翁、建立你的帝國，或登上冠軍王位。你得投入無數光陰，一天天朝目標邁進。這就是你不只是一個競爭者，而是成為真正強者的方法：一天天進步，日積月累。並非無心插柳，而是刻意為之。

而且你讓自己置身於同樣的強者之中。我說的不是你的「好朋友」，或是發簡訊給每個人歡呼加油的啦啦隊。我說的是永遠可以做你的堅強後盾的可靠盟友。朋友會對你說你想聽的話；盟友則會對你說你需要聽到的話。盟友會提升自己，以幫助其他人變得更好。

他們不必跟你做朋友——見鬼了，他們甚至不必喜歡你——但他們的理想與目標和你的一致，渴望達到同樣的成果。他們是可以為你「赴湯蹈火」的夥伴，從不問為什麼付出或是需要付出多少；他們早已知道答案，而且願意為目標奮不顧身。你不必問他們「週末過得怎樣？」，因為你知道他們的週末過得和你一模一樣：思考如何讓自己變得更好。

「魔獸」霍華德（Dwight Howard）就是這樣在不知不覺中幫助科比與俠客冰釋前嫌：直到和霍華德同隊打球，科比才終於明白俠客是多麼好的隊友、盟友和球員。

在交出不凡成績的過程中，你不需要多說什麼。盟友不會找藉口推諉，也不會聽你的苦衷。在沒有完成目標時說「哎呀，我們盡力了」。那樣並不夠。勝利希望你埋頭苦幹，交出成績就好，不必多話。

強者之間盡量不用言語溝通。一個眼神，一道目光，彼此心照不宣。他們對炒作吹捧和加油喝采無動於衷。我不知道你怎樣，但我實在厭煩那些把人當成傻子、以居高臨下的口吻鞭策人的操練教官：你得充滿渴望！去努力爭取！你上場的時候到了！超越競爭者！晚一點睡！早一點起床！戰鬥！殺戮！征服！

這些話很耳熟？

如果有人以這樣的激情對你說得口乾舌燥，那是因為他們認為以平鋪直敘的方法描述競爭的感受，你肯定聽不懂。或許連他們自己都不懂。重點不在於上竄下跳、大吼大叫或「受到振奮」。那是低級的手法，只能收一時之效。

我曾在頂尖水準的職業球隊，聽見教練像對待小學生似地對球員訓話：「為球衣正面的名字而不是背面的名字打球！在場上使出全力！我們需要打滿六十分鐘！」你在社區公園騎腳踏車時就聽過這些話了。假如你是職業運動員，即便還在大學就讀——你壓根不該再度聽到這樣的話。

要是我曾經跟任何一位客戶這樣說話，他們會當面嘲笑我，然後把我踢出體育館。

我之前說過，競爭力不在於大嗓門、語氣凶狠激動。你可以是全世界最善良、最斯文，卻依然競爭力十足的傢伙。重點在於無聲的欲望、飢渴、腎上腺素、痛苦、疲憊、嫉妒、壓力、龐大的壓力。

我們都知道當你看見別人實現了你的夢想、享受著你渴望的一切時，那種羨慕與嫉妒的感覺。有些人說，當看到別人達成他們為自己設下的目標，他們會被激起好勝心，更渴望成功。如果這套方法適合你，你就好好利用吧。不過，憤怒和嫉妒是低劣而瑣碎的情緒，你必須將它們轉化成行動才能創造佳績。

我們浪費許多時間討論如何取得勝利，以至於忘了最重要的一件事：實際取得勝利。牆上掛滿勵志標語和將標語落實於行動，兩者之間存在巨大差異。

你可以「渴望成功」並且比所有人「更努力」，但除非你能克服障礙、阻撓和挫折，除非你制定了能掌握全局的一套計畫，否則你只能在漫長歲月中無盡地渴望成功。

競爭不僅在於磨練，重點是要磨出結果，做真正有用的事。每個人都把磨練、砥礪前行、持續磨練掛在嘴上。呃，你可以一磨再磨，不斷磨練，但最後會剩下什麼？一堆塵土。磨練會扭曲一個人，令他在塵土中湮滅。卓越是靠塑造而來的，是藉由巧妙地改變形狀與樣貌，創造出了不起的成品。塑造過程中，你策略性地除去你不需要的部分、礙事的元素。也就是說，你不只需要苦幹，也需要巧幹。

你希望將自己塑造成什麼模樣？

想贏是人類的天性。那是一種生存本能。試試搶走嬰兒的奶瓶或奶嘴、在比賽或遊戲中打敗小孩子、給小孩某樣東西卻沒有給他的妹妹。很少人會睜一隻眼閉一隻眼。我們就是想要自己想要的東西，而且會為了得到它而跟你大打出手。你可以從幼兒身上得到證明：他們贏不了的時候會有什麼直接反應？他們會拿積木丟你的頭、用曲棍球桿揍你、大發脾氣。沒有人喜歡輸，那感覺不舒服。贏的感覺很棒，贏彷彿是一種權利，是你應得的。你有能力得到它。

常常有家長問我如何激起孩子們的好勝心。他們之所以擔心，是因為他們的五歲小孩不想打籃球，也不喜歡在遊樂場上追著其他小孩跑，他們認為這意味著一輩子沒出息。他們希望教導孩子「渴望成功」。

這些父母當中，有些人本身超級好勝，不明白為什麼孩子和他們不同。他們擁有高度成就，無法接受自己的孩子不具備同樣的熱情與執著。

另外一些家長從未贏過，希望透過孩子得到第二次機會。他們自己贏不了，於是逼孩子實現他們從未達成的夢想。他們會傾盡一切投資於孩子的體育項目或其他活動，但願孩子們的表現足以取得大學獎學金……不管那是不是孩子的夢想。這些家長全都迫切希望知道：如何「教出」好勝心？

好勝心是教不出來的。你可以啟發，可以以身作則，可以談談你的期許，但你無法教別人去渴望什麼。求勝是發自內心的本能，你無法為你並非真心想要的目標競爭——你無法感受那份欲望、專注與飢渴。你也無法替別人渴望。那跟我們之前探討過的「動力」一樣，都是一種錯覺，是嗑了糖之後的一時興奮。你可以一遍遍催促某個人「衝啊！」，但除非他們知道自己要衝向哪裡，否則只會像無頭蒼蠅般亂竄。孩子們也許不想要你強迫他們追逐、對他們喋喋不休、試圖令他們「充滿熱情」的目標。

不過，你只需耐心等著看他們失去自己真心想要的東西，你就會看見火花。孩子們如此，你的隊友或手下也是如此。對結果的欲望有多強大，競爭的動力就有多強大。

假如你失去為某個目標奮鬥的火花——或者你自始至終就沒有火花——那是因為你並不真心在乎奮鬥的結果。或許，你是為了別人而努力，又或許，你有太多欲望，無法專注於其中一項。但是當你找到真正想追求的目標，你會拚盡全力去得到它、保護它、留住它。

好勝心說明了你真正想要的是什麼。它呼應你的欲望、情緒、從心底發出的渴求，強烈到你願意爬過地獄，回來奪取你渴望的東西。你甚至不需要思考，你就是知道：那是我的。

競爭的現實面是：要在最高殿堂取得成績，你必須全心全意渴望得到結果，其他一切都不重要。而且你必須為自己渴望，而不是為了別人。你無法為了別人減肥、為了別人打造企業王國、為了別人奪得冠軍。如果沒有熾烈的求勝心，你就無法成功。假如你的生意停滯不前，假如你的成績很差，假如你沒有朝著目標和潛力成長，其中或許存在你沒有想到的理由。

因為當你找到真心想要挑戰的目標，任何人或任何事都阻擋不了你。

致勝法則

勝利要占據全部的你，沒有平衡可言

小女大約五歲的時候，有一次，我即將出遠門，她看著我整理行李，問：「爹地，你為什麼非得一天到晚出差？」

「因為我得養家，」我告訴她，「我為了工作出差，這樣才能照顧你和媽咪，讓你們有飯吃。」

她沉默片刻，然後說出我所聽過最令我心疼的一句話：

「如果我少吃一點，你可以更常待在家裡嗎？」

我得別過頭去，以免她看見自己的爹地淚水盈眶。

過了將近十三年，我終於可以平靜地訴說這個故事，面不改色。然而即便在下筆的此刻……唉，我依然心疼得要命。

我猜，電影裡的父親此刻應該有如遭到雷擊，當下決定再也不到外地出差。他再也不會錯過學校的話劇表演或排球比賽，再也不必從千里之外打電話對他的寶貝女兒說「生日快樂！」。

我繼續打包。

當然，我抱了抱她，告訴她我很快就會回來，也聊聊等我回家之後我們會做哪些好玩的事。我們後來全都做了。

不過那天，我繼續打包。

你如何對一個五歲小孩或任何人解釋，他們是你生命中最重要的人，但是此時此刻，你滿腦子想的卻是另外一件事？

假如你不曾因為被自己的目標占據了全副心靈而對某個人充滿愧疚，那麼你從不曾中了勝利的毒。

勝利要求占據全部的你。它不懂得愛或感情，也不在乎你的其他責任與承諾。它要求你執迷到底，否則它就要去找另一個人、占據他的心。

對我來說，那份執著是我對客戶的承諾。在他們需要我、甚至不知道自己需要我的時候，陪伴在他們身旁。提出沒有人會問他們的問題。跟他們一樣努力，有時甚至更拚命。在我這一行，那意味著陪著他們南征北闖，走遍世界各地。那意味著研究他們所做的一切，分析他們的動作和情緒。那意味著執著於追求百分之〇．〇〇〇一的進步。

那意味著偶爾得讓五歲小孩失望。

這些話令我心痛，但我們即將談到追逐目標的過程中所需做的犧牲與選擇。假如我說那很容易，我就是在騙人。一點都不容易。

我可以大方承認我的工作占據了我大多數時間、注意力和心神。這就是我。這麼做讓我得以獲勝，同時幫助我的客戶獲勝。至於你願意為目標付出多大代價，由你自己決定。

你執著的或許是你的生意，或是你的運動，或是你的才華。也許你專注於減肥、鍛鍊身體、完成學業，或是經營你的家庭。不論你試圖完成什麼，你知道如果沒有聚精會神全心投入，你不可能達成最終目標。

必須付出代價？是的，毫無疑問。

當你一心追求某個需要你投入全部時間、注意力與心神的事物……你很難為其他事情留下空間。你無法兼顧生活中的一切、方方面面達到平衡。

我知道這個話題令許多人不舒服，因為沒有幾個人願意承認自己執迷不悟，有如鬼迷心竅。他們覺得自己很自私、冷落了家人，為自己的抉擇感到內疚。他們開始質疑自己的優先順序。不過你越試著隱藏，越假裝自己可以處理一切、「面面俱到」，越沒有機會留住任何東西。

每次提起這個話題（尤其對一大群觀眾演講的時候），事後總會有兩三個人朝我走來——而且總是在私下，從不在問答時間——向我吐露他們的生活欠缺平衡，彷彿那是他們的齷齪祕密。他們不希望被別人得知他們忽略了自己的家庭、健康或其他承諾。他們知道其他人在他們背後及面前說了什麼：還記得我嗎？你整天只知道工作。太過火了！你從沒有時間留給任何事情！你需要放慢腳步！我們都見不到你。這種日子什麼時候才會到頭？

你應該健身，但不該「走火入魔」；你應該工作，但不該變成「工作狂」；你應該做其他人希望你做的每一件事，但依然「保持平衡」。

你腦中的聲音可能同樣嚴苛：我需要更多時間陪伴家人；我需要健身；我需要減肥；我需要去度假；我還有兩百件雜事需要去做；我總對自己說我會寫一本書。這一切究竟值不值得？

當你聆聽腦中各種聲音，有如同時打開了Google地圖、Waze和MapQuest。每個人都給你不同的方向，估算出不同的預計抵達時間。事實是：假如你試著同時抵達所有目的地，你哪裡都到不了。

你無法專心，反而著急、慌張、失控、不知所措，什麼都無法完成。你試著把精力分給所有事情，卻因為無法兼顧一切——至少無法成功做好每一件事——而覺得自己徹底失敗。你心煩意亂、生氣憤怒，責怪其他人對你要求太多，導致所有事情如此困難。感覺就像某個看不見的敵人在扯你後腿，為你設置了無法撼動的障礙。

不存在看不見的敵人。那個敵人就是你。

你彷彿被困進一個房間，周圍雜七雜八堆滿了你貯藏的各種責任與承諾。你想用你的成就和成功裝滿這間屋子，然而屋子裡裝的卻是雜亂無章的破碎承諾。你打算整理一切，收回控制，但屋子那麼混亂，你甚至找不到出去的門。

你沒有做成那件驚天動地的大事，那件可以讓你成為贏家、連帶幫助身邊其他人的事——那件帶給你財務自由、讓你終於有時間面面俱到的事；你反而抬頭望著勝利，聳聳肩抱歉地說：「我辦不到，我太忙了。」

面面兼顧等於什麼都顧不到，什麼也贏不了。

勝利希望你投入所有時間與注意力，它需要成為你每星期七天、每天二十四小時腦中的唯一念頭。它或許勉強同意你分一點點時間給其他事情，前提是你得盡快回歸正題，並且始終不忘勝利對你的期許。你也許可以身處其他地方，但你的心從未離開。

所以當你告訴我你想砥礪前行，你想贏，你執迷於勝利，但你也想平衡生活，我得對你實話實說：

> 對於決心求勝的人，生活沒有平衡可言。停止抵抗、停止內疚、停止追求平衡。開始用適合你以及你的目標的方式，過屬於你自己的生活，以便打造共贏的局面，皆大歡喜。

如果能讓你好過一點，我可以告訴你，假如你覺得自己沒有能力平衡生活的各個層面，你並不孤單。這是我的商業界客戶最常見的問題。運動員的賽季會開始也會結束——

每年有幾個月時間放鬆充電——然而一般人多半沒有兩三個月的休息時間恢復生活平衡，大多數人沒有休賽期。工作一件又一件地來，沒完沒了。賽事永遠沒有終點。

平衡與否是一種個人感覺，每個人都不同。你無法藉由迎合每個人而找到平衡，要創造平衡，你得仔細看清楚你內心的渴望，以及這份渴望會對你的生活造成什麼影響。你的生活，不是其他任何一個人的生活。假如你擔心自己不「正常」，擔心別人會怎麼想或者是否認可，你就完了。平庸之人努力順應環境，贏家勇於與眾不同。

就像訂製西裝。你想要這塊布料、那種鈕釦、那塊襯裡，褲子應該是這個長度。你覺得這是你見過最帥氣的西裝。然後有人看了一眼，指手畫腳地說：你怎麼會用那種襯裡？褲管有點兒太長了吧？我不會選這種顏色。好吧，你或許不會，但我會。去做你自己該死的西裝，這套對我來說再完美不過。

聽著，我希望你享受成功之際，依然有時間陪伴家人和朋友、放鬆和享樂；我希望你在孩子需要你的時候陪伴他們身旁；我希望你的感情生活圓滿、伴侶與你志同道合；我希望你的生活順遂而有秩序，不再有人對你失望或生氣。最重要的，我希望你不再對自己生氣。

不過，我也希望你達成目標、實現夢想；我希望你贏。然而要擁有這一切，眼下勢必得付出一些代價。

你不可能同時擁有一切，你得接受有些事情必須先擱置一旁的事實。但是當人們覺得生活失衡，他們做的第一件事情是什麼？他們開始加碼。我應該養條狗；我應該更積極投入慈善活動；我必須幫朋友搬家；我應該參加這場派對。

現在，他們沒有時間追求內心真正的渴望，只能放棄其他事情以求勉強跟上進度。我會少睡一點；我可以凌晨三點起床；我會在天亮之前健身；我可以整夜熬夜工作；我可以完成所有事情。

不，你做不到。

你必須學會說「不」的藝術。

「不」是個完整的句子，無須翻譯，全世界每個人都明白它的意思。他們也許不喜歡其中含義，但每個人都能明白。

你每一次說「好」，每一次在你其實想拒絕的時候說「也許」或「看看吧」，勝利會翻翻白眼，把目光轉向別人。

拒絕為什麼如此難以開口？我知道，你樂於助人、你想當個好人，你想證明自己有能力兼顧一切。但勝利不需要你做這些，它只需要你贏。

我曾要求客戶列出「拒絕清單」，寫下他們不會去做的事，堅定地提醒他們那些事情不是當務之急。把這張清單存在你的手機上、放在桌上、貼在鏡子或冰箱上，善加運用。列出清單可以讓你以全新角度看清哪些事情真的很重要，哪些事情只會給你的行程和生活添亂。

停止加碼，開始刪減。

勝利有賴全神貫注。不是每個人、每件事都值得你投入相等的時間與注意力。如果你想投入更多時間追求目標，勢必得少分一點時間給需要跟你分享日常生活點滴的朋友、少跟覺得自己有義務整天為群組提供娛樂的三十個人傳簡訊群聊、少理會喜歡開無用會議的同事。

「事關重大。」他們說。與我無關，你心裡想著。

刪除。

爬山的時候，穿著負重背心、帶上全副行囊比較容易，還是輕裝簡行比較容易？與其給自己添加負重，不如開始丟棄拖累你的每一件事、你為了迎合其他人的期許與要求所做的每一件事。你必須擺脫那些累贅。只要甩開負累，你就有更多時間分給生活中更有意義、更重要的元素：家庭、子女、健康……你自己。

你想練習如何刪除累贅？練練這個：每個人都有一條不可或缺的肌肉，用於專心致志、排定優先順序，終至獲勝。你看不見這條肌肉，也無法撩起衣服現給別人看。它是精神上的「管它去死」肌肉，正確的醫學學名是「我不在乎」肌肉。有些人的這條肌肉比別人發達，而且越使用越強壯。當你制定有關生活與優先順序的重要決策，而其他人爭著替你出主意、批評你的決策、拖著你偏離正軌時，你就得動動這條肌肉。當你的恐懼與懷疑對你耳語——或吶喊——你不夠好，說你不知道自己在做什麼時，你也可以對自己動動這條肌肉。

我聽到了。動動肌肉。我不在乎。

但你不能光說說而已，你必須真正下決定，以此採取真正的行動。

如同任何一條不常使用的肌肉，頭幾次使用「管它去死」肌肉，它或許軟弱、痠痛、很容易疲勞。不過只要常常使用、適當鍛鍊，它會變得強壯、迅速而靈敏，讓你更有能力甩開你需要遠離的人與事。

千萬不要在憤怒時運用這條肌肉，或者用它做出衝動決定。應該用它來做你早就想做的決定，你知道你該做卻因為種種原因遲遲沒有採取行動的決定。

這條肌肉幾乎可以在生活中的各個領域派上用場，尤其是取得平衡的一大利器。這是能賦予你自由的肌肉。我不會參加這次活動；我已另有安排；那不適合我；我不幹。

「管它去死」肌肉是刪除鍵背後的力量。

停止將你沒有的時間花在你不喜歡的人身上、做你不想做的事情。你想要什麼？更多時間去工作？更專心追求你的目標？更多時間經營感情生活？更多時間留給自己？好好想明白，然後做出決定，否則所有事情都做不好。

而當你真的做了決定，不必道歉。假如你需要訴說你的決定多麼艱難……說一次就好。在那之後，每一次道歉都會減弱你的自信，讓你懷疑自己是否做了正確選擇。如果你真的毫不在乎，那就不必在乎。

我知道有些人不信這些話。「噢，真的這麼容易就好了……」當你認清自己想要什麼和不想要什麼，確實就是這麼容易。假如你想贏，假如你想成功，我是說由衷渴望——不是如果事情順利也未嘗不可的那種念頭——你將清楚地知道自己不在乎什麼，知道自己要刪除什麼。

那就是在追求成功的過程中製造平衡的方法。

想像一個天秤。一邊是勝利——你的所有夢想、目標和野心通通放在這一邊。另一邊則是其餘一切：家人、朋友、娛樂、假期、承諾、責任……你生活中的其他事情。

假如你正在讀這本書，我會假設勝利這一邊比另一邊更重。

但你或許覺得需要稍微平衡一點，於是開始擺弄天秤，兩邊加加減減。減少工作時間、更常去探望岳父岳母……週末不再查看電子郵件、開始跟朋友聚會……少投資一點錢在生意上、大手筆買一輛新車。你笨手笨腳地調整各種組合，直到終於達到完美平衡。所有事情均等而公平。恭喜你。

現在讓我們看看結果。完美平衡的天秤顯示什麼數字？

零。

你想要零幸福？

你想要零成功？

你想要零結果？

你想要零成就？

你將所有事情分配相同比重，完美地將自己抵銷出局。

想要在任何一個領域登峰造極，你就無法活在完美平衡的狀態下。勝利要求你以決心的重量強壓天秤的一端。它不可能被壓得一下子暴跌，猶如小孩突然跳下翹翹板導致另一端猛撞地面，但它需要承受你所能承受的最大重量。或許再多一點。

你有責任將天秤維持在你的掌控之中，是你控制它，不是它控制你。當一端變得太重，你需要稍微在另一端加碼，好將你抬起來一點。至於要加什麼，你自己作主，沒有人有權替你決定。

如此一來，你便開始為自己創造平衡。停止剝奪自己發揮最大潛力所需的一切。你需要專注力；你需要睡眠；你需要好好吃飯；你需要維持健康，別再因照顧自己而萌生罪惡感。要想走得長遠，你必須好好照顧自己，這也是照顧所有仰賴你的人的最佳辦法。

相信我，我明白其中的衝突。沒有人希望感情破滅、傷害家人或失去朋友。不過我可以打包票，假如你在追逐夢想，或努力不懈地朝目標邁進，你肯定得犧牲一部分私生活。假如情況並非如此，你或許沒有為那些夢想與目標付出全心全意。

要怎麼做，你自己決定。不過，在我認識的頂尖人士當中，感情生活圓滿的人寥寥無幾。我不在乎他們在社群媒體或家庭賀卡上秀出怎樣的生活。我知道太多「成功」人士經常炫耀完美均衡的家庭生活，實際情況卻恰恰相反，吹噓均衡生活的人往往是最失衡的人。那是出於內疚與悔恨而編織出來的假象，不要被迷惑了。相信你知道的，別相信人們允許你看到的表象。

追逐勝利的過程中，你遲早得放棄照顧身邊所有事情。其他人會說「你遠在一百萬公里之外」。你自忖：只有一百萬公里？然後你赫然發現：你恰恰置身在你需要去的地方。

我每年、每季、每天都看著我的客戶走過這樣的心路歷程。他們錯過生日、假期、母親節、父親節、畢業典禮、婚禮、耶誕節。假如你是ＮＢＡ超級球星，你很少回家過耶誕節。

大多數人會聳聳肩說：「他們賺很多錢，那是他們該做的。」的確如此。不過，當你無法在家為孩子們扮演聖誕老公公、看他們拆禮物，當你因為在另一座城市爭奪冠軍而錯過孩子的出生，再多錢也不會令你好過一點。

失衡的生活意味著要求生命中其他人諒解、支持與等待。當你追逐夢想、擱置生活中其餘一切，你身旁的人必須堅強且自信，必須相信你，也相信你的所作所為，並且明白你的勝利也是身邊所有人的勝利。

必須跟你一樣瘋狂。

好的夥伴理解你的執著與決心。他們不是以為你瘋了，而是知道你瘋了；他們就愛這樣的你。你對他們訴說你的計畫，即便他們不完全明白你要去哪裡，他們知道你很清楚自己要去哪裡。他們會問的唯一問題是：需要我幫忙開車嗎？

要是能找到那樣的人，你非常幸運。最棒的合作關係、感情、婚姻、友誼，都來自和你一樣對最終結果充滿熱情的人，那就是我跟客戶合作得如此愉快的原因。對於勝利，我跟他們同樣執著、同樣瘋狂。

如果你需要支持與協助，請開口要求，別假設那是你應得的權利。而且，請讓那些人跟你並肩在前線作戰，而不是默默站在你的身後。假如他們對你很重要，就請彰顯他們的重要性。你不能讓他們覺得所有事情都圍著你打轉，不能讓他們覺得被你的夢想纏住了，自己卻一無所獲。他們也有自己的夢想，假如你不願意支持他們的理想，他們或許不會堅持站在你身邊支持你。每個人都有責任持續製造有益於所有夥伴的共贏。你們各自的雄心不必有交集，你們不必熱愛彼此的事業；你們不必在同一行，甚至做同樣的工作。你們只需要以全然的相互尊重與支持，作為彼此的後盾；反之則是破裂的夥伴關係。

夥伴的角色跟你的同樣重要，如果你需要他或她對這個角色保持熱情，你需要對未來的情況採取現實的態度。假如你說你需要一個月的時間來處理生意，就用一個月的時間處理完。如果你需要五年，就承認你需要五年。別要求他們給你「幾個月的時間」，結果十年之後依然缺席——人不在，心也不在。

誠實一點：這件事情很難，也許會不太愉快。我是為了我們而做，我也明白你會因此做出怎樣的犧牲。堅持下去，一切都會是值得的。

然後確保結果確實值得。

當你現身，請身處於當下。放下手機，闔上筆記型電腦。別光「擠出時間」給你生命中的人，請善加利用那段時間，好好回饋為你付出的人。你的競賽尚未結束，你還需要他們。請讓他們付出的時間是有價值的，好讓他們願意持續付出。

平衡是一場無情的拔河大賽，繩索的另一端是勝利。旗幟標出繩索中線，那就是平衡所在的位置。平衡不在這兒或那兒，不在贏的一邊或輸的一邊。它就在正中心。平均點。如果你夠認真比賽，你可以將勝利往你這一邊拉扯；如果你輸了，勝利會將你拖進泥淖。

你的目標是用盡一切力氣死命搏鬥、抓住勝利、贏得戰爭。

準備好了嗎？

你想辦法將勝利一點一滴拉過來，而當旗幟一離開中心點，平衡就被削弱了。好的開始，但你還沒有完成目標。你的雙腳更深地插進泥地，感覺自己被另一個方向的力量拉扯，不過對手不是勝利，而是你的其他責任與義務。你得甩掉它們。現在，你可以帶著更大的決心，使出更大的力氣。你如此渴望成功，卻被其他事情分了神，不過你已明白，你必須暫時拋開一切，全神貫注於這場比賽。凝神專注。平衡早已飛到九霄雲外，此刻，你的焦點變得更清晰，你的怒火更熾烈、你的肌肉在燃燒，掌心磨破了一層皮。你喘不過氣。再來、更用力一點。再一步，用力拉，直到你的雙臂顫抖不止。現在只剩下你和勝利了。再一步……快贏了……然後勝利猛然往後一跳，哈哈大笑，一下子把你拉回起點。

旗幟又回到正中央。恢復平衡。

然而你無法放手、你不能放手。你輸不起。你努力了那麼久，犧牲了那麼多。

你甚至不知道自己有多狼狽。你無視鞋子上的泥巴、掌心滲血的水泡——你毫不在意，而且不到勝利的一刻，或者被勝利打敗的一刻，你絕不停止。你不可能放棄。

這時你環顧四周，赫然發現：沒有負累，沒有旁騖，只剩下你為你自己以及你在乎的每個人奮戰。為你追求的一切奮戰。

那個時候，你沒有其他念頭。你全神貫注於當下，其餘一切可以等等。

毫無平衡可言。

你重新拾起繩索。你拿起毛巾擦掉掌心的鮮血，刻意讓勝利看見你的動作。那是赤裸裸的挑釁。然後你繼續努力，繼續跟勝利拔河。

或者，你可以留在中間點，得到完美平衡，然後轉身走開。歸於安穩，歸於中立。不是這兒或那兒，不是前進或後退，不是往上爬或往下跌。你再也不孤單，因為其他每個人都和你一起站在中間點，不必做出決定或承諾，你可以一輩子當個平凡人。那樣很好，很平靜，不過肯定跟勝利毫無牽扯。

這是你的戰爭，你的偉大之路。如何達成目標以及是否達成目標，完全取決於你能夠多麼「自私」地安排生活的優先順序，不留遺憾。

致勝法則

勝利是自私的

在公牛王朝的最後一舞，球季一開始，史考提・皮朋宣布他將進行腳踝手術，修復斷裂的肌腱。皮朋當時是我的客戶，我們討論過他是否應該在一九九七—九八年球季之前的夏天動手術，以便一開季就能回歸球隊。

不過皮朋選擇等待，一方面是因為他不想在夏日假期處理問題，一方面也是因為他對自己的合約不滿。這份合約讓他該季的薪資排在公牛隊第六位，在全聯盟僅排第一百二十二位。皮朋當初不聽自己的經紀人以及公牛隊老闆傑瑞・蘭斯道夫（Jerry Reinsdorf）的勸告，執意簽下遠低於他的價值的續訂合約，因為他希望得到長期合約帶來的保障。現在他不開心了。

他想，他們付的錢不足以令他急著歸隊。

如果你看過《最後一舞》，你或許記得球員們已經被告知一九九七—九八年球季會是他們的最後一季。教練「禪師」傑克遜不會被續聘，尤其因為他跟總經理克勞斯不和，也因為某些球員——包括皮朋——不會得到續約。於是公牛隊第二強的球員決定等到球季開始再動手術，硬生生錯過球季前三十五場比賽。

在《最後一舞》較具爭議的其中一刻，喬丹用「自私」形容他的隊友史考提．皮朋。

「在那件事情上，史考提做錯了，」喬丹說，「他可以在（上一個）球季一結束就動手術，準備好迎接（下一個）球季。史考提想做的，是逼迫管理層修改他的合約。傑瑞不可能那麼做。所以現在，我得在明知史考提不會上場的情況下展開球季。

「我覺得史考提很自私，他只擔心自己，而不擔心他的話會對整個組織以及這支球隊造成什麼影響。」

不過，並非每一位隊友都有同感。

「大家都非常敬重史考提，」史蒂夫．科爾（Steve Kerr）說，「我們理解他的挫折感。他或許應該是整個NBA第二高薪的傢伙，所以我們都能諒解他，沒有人因為他動手術而生他的氣。我們都理解，給他一點空間，他會在後半段球季加入我們。」

那一集節目一播出，立刻引來軒然大波。有些人覺得皮朋將自己的需求置於球隊之上，是很自私的行為。不過也有許多人覺得喬丹很自私，因為他砲轟了一路與他並肩作戰、他口中的「我這輩子最好的隊友」。

你告訴我：自私嗎？他們兩人都很自私？都不自私？

先不要回答。繼續讀下去，稍後再討論。

從這個問題開始：你如何定義「自私」？

我給你幾個選項，你可以自行添加其他答案：自我中心、自戀、只為自己打算、只顧自己的感受、自負、自滿。

混蛋。

如果你曾被貼上上述任何一個（或全部）形容詞——如果你正努力追求我們剛剛討論過的平衡，這是很可能發生的情況——那些形容詞恐怕不是讚美，而你聽了或許覺得不舒服。

勝利希望你淡淡地說聲「謝謝誇獎」，然後繼續做你該做的事。

事實是：勝利需要你自私。贏家不在乎你的看法，他們知道何時說不，並且說得心安理得。他們可以毫不猶豫地在會議開始九十秒後結束會議，因為他們已經聽夠了。他們不會假裝喜歡某個點子，只為了讓別人心裡好過。他們從不輕易投入某件事，除非這件事對他們自己或他們的目標有好處。他們的時間與日程是他們的最高優先事項，除非必要，否則不會對他人伸出援手。他們確實很少伸出援手。

自私？或許吧。有成效？他們的成績不證自明。

贏家不需要討人喜歡。他們只需要看到成果，只要能取得成績，他們不後悔被貼上「自私」的標籤。

這就繞回了皮朋身上。我贊成他的決定嗎？我寧可他在開季之前就做好準備，回來與其他隊友並肩作戰。但他做了他覺得對的事，也知道他的行動會有什麼後果。他知道喬丹會生他的氣，也願意接受現實。自私要求你堅持自己的選擇，並且勇於面對反彈的力量。

當他歸隊，我們確保他做好上場的準備。他面對自己的隊友，所有人重新投入作戰。接下來的球季，他場場先發，平均上場時間是三十七點五分鐘，每場平均得到十九點一分。最後結果：第六枚冠軍戒指。

對於皮朋的決定，喬丹絕不可能假裝心裡毫無芥蒂。假如喬丹覺得你錯了，他會毫不猶豫地向你問責。不過他知道什麼是真正重要的，他也從不吝惜將自己的勝利歸功於皮朋。他在名人堂演講中最先提到的人是誰？「你們看到的從來不是只有我，」他說，「你們還看到了史考提．皮朋。」

皮朋知道他的決策會引人議論。喬丹知道他的反應會引人議論。

兩人都不在乎。

《最後一舞》播出後，觀眾得以看到喬丹與隊友以及與其他ＮＢＡ球員之間的真正關係（例如他對皮朋的評語），許多人樂得表示喬丹嚴厲且刻薄，有時是出於善意，有時則否。當然，許多說他嚴苛的人，都是曾被他修理的球員。不過另有許多人批評喬丹對那些達不到他的標準的隊友施壓，執意要求他們只以一種方法打球——他的方法。六度奪冠的方法。

結果很重要。

你也許一邊閱讀一邊想著：*我不是那樣的人*。或許如此。但我敢打賭，當你捫心自問，你會看見自己也許曾在不知不覺中，為自己做過會讓其他人覺得你自私的事。那是人類的本能。當你真心渴望最終成果，那些事情不再是選擇，而是一種必然。

我知道許多心理學家和「專家」提倡支持、積極與包容的態度，不要做個強硬、嚴厲、苛刻或吹毛求疵的人。如果那種溫和作風適合你——我是說，你能得到可見的成果，而不是光讓你成為「受歡迎」的團隊領袖——那麼請維持你原有的風格。

喬丹採取一種作風，得到了成果。不僅為他自己，也為他身邊的每一個人。如果他因此被批評自私，他會很開心地拿著他的六枚冠軍戒指對你說：「不客氣。」

「自私」究竟有什麼錯？

從字面上來看，「自我」這個字指的是你的本體、你的存在、你這個人。市面上有各種書籍、歌曲、T恤、海報和四十億條臉書貼文叫你要「愛自己」、「找到自己」、「照顧自己」、「做你自己」！

如果你把全副心力放在自己身上……你難道不是個自私的人？

那樣不好嗎？

那不是壞事。想贏的時候，還非得那樣不可。

現在，在你犯下大錯之前，我們得澄清一件事：自私的贏家有別於自私的輸家，兩者不可同日而語。自私的輸家汲取每個人的幫助，卻不知道如何運用他得到的一切，沒有人從中獲益，包括輸家自己。例如：一個會擾亂隊友的球員，他在場上表現很差，卻責怪其他每一個人。例如：一個對自己很慷慨卻無心經營生意的企業主，他付給員工的薪水遠低於他們的價值，導致大家提不起勁生產；他將不良的績效怪罪員工，生意最後一落千丈。例如：由於累了、煩了或純粹懶得傷腦筋而搞砸子女活動的家長。

我們要的不是那種自私。

我們說的是出於種種正確理由而全神貫注於自己的能力。自私的贏家為自己付出，以便有能力為別人付出。他們給予自己信心、勇氣、清晰的頭腦；他們給予自己時間、空間與專注力；他們給予自己贏的自由；他們知道什麼時候把自己放在第一位，不會為此內疚，因為他們的成功能推著身邊所有人前進。全世界最熱心公益的幾個人——華倫．巴菲特（Warren Buffett）、比爾．蓋茲夫婦、沃爾頓（Walton）家族（譯註：全球最富有的家族之一，創辦了全球最大的零售商沃爾瑪）——之所以能夠捐出數十億美元給他們支持的志業，正是由於數十年來自私的努力與付出。

老虎伍茲（Tiger Woods）的整個成長過程，父母將全部的（有人會說自私的）重心放在伍茲的職業發展，生活完全圍繞這個軸心打轉。厄爾（Earl）和卡蒂達（Kultida）為他們自己以及兒子創造的生活方式，令全家人可以全然且自私地投入伍茲的高爾夫球、學業以及巨大成功。他們為他付出一切，因為他們對結果充滿信心。他是他們絕無僅有的第一要務。

你為什麼那麼難以替自己排列優先順序？為什麼在你確實訂出優先順序後，其他人會那麼生氣？當你做所有人認可的事情，如吃飯、睡覺、運動、社交、靜坐，沒有人會罵你自私。他們可以理解那些事情，因為它們——你知道的——很正常。不過，你一旦開始做沒有人做的事，那些其他人不認可或不理解的事，必然會聽到流言蜚語。

於是我們想出俏皮的辦法，將我們把自己置於第一位的需求「正常化」。「願望清單」、「私人空間」、「自己支配的時間」、「閨密狂歡之夜」。任何可以迴避真相——

以你為中心的時間與空間——的說詞。

我是在對任何表示「我沒有時間留給自己」的讀者說話。不，你有的。你只是選擇把它花在其他事情上。你沒辦法上健身房，沒辦法展開新計畫，沒辦法將事業推向新的高度，沒辦法一整天無所事事……為什麼？我沒有時間留給自己；我有太多事情要做；我答應別人了；我無法說不。

事實是：如果你不先幫助自己，你就無法幫助身邊每一個人。

你必須接納這個現實。如果無法將你自己的目標與夢想放在首位，你就無法爭取自己的勝利。運用我們之前討論平衡議題時所說的「拒絕清單」和「管它去死」肌肉。這麼做並不自私，反而對成功極其重要。

自私讓你得以過濾誰能打進你的核心圈子。當你為你的時間和精力安排先後順序，你必須做出困難選擇，決定誰能排上你的優先順序。家人？朋友？對你苦口婆心的人？對你甜言蜜語的人？如果身邊充斥著老是提醒你他們很難見你一面、你太忙了、你需要放鬆的人——很可能是因為你有太多朋友，盟友卻不夠多。盟友明白你需要什麼以及你在爭取什麼，你也篤定他們會陪你一起作戰。朋友偶爾會因為你的成功而覺得受到威脅。盟友明白你的成功不會減損他們的成功。

不過自私連帶帶來了重大責任。如果你把自己放在第一位，最後必須得到值得的結果和成績。你贏了嗎？你的自私幫助你創造正面成果了嗎？幫助你更接近目標了嗎？即便沒有人贊同你的作法，它是否帶來了足夠好處，令你對自己的抉擇無怨無悔？你是否願意為此付出代價？

一部分的代價——或許最重要的部分——就是必須經常做出令別人不快的決策和行動；你得接受這個現實。

你終究必須學會不去在乎。

你得遠離橫亙在你和成功之間的每件事和每個人：你得學會切割。

不過，切割的重點不僅在於遠離別人，也在於脫離原本的自己，改變令你畫地自限的信念與習慣，放下你自己的不安全感與恐懼，創造新的期許與價值。切割的重點是對自己設定新的要求，擋住想阻止你採取行動的種種雜音。

切割的重點是將你的一切——從你的人生觀和策略，到你追求卓越的精神力量——推上新的高度。你不需要跟別人一樣好。你只需要超越自己。

切割是力量。制定決策的力量，帶領你從目前狀態走向理想狀態的力量，讓你不再依照別人寫的劇本生活的力量。

提升自己的力量。

切割也是自由。當你掙得脫離普通、平凡和「正常」的能力，你也掙得了在別人叫你「謹守分際」時一笑置之的權利。你沒有分際。整條路無限寬廣，全都屬於你。你可以自由地決定、行動、選擇。

切割的重點在於你，以及你真正的渴望與需求。那是在你做出全新、大膽而駭人的事情之前；在那一刻，你太容易臨陣退縮，但你知道你會因為退縮到安全領域而付出代價，於是你猛然一跳，心知你無法繼續待在原地。

這並不容易，也不會是沒有罪惡感的一次行動。如果你曾經不得不離開你的家人和朋友，如果你曾經脫離你的隊伍加入另一支球隊，如果你曾經背離傳統或風俗，你知道這種感受。其他人不會喜歡你的行動，他們會讓你知道他們的想法。那些覺得自己有權干涉你的每一個決定的人，會因為你的行動而感到失望，你必須準備好迎接他們掀起的風暴。你必須拿定主意，你更需要的究竟是最終成果，還是他們的認可。

所以當他們說：「你瘋了嗎？」你必須準備好回答：「沒錯，我瘋了。謝謝。」因為假如你立志求勝，假如你決心登峰造極，你骨子裡肯定有一些瘋狂。你需要擁有其他人甚至無法領會的抱負與夢想，你必須能忍受不被理解。結果將能說明一切。我就是這樣過來的。

我出生在一個印度家庭，排行老么，父母在我四歲那年舉家移民美國。我的雙親服務於醫學界，我從小就明白我的事業生涯有兩種選擇：若非當醫生，就是當醫生。我兩個都不選，我想服務職業運動員。

「你說你想幹嘛？」我的父母哀嘆。「我要替職業運動員提供服務。」不過，為了令他們開心——我由衷想令爸媽開心，我只是不想從醫——我答應申請醫學院，然後祈禱自己不被錄取。

我被錄取了。這迎來我這輩子最艱難的一個「自私」時刻：對爸媽坦言我不打算進醫學院，也不打算當醫生。

「大失所望」遠遠不足以形容他們的心情，即便我後來取得運動科學碩士學位，也有了一份像樣的事業，從事我說我想做的工作：為職業運動員服務。但是，我很幸運擁有就算無法認同我的決定也依然愛我、支持我的父母（不過就連我接連與喬丹、科比、韋德和其他運動員合作，獲致種種成功之後，他們仍會不經意地提起，找一份有福利和退休金的「正經工作」有什麼好處）。

我自私嗎？我交給你決定。我為自己做出選擇，背離家人的期許，投入一生追求最終成果。但願有朝一日，你也有機會跟我一樣自私。

在我的事業生涯中，我所做的一切大多離不開切割。我在一九八九年開始訓練喬丹，當時鮮少體能訓練師能直接給職業運動員上課。訓練員通常替球隊工作，透過球隊接觸球員。不過喬丹想脫離公牛隊的標準訓練流程，這正是他聘用我的原因，他想要一份專門為他的特殊需求制定的訓練計畫。所以當球隊試著指示我如何訓練他，我客客氣氣地跟他們保持距離。我明白，為了有效服務我的客戶（以及後來的所有客戶），我需要維持初衷。

直至今天，我從未受聘於球隊。我擔任球隊顧問、配合球隊運作，但我的工作總是直接面對個別運動員。為了善盡職責，我需要劃清界線。

不過，切割並不表示你得斷絕一切關係、拒絕合作。在我這一行，相互配合非常重要，你的工作領域大概也一樣。在我服務過的企業集團中，許多家陷入激烈的內部鬥爭，不同團隊與部門火力全開地砲轟彼此的流程與結果。有些人相信這能創造健康的競爭環境與「強悍」心態，刺激員工提高他們的績效水準。不過，假如你曾在這樣的文化中工作，你知道事情很少朝那個方向發展。

對我來說，要做好我的工作，我需要知道跟我的客戶密切相關的每一個人都站在同一陣線，他們也需要知道這一點。這意味著以尊重的態度與團隊人員溝通，從總裁和總經理，到訓練師以及與我們分享共同目標的其他專業人員。你需要他在開季前達到這個體重？你想要討論他在場上的這些問題？你這一季打算怎麼用他？我明白了，我會隨時保持聯繫。我一貫秉持開放與合作的態度，因此贏得素來對「外人」保持戒心的球隊給予巨大信任。

論及運動員的訓練計畫與進展，我也會進行切割。我很少發布我訓練運動員的影片和照片，也很少談論我的工作。我知道，健身教練利用社群媒體炫耀他們的客戶——不僅在健身房，甚至在俱樂部、高爾夫球場、游泳池畔或假期中——如今已司空見慣。我反其道而行。當牽扯到我的運動員，我在社群媒體上的原則是：如果你跟我的客戶有關係——家人、經紀人、團隊人員、醫療人員——而且你得到他或她的許可，我很樂意寄影片和照片給你，毫不保留。或者，假如客戶想在他們的社群媒體公布我們的工作內容，或他們要求我貼上某張照片，我從善如流。否則，我需要將我們的工作跟這一行的娛樂和媒體面切割開來，保護客戶不被莫名其妙的人打擾。

我之所以受企業領袖、老闆和名人聘用，其中一個原因就是我尊重隱私、態度慎重。我不會對媒體談論我們的工作內容；我不會將他們的簡訊截圖，貼上社群媒體；我不會帶著跟在我身後打轉的攝影小組去開會。

這些事情有什麼重要？因為勝利要求你把它當成唯一重心，它要求你全神貫注、一心一意，並且能夠為了追求成果而永無止境地付出。對我來說，在社群媒體發布你的體能訓練內容無益於成果。它能吸引關注，但無法帶來成果。假如我和我的客戶做好各自的工作，最終的結果將說明一切。其他人大可以品頭論足，但我們從來沒必要發布任何內情。

勝利是一種投資。它是你做出「自私」選擇的結果；這些選擇讓你得以追求目標、甩開限制與不安全感、拉開往昔與目標之間的距離。

勝利並非偶然；它發生在你將自己的野心與成果置於首位時。它是你能為人生所做的最大投資。在你準備好破釜沉舟之前，想都不必想獲勝。

如果你知道你應該求取進步，如果你相信你值得全心全意追求成功，現在是做出自私選擇、為自己投資的時候了。對某些人來說，那意味著分配財力資源；對另一些人來說，重點在於教育與學習。那或許是關於換工作、減肥、戒菸或經營感情的一項決定，可能意味著投入時間、金錢，或者改變觀念。由你自己作主。不過，不論需要投資什麼，請放手一搏，因為沒有人會替你投資。

如果你不相信自己，怎能期待別人相信你？

人們基於許多理由而吝於投資自己。他們覺得那樣太妄自尊大、覺得自己不配、認為自己會失敗、認為自己會遭到批評。或許覺得那是在浪費錢。「我負擔得起投資自己嗎？」他們納悶。我的回答是：你負擔得起不投資自己嗎？

如果你是成功的生意人，經常需要四處出差，投資購買一架商務噴射機以便更有效運用你的時間和資源，真的很「奢侈」嗎？或者，假如你買不起私人飛機，加入機場貴賓室或搭乘頭等艙以便在差旅期間有地方工作，真的很「浪費」嗎？如果你的工作涉及開車載同事視察潛在的房地產投資機會，投資一輛好車以便讓乘客坐得更舒服，真的很「虛榮」嗎？如果你遠距工作，所有會議都在線上舉行，你不應該考慮花點錢添購高品質的設備，好讓你看起來、聽起來更專業嗎？

每當媒體報導運動明星為了自己的訓練與健康花費數十萬美元（甚至更多），彷彿那是窮奢極侈的行為，總令我詫異。團隊中有廚師！還有按摩師！他家中有整間健身房和一座籃球場！那些不是奢侈品，而是生意夥伴。你談的是收入高達八位數或九位數美元的運動員。你難道不覺得他們應該投資收入的百分之一，來確保自己強壯而健康？來延長他們的職業生涯，以便繼續賺那麼多錢好讓他們如此揮霍？

不過，讓我們澄清一點：重點不在於花了多少錢。如果你沒有同時投入時間與力氣來追求成果，金錢的投入就毫無價值。你有多少次放棄進步的機會？你有多少次沒有做你明知自己該做的事？你有多少次試著「改造」自己，而不是投資於既有的自己？

太多年輕人告訴我，他們立志從事體能訓練，與職業運動員一起工作。他們想知道如何實現夢想，彷彿有什麼密碼可以幫助他們打通關。不論你想與運動員工作、設計摩天大樓或發現星球，我只有一個答案：投資於你的教育與技能。沒有捷徑，沒有快速通道。喬丹雇用我，因為我提出一套令他心動的計畫，然後拿出成果證明自己。這得歸功於我多年投資自己——學習、實驗、設計出有朝一日能改變運動員體能訓練方式的計畫。

你是否願意實現夢想，一切取決於你。如果你的家人並不支持，如果他們覺得你會失敗，如果他們告訴你這條路太艱辛、太吃力、你正在犯人生最大的錯誤，你可以選擇服從，過著他們替你選擇的生活，或者可以為自己負責，找到方法活出你想要的生活。

你已經知道我會怎麼選擇。

我認識許多高度成功人士，他們沒上過大學，也強烈相信你不需要上大學。他們會告訴你，上大學無異浪費錢，你不需要大學教育也能成功。他們做到了，你也能做到。我強烈反對。他們成功了，那很棒。但那麼多沒上大學的人沒有成功，這該怎麼說？你真的肯定即便輟學，你仍能達成你追求的一切，不論現在或未來？接受教育、挑戰自己完成學業，會有什麼壞處？你不必進入名牌大學，但請接受能讓你不同於其他人的教育，證明你有能力脫穎而出。

勝利有賴社會教育、正規教育、一般知識（這些知識不見得那麼普及）和不平凡的真知灼見，因為勝利肯定不是一件平凡的事。

你有可能失去一切——你的房子、錢、衣服、汽車、噴射機。但你唯一不會失去你的學問和知識。倘若你真的失去一切，你唯一可以憑藉的就是你的教育。

投資於你自己，因為你值得。那不是貪婪的自私，而是在求勝的煉獄中活下來的必要條件。

致勝法則

勝利將你拖進地獄，假如你認輸，地獄將是你的歸宿

二〇〇七年一個深夜，科比打電話向喬丹尋求建議。他說他的膝蓋疼得半死。他已在聯盟打了十個球季，相信自己還可以再拚十年，但他不確定他還能忍受多久身體的折磨。他不知道他的膝蓋還能撐多久。

喬丹完全理解。「打電話給葛洛佛，」他說，「他會幫你打理一切。」喬丹已經退休了，和我一起度過十五年後，他樂得看我清晨五點出現在別人家門口。

喬丹跟科比分享我們一起做過的一些事情，以及他為什麼認為我是科比正在尋找的解答。「他會是你這輩子見過最大的混蛋，」喬丹說，「但他是個行家。」

你不可能從喬丹口中聽到更大的讚美了。

科比已經在二〇〇〇至二〇〇二年連續三年奪冠，確立了籃壇的頂尖地位。但這支隊已從盛世走向災難：俠客．歐尼爾不滿意現狀，要求被交易出去，最後被送去邁阿密；教練「禪師」傑克遜在即將遭到開除之際自行求去，寫了一本書猛烈批評科比。球隊陷入漫長而艱苦的重建時期。現在，科比面臨一個非常真實且痛苦的可能性：他的冠軍戒指或許僅止於三枚。

到了二○○七年，距離上次奪冠已過了五年，勝利不再理會科比的呼喚。他大可以放棄，大可以拿著三枚冠軍戒指說「該滿足了」。他大可以屈服於日益衰退的膝蓋，減少上場時間，慢慢為自己的生涯倒數計時。

相反地，他打電話給我。

我很高興成為別人走投無路時的最後求助對象。那是我的勝利。

我第一次帶著他訓練時，他在一小時後揮汗如雨地看著我問：「我們還該做些什麼？」

我告訴他：通往天堂的路從地獄開始。

科比曾到過天堂，現在則在地獄中掙扎，他不介意兩地來回穿梭。

我們的訓練並不輕鬆，他也不要求放水。我們必須改變他的體能而不影響他在場上的表現。他知道，我們所做的一切對他都是全新且不同的體驗，從他的運動健身方法，到他的睡眠時間和飲食。與他共事的每一個人——從球隊工作人員到其他頂尖團隊——都明白這項挑戰：我們要躍升到另一個層次。

唯有當你帶著比前一次更強烈的執著奮力爭取，勝利才會給你另一次獲勝機會。

我們的合作肯定足以稱作地獄式訓練，並非因為訓練時間長得難熬或訓練內容無謂地嚴苛——我不相信這一套；而是因為我們有個嚴肅的目標，需要一絲不苟地對待。其他隊友和球員在休賽期間看到我們的行動，要求加入。他們從未再度出現。

舉個例子：我要求他維持深弓步的姿勢——後腿盡可能伸直，膝蓋儘量靠近地面而不貼地——同時練習完美射籃……持續五分鐘。左右腿各一次。

你試試看。你會聽到勝利在遠方哈哈大笑。

有時候，我會劃出十六呎乘十五呎的區域，仿製NBA球場。我們在這麼窄仄的空間訓練。我會要求他從各個方向以各種速度轉身、跳投、急停、起跑，有時帶著球，有時不帶。然後我會問他哪個動作最令他疼痛。我需要知道當他急停、起步、跳躍或著地時，是否立刻覺得不舒服，還是兩三秒之後才感到疼痛……我需要知道一切細節。我們得找出問題、分析問題，然後想辦法找出無痛的姿勢。接下來，我們會針對另一個動作，同樣想辦法找出無痛的方法。就這樣日復一日，反覆進行。他從未遲疑，從未偷懶，從未在面對艱難挑戰時退縮。

當談論科比的偉大，人們經常會說：「他下了苦功。」確實，但人們忽略了一個重點。喬丹和科比這類球員不光練習，他們更持續不斷地提升練習方式，因為要跳出地獄，你必須提升每一件事情。他們從未因成功而止步，總是不斷添加新的元素令他們爬得更高。他們明白，如果你總是用同一套方法，你會得到同樣的結果。所以為了變得更好，他們必須投入新的練習、不一樣的練習。

如果你不進化，如果你不尋找新的方法挑戰自己，你就猶如iPhone世界裡的黑莓機。其他人不斷改進，你還在用老舊過時的軟體。

科比和我執迷於同一個目標：延長他的職業生涯、找回他的最佳狀態（不只跟以前一樣好，甚至更厲害）。當然，還有勝利。

二〇〇九年，科比奪下另一次冠軍。二〇一〇年再度奪冠。

二〇〇九年總決賽期間，記者問他有什麼感受。「我覺得很棒，」他說，「這是我入行以來季末狀態最好的一次。」

看到他健康、強壯、重回勝利的菁英俱樂部，是我的一次勝利。歡迎回到天堂。

但是通往天堂的路是一條雙向道，你可以快速爬到頂端，也可以一下子滑落谷底。事實上，這幾乎肯定會發生。勝利不會讓你得意太久。勝利在天堂迎接你，當你奪得獎盃時大聲歡呼，然後送你走到停車場，在那裡，載你來的巴士已經換上新的路線牌，標出下一個終點站「地獄」。

湖人隊下次再打進總決賽，將是十年後的事。

人們覺得勝利是一次美妙壯闊的成就，可以解決一切。當下確實如此。但假如你沉湎於那一刻，勝利會確保你從此跟那樣的時刻絕緣。

那是個永不休止的循環，而不是一趟單程旅行。你想贏？從谷底開始，慢慢往上爬。恭喜你，你贏了。想再度品嘗那份感受？回到谷底，重新往上爬。恭喜你，你贏了。想再度品嘗那份感受？回到谷底，然後……對，你知道我要說什麼。

而且，即便爬上巔峰，勝利也希望你隨身帶著一小片地獄，以便永不忘記你的來時路——永不忘記你隨時可能被推回地獄。

勝利是治療地獄副作用的止痛藥。沉重的身心壓力、破裂的感情、朋友的不諒解、漫長的工作時間、不懈怠的努力——全因成功而舒緩。來一劑強力而持久的勝利，你想要的一切——滿足感、尊嚴、金錢、名聲、榮譽、安全感——通通都會是你的。

不過，警告標籤上有這麼一段話：勝利這種藥，你需要一次次加重劑量。每一次獲勝，你會學到更多、經歷更多，你知道哪裡可能出錯，也知道自己必須做足哪些準備才能重新登頂。所以劑量必須逐漸加重才會有效。你不能淺嘗輒止，你必須上癮。

喬丹比大多數人更明白這個道理，也明白重回地獄的重要性，這是他之所以偉大的原因之一。生涯初期，他就因為在場上遭受底特律活塞隊肢體衝撞，嘗到了地獄的滋味；他在鍛鍊體能直到自己強大到不再任人宰割的過程中，也嘗到了地獄的滋味。他在聯盟熬了七個球季——沒錯，七季——才終於抵達天堂，開啟了與勝利六次共舞的第一支舞。

然後：回到地獄。他的父親遭到殺害，媒體與社會大眾拿放大鏡檢視喬丹的人生，情況完全失控。於是一九九三年，他決定離開NBA，追逐他的另一個夢想：他想打棒球。他在兩個球季打了一百二十七場小聯盟球賽，搭乘小聯盟巴士，一步步爬上大聯盟，恰巧遇上ＭＬＢ球員在一九九四至九五年的大罷工。他被要求跨越罷工前哨線、繼續打球，他拒絕了，決定重拾他的舊愛：籃球。他想再度贏球。

當他在一九九五年賽季重返ＮＢＡ，我們只有兩個月時間幫助他進入狀況，準備打季後賽。棒球改變了他的體能，讓他以截然不同的方式移動和發揮，現在，我們必須在相對短時間內重建他的籃球體能。時間不夠。公牛在一九九五年季後賽輸給了奧蘭多魔術隊，許多人相信「真正」的喬丹已一去不回。「你不可能離開兩年，然後以同樣狀態回歸，」他們說，「回不去了。」

證明給我看，勝利如是說。

好好看著，喬丹回答。

公牛輸給魔術的那一夜，我們在所有人離開後坐在闃黑的球館。沒有什麼可說的，沉默道盡一切。當他終於起身離開，我以為我好長一段時間不會看到他。他通常會在球季結束時放個假，過一陣子才重新展開訓練。

「你準備好的時候打電話給我，」我說，「告訴我你什麼時候想見我。」

「我準備好了，」他回答，「明天見。」

離開地獄的時候到了。

這條路他已走了許多次，每年開季前都得走一遭。他明白沒有什麼事情是絕對的；沒有什麼能保證他會跟上一季一樣好或更好。他的種種表現，他的一切成功——都是他努力掙來的。

所以，當一個球季結束，下一個球季即將到來時，他知道他會面對什麼，也知道該對自己要求什麼。他不害怕年年等著他的地獄，因為每次從地獄歸來，他都會變得更剽悍、更強大、更堅韌。那是他的力量。

第一次入地獄很可怕，但是到了第二次或第三次，你已心裡有數，知道自己會面對什麼、該做些什麼。韌性不是在舒適區裡培養出來的，而是靠地獄鍛鍊。你每一次歸來，都會變得稍微更頑強、更強悍、更能控制情緒、更多傷痕。反覆進入地獄鍛鍊數年或數十年後，你甚至感覺不到地獄的熱度。

但他的隊友感覺到了。當全體球員回歸下一個球季，他們看到比以前更勇猛霸氣的喬丹展開另一趟偉大之旅，從戰績七十二勝十負的傳奇球季開始，到另外三枚冠軍戒指結束。每個人都輕鬆愉快地前來練球……直到地獄走進那扇門，佯裝為喬丹。

要求嚴格，令人望之生畏，鐵面無情，擁有無比決心。假如你接受不了，就像他在《最後一舞》中說的：「你從未贏過。」他的隊友會毫不遲疑地告訴你，跟他一起打球確實很痛苦。但他帶著他們每一個人上了天堂。

運動員和名人——甚至某些企業執行長和商場泰斗——在大眾矚目下走過這段旅程。大多數人不必如此。一般人私下一次次穿梭於天堂與地獄之間，沒有人知道或明白你遭遇了什麼。

每個人都在經歷你一無所知的事情。壓力、恐懼、身體和心靈的痛苦、自我懷疑、犧牲、沒完沒了的折磨。那是為了讓公司苟延殘喘不得不裁掉半數員工的企業主、不知道自己能否付清帳單的父母；那是你不確定自己是否做了正確的事業選擇，或者是否值得繼續維繫一段關係；那是你照著鏡子，納悶自己是否永遠不夠格。

對某些人來說，那是替恐怖的老闆工作、應付健康問題，或處理棘手的家務事。我想，天底下最孤獨的經驗，莫過於尋找答案卻一無所獲，發現自己站在人生的十字路口：要嘛努力衝出你置身的地獄，或者開始接受你永遠深陷其中的事實。

你的生意可能在某個月創造前所未有的佳績，但在下個月初，你又回到起點，重新再來一遍；這一次，你帶著更高的期許。假如你是企業領袖，你必須同時鞭策整個團隊跟你一起踏上這趟旅程，全程撐著一口氣，完全不能鬆懈。

勝利等著看你會怎麼做。它不在乎公不公平——不在乎你有怎樣的天賦、才幹，也不在乎你多麼努力。它只想看到你認清現實，全力一搏。

如果能讓你好過一點，我可以告訴你，地獄比巔峰熱鬧得多，你會有更多同伴。地獄是大多數人停留的地方，因為儘管那裡令人不快，但對許多人來說，認命待著比想辦法衝出去簡單一些，而且大家對彼此的困境都能感同身受。體重、錢財、感情、事業……地獄裡充斥著苦於同樣問題的傢伙。許多人甚至開始產生歸宿感。很正常。你輕易地融入其中。

不過你依然身處地獄，假如沒有明確的脫逃計畫，你會被困在那裡。對某些人來說，地獄是埋頭苦幹、為求進步而永無止境的奮戰；但對另一些人來說，地獄是赫然發現他們卡住了，而且可能永遠停滯不前。

人們會叫你「咬牙衝過去」，彷彿有一扇通往勝利的單向門正洞開著等你衝過去。但硬衝是不夠的；這種作法太容易預料，缺乏想像力。你咬牙硬衝——然後呢？若要逃出你個人的地獄，你需要能夠拉、拽、伸長手臂、攀爬、蠕動、跳躍、挖、掘，創造通往自由的道路。還記得喬丹在《最後一舞》中說的話嗎？「我驅策那些不想被驅策的人。」大多數人會使勁衝一下，發現自己卡在不斷轉圈的旋轉門裡。

勝利設下不合理的目標，要求你扛下達成目標的責任。那意味著不計一切方法跳出現況，進入求勝的狀態。

你可以付出求勝的代價並獲得成功，或者乾脆放棄、留在原地，付出後悔的代價。

為了把你困在地獄，勝利會使出書上的各種骯髒伎倆——並想出新的花招以自娛。太難了，它低聲地說，你永遠完成不了……父母對你沒信心……朋友們覺得你瘋了……看看你，你就是個廢物。毫不意外，這些話跟你既有的想法不謀而合。於是你待在那裡等待。等待出現不同感受，等待接受指示，等待一個永遠不會到來的答案。與此同時，烈焰越來越灼熱，直到你無法忍受。你必須採取行動，否則就會被燒成灰燼。不過，熱氣沒有推著你前進，你反而在原地結成了冰。

為了控制火勢，你必須接納別人的負面訊息、抨擊與嘲諷。大火可以摧毀，也可以鍛造出新的作品。你的承受力越強，而且越早採取行動，重返戰局的機會就越大。

對某些人來說，這一切太難應付——他們毫不作為，到最後，勝利徹底放棄他們，轉身離開。假如你不想為自己爭取更多，沒有關係，勝利會落到另一個人頭上。於是，你的地獄是永遠不知道其他可能性，永遠沒有為自己爭取更多。這個地獄叫做自滿，叫做平庸。地獄裡很安靜，沒有憤怒或大火，只是一座空虛的死城。

對另一些人來說，地獄是選擇的結果。這些人選擇了一條貌似勝利的道路，取得他們想要的一切，但直到太晚他們才發現痛恨自己選擇的路。那是簽下高額合約加入失敗球隊的球員；那是生意做得風生水起卻痛恨自己工作的企業執行長；那是因為你選錯伴侶而失敗的感情。你之所以置身地獄，是因為你的心另有所屬。

那通常是勝利轉身離開的時候：我給過你機會，你搞砸了。他或許允許你透過其他管道重回求勝的道路，但不是這個管道。抱歉，我們暫時關門了。回到地獄繼續修練，重新轉換跑道。

對許多人來說，那樣的失望與挫折是一次痛苦的急停。但對強者而言，那是新的比賽起點。

當勝利奪走科比的阿基里斯腱和他奪得第六、第七枚冠軍戒指的夢想，他必須從其他地方找回勝利。贏得奧斯卡獎、撰寫多部暢銷書、製作電影。這些還不夠。他指導女兒吉安娜和她的隊友以曼巴風格贏得勝利，為女子籃球打開了新局面。當大多數同齡小孩每次練習四十五分鐘，然後吃吃點心；科比主持三小時的練習，其中兩個半鐘頭光專注於練習防守。

他無法停止尋找方法獲勝。

不過，當運動員的生涯即將走到盡頭，不是每個人都能夠將他們的求勝心轉而用於追逐其他勝利。

我說的不是年薪好幾百萬美元，而且——假如他們好好管理財務——可以靠他們的投資和名聲繼續過一段好日子的職業運動員。想想假如沒有出錯，每隔四年就要在地獄與勝利之間無止境來回的奧運選手；他們或許只有一次登頂機會。

然後呢？極少數鳳毛麟角——例如麥可．費爾普斯或西蒙．拜爾斯（Simone Biles）（譯註：美國競技體操選手）——或許可以轉行做代言人、演講者或廣播員。但假如你是射箭手、雪橇運動員或撐竿跳選手呢？接下來要做什麼？你也許是全世界最厲害的神槍手，但然後呢？職業狙擊手？你為了成為世界之冠從十歲就開始訓練，現在你不得不到靶場當教練，而且甚至買不起子彈。那是你的地獄，除非你能為自己爭取下一個勝利。

在我這一行，我經常看到訓練師設法爭取名人客戶，以為這是取得勝利的永久性門票。一年後，他們在商場拍賣他們的健身器材，納悶究竟發生了什麼事。

求勝的機會無所不在，你得不斷尋找。

每個人都曾經歷永遠改變他們的某種極其艱難、痛苦或棘手的事情。我們當下或許沒有察覺，但我們的內心有什麼東西被打破了，永遠無法恢復原狀。

那並非你的弱點，反而是你最強大的力量，是你逃離地獄的車票。

你如何增強肌肉？你打掉重練，讓它在復原過程中變得更強壯。你如何製造疤痕？你受到傷害，讓它在復原過程中變得更強壯。疤痕組織是身體所能製造最堅韌的組織。

在地獄走過一遭後，你如何重回天堂？

你重建自己，讓自己變得更強大。

不是和以前一樣強大，而是更強大。

我說的不是找回每一個碎片，重新拼裝起來。你可以找個破掉的東西試試看。盤子、玩具或鏡子。你試著把每一個碎片拼起來，假裝沒有發生什麼事。但確實發生了事情，你無法抹除那樣的傷害。

不是你拾起碎片，而是碎片拾起你，並判斷你需要如何進行重建。你不會和以前相同。你會變得更強大，因為那些碎片帶著你的經驗、痛苦與哀傷，把它們全當成前進的燃料。

不是每個人都會喜歡重新組裝後的你。他們看到一個不一樣的人，他們說你變了。他們說得沒錯。

要得到身心靈的成長，你首先必須接納你的一切傷口。歡迎它們，擁抱它們。現在，在你繼續追逐的路上，你變得更強韌，你已不會受傷，因為不論對手如何打擊你，你早已嘗過那些打擊，習以為常。

致勝法則

勝利是一場沒有標準答案的考試

二〇二〇年春天，我從一架平穩妥當、運作正常的飛機跳了出來。我有降落傘，背上還搭著一個技術嫻熟的跳傘行家，不過，站在那兒跳出機艙的，依然是我。

跳傘——我的初體驗——是我據說曾答應女兒一起去做的事。她記得這項約定，我則毫無印象，但我相信她的話，於是我們一起登上了飛機。我遠比擔心自己更擔心她，但她一點兒都不擔心。我不知道將控制權全然交給陌生的飛行員和教練、就這樣跳進天空會是什麼感覺，但如果說我一點兒也不害怕，那就是在騙人。

那天早上出門之前，我研究了跳傘的物理力學、降落原理、下降的角度，以及雙腿應該如何著地奔跑。我思忖著：假如空中出現狀況，我有能力駕駛飛機嗎？假如那傢伙的降落傘沒打開怎麼辦？假如他突發心臟病怎麼辦？假如他是活塞隊的球迷怎麼辦？

我不怕縱身躍出機艙，跳進一望無際的天空。那是我能控制的事。但下墜過程中，我忍不住四處張望，尋找最近的水域，尋找出現狀況時最柔軟的著陸地點。假如我必須在降落傘失靈的情況下急速墜落，我不會光顧著驚聲尖叫，而不起碼嘗試另一個選項。

儘管我的護目鏡掉落在威斯康辛州的某片玉米田裡（一跳出飛機就被吹走了），而且整件事發生得那麼快，我甚至記不清所有細節，但我確實記得一件事：是的，我感到恐懼。但我毫不懷疑，不論發生什麼事，我會安然無恙。

我明白，這句話也許不適用於最壞的情況；我或許強韌，但絕不愚蠢。不過，我從不允許自己出現負面念頭，我從不懷疑結果。

當你感到恐懼，當你無法信任其餘一切，你必須有能力信任自己。

如果有人告訴你他們從不緊張或害怕，他們若非撒謊，就是還沒遇到足夠困難的挑戰。

每個人都會害怕。沒有人例外。我不在乎你想像自己多麼勇敢、剽悍而「無畏」，總有什麼事情會令你從心底感到害怕、心臟不由自主狂跳。或許僅僅片刻，或許更久。你阻止不了。恐懼是我們與生俱來的本能，不只發生在體育、冒險或激烈競賽，也可能出現在企業、教室或生活的每個層面中。

我知道我不需要解釋恐懼，你這輩子已經體驗過上百萬次——說不定你現在正覺得害怕。不過我們得談談恐懼，因為如果你知道如何管理恐懼，它可以為你開闢直達勝利的途徑。

人們不喜歡承認恐懼，因為他們覺得那會讓他們看起來軟弱、不安、慌張。但不安和慌張不同於恐懼，它們更近似焦慮，讓你懷疑自己是否有能力應付恐懼。恐懼與懷疑是兩回事，差距猶如勝與負之間的距離。

你在害怕什麼？你在擔心什麼？是什麼阻止你追求真正渴望的目標？

我相信你知道我們說的不是蜘蛛、高樓大廈和小丑。我們說的是凌晨兩點在你腦海洶湧翻騰的混亂思緒，是當你睏得要命，在你腦子裡不停喧譁的各種雜音。

不論你害怕什麼，你是否相信你有能力承擔結果，勇敢面對挑戰？或者，你是否懷疑自己沒有能力應付撲面而來的阻礙？

恐懼與懷疑是兩碼子事。

強者藉由思考他們投入的一切準備讓自己平靜下來。他們相信自己已做好準備，可以隨時應付挑戰。我的籃球員客戶每年打八十二場例行賽，每場比賽之前都會緊張。每次賽前，你會看見喬丹獨自低著頭，嚼著口香糖，喃喃地自言自語。他和你在面臨挑戰之前一樣緊張，但他從不懷疑自己能發揮最高水準。

科比也一樣。「我也會懷疑自己，」他在一次採訪中說，「我也有不安全感，我也害怕失敗。有幾個晚上抵達球館時，我的心情是：『我背疼、腳疼、膝蓋疼。我的狀態不對，我只想放鬆一下。』我們都會自我懷疑，不要否認，也不要抵抗。你得接納它。」

你得接納它，得相信自己有能力處理一切，別讓恐懼上升成為不可控的懷疑。

如果你曾在賽場上看到我，你不會看見我流露任何情緒。我不會因為幾記好球而跳起來叫好，也不會因為事情出錯而垂頭喪氣。不過，我每一分鐘都在擔心我的任何一名球員出事。我看過好幾千場比賽，觀賞我的客戶在上百萬分鐘裡展現最高水準的球技，而我每一分鐘都想著：他著地的姿勢是不是不太對勁？他是不是拐到腳了？是因為我們昨天做的訓練？還是因為我們昨天沒做的訓練？他為什麼沒投進那一球？他看起來很疲憊嗎？我們明天該如何處理這個問題？

或許從頭到尾沒出現任何差錯，但我從來無法停止擔心出事。那是我的恐懼、我的地獄，我承擔不起「正向思考」式的問題解決法。當我的客戶遇上問題，正向思考幫不上忙。為任何情況做好準備是我的職責，假如我解決了足夠多的問題，假如我持續找出正確答案，他們將能短暫地重回天堂，我也一樣。不過只能停留片刻，因為我很快就得再度開始工作，為接下來的事做好準備。

不過，重回天堂靠的不是正向思考的力量，而是專心致志、目標明確的行動。

我看過太多訓練師只在球員狀態良好時談論他們的客戶，客戶一出現問題，他們立刻消失無蹤。他們想搶一切功勞，卻不願意負起任何責任。當球員打了一場好球，訓練師跑遍各大媒體吹噓他了不起的健身方法和訓練課程。當球員表現不理想或受了傷，訓練師立刻跑得無影無蹤，主要是因為他害怕被追究責任，也懷疑自己沒有能力解決問題。

我無法保證我的運動員不會受傷，但我也不能活在恐懼裡。所以，我的一切行動都是以盡可能降低球員的受傷風險為依歸。你不可能防止每一種運動傷害，但我可以做好每一種預防措施。

那幫助我克制內心的衝動，讓我儘量不去懷疑自己，不製造尚未發生的問題，不過於擔心每一個可能出錯的地方。

恐懼會不請自來，懷疑則需要受到邀請。恐懼會提高你的覺察力，讓你更警覺。懷疑恰恰相反；它讓你變得遲鈍，癱瘓你的思考能力。

恐懼的焦點是求勝，懷疑的焦點則是不輸就好。

當你面臨重大會議、大型演講或人生中最重要的比賽，恐懼是一盞閃爍的螢光燈，刺激你採取行動。懷疑則吩咐你乖乖待著別動，直到危機解除。

不論你必須面對什麼，恐懼關注的焦點是威脅，懷疑關注的焦點則是你。

你也許害怕對手的本事，但假如你懷疑自己沒有能力打敗他們，你完全沒機會。

恐懼告訴你時間還剩一分鐘，你現在必須贏；懷疑告訴你時間只剩下一分鐘，你快輸掉了。

恐懼是壓力，懷疑是驚慌。

恐懼說：我辦得到；懷疑說：我完蛋了。

追逐偉大的過程中，你面臨的一切阻礙和挑戰，最能定義你的，莫過於當你站在恐懼與懷疑的十字路口時，你會如何反應。

那就是勝利：相信自己，放手一搏。勝利把你帶到飛機上，在你再度檢查降落傘是否固定好之前把你推出機艙外。

你可以準備好自己，你可以籌備、安排、規劃你想做的每一件事。不過到了某一刻，你得主動跳進未知，讓恐懼在你身體裡流竄，然後百分之百相信自己會成功。

勝利的四個元素決定了你會如何管理你的恐懼和懷疑，然後縱身一躍，或者你是否有成功機會。

天賦。

才智。

好勝心。

韌性。

你有可能光憑其中三項獲勝。我猜在極少數案例中，假如你恰巧占盡天時地利人和，你或許能憑其中一項或兩項而僥倖獲勝。

然而，要在人生的所有層面一遍遍贏得最高勝利的話，就是那些事業、錢財、健康、家庭，以及你珍視的一切，四大元素缺一不可。

四項元素俱全的人寥寥無幾。

想像一個標靶。最外圍有個大圈，裡頭有個稍微小一點的圈圈，再往裡的圈圈更小，然後中心點還有一個小圈圈。

我稱之為勝利的四環（Four Rings of Winning）。四個環的正中心就是你的目標。

最大的外環是天賦。每個人都能打中這一環，因為每個人或多或少都有某種天賦。置身這個行列並不優異或突出，這只是你可以憑藉的起點，因為光靠天賦不足以成為永遠的贏家。即便你天賦極高，仍然會有人跟你不相上下，假如他們還具備你欠缺的其他能力，你就會被甩到後頭。

在天賦環裡，有一個稍微小一點的圈圈。要打中這一環，你需要帶上你的天賦，也需要聰明才智。你不必是全能型的天才，但在你渴望成功的領域上，你需要非常聰明。這一環的人懂得如何培養天賦，也深諳如何運用他們的天賦。

好比說，NFL的四分衛不需要會做心臟移植手術，但他需要非常懂得如何當個優秀的NFL四分衛。不過，這世上有太多聰明又有才華的人一無所成，所以置身這一環不保證成功。你還需要更多。

現在，我們越來越靠近中心點，進入人數越來越少的下一環。要加入這一環，你必須具備天賦和才智，外加好勝心，因為假如你不能或不願意為你想要的目標奮力一搏，再高的能力和聰明才智都幫不了你。如果你置身這一環，你會明白不論你多麼優秀，沒有任何好事會從天上掉下來，你得拚命爭取你要的最終成果。許多人就是輸在這裡：他們把競爭掛在嘴上，說出種種至理名言並真心相信。他們說他們願意「付出一切」……直到必須開始「付出一切」。當需要付諸行動、將自己推上新的高度，當必須以無可否認的成績踩住對手的喉嚨，他們開始懷疑自己的能力，臨陣退縮。強者從不退縮。

如果你真的很好勝，並且可以將好勝心與天賦、才智結合起來，你可以非常厲害。

不過，要成為真正的贏家，你還需要一件事情。

還有一個圈圈，最小的那一個。人數最少、成績最了不起。這個小圈圈在其他所有元素——天賦、才智、好勝心——之外，加上區分出強者與其他人的一個元素：

韌性。

韌性是當恐懼叫你快跑，你仍留下來戰鬥的力量。韌性是看見所有事情都可能出差錯，你仍儘量控制所有環節的能力。當你被壞消息、小人或厄運遮蔽了雙眼——當你沒有任何依仗——韌性是你的命脈。

韌性是當情況越變越糟，你有很好的理由崩潰瓦解時，你知道你能堅持下去。

它允許你因為失敗、衝突和混亂而覺得痛苦、屈辱，卻依然相信你能挺過來。

當你被壓力壓得腦袋快要爆炸，當你的勇氣被混亂和危機扯得七零八碎，當你想放棄，當所有人希望你放棄，韌性是一帖藥劑，暗中在你耳邊耳語：繼續前進。

因為你知道你辦得到。你必須辦到。

當你無可損失，你就可以自由地放手一搏。

你嘗過內心七上八下、忐忑不安的滋味嗎？那是韌性在點燃它的引擎。那些翻湧的情緒是你的夥伴，是陪你迎難而上的盟友。它們讓你不忘前方有仗要打，你必須與挑戰面對面。如同我在《強者之道》中說的，你不需要趕跑它們。你需要讓它們同仇敵愾，把它們當成能量。

當你聽到壞消息，當你縮回角落，當你明白情況可能對你不利，你有兩種選擇：允許恐懼上升成慌張，或者發揮韌性、繼續加油。

當ＮＦＬ踢球員在超級盃射門沒進、當花式溜冰選手在奧運比賽中摔倒、當你在發表大型簡報時忘了最重要的環節，任憑別人怎麼安慰都無法消除那種難受的感覺。除非你有重新振作——而且要快——的韌性，否則你就完了。這在競賽中屢見不鮮：一件事情出錯，其他事情連帶著越變越糟。唯有極少數強者能停止急遽的墜落，當下甩開負面念頭、力挽狂瀾。

其他人可以對你豎起大拇指，加油打氣說：「你行的！」但是讓我們誠實以對：如果你需要別人告訴你這一點，如果你還沒有這樣的信心，你根本不行。你摔得那麼重，除非你先爬起來，否則隊友根本拉不動你。

勝利在你的胃裡打了一個死結，笑著看你試圖解開它。

不過你最好趕緊解開它，因為在你阻止情況繼續惡化之前，你無法為自己爭取較好的局面。

韌性是劃分恐懼與懷疑的力量。它允許你保持警覺，同時掌控自己的決策與行動。

堅韌的人不會把自己當成受害者，不會自怨自艾。他們不會糾結於此刻發生的事，而是往前看，想辦法控制並改變結果。如果他們不喜歡人生故事的走向，他們會自己提筆書寫。

生活中沒有一天不需要某種韌性。

財務困境、家庭糾紛、健康危機、感情問題、工作狀況、你從沒想過自己會遇到的許多麻煩。

我們喜歡把勝利想成一次榮耀而輝煌的成就。對於獲勝的人，勝利確實如此；但在求勝的過程中，沒有什麼是榮耀而輝煌的。那就是冠軍選手終於拿到獎盃時情緒崩潰的原因。他們腦中想的不是冠軍戒指和勝利遊行，而是一路走來的痛苦、挫折、恐懼、犧牲和寂寞。他們無數次想放棄卻依然堅持下去時經歷過的一切。

他們知道真相：如果沒有在恐懼與失敗的陰暗時刻裡撐下去的韌性，他們絕不可能成功。假如希望再度獲勝，他們必須保持堅韌，重新承受種種磨礪。

如果你無法應付失敗，你就無法應付勝利。

每個人都會失敗，但不是每個人都會獲勝。你或許是一百名應徵者當中的一員，但只有一個人會拿到工作。NFL有三十二支隊伍，只有一支會贏得超級盃，其餘每個人都失敗了。而你必須與失敗面對面，不屈不撓，否則你永遠熬不到成功的一天。

人們喜歡高談他們多麼痛恨失敗、他們多麼輸不起，彷彿這麼說就能成為贏家。你猜怎麼著？每個人都痛恨失敗。沒有人會閒適地靠在椅背上說：其實，我寧可輸掉，那感覺很棒。不過，要真正弄明白勝利，你也必須懂得它的夥伴——失敗。

贏與輸並非死敵；它們需要彼此共存。沒有失敗，勝利就不會存在，因為假如有人會贏，通常意味著另一個人會輸。這是一種古怪而扭曲的夥伴關係。

然而，儘管勝利小心謹慎、吹毛求疵地挑人，失敗卻接收每一個人，沒有耐心看勝利煞有介事地挑三揀四。趕緊挑一個，失敗說，剩下的都是我的。

勝利令你成為失敗專家。你永遠無法習慣，但你學會控制自己的反應，直到你完全沒有反應。你越來越安之若素，因為一次次失控所耗費的精力，正是你重新導向勝利所需的精力。你越在情緒中糾結，就越難放下失敗，也令身邊每一個人越難放下。你明白這是必經的過程。你不必喜歡它，但你必須面對它。這是競爭的現實面，你不得不接受。

假如你輸了，假如你表現得很差，假如你爛透了，直說就好。我的表現很糟，我打了一場爛球。你不必說明原因，無須解釋。大家心知肚明。所以只需要挑明事實，然後繼續埋頭苦練。從中記取教訓，消化吸收，獲取你能得到的一切心得……然後放下它。到此為止。

有時在賽後，尤其輸球之後，科比會取得比賽的影片，和我一起觀看。每一個瞬間，每一格畫面。有時，我們會開車去吃早就該吃的晚餐，但始終沒抵達餐館，我們光坐在車上分析哪些地方做得好或做得不好。那就是處理失敗的方法。你把它扯爛撕碎，直到它失去捲土重來的力量。

失敗令人痛苦。不必別人教你，每個小孩都知道失敗令人痛苦。當一群小朋友在玩，其中一人拿到玩具，或贏得比賽，或得了分，會發生什麼狀況？其他孩子會哭著拿塑膠高爾夫球桿猛揍贏家的頭。無論如何，他們總會出現某種反應，某種不太愉快的反應。

求勝是一種本能，不分老少。

不過，大人會立刻插手教訓輸家：不過一次比賽而已！開心一點！和和氣氣！別那麼輸不起！

和氣？勝利要求的不只是「和氣」。事實上，它根本不要求「和氣」。況且，輸不起的反義詞是什麼？輸得起？再來呢，輸得很開心？

我不想教任何人如何教育子女，但讓我們誠實一點：你也不喜歡失敗。你面對失敗的方式，清楚地洩露了你會如何應付勝利。要學的功課並非「不過一場比賽而已」。比賽會有輸贏，而輸贏很重要。心得是：失敗無可避免，幾乎每個人都不例外。

你總會有輸的時候，那是競賽的一部分。求勝的決心不在於刪除失敗的可能，你的責任是盡可能降低失敗的負面衝擊，盡一切努力在遭遇失敗後盡速復原。

在你求勝的路上，每一次失敗都像途中一個髒兮兮的休息站。你不見得知道下一個休息站在哪裡，但你知道那是旅途的一部分。它不會是愉快的經驗，但你接受現實，洗洗手，盡快回到路上。

那就是我非常反對頒發「參與獎」給小孩的原因。我明白，小孩都喜歡獎盃。只要多花幾塊錢，你就能拿回一座獎盃和一頂帽子。你不必出席每一次的練習或比賽，你可以在不得分、不被究責、拿不出任何真正成績的情況下上場打球，而你依然會得獎。你最後得到第十一名，人人都是贏家。

有沒有搞錯？

對於很小的小孩，我理解並贊成過程勝過結果，同意以包容和支持的態度給予幼兒最初的運動經驗。不過，等他們進入小學一年級，你可以——不，你必須——告訴小朋友他們有時候會輸，然後教他們如何接受失敗。傳授他們埋頭苦幹獲致成功的價值，傳授他們付出努力贏得成果的滋味，讓他們知道失敗是學習如何去贏的最好方法。

讓他們知道勝利很重要。結果很重要。

沒有人想看到小朋友垂頭喪氣。小孩子很難接受失敗，父母有時更難接受。但那些懂得去學習如何應付失敗，想辦法成長而不是放棄的人，將更充分地準備好面對人生其他挑戰。

因為隨著孩子們漸漸長大，他們不會光靠出席現場而獲得任何參與獎。他們越早學會應付慘敗與挫折，日後越不害怕逆境與失敗。

大人也一樣，不是嗎？我們越常經歷——並挺過——重大失敗與挫折，越明白我們有多強的承受力，越明白我們其實多麼堅強、多麼柔韌。生命要求你出席、參與、投入、得分、承認成功的重要性……但即便你全做到了，仍然不見得會拿到獎盃。

但是，輸過並不代表你注定要輸。你跟勝利還差多少距離？幾吋？一哩？馬拉松的長度？你必須將注意力放在終點，而不是在路上為你挖了一個大坑的失敗。你走得越偏，就得花越長時間回到正軌。那就是一次失敗變成兩次，兩次變成五次，而你如今一步步往地獄的方向前進，找不到路回家的原因。

喬丹以前會對誇口球隊將打一場好球或擁有一個精彩賽季的隊友大發雷霆，因為他知道假如球季一開始出師不利，他們將崩潰垮掉——然後他就得罩著他們。「你怎麼知道？」他會問，「你怎麼知道我們會很強？我們什麼都還沒完成，你在慶祝什麼？」

這讓我想起每年除夕，人們瘋狂地發誓來年將過得多麼精彩。今年我將大放異彩，大顯神威！他們以喝酒、宿醉、累得爬不起來展開新的一年……但這是「屬於他們的一年」。他們什麼都還沒做，也沒有實際計畫預示新的一年將比前一年更多產、更成功，但他們已開始慶祝。

到了二月，他們又出現害怕失敗的那種熟悉感覺，於是再度放棄。

對於真正堅韌的人，放棄從不是選項。

我有幸結識許多鬥士；我指的不是體育巨星。他們是再平凡不過的普通人，面對似乎不可克服的挑戰與障礙，靠著韌性取得了不起的成就。他們來自各行各業，背景各有不同，但他們有個共通點：從不放棄。

我想的是我的朋友拉瓦勒．聖日耳曼（Laval St. Germain）。他是加拿大的民航機飛行員，也是了不起的演說家，曾不帶氧氣瓶攀登聖母峰，也曾以破紀錄的時間獨自划船橫渡大西洋。我想的是堅持不懈的荷莉・霍里斯・史塔爾斯（Holly Hollis Stars）。她是來自巴頓魯治（Baton Rouge；美國路易斯安那州首府）聰明漂亮的年輕律師，罹患了一種最罕見、最具侵襲性的乳癌，每天都帶著勇氣、風度以及對自己的堅定信心，跟病魔和恐懼搏鬥。我想的是我一路走來遇到過的許多人——他們努力照顧年邁的父母或生病的子女，努力讓自己和所愛之人過上更好的生活，努力對抗他們的恐懼、限制，以及橫亙在他們和勝利之間的一切障礙。

我想的是我的父親蘇爾吉特・辛格・葛洛佛（Surjit Singh Grover），他的勇氣與韌性造就了今天的我。我在二〇一七年失去父親，他在聖誕節過後兩天、七十七歲生日的兩天前過世。我認識許多偉大的人，並與之親近，但沒有人比他在我的生命中留下更無可抹滅的痕跡。他並不出名也不長袖善舞，甚至不是個體育迷，但他在世的每一天都在為自己和身邊的人爭取勝利。從他決定舉家移民美國，到看著兩個兒子和許多孫兒孫女長成令他驕傲的人，他活著的每一天都在思考如何讓生活變得更好，不僅為他自己，也為他一生的摯愛——我的母親拉坦——和全家人。他有虔誠的信仰，是個驕傲的錫克教徒，頭上纏著頭巾，忍受隨著「不同」而來的種種成見。他會被下流的笑話逗得哈哈大笑。他收藏四十年來提到我的名字的剪報，始終堅信努力與決心是所有問題的解答。我知道他也曾煩惱如何照顧每一個依賴他的人，但他從不懷疑自己能辦到。

我遺傳了他的韌性。正因為他，我才能跟你分享我學到的一切。爸爸，願您安息！

致勝法則

勝利知道你的所有祕密

每天夜裡，大約凌晨兩點到四點之間，我總會從睡夢中醒來，發現自己並不孤單。不論屋裡多暗，不論在家或出差，我總會醒來，聽見有人在對我說話。有時候同時好幾個聲音。

我甚至不必睜開眼睛就知道他們是誰。我可以感覺他們圍在床邊，等著對我說幾句話。

他們該死的糾纏不休，不肯離開。

勝利通常半夜三更在你的腦海裡走來走去，轉個不停，還帶上你不想見到的每一個人。衣櫃裡的骷髏、床底下的怪物，你極力遮掩的祕密、恐懼、不安全感和懷疑。你在黑暗中，被你睡前沒有的念頭、想法和煩惱驚醒，它們乍然出現，讓你的世界霎時天崩地裂。

你以為只有你這樣，對吧？

你並不孤單。我知道許多人有相同經驗，卻絕口不提。他們覺得那會令他們聽起來瘋狂、軟弱或怯懦。我之所以說出這件事，是因為這場例行的夜戲塑造了我每天的想法與行動，深深影響我的求勝風格。

你對未知的焦慮、謊言、罪行、自卑與失敗感、擔心令別人失望……大多數人害怕這些深夜訪客；他們不想應付這樣的精神孤立。於是他們可憐兮兮地等待恐懼消失，假裝一切安好。他們把骷髏塞進衣櫃，但願永遠沒有人發現他們藏起來的惡魔和祕密。

沒有用。你可以起床、開燈、展開新的一天、把電視開得震天響、一邊洗澡一邊唱歌……但是不論你走到哪裡，它們亦步亦趨，如影隨形。

勝利是你甚至在白天都躲不掉的惡夢。

你越努力遮掩，內心的惡魔就越喧囂、越張狂，直到你再也看不見、聽不到其他東西。

到了白天，當你因為其他事情轉移了心思，腦中的喧譁也許會稍減，種種聲音終於暫時閉嘴。不過，當它們在天亮之際逐漸消失之前，你最後聽到的是它們歇斯底里的笑聲和一句例行警告：我們今夜見。

贏家渴望在黑暗中獨處。那是他們思考、計畫、聆聽自己、跟屋裡的幽靈對話、得到答案的時間。他們不懼怕事實、不隱瞞真相，也不怕直接面對自己的缺陷與弱點。

他們打開衣櫃，釋放所有骷髏和惡魔。

大家都知道，我會跟它們握手、擁抱，晚上一邊款待它們吃吃喝喝，一邊剖析一天的經歷，笑著比較我們之間誰最悽慘。

世上最強大的超能力，莫過於大聲說出「這就是我」的能力。大多數人排斥這句話，因為他們不想受人評判。贏家不在乎。他們評判自己，並接受最終的判決。

想想你曾花多少力氣和時間，試著把自己變成另一個人、另一個樣子。如果把同樣的力氣拿來當你自己，你能比現在往前走多長的路？當你對自己有信心，當你停止擔心別人的看法、停止因擔心別人的看法而影響你思考，你將發現那些幽靈和你融為一體，因而感到莫大的解脫與滿足。那些幽靈或許是你身上最好的部分。

需要幫助時，大多數人總是向外求援。他們會換工作、換球隊、換男女朋友、換教練、換地址、改變飲食、改變作息、換朋友、換髮型……嘗試或許能幫助他們改造自己的任何方法，彷彿改頭換面就能解決所有事情。彷彿他們的祕密會就此消失，永遠不被人所知。他們說他們改變了，不再是原本那個人。錯了，你始終是同一個人。你可以改變習慣、環境、相貌、態度……但你依舊是你。你越抗拒這一點、內心交戰的時間越長，就越難找到平靜。

停止希望別人來救你。你最了不起的夥伴和盟友早已在你的體內，一直在對你說話。聆聽那些幽靈和骷髏。加入對話。停止駁斥他們，敞開心胸接受它們可能——或者確實——百分之百正確。允許它們進入你的生活，並且告訴它們，讓我們並肩作戰，若沒有你們，我無法成功。你需要它們。它們也需要你。它們就是你，而且，它們對你的認識比你自己還深。

它們是你的陰暗面，也是你最強大的力量。

我在《強者之道》提到的所有事情，最令讀者不舒服的，莫過於有關黑暗面的話題。「你的內心深處，」我寫道，「有一股不容否認的力量驅策你行動，那部分的你不甘於平凡，而且難以馴服。並非一般本能，而是殺手本能。你把它藏在黑暗中，渴望著你不願意告訴別人的事情。你不在乎它會給別人帶來什麼感覺，因為你知道那就是你。即便你能改變，你也不願意改變……」

「黑暗面是你的燃料，你的能量。它刺激你、讓你繃緊神經、為你充電、加滿你的油缸……如同成功一樣令人上癮。」

我收到許多電子郵件、信件、社群媒體上的留言、訪問邀請。參加活動時，總有人走過來把我拉到一邊耳語：「我需要跟你談談有關黑暗面的事情。」

請注意：黑暗面不是一件事情；它是問題所在。

他們想跟我談談（全在私下交流，沒有人願意公開談論這件事），理由有二：他們若非因為以為自己沒有黑暗面而感到擔心，就是因為他們自始至終知道自己有個黑暗面、以為自己是怪胎，此刻如釋重負。

兩種情況都不對。

特此澄清：說到黑暗面，我們談的不是惡魔，或《星際大戰》，或惡行，或哈利・波特（科比的最愛）。

我說的黑暗面是你的驅策力量。那是你內心深處的一塊地方，你可以在那裡拋開其餘一切，專注在一件事情上：求勝。

每個人都有黑暗面，但不是每個人都願意承認。有一家市值數十億美元的企業，執行長請我向他的全體員工演講，卻逕自走上講台表示他著實無法理解所謂的黑暗面（撒謊），因為他沒有黑暗面（撒謊），也沒有任何難言之隱（謊話連篇）。會後，至少十多位員工走向我，告訴我那傢伙擁有他們見過最黑暗的黑暗面。幾個月後，他基本上由於放任自己的黑暗面搞垮公司而被踢出自己的企業。事實勝於雄辯。

你必須控制你的黑暗面，否則就會被它控制。

我曾有機會替一家大型連鎖餐廳的創辦人服務，他請我以及他最得力的五十名幹部吃飯。有人請我談談黑暗面以及它與企業成敗的關聯性，我問這群人：「這屋裡誰擁有最黑暗的黑暗面？」五十個人的目光立刻投向他們的老闆。

值得表揚的是，他笑著接受了這項讚美。

科比擁有一個巨大到必須賦予獨立身分的黑暗面：黑曼巴。他在人生面臨絕境、想為心靈找個去處時，創造出這個人格好讓自己得以維持職業巔顛峰。

於是，他在看過電影《追殺比爾》（*Kill Bill*）——電影中有個角色是代號「黑曼巴」的殺手，並有一條被當成殺人工具的黑曼巴蛇——後，選擇以全世界最可怕的毒蛇作為他的分身。他看了電影，心想，那就是我。我不知道他指的是那名殺手或那條毒蛇，或許兩者都是。黑曼巴於焉誕生。

當他跨越那些界線走回場上，他成了致命的殺手，隨時準備好出擊，毫不遲疑或畏懼。在他打完比賽離開球場之前，他不是被官司和家庭問題纏身的科比；他是曼巴，沒有什麼能傷害他。當他和家人相處，或者偶爾需要放鬆的時候，他可以跳脫這個身分，但只要一回到場上，他又徹底變回曼巴。

他向大眾透露這件事情後，毫無意外，所有人都想學習曼巴精神，以便成為另一個科比。

那是不可能的事。

曼巴精神極其難以描述。你可以試著了解它、分析它，但你幾乎不可能模仿它。你必須在生活中實踐，加以感受和體驗——不止一天、兩天或一個星期，而是長年累月。它是一種生活方式，而不是一次實驗。我見過許多球員試圖達到那種等級的強度和專注，結果被毀掉的人遠超過得到好處的人，因為那種強度令人難以招架，維持起來簡直要人命。除了科比本人，我沒見過幾個人能做到那樣。

那就是黑暗面令人脫胎換骨的力量。只要你允許，它能帶你抵達你嚮往的任何地方。但它得來自你的內心，因為黑暗面是每個人各自的私密。它是你的每次輸贏、失望、恐懼和成就累積下來的結果。

假如你有勇氣諦聽，你的黑暗面是只有你能聽到的一首曲子。

對某些人來說，它的源頭很容易追溯：被球隊除名後，下定決心成為史上最厲害的球員；丟掉工作後，成立敵對的公司把老東家趕出市場；在窮苦生活中成長，發誓永遠不要再過那樣的生活。

對另一些人來說，黑暗面藏得非常深、非常私密。疾病纏身、痛失至親、遭受虐待、幼年喪父或喪母、被人說你永遠不會有出息。

每個人心中都有一道無法癒合的祕密傷口，一個怎麼甩都甩不掉的幽靈。你或許曾是受盡取笑的胖小子、差點無法完成學業的窮苦學生、不敢當著全班開口講話的口吃孩子。

我可以在這裡告訴你，我就是那個胖小子。我的母親拉坦喜歡餵養我們，因為假如你來自印度，你會知道有一頓沒一頓的滋味。她和父親以餵飽全家人為樂，因為那是他們小時候沒有嘗過的幸福。我照單全收。

我不只肥胖，還不太會運動。小學時，我們得接受體能測驗，我完全無法拉上單槓或做伏地挺身。不過，我會做一個動作：仰臥起坐。假如可以，我能整天做個不停，只為了證明我辦得到。我的全身會像著了火一般，但我會認真做好仰臥起坐。我不會跳鞍馬或爬吊環，但仰臥起坐我在行。

我還記得作為那個孩子的感覺。假如你感到納悶，事情在我高一那年全然改觀。我厭倦了鬆垮的身材和過重的體重，黑暗面在我身體裡蠢蠢欲動，希望我做出改變。我決定打籃球，投入一名魔鬼教頭麾下。練球再加上每天兩小時的上下學通勤時間，我沒時間坐下來悠悠哉哉吃飯看電視，學校和籃球占滿了我的新世界。我迅速甩掉肥肉，突然之間成了一名運動員。

幾年後，當我在伊利諾大學芝加哥分校打籃球校隊期間撕裂我的前十字韌帶，我距離我的黑暗面又更近了一些。我沒有接受適當的修復手術──這會讓我錯過整個球季、失去我的獎學金──我只做了簡單的清理手術，戴著巨大的金屬支架盡速歸隊。我在短期內達到我想要的，卻留下終身的骨科問題，導致籃球生涯戛然而止。

正因如此，我決定奉獻我的一生幫助其他運動員。結果還不壞。

那類往事會留下永久的刻痕。假如你選擇善用它們，它們會是你最強大的燃料。

如果你真的想追溯黑暗面的源頭，不妨試試這個：

細數你這一生遭遇的一切失望挫折──每一個曾拒絕你或嘲笑你的人、你丟掉的每一份工作、你輸過的每一場比賽、每一次有人說你不夠好、每一段撕破臉結束的感情──想像它們羅列在你面前。把它們攤在一張想像的桌子上。

現在：把你的手伸到每一樁記憶上，重新體驗每一次感受。溫暖……噁心……冰冷……沒感覺……灼熱滾燙。就是這個。這就是你的燃料。你甚至不必摸到就被燙傷的那樁記憶……那就是你的黑暗面燃料。那是鋼鐵人的盔甲、神力女超人的手鐲、美國隊長的盾牌、蜘蛛人的蛛網、超人的披風、雷神索爾的鐵鎚、蝙蝠俠的面具。那就是驅策你前進的力量，你的超能力。

人們害怕揭開舊傷痕，因為敞開心扉重新體驗傷痛不是一件愉快的事。但你必須願意正視、重溫並接納它，然後才能從中汲取力量。如果你無法面對自己生命中的真相，如果你無法應付最黑暗的往事，你永遠無法改寫自己的命運。

動用黑暗面並不意味報復或憤怒，不是要對每一個曾傷害你的人下手。那樣會擾亂你的心神，而不是為你助燃。黑暗面的用途，是讓你全神貫注於眼前的任務，而不是為了過去發生的事，迷失在各式各樣難以控制的情緒中。那些事情已經發生了，與你不可分割，但假如你正在追逐勝利，你需要集中全副注意力在求勝上。

湯姆．布雷迪在高中校隊時，甚至不是二軍的先發選手；到了密西根大學，他得極力爭取先發機會；在NFL選秀過程中，他在第六輪第一百九十九順位才獲選。他多次表示自己永遠忘不了他是在其他六位四分衛被挑走之後才被選中。他成立一家名為「199影視」（199 Productions）的製片公司，只為了讓大家知道他永遠不會忘記。不過，我敢保證，當他在場上競爭，他不會惦記、也不會叨念這件事情。他必須獲勝。這是最好的復仇。

不須證明其他人錯了，只須證明自己是對的。

我曾在《強者之道》中詳細探討如何找出你的黑暗面、你的另一個自我。我說明了如何控制它而不去懼怕，以及如何運用它的力量創造無限的燃料與能量。

在這本書中，我們要進入更高深的階段。我們別無選擇。因為勝利會讓你的黑暗面更加陰暗。

為什麼？因為要持續獲勝，黑暗必須變得更濃烈，直到沒有任何光線、沒有影子，你必須足夠信任自己，才能在黑暗中摸索出自己的道路。你必須仰賴你的一切內在力量，毫無保留，才能熬過一次次的求勝之旅。你拋開所有心理障礙、壓抑的情緒、自我意識、每一個曾打擊你的人。你的新旅伴——那些骷髏頭、幽靈和惡魔——不再是你的敵人，而是你的黑暗面搭檔。他們只搭乘頭等艙、住頂級飯店、喝高級洋酒，然後交給你買單；而你欣然接受，因為勝利值得這些代價。既然甩不掉它們，你不如跟著它們一起笑一起哭、對它們發脾氣、三更半夜和它們談天說地。

科比熱愛跟黑暗面打交道。這是我們的共同點，他很高興知道他可以跟我暢談這件事。一天夜裡，在客場出賽後，我們跑到飯店的酒吧小酌，不知怎麼地，我們開始想像跟各自的黑暗面廝混會是什麼場景。酒吧另一邊，有兩個傢伙顯然認出了科比，他們看見我們這一桌有兩個空位，走過來要求併桌。科比看看我，然後看看他們，說：「有人坐了。」

那兩個傢伙環顧四周，有一點不爽地說：「這裡沒有別人。」

「有人坐在那裡，」我回答，「現在就坐著。」

他們肯定覺得我們喝醉了，只好轉身離開。

花點時間跟你的黑暗面搭檔——你的惡魔、骷髏頭和幽靈——相處。它們是最好的酒伴。

放心讓它們帶你走到勝利的門前；它們知道該怎麼做，假如你願意，它們會帶你前行。

因為勝利肯定不會主動上門。

勝利不會跟你在起跑線見面，它討厭人多的地方。勝利會在其他人多已放棄或失敗的終點線附近接見你，在那之前，它懶得理你。等你真正用心之後再來找我，它說，到時候再說。

勝利讓你首次看清自己。它強迫你誠實面對真實的自我、你內心真正的渴望，以及你願意為了目標付出哪些行動。它要求你挑戰自己的價值觀，並在你發現你的感情、諾言與責任阻礙你成功時，逼迫你做出犧牲。

它等著看你的黑暗面變得更黑暗。

黑暗面的存在是為了照顧你。它保護你、滿足你，只在乎你一人。當它越黑暗，越能幫助你影響其他人，鞭策他們採取行動去提升並相信自己。那是贏家的正字標記：有能力的人為其他人賦予力量，正如喬丹為科比的整個生涯提供幫助，而科比幫助韋德，韋德幫助詹姆斯，詹姆斯幫助其他人。真正的力量是共享的。

黑暗面讓你坐上駕駛座掌握方向。當它越黑暗，你越能隨心所欲地前往你想去的地方。

黑暗面是當你需要更多力量與安慰時，你會祕密地獨自前去的地方。抱歉，其他訪客不得入內。當它越黑暗，你越能時時刻刻與它同在，不怕讓人知道。

黑暗面幫助你充分發揮實力。當它越黑暗——這是重點——越能補足你欠缺的能力。

黑暗面告訴你喝三杯酒不礙事，因為那是你掙得的；較黑的黑暗面卻吩咐你喝一杯就停，不是因為你不勝酒力，而是因為你不需要喝酒。

黑暗面攻克戰役；較黑的黑暗面則打贏整場戰爭。

黑暗面令你生氣——生自己的氣，因為你裹足不前；較黑的黑暗面則明白生氣不過是浪費力氣。

黑暗面讓你成為英雄；較黑的黑暗面則令你成為惡霸，而每個人都愛真正的惡霸。

黑暗面給你勇氣與力量去追求勝利；較黑的黑暗面則幫助你運用勝利。

當你被擊倒，你的黑暗面囑咐你爬起來再戰。較黑的黑暗面則叫你在地上趴一會兒，直到你真正明白自己哪裡做錯了，這樣才能更強大地重新再戰。記住這個感覺，它告訴你，記住這個該死的冰冷地面，因為我們絕不會再次倒地。

較黑的黑暗面是你在人生中的強制八秒暫停（譯註：在拳擊場上，當選手吃了一記重拳不堪負荷，裁判會強制數八秒之後再繼續比賽），而且可以視你的需要持續暫停……幾分鐘、幾星期，甚至幾年。不過當你回到場上，你必須補足了力量，準備好戰鬥。

黑暗面關心的是你想為自己做的事，較黑的黑暗面則在意真正的行動。它不想聽你有什麼打算，只想看到你完成了什麼。你準備打出一個精彩的球季；你準備寫一本書；你準備外出遊歷；或畫畫；或賺一百萬美元。很好。做給我看，別光說不練。越黑暗的人需要越沉默，好讓結果為你證明一切。

較黑的黑暗面帶領你實現夢想。你不是光想像自己站在舞台上唱歌，而是切切實實走上舞台開口唱歌。你有可能唱得很糟，有可能被轟下舞台，有可能受到起立鼓掌，反正總會有個結果。你釋放內心的一股力量，說：瞧，我可以辦到！較黑的黑暗面拍拍你的頭說：你這白痴混蛋，這句話我已經說了一輩子了！

較黑的黑暗面是無人知曉的頂級私人俱樂部，不得申請入會，但每個會員都認得彼此。你看到另一個人走來，彼此心照不宣。黑暗能看見黑暗，彷彿你身上籠罩著一圈無形的氛圍，裝都裝不出來。

越黑暗的人越需要孤立自己。贏家獨自做決定，獨自應付反彈力量，獨自憂慮，獨自努力。縱使被千萬人圍繞，他們仍獨自體會一切。

如果你耐不住寂寞，我們需要改掉這一點。

一如「自私」，「孤獨」也是一個飽受罵名的強大狀態。

我合作過的每一位強者——喬丹、科比、韋德、皮朋、巴克利、歐拉朱萬——都明白與世隔絕的力量。所謂隔絕，不只是因為害怕導致維安問題而無法出入公共場所，更是一種心態。不論多少球迷和相機跟著他們跑——不論多少人關注著他們的一舉一動——他們知道自己之所以成功，一大部分是因為他們有能力忍受心靈的孤獨。

我合作過的企業領袖和創業家也是如此，他們每個人都有辦法為自己創造安靜的空間。一位保險業高層主管每天都比全家人更早起床，以便有一兩個小時進行思考與規劃，不被任何人打擾……一位藥廠執行長替自己打造了一間私人健身房，以便關起門來自己一個人健身……一名音樂製作人學會駕駛飛機，以便隨時起飛出走……他們全都渴望寧靜與孤獨。那是他們思考、規劃，並逃離外界的各種索求的時間。

勝利教會你與世隔絕。因為沒有人理解你正在走的路。

正如我在這一章開頭所說：贏家渴望在黑暗中獨處。

對喬丹來說，獨處讓他得以跳脫他對完美與卓越的無止境追求，並且逃離數不清的想靠近他、跟他說話，或只想看看他的人。獨處趕跑那一切，就算只是片刻清靜也好。

假使你覺得那聽起來不錯，假使你真的想暫時拋開每一件事和每一個人，偶爾試試看，別光躲起來一兩天，試試獨處幾個星期或幾個月。

真正獨處之前，每個人都以為自己有能力獨處。

那些耐得住寂寞的人，具有強大到難以想像的黑暗面。他們的祕密是他們的夥伴，是他們的支援系統。

因為不論多少人會助你獲勝，追根究柢，一切仍在於你。你的準備、你的自信、你的決心，你對情緒的掌控，你與腦中聲音的合作關係。

如果上述任何一項出現動搖，你的步伐恐怕也會跟著踉蹌。停止自欺欺人，誠實面對真實的自己，以及你之所以變成這個樣子的原因。那是你的燃料，不需要隱藏。在你接納這個事實之前，你永遠無法獲勝。

致勝法則

勝利從不撒謊

幾年前，一位新秀明星球員的父母來找我，希望我幫忙訓練他們的兒子。那名球員正春風得意：極高的選秀順位、高額合約、大型的球鞋合約、許許多多廣告代言活動。

只有一個問題：他的表現充其量普普通通，他的球隊不斷輸球，人們開始罵他草包。

好吧，那是三個問題，而且還會出現更多麻煩。當你沒有贏球，問題會開始接踵而來，迅速堆積。

那小子有天分，但天分並未落實為成果。他每天第一個抵達訓練場地，天剛亮就開始鍛鍊，並且在社群媒體貼出自己的練習動態。他有個可愛的女朋友，兩條可愛的狗。他隨身攜帶聖經。他比隊上任何一個人更積極參與社區服務和慈善活動，他也貼文公布這些動態。他的家人告訴我，他會是下一個拳王阿里（Muhammad Ali），一邊改變世界，一邊成為該領域最偉大的運動選手。

要是他能贏球就好了。

於是我們坐下來，開始聊天。他說的話無可挑剔：我只想贏，我會擁有一個無與倫比的球季，這支球隊可以很厲害，你叫我做什麼我都願意。全都是聽起來很對、但除非以行動做後盾，否則其實是毫無意義的典型廢話。

我多想聽到他說：我搞砸了、我很困惑，不知道該怎麼做。

我無法整治完美，但我可以修補紕漏。

我提出直接的問題卻得不到明確的答案，來來回回半小時後，我改變了策略。

「回去吧，」我告訴他，「我們明天再談，但我需要你先做好一些功課。」

他的功課是：找個沒人打擾的地方——沒有家人、經紀人、隊友或朋友——靜靜坐著，捫心自問：什麼是真？什麼是假？你身體狀況良好嗎？你害怕嗎？你在生某個人的氣嗎？寫下答案；如果文思泉湧，不妨列下一整張單子。不過你需要明辨真假，因為你遇到了障礙。

我料想他有五成機會會回來找我，只有一成機會會帶著清單回來。不過隔天，他帶著輸入在手機裡的備忘錄出現。他受到很大的震撼。

所有東西都是假的。他不信任身邊的人、不信任球隊、不信任自己；他懷疑自己的實力；他抽大麻，害怕被逮；他腳踏許多條船，害怕這些女人會發現彼此存在；他擔心毀掉自己的形象，令家人失望。他的腦子和生活一團混亂，我不知道他怎麼還記得綁鞋帶。

我告訴他我所知道最真實的一個真理，你或許也聽我說過：要獲得你真正想要的一切，首先必須做真正的自己。

當你腦子裡一團混亂，怎麼可能有清晰的思路？

於是我們開始行動。我們一邊鍛鍊他的體能和球技，一邊清理他腦中堆積的垃圾，同時活動他的「管它去死」肌肉，好讓他停止為每件事情感到內疚和「糟糕」，清除他腦中對自己和其他人說的謊言。

一開始，他的表現不進反退：他太努力克制自己不去想他打算甩掉的一切，以至於有段時間，他的腦子裡根本容不下其他事情。不過他決心咬牙撐過去。當我聽到他告訴父母他不想當拳王阿里，只想做自己，我知道我們已度過難關。他的表現也證明了這一點。

勝利知道真相；它需要你承認事實。

你可以偽裝許多事情。你可以偽裝快樂、偽裝成功、偽裝婚姻幸福美滿，偽裝出自信、博學和其他各種的樣貌。但是，唯有獲勝你裝不了。因為即便你能糊弄過其他人，自己依然知道真相。

勝利是絕對的。比分、金額、成績、尺標上的數字，成果分明。即便你的勝利無法以數字衡量——傷後重回球場、創立新公司、說出難以啟齒的話、獲得晉升、多年來第一次度假、衣服尺碼變小——總會有具體事項可以衡量你的成績。不論你多麼努力，不論你花多少時間在體育館或辦公室，不論你多有天分，不論你做出多大犧牲，通通不重要。重要的是，你贏了嗎？

我們有太多方法矇騙自己。分數比表面上看來的更接近；實際戰況比分數顯示的更膠著；這支球隊不像紀錄呈現的那麼糟；我們看到了一些好現象；我們的方向對了；今年是我們大展身手的一年。

不。分數就是分數；資產負債表上的數字就是實際數字；你的成績就是你的成績。尺標是精準的。你可以外出度假，或留在家裡暢談度假計畫。

對太多人而言，佯裝勝利比真正獲勝更容易。他們的所有力氣都用來裝出勝利姿態，而不是努力成為真正的贏家。

我看過許多運動員每一季開始都說自己的體能奇佳、他們每天清晨四點就進健身房運動、這次休賽期的狀態前所未有地好、這次的隊友是史上最強的陣容、他們將所向披靡。而當情況不如預期，他們是第一批跳出來說球隊明年將大獲全勝的傢伙。

多說無益。當你確實完成一件事，勝利會代替你發言。

我相信你也認識吹噓自己每天清晨四點起床的人，彷彿清晨即起是成功的正字標記。對某些人來說確實如此，他們持續運用那段時間高效率地工作、專心致志，這已是他們致勝程序的一部分。

但是對許多人而言，這只不過是可以放上社群媒體搏版面的另一張相片。「打起精神」、「必須比太陽更早起」、「這就是擊垮對手的方法」。坦白說，每次聽到這些話，我只有兩個想法：那些人若非需要找個伴侶讓他們願意在床上多窩一會兒，就是在逃避什麼（例如他們自己），需要盡早下床，以免瞪著天花板思考他們的種種煩惱、恐懼以及他們裝出來的一切。無論如何，當你比太陽還早起，而你所做的第一件事是貼上鬧鐘在清晨四點二十三分響起的影片，你沒有集中精神為一天做好準備，而是將注意力放在其他人身上，以及你可以如何令他們對你多看一眼。

我每天都會接到人們——不是我的客戶，而是我不認識的普通人——的訊息和電子郵件，寄給我他們清晨四點起床健身的影片和照片。我不知道他們的用意何在。我猜他們是希望得到慶賀，聽我說聲「幹得好」。不過坦白說，誰管你清晨四點或下午四點或其他任何時間進健身房？你得到結果了嗎？你完成什麼了嗎？告訴我你成就了什麼，以及這麼做如何幫助你獲勝。在那之前，我只想叫他們多睡一會兒。

睡眠不足怎麼成了野心的象徵符號？「休息」什麼時候成了「懶惰」的同義詞？「忙個不停」又是如何成了身分的標記？睡眠不足不是一枚榮譽勳章，反而顯示你沒有能力在白天完成所有工作。的確，你偶爾會為了求勝犧牲一點睡眠。但如果把它當成一種生活方式、當成證明自己多麼重要與忙碌的方法，到後來只會讓你看起來像個無法好好安排生活的糊塗蛋。

勝利讓你原形畢露。你告訴自己和別人的每一個謊言、你佯裝與標榜的每一件事，勝利會將它們攤在最強的陽光底下，讓所有人看個明白。它扯掉你的面具，揭露你始終心知肚明的真相：假的真不了，你根本沒贏過。

假如你的成功策略是「弄假直到成真」，你的成功機會肯定非常渺茫。炫耀你並不真的擁有或負擔不起的豪宅或名車，感覺真的很爽嗎？如果你真的幫助了其他人，或對世界做出貢獻，別人是否對你的事蹟津津樂道，或者只有你自己說個不停？你買來的百萬名假粉絲是否真的讓你引以為傲？那或許可以幫助你起步，但假如你無法很快交出真正成績，你不過是個失敗的冒牌貨。

尤其當你開始相信自己愚弄別人的話之際。

你已經知道你在別人面前的偽裝。你是否知道你裝給自己看的樣子？你是否誠實看待你的努力和決心？你是否不光到了現場，還投入全副精神？

最糟糕的「勵志」標語是：「到場就已經贏了一半。」

不，到場跟成功根本沾不上邊。假如你光為了現身就得先打一仗，那麼你跟勝利相距十萬八千里，就算用了ＧＰＳ和一群獵狗都找不到它的位置。

勝利要求你帶著決心、目的與紀律現身。如果有人說：「到場就已經贏了一半。」那個人肯定已經輸掉戰爭。

我所說的，跟硬逼著你自己去健身、上學或上班無關；假如你總是陷入天人交戰，你要面對的是跟勝利八竿子打不著的入門問題。

我說的是全神貫注於你正在做的事——不是偶一為之，而是時時刻刻。

為什麼？因為勝利必會現身，今天、明天以及之後的每一天。就算遇到壞心情、壞消息或壞天氣，它總會現身，毫不在意外界發生了什麼事。它不必決定是使出四分或九分力氣；它不在乎你是否現身，因為你可有可無。假如你鼓不起求勝的欲望和力氣，總有別人會做。

勝利一旦現身，必定做好拚搏的準備。你的責任是和它在場上見，丟掉那些可笑的藉口：時機不對；我需要想想；我還沒準備好；可能會下雨；太貴了；家裡出了一點問題。

勝利不在乎你遇到了什麼狀況，也不理會你能編出什麼藉口。它不想聽你受到什麼阻礙、原因何在，不想知道你是否過了倒楣的一天、家裡的情形是否棘手。勝利對這些絲毫不感興趣。它期望你現身，把其他問題留到私人時間解決。

勝利熱愛掀起狂風暴雨，只為了看你如何應付同時撲面而來的強風、凍雨和熱氣，因為這場風雨不在外頭的街道上，而是在你的腦海裡。就算外頭豔陽高照，你也可能迷失在腦海的暴風雪中。

但你仍然必須現身。

有多少次，你因為沒有人認同你做的事而不現身？有哪些事情是你因為找不到夥伴、不想獨自前行而還沒去做的？你每一次為自己找藉口、每一次半途而廢，都讓自己和追逐的目標漸行漸遠。

要不要現身，完全由你自己控制。那表示在你寧可去做別的事情時，你將自己——包括身體和心靈——置於當下。把你的長期目標置於眼前的玩樂之上，以便求得長遠的快樂。在你受傷或掙扎時，請堅持奮戰，因為等到你無法現身的那一天，事情將由不得你選擇。

之所以現身，是因為知道我們獲取的生命是短暫的。明天必定會來，勝利也是，但我們未必會在。

現身意味著知道你擁有此時此刻，不去為昨天煩惱，因為昨天沒有把你放在心上，不會在今天跑回來找你。

現身意味著接受每個人都陷入掙扎的事實，並明白「每個人」意味著你，因為假如沒有其他人現身，那依舊是你的責任。

現身是因為你知道自己即將面對的一天和你規劃的一天大不相同，順心的日子屈指可數。

現身意味著你或許獨自出現，而那正合你意。

最重要的，現身意味著面對現實、接受現況——因為勝利從不撒謊。

不過大多數人會。

你或許不會針對你的年齡、體重、昨晚跑去哪裡鬼混或者吃了多少片餅乾撒謊，但某種程度上，我們每個人都會自欺欺人。

我沒有資格揭穿你騙了自己什麼，但你或許心裡有數。除非你停止胡扯、開始面對現實，否則你只能原地踏步，在大家認為你是軟木塞的時候假裝自己是瓶中的美酒。

我說的是那些自以為是法拉利，但在其他人眼中不過是輛小摩托的人。他們穿著古馳皮鞋，但口袋裡只剩下十二塊錢要撐到下一個發薪日。他們穿著亞曼尼西裝，喋喋不休地說著他們經手過的大生意，絕口不提那些生意是十年前的陳年往事。他們說要減去八磅體重，已經持續說了十年。

而最大的謊言是：「我還有許多時間。」

你沒有。大家都沒有。

勝利不會被你糊弄過去，它不會上當。你盡可以對人們說出你想說的話、表現出你想表現的樣子。但勝利洞悉一切，並覺得你荒唐可笑。

你或許正為了生存而掙扎著、摸索著、左支右絀，但是當個騙子不會幫助你成功。你的謊言會露出馬腳，遲早讓人看出破綻，而你會悔不當初地發現，你為了塑造虛假形象而投入的力氣都用在了錯誤的地方。

我以前廣收實習生（現在已經取消了實習計畫，所以別來求職），我很自豪地說，當今許多任職於NBA、NFL、MLB、NHL、大學校隊或甚至好萊塢的全球頂尖訓練師和教練，都曾在我的麾下工作。最傑出的實習生是那些會起早貪黑、加班加點、收拾毛巾、自動自發的人。他們來這裡工作，純粹因為真心希望學習、做事，不是出於住宿安排或其他義務。另一方面，我們也見過純粹覺得這項工作很拉風的實習生。他們覺得自己很酷，覺得與職業運動員為伍很酷，佩服自己認識這麼多名人，並想著如何利用這項事實。他們只能待一個星期，因為他們早就安排好了度假計畫。他們需要我們提供宿舍（我們沒有），對薪水討價還價。

我會向他們提問，他們會回答：「我猜……」你猜？我不需要你來猜，要猜的話，我自己就行。我需要你用心找出答案。你整天盯著手機——你能用它找出我需要的答案嗎？我真想抓著這些孩子搖晃，傾身向前說：「你是來做事的，還是來看你能帶走什麼？你說出了你的需求，但你願意付出什麼？別告訴我你想『挖出我腦袋裡的東西』，或是真心向我學習。那些我都知道。但是，我能從你身上學到什麼？我的客戶能因為我讓你進了這扇門而得到什麼好處？」

那些留下來的人知道自己究竟想要什麼。他們不是為了錢，或是在超級球星身邊工作感受到的悸動。他們沒有衡量各種選擇，藉此判斷認真工作、加班加點是否「值得」。他們沒給自己找備用的B計畫；他們已經在實行他們的A計畫。

當你認真追求勝利，每一項計畫都必須是你的A計畫。你沒有餘地欺騙自己還有其他選擇。它們並不存在。

幾年前，我到一支一流的大學足球隊演講，請球員分享在重大比賽的前一夜，他們的腦子在想些什麼。每個小伙子都談起在腦中預演各種戰術、調整心態、準備好跟兄弟們並肩作戰。典型的賽前準備老套。

然後一個年輕人開口，我永遠忘不了他對隊友說的話：「我祈禱自己不出包，」他說，「因為我只有這條路，別無選擇。我需要進入職業球隊，我有家人要養，我得養活自己。」

他沒給自己找退路——他沒有考慮備用的B計畫。他每天認真度日、努力練習，確保自己不需要B計畫。他確實不需要。他在選秀第一輪就受到徵召，開始投入他的下一個A

計畫——在NFL比賽中先發上場。

贏家就是這樣貫徹決心。

太多選擇＝太多藉口，以致停滯不前。我應該做這個？還是那個？這個或許好一點？你覺得呢？你忙著打造選項，沒時間做決定。這是個簡單的選擇：成功或失敗。選一個，然後開始行動。

我有一個配合度很高的客戶，他是多家汽車經銷商的老闆，喜歡美食與美酒，但也一直苦於無法控制體重。當他外出吃飯，他會將菜單拍照寄給我。「我能吃這個嗎？」他問。他知道不要用「我能取代這個或換掉那個？」當開場白。他的問題簡單明瞭：他能吃什麼？如何烹調？我給他一個答案，沒有商量餘地。你想減重？你必須這麼做。你不需要那份有杏仁脆片和特殊醬料的魚；你可以吃簡單的烤魚。禁吃餅乾；暫時禁吃水果。「香蕉呢？」他問。我深吸一口氣：「我剛剛說了，『禁吃水果』。減掉一些體重之後，我們再討論香蕉的問題。」

剛開始合作時，他說：「我想要有更多選項。」

「你想要選項？」我問，「好吧。你有減重和增重兩個選項，決定之後告訴我。」增加越多選項，你越難得到想要的結果。你原已知道該做什麼，然後你決定發揮創意，開始「稍加調整」。我討厭這麼做，因為調整意味著：讓我看看我怎樣在這裡或那裡作弊，稍微偷懶一點，放自己一馬。我已經有了正確答案，不過，我來看看怎麼搞砸一切。

強者不要求選項。他們已經有了選擇：贏，或者不贏。

我並不死板；如果有調整的空間和修改的理由，我會接受調整。但吃膩了烤魚不是理由。

對我的運動員來說，堅持執行A計畫可能涉及一切細節，從他們需要多頻繁地進行冰浴，到何時可以喝哪些飲料。我活在真實的世界，我不會命令成年人不准喝酒。但我確實會提出需要他們表明立場的問題：你可以喝新釀的龍舌蘭而不喝陳釀嗎？你可以不加調酒用的飲料和糖漿嗎？可以？那好吧。球員越強，調整的空間越大，因為放縱自己肯定會影響表現。大多數球員沒資格放縱。

同樣道理也適用於希望維持員工士氣的商業界老闆。最近，我到許多希望團隊建立贏家心態的企業演講。他們希望員工耐操、專注、充滿幹勁，但又覺得自己有義務把所有想像得到的福利和選項堆到員工面前，好讓員工樂於為他們效命。我明白建立企業文化有其好處，但企業建立的最好是獎賞成功的文化，而不是吵著要糖吃的文化。如果你的員工現身，主要是因為公司有籃球場和每週五的免費餅乾，你沒有找到對的人馬。

對於希望員工維持誠實負責心態的每一個團隊、組織與企業，我有以下建議：成立一個「去你的」部門。它是公司內部的「假話探測器」，擁有高於管理層和人事部門的全部權限，可以讓所有虛偽作假的人無所遁形。一名員工到處抱怨他沒有得到應得的加薪和升遷，但他的業績卻敬陪末座？「去你的」部門會點出真相。有人很難過，因為她做了自己本該做的事情卻沒有受到表揚？「去你的」部門會提醒她：那是你的本分，那是你的工作。上司把大部分工作時間都拿來製作抖音影片？「去你的」部門會找他聊聊。

做你自己的「去你的」部門。為自己的行為承擔責任。假如你沒有獲勝，假如你每天醒來但願情況會自行好轉，假如你花較多時間偽裝成贏家而不是想辦法不再當個輸家，現在是暢飲真相的時候了。它的味道非常苦澀，但絕對值得。

因為你的前方還有好長的路要跑，終點還遠在天邊。

致勝法則

勝利不是一場馬拉松，而是沒有終點線的衝刺

本書開頭曾提到「勝利的語言」，以及某些毫無意義、扯你後腿、最後害你被淘汰出局的白痴說法。我刻意把其中一句陳腔濫調留到現在，因為這句話如此離譜、誤導性十足，值得單獨為它開闢一章。

「這是一場馬拉松，不必急著衝刺！」

停。

我相信這句話對某些人有一定的意義，因為人們經常用它形容某個特別艱難的漫長歷程、某個格外需要耐性的長期使命。

在我看來，這句話意味著拖延、猶豫、完全沒有焦點。

各位，你沒有那麼多時間。

如果你想贏，馬拉松就是衝刺賽跑。

你想跟我辯？先做這件事：上跑步機，試著在五分鐘內跑完一・六公里。那個速度比頂尖馬拉松跑者的速度還慢，但已足以說明道理。他們得那樣子跑四十一・九二公里。我只要求你跑一・六公里。

假如你還能站起來、還喘得過氣，再回來告訴我你覺得你是在跑馬拉松還是在衝刺。懂我的意思了嗎？馬拉松競技選手從頭到尾毫不放鬆，他們從不會說：「欸，這是一場馬拉松，我可以稍微緩一緩。」他們可能在中途調節速度，但要贏得馬拉松比賽，或甚至只是名列前茅，全程四十一．九二公里都不能懈怠。

的確，你可以依照自己的速度，不疾不徐跑完整場馬拉松；這依然是個了不起的成就。但我們這裡談的是勝利，而不光是完成。

每一支球隊都會打完整個球季，但只有一支隊伍奪冠。

當人們拿出馬拉松／衝刺的台詞，他們通常想說的是：控制節奏，你有好長的路要走。或許確實如此，但更可能的情況是，它只是讓你的藉口顯得較為合理。悠閒一點，急什麼？慢慢來，別拚過頭了。

說這句話的人通常沒參加過任何競賽，更別提馬拉松。他們希望你跟他們一樣慢，好讓他們對自己的缺乏進度感到好過一點。

而當他們不疾不徐、慢慢來、在漫長的馬拉松比賽裡控制節奏，自有其他人衝到他們前面，奪走他們的夢想。

不論距離多長，你必須把每一步都看成最重要的一步，因為它們確實重要。在真正的比賽中，你沒有在補水站休息五分鐘的餘裕。你跑著穿過補水站，隨手抓起一杯水，繼續前進。

當人們說：「旅行的重點不在於終點，而在沿途的風景。」這句話是什麼見鬼的意思？假如你不在乎終點，何必踏上旅途？只是為了四處遊蕩，想像著假如到了某個地方會發生什麼？你不是為了沿途風景而賽跑，你是為了抵達終點。

不論你在人生中追求什麼，舒舒服服坐下來、休息幾天、思考一個月、看看一年後有什麼想法，都不能是你的選擇。你得從頭到尾堅持不懈，時時謹記目標、維持專注。當抵達終點，你應該已經看見前方的下一個起點。這就是把馬拉松變成一連串短跑衝刺的方法。

勝利有大把的時間。你沒有。

技術、科學、傳播、交通……這世界日新月異，變化速度越來越快，光迎頭趕上還不足夠，你必須超前一步。

你或許聽過類似這句話的其他愚蠢說詞：「羅馬不是一天造成的！」

確實不是。它是一天天蓋起來的，是成千上萬個日子的累積。

那就是冠軍選手和強者獲勝的方法。他們在成千上萬個日子裡一天天交出成績。

再聽聽這句話：「只不過是一場比賽。」假如這句話能讓你在落敗之後好過一點，你不配獲勝。那「只不過是一場比賽」……直到你沒有打進季後賽，或者以一場之差輸掉冠軍頭銜。

那只不過是一場比賽……只不過是一次會議……只不過是一個想法……只不過是一個錯誤。

翻譯：無關緊要，我還有許多時間。

不，你沒有。

去掉「只不過」幾個字，意思截然不同。

那是一場比賽，你無法重新來過，它很重要。

那是一次會議，假如其他人花時間參與，你得做出有價值的貢獻。

那是一個想法，好好落實，不要想太多或妄自菲薄。

那是一個錯誤，承認它、接受它、不要重蹈覆轍。

勝利是一場無情的競賽，不給你走捷徑或拖拖拉拉的餘地。它想看到你全力衝刺。

科比一生以無人能及的速度全力衝刺。

他沒有任何嗜好或雜務。不打高爾夫，不跟朋友鬼混，不參加派對。他偶爾決定看看電影，於是包下整座電影院，好跟一小群親朋好友私下觀賞，通常連續看兩場。其他時間，他都在健身、練球、研究影片。除了他美麗的家人——那是他在籃球之外的第一順位——他一心一意糾結於一件事：獲勝。

二十年的NBA生涯，從一個球季到另一個球季、一場比賽到另一場比賽、一個小節到另一個小節，科比從頭到尾衝刺。他從不放慢速度，也不理解別人為什麼放慢速度。他會聽到一群球員說他們要去聽演唱會，或參加派對，或去其他體育活動，但他很少加入他們。你們去做那些事吧，他心想，我會在這裡做這件事。那是他提升自己的時間，去做別人沒做的事。他相信額外的努力，為他的球技累積了幾年的優勢與經驗。

他沒有耐心去等待或重整旗鼓；他以相同方式開啟與結束每一個球季：奔向冠軍。即便二〇一六年退休後，他仍維持同樣的步調——執迷於新的事業——並在四十一年的人生中，贏得大多數人幾輩子都得不到的勝利。一個了不起的人生，擁有了不起的成就。這讓許多人不由得納悶：他怎麼能在短短時間裡達到這麼多成就？

科比的祕密武器：他擁有堅定不移的專注力，如果有需要，他可以一直維持專注，直到取得他想要的結果。

大多數人擔心事情可能得花很長時間，贏家則摒棄雜念，一心投入，直到完成。科比不計算時間；他不在乎需要多久，或者另外還需要做些什麼。他只在乎是否有助於結果。我們究竟凌晨三點或下午三點進健身房，對他而言都不重要。他不知道自己還能打多少年，只知道自己想擁有多少枚冠軍戒指。至於撰寫暢銷書或製作奧斯卡得獎影片，他沒有時間表。他只想完成這些事情。現在就要。

光納悶自己擁有多少時間，無法達成那種高度的成就。你只能專注於結果，持續朝成功全速衝刺，直到你不得不停下腳步。

令科比停下腳步的，是死亡。

用科比的良師益友喬丹的話說：「我從未輸掉比賽，我只是時間不夠。」

大多數人從未想過時間快用完了。他們往前看，看見日曆上有幾天、幾個月和幾年的空白日期，假設自己有許多時間去填補空白。

科比的成功並非時間管理的結果，而是毫不懈怠地專注於成果的結果。

我們任由時間支配我們的許多決定。多久才會完成？什麼時候截止？我該投入多少時間？太遲了，我需要停下來止損。事情什麼時候結束？

停止管理時間，開始管理你的焦點。

勝利不在乎你有沒有時間。它期望你擠出時間，因為沒有什麼比勝利更重要。

實現夢想的方法是管理成果，而不是管理時鐘。

我知道有數不清的關於時間管理的書、專家和理論。我明白安排時間、有條不紊、對抗拖延症的價值；那是了不起的自律。

當然，假如你有較高的專注力，你根本不會拖拖拉拉，而且本來就有很高的自律。沒有人能贏過時間。不論你怎麼做，它永遠比你更持久、更聰明，假如你允許，它還會令你陷入癱瘓。

你無法控制它，但你能控制它對你的影響……方法是控制你對最終成果的專注。

試想這個情節：你手上的工作必須在今天下班前完成，你備感壓力，望著時鐘。腦中有個聲音不斷說，快點、快點，是什麼地方卡住了？你還有四個鐘頭。下一次看鐘，只剩三個鐘頭。你收到七封電子郵件問你什麼時候能做完。剩下兩個鐘頭，你離完成還遠得很。你再度起身上廁所、拿個零食、查看手機。滴答滴答滴答……你壓力山大，注意力不集中。還剩一個鐘頭，你趕工、犯下錯誤、投機取巧。你知道這不是你的最佳表現，事實上，這或許是你最糟糕的作品。

但是你「準時」完成了。恭喜。

假如你專注於工作，而不是這件事情得花多少時間，情節會如何開展？

勝利有賴成果，成果則有賴專注。

關掉你的手機、關掉電視、關上門。你不需要向八個人請教該怎麼做，現在只有你和你的工作，沒有雜務、沒有時鐘。把注意力放在你的工作上，而不是你錯過了什麼。你掌控了全局。

結束的時候，你以一半的時間，交出品質高出雙倍的成果。

簡單嗎？不。勝利從不簡單。但擁有高度專注力的人將在眾多競爭者中脫穎而出。

順帶一提，專注是可以練出來的。開始訓練自己體驗專注的感覺。一個簡單的訓練：使用另一隻手做事，例如吃飯、寫字、投球、揮棒或刷牙——你總是以慣用手去做、完全成了下意識動作的事情。你從來不必思考刷牙的動作，完全不需要專注。但試著以另一隻手去做……動作笨拙、不舒服，需要高度專注才能執行。你得跟大腦對抗，才能鎖定這個簡單任務。你可以持續三十秒？一分鐘？還是更久？我不是將刷牙和全速跑完馬拉松相提並論，但假如你無法控制這件小事，如何應付其他大事？

還有另一個重新訓練大腦的方法：往上計時，不要倒數。時間迫使你倒數計時：

五……四……還有那麼多事情要做……三……快點，快沒時間了……二……我肯定做不完……一，時間到。

專注於往上計時，數字是數不盡的，時鐘永遠跑不完。一……二……要達成目標，還有這些事情得做……三……開始吧……四……停止計時，專心工作。

重點不在於你還有多少時間，而是在剩下的幾分鐘、幾小時、幾星期、幾個月裡，你還能做多少事。不要倒數計算日曆上還有幾天（並且不把十二月算在內，因為那個月有許多連假、派對和年終疲勞），計算當其他人鬆懈下來，你到年底前還能完成某件事情的每一天。當你往上數，你永遠不會數到零，所以永遠不會失去幹勁；當其他人試著回想從哪裡接續之前放下的工作，你能以最大強度展開新的一年。

時間會告訴你你沒有完成哪些事情；專注力則會關掉時鐘，將你的全副精力導入成果。

當你一心想著期限，你就無法專注於當下。假如你的心無法將時間壓力阻擋在外，就會因壓力而無法正常發揮，毀掉你的表現。這在運動場上屢見不鮮，例如在壓力下崩潰的四分衛，或者無法投進最後一球的籃球員。他們開始在腦中倒數計時，沒有專注於執行任務。大多數球員痛苦地察覺時間快到了，開始驚慌失措：只剩三秒鐘，我得趕緊出手。各種念頭在他們腦中跑來跑去，導致他們過度思考、粗心犯錯、失去對當下的掌控。

強者永遠置身於當下：假如喬丹或科比還有三秒鐘，他們不會去想：我能在三秒內辦到嗎？我有足夠時間嗎？他們非常清楚自己能在三秒鐘內完成什麼；他們的專注力完全放在執行任務。三秒鐘？讓我到達那個定點，我可以搞定。一、我準備好了。二、我就定位。三、投籃得分。

就連分數也是往上計數的。

專注是時間戰爭中的終極武器。當時間試圖打擊你，當它揮舞手臂、拉響警報、提醒你為時已晚，專注能將你帶到你渾然不覺時間流逝、你也毫不在乎的境界。

時間會提醒你還有多少事情沒做完，專注則幫助你鎖定目標，直到大功告成。

時間叫你停止工作，趕緊去睡覺；專注則告訴你你還有事情得做，做完之後再睡。

時間壓力是外在的；專注則來自內在，沒有別人可以控制。

時間導致分心；專注拋開一切雜念。

時間催你快一點；專注則叫時間閉上狗嘴。

當你管理時間，你所能看見的，無非事情還要多久才能完成；當你管理專注力，你壓根不在乎。

時間的重點在於他人；專注的重點全在於你。

曾經進入全神貫注的狀態？你開始做某件事，幾個鐘頭後赫然發現自己一動未動，也沒有吃飯、上廁所……你甚至不曉得地球是否依然轉動。你不知道現在是中午還是半夜，就這麼聚精會神地投入你正在做的事。

訓練運動員的時候，其餘一切都離我遠去。我沒想著我還需要去好市多（Costco）、遛狗、回覆電子郵件。我專注在當下的訓練內容，以及接下來需要做的活動。我或許在數他走了多少步、研究他是右腳或左腳踩地、看看他疲倦時能否維持良好姿勢、分析最容易被忽略的微小細節。如果我在他比賽時到場，我不是在自拍，或在球場裡走來走去到處握手，或拍照炫耀我的座位或腳上的鞋子。我會坐在座位上，凝神關注每一個細節。我很少察覺座位附近坐了哪些人，假如你在比賽當中走向我，我恐怕甚至不會發現你站在那裡。我無意冒犯，但我的注意力集中在別的地方。

我將這樣的專注力沿用到工作的每個環節。你需要我今晚以前抵達這座城市或這個國家？時間一到我就會出現。你需要把我們的會議從上午十一點改到晚上十一點？沒問題。你下榻飯店的健身房沒開？我會找到另一個地方，如果有必要，也可以在你的房間帶領你健身。我不會停下來想：那不行，我有別的計畫，也跟別人約好了，而且這麼做太麻煩，況且……不。當我做出承諾，必定不辱使命，全神貫注於我們的成果。

不過，那是大多數人找藉口的時候：別放在心上，難免發生突發狀況。這是一場馬拉松，不是短跑衝刺！

勝利正睜大雙眼，等著看你是否妥協於那樣的鬼扯。

我從不妥協。當客戶遲到半個小時（強者中的強者從不遲到），然後告訴我時間不夠，我會對他說：噢，真的嗎？你有二十五分鐘嗎？我們就鍛鍊二十五分鐘吧。那會是你這輩子最緊湊的二十五分鐘。

你沒有時間完成工作？不，你有的，你只是無法專心完成工作。時間一直都在，只是你的心思不在。

專注的重點在於每一分鐘，而不是幾個小時、幾天或幾年。當我要求你專心一個小時，你不能在第五十九分鐘分散注意力。事情結束之後，你可以去看卡通、打電話給股票經紀人，或去找朋友。但在那一小時，整整六十分鐘……我們全力衝刺。

喬丹的專注始自清晨開始健身的那一分鐘，通常直到賽後回到飯店或家裡才結束。一整天下來，他全神貫注於需要在那段時間內完成的任務。沒有一件事不在他的計畫之內，沒有一個細節逃過他的法眼。在那之後，他可以喘一口氣，短暫休息……直到隔天從頭來過。他不知道其他作法；那是他和勝利的直接聯繫之道。至今依然如此。

許多職業運動員在新冠疫情期間學到關於專注的一課。由於檢疫隔離和其他預防措施，球迷無法到場觀賽，有些情況下，球員甚至得遠離家人與朋友，在安全「泡泡」裡生活。沒有幾個人記得他們上一次在空蕩蕩的球場或體育館打球是什麼時候：小學？遊樂場？他們的整個運動生涯都有父母、朋友、家人，乃至於成千上萬尖叫的球迷圍繞。如今，破天荒第一次……一片寂靜。沒有人歡呼或叫囂，沒有人在賣小吃零食、沒有門票可以送人、不必擔心親戚朋友坐在哪個位置。他們可以聽見球賽的聲音，可以聽到彼此。截然不同的體驗。有些人說他們絲毫不受影響；有些人覺得少了種種干擾令他們更專注於賽事本身，而不是周遭發生的事。另一些人則說，少了觀眾的喧鬧聲，他們比較難進入專注程度高到甚至難以形容的忘我境界。

專注不等於我們在《強者之道》描述的絕對領域。絕對領域是渾然忘我的，在那裡，你的技術與能力達到出神入化的境界，可以不需思考地行動，無比流暢。專注則是高度清醒的，需要你時時刻刻保持敏銳與覺察，幫助你用心提高自己的能力，直到你不再需要多加思考，做就對了。學會專注之前，你不可能進入絕對領域；專注是你的訓練場。

想想你此刻的人生階段。你或許覺得自己做得還不夠——還沒達成你的目標。你對自己失望，因為你知道你可以做得更多，但有些事情阻擋了你。你失去方向，不是一分鐘或一小時而已，而是失去了很長很長的時間。

重點就在於缺乏專注。

人們為什麼往往等到輸掉什麼或感到失望之後才開始專注？他們遭遇失敗、被踢出團隊、丟掉一筆大生意、沒有得到工作或加薪——然後才全力以赴。現在，他們開始玩真的了，一切都將改變。有個問題：他們為什麼不早點兒開始認真？況且，有多少人遭到挫敗打擊，依然沒有學會專注？

專注的重點在於控制你的行為，讓你更容易做對的事情，比較不會被錯誤的事情分散了注意力。

我不是叫你每天二十四小時、每週七天維持專注，你需要別的事情讓你偶爾散散心——子女、午睡、運動、假期——好讓自己放鬆，給專注力休養生息的機會。好好利用那段時間為專注力充電。

不過，請掌握好時間。抓住主動權。你之所以放鬆，是因為你想放鬆，而不是因為別人要求你這麼做。

顯然，你不可能給生活中的每件事情同等的注意力，所以，不論你選擇投入什麼事情，那最好是你自己想要的，而不是別人替你做的選擇。因為對於你並不真心想追求的目標，你不可能投入足夠強度的專注力。

你怎麼知道某個目標值得追求？問問自己三個簡單問題。如果沒有得到正面的答案，勝利會希望你轉而追求別的目標：

◆**你想做這件事嗎？**這是你的主意，還是別人的？這是你的夢想嗎？或者只是為了取悅別人？你不能只是想做這件事，你必須充滿渴望，執迷不悔。

◆**你辦得到嗎？**如果你能力不足，如果你不具備實現目標所需的技能或工具，再高的專注力也是徒勞。你必須有自知之明，這樣才能專注在起碼有一點成功機會的目標。

◆**這件事值得你花時間嗎？**我是說，它真的、真的、真的值得你花時間嗎？它值得你犧牲、投入、承受無情的磨練嗎？因為勝利希望得到你的全副注意力，不是只在你沒有其他事情可做的閒暇時刻才投入。

專注百分之百以你為中心。你不約你沒時間參加的飯局，你不辦別人派你去辦的雜事，你不必立刻回覆每一通簡訊、電子郵件或電話。你在維護你的精神空間，為自己製造主控權。時間依然會在那裡等你決定如何運用它們。你會把時間用來爭取勝利嗎？

致勝法則

勝利是一切

開始著手寫這本書的時候，我開出一張單子，列出我想討論的所有主題——我認為對我認識、見過、合作過的每一個贏家最具影響力的每一件事情。

那份清單——致勝十三法則——定案之後，沒有入選的其他主題令我不由得發噓。努力、決心、團隊精神、領導力，當然，還有其他許多。

如果你看完整本書，納悶那些話題為什麼沒有受到重點討論，我可以向你保證，那並非疏忽所致。

我想為你提供更多東西，因為勝利是如此深不可測。你真的需要我告訴你努力與決心的重要性？彷彿你心裡還沒概念？我不想重提其他人在上千本書中一遍又一遍闡述的同一套東西。如果我要寫一本關於勝利的書，我必須寫出別人沒寫過的內容，因為我見過也學過太多，不能不跟你分享。大多數人交出別人預期的成績。這對我的客戶從來行不通，對我也行不通。

如果你的作法和其他人一樣，你就會和其他人一樣。

我希望你遠遠超出其他人。

你已經知道勝利有賴努力與決心；你已經知道團隊精神與領導力的重要。

你在這本書讀到的每一句話，都是為了落實上述種種。

在你理解——並運用——你在這裡讀到的內容之前，你不可能達成那些事情。如果你無法控制腦海中的戰局，你不可能全力奮鬥。你的韌性有多強大，決心才能有多堅定。除非你的理智能戰勝情緒，否則你不會是個好隊友。如果沒有自主思考能力，你不會是個好領袖。

人們喜歡探討致勝的態度、致勝的心態……但那究竟是什麼意思？如果沒有確實體驗過勝利，你不可能擁有致勝的態度與心態。你不可能透過聆聽podcast或讀書——包括這本書——學會致勝心態；你不可能光靠汲取致勝理論而獲勝。你必須真正使出力氣、執行致勝的行動。它不會自行成長，它需要你的投入與決心——以及其餘種種——才能茁壯。你必須勇於冒險、採取行動、用心感受。

你必須確實走過邁向勝利的每一步，不光在最後慶祝歡呼。如果你看過球員在賽後大肆慶祝——我說的是一般的例行賽，不是冠軍賽——你會發現最熱切慶祝的人，通常穿著最乾淨的球衣。他們有時甚至從未脫掉他們的長袖運動衫。的確，他們「贏了」，他們畢竟是球隊的一分子。但在他們經歷過一切之前，他們無法得知成功必須付出什麼。他們就是沒辦法得知。

還記得本書前面提到的為了獲取勝利而必須破解的密碼鎖？致勝十三法則就是密碼的前半部。

但你還可以吸收和運用其他許多真理——事實上，裡頭的學問浩瀚無際。你得花好幾輩子才能精通其中的九牛一毛。

我在本書一開頭告訴你，這十三條法則中，每一條都同樣重要。此言不虛。但假如非得挑出對我而言意義最重大的一條——真正能總結我對勝利的理解的一條，那就是：

勝利是一切。

因為它確實如此。每一天，在你所做的每一件事情，屬於你的勝利都在等你。它們無所不在。不過，它們不會一直等下去。停止等著別人指示你能或不能做哪些事情。停止站在場邊看著別人獲勝，納悶什麼時候才輪到你；現在就是你上場的時候。長期目標很棒……但「長期」不對任何人掛保證。你的能力與機會都有有效期限，假如你想要什麼，現在就去爭取。

那些嘴上說想贏，但看起來毫不著急也沒有幹勁採取實際行動的人，總讓我覺得很沒力。他們彷彿有無盡的歲月和機會去慢慢摸索，彷彿總有一天會自然而然水到渠成。對我而言，那份迫切心是實際贏家和旁觀者之間的最大區別。

所謂科比精神，就在於那份「現在就必須得到」的迫切感。他出了名的沒耐性，總是有工作得完成，完全無法忍受任何一個不努力的人。他人生中的每一天都迫切想贏，在某件事情、任何事情、每一件事情上獲得勝利。

正如我在書中常說的，我們在生活中所犯的最大錯誤，就是認為我們有很多時間。我常常跟科比談起這件事。我多麼希望自己是錯的。

當你覺得自己還有大把的時間，請想想他。我每天都想起他。

贏家害怕一件事，但他們害怕的並非失敗。他們可以在失敗後重新站起來，他們可以找到其他方法獲勝。他們不怕時間不夠，不怕沒有足夠的幾天、幾星期、幾個月、幾年來完成一生的工作。他們不怕沒有準備就緒，不怕實現每一個夢想，不怕結束。大多數人接受他們窮盡一生也無法做完所有事情的事實。贏家不接受這點；他們必須完成，必須做完每一件事。

因為說到底，勝利是不朽的。它是你身後的名聲，是你的一切成就、功績和貢獻的最高點，總結了你對身邊所有人的影響、你留給他們的回憶，以及你為其他人和自己所做的一切。假如你在追逐偉大的過程中略有成績，到了生命盡頭，勝利將擁抱你、抹去你的敗績、讓你永遠占據名人堂的一席之地。

死亡將你送進勝利的菁英俱樂部，你的成就永遠不會被改寫，誰都抹不掉。你的競賽已經結束。

人們說，勝利令他們充滿活力。確實如此。但它也帶領你越來越接近生命終點，因為當你花較長的時間奪下勝利，你就剩下比較少的時間享受勝利、再次奪取勝利、從勝利中學習。這是一場無情的競賽——隨著一天天過去，所剩的時間越來越短。

上大學的時候，我在床頭掛了一個籃框網，裡面放了一顆球，那是我投進決定勝負的一球所獲得的獎品。我常常躺在床上盯著那張網，回想我在沒有網子的籃球架學著打球的時光。我們在破爛的水泥運動場上有一個生鏽的籃框，那就是我所需的一切——一顆球和一個籃框。籃框網？我覺得那東西中看不中用。網子會減緩籃球墜落的速度，所以小時候，我總覺得球又快又狠地朝著我撲面而來。

諷刺的是，床頭的那顆球從來沒有被用過，從來不被允許去做它該做的事——彈跳、滾動、破空飛行。許多年來，那張網纏住了它，動也不動。那就是網子的作用：圈住你、把你固定在一個地方、保護你，有時是為了防備別人，有時是為了防備你自己。

我們每個人都有網子，阻止自己去做該做的事。

別讓那種情況發生在你身上。

去做每一件事情。

體驗每一件事情。去實驗、想像、作夢，並實現一切。贏家歡迎各種經驗，因為他們從不知道哪次經驗能將他們推上更高的巔峰。

我不是在叫你「找到平衡點」、兼顧對目標無益的幾百件事情。我是在建議你接納無限可能性、擁抱希望、以新的方法學習與思考。我是在叫你即便在眾目睽睽之下，也要旁若無人地跳舞……拋開一切，放飛自我，只因你想這麼做。不為了任何人，只為了你自己。

贏家知道他們會失去時間、朋友、金錢、勇氣和力量——但他們絕不會放棄相信自己，因為他們迫切想贏。他們不接受其他選項。

大多數人會勸你退而求其次。他們說你已經盡力了，所以不如放輕鬆點，別太拚命，順其自然就好。

贏家每天都對此宣戰，永無止境地對抗憂愁、軟弱和怠惰。你平日需要對抗什麼？你如何趕跑誘惑和懷疑？你用什麼方法抵抗放棄的衝動？「上場吧！」不是正確口號；「給它好看」也不是正確口號。

曾經完成目標的人有個共同點：他們都曾有放棄的衝動。沒有一個贏家沒在某個時間點想過放棄。嘗過放棄的衝動之前，你不可能下定決心求勝。

每個人都有軟弱的時候，都會忍不住想放棄。只要拋下這些狂亂、緊張、高壓的事情，和其他人一樣做個平凡人，生活將多麼輕鬆……多麼平靜……多麼安穩……

平凡，就像其他每個人一樣。

不了，謝謝。

你不可能做什麼都獲勝。每個人都有某方面的短處。你不可能既是全世界最強壯的人，同時也是跑最快、最聰明、最有錢的人。你不可能稱霸所有領域，不可能事事都贏。

但你會有贏的時候。發掘並接納自己的弱點。唯有如此，你才能放下阻止你追求目標的恐懼與障礙。鞭策自己穿越那些界線，直到你找到能激起你的熱情、帶領你自由飛翔的事情。

勝利無所不在，就像在你腦中轉個不停、揮之不去的曲子，趕都趕不走。別停、繼續努力，每一天都要堅持下去。

我這一生都在追求勝利。我之所以渴望勝利，不是為了獲取財富、名聲，或接近當代最偉大的贏家。我始終是為了隨著每一次勝利而來的那種難以言喻的滿足感、驕傲和甜蜜滋味。那份快感如此過癮，你只能從腦中的黑市——心中最黑暗的地方——得到。

遺憾的是，那份快感並不持久。我們都為了能在日後享受勝利，預先付出了力氣、專注和準備。但勝利是不能被擁有的。不論我們付出多少，我們只能暫時租借勝利，它總有一天會換鎖，直到我們重新付出一切。我們又怎能不繼續付出？我們不知道別的事；我們不想知道別的事。告訴我們價格多少，我們會乖乖付錢。拜託。

追逐勝利的過程中，我得到許多，但也付出了許多。我的健康、婚姻、家庭。當我感到痛苦——不論身體上或心理上——我從不卻步，從不退出比賽。相反地，我調整自己的狀態撐完全程，有時是為了保護所愛之人，有時是為了保護自己。我不介意成為別人的救生衣，卻不願意別人伸手救我。過程中，我大可以隨時改變方向。但我不是那樣的人。而我從不後悔。

父親臨終前告訴我，我們家如今成了我的責任。即將失去父親而傷心欲絕的我對他說，我不像他那樣堅強。

「你說得沒錯，」他說，「你比我更堅強。」

我每天都在設法證明他是對的。

力量有各種面貌。的確，它意味著堅忍不拔、不屈不撓，在他人快要撐不住的時候做他們的後盾。但在顯示威力與控制之外，力量還有更深的含義。它意味著有能力自嘲、看見自己的缺陷。那是在不得不然時轉身離開、不回頭看看自己放棄了什麼的自信。那是在情緒上來時流露情緒、內心平靜時不裝出情緒。那是跟和你並肩作戰、從來沒有也永遠不會拋下你的隊友分享勝利。

如果你很幸運找到那樣的戰友，你得到的是跟勝利一樣珍貴的寶藏。

假如你看過《最後一舞》，你也許看過我談起喬丹為了自己、為了粉絲、為了始終保持最高水準而投入的決心時，深深動容的模樣。我永遠忘不了他在那些年間的拚勁，以及他在肩上和心裡扛起的重擔。我當時就大受震撼，直到今天，這些往事仍深深撥動我的心弦。

你沒看見的是後續的事。

導演傑森・赫希爾（Jason Hehir）問我：「怎麼那麼激動？」

我甚至久久無法言語。後來，我終於能夠回答，說出我從未說過的話。

我告訴他，喬丹冒險起用了我。他給他甚至不認識的小子一個機會，允許我在漫漫十五年裡陪他一起追逐偉大。除了我的父母，沒有人比他更深刻影響了我的人生，對於他的信任，我永遠無法將我的感激表達於萬一。

我們當年都是年輕人；看著他——以及願意將職業生涯託付給我的其他偉大運動員——漸漸走入人生下一階段，依然在新的領域追求勝利，始終是我莫大的驕傲與喜悅。他們從年輕人升格為父親和祖父，從籃球員成長為文化偶像、創業家、商業大亨和廣播員。此生有他們，並有機會參與他們的人生，言語不足以表達我的榮幸。

我喜歡看喬丹每天早上自由地把他的高爾夫球桿扔進不同的車裡、經營他的生意、享受擁有五名子女和一個漂亮孫女的人生。我喜歡看韋德被家人包圍、以他漂亮的子女為傲，並教育他們勇於表達意見、忠於自己，不帶任何成見或價值判斷。我喜歡看巴克利上電視當球評，口出狂言、驚爆全場，和他的球風如出一轍。

我永遠不會停止想像科比原本該有多麼了不起的成就。他的才華與天賦，理應讓這世界受惠更多；他理應得到更多。但我知道他和他的寶貝吉安娜正一起坐在勝利的首席，笑看人間眾生，並且每天都在尋找新的勝利。

喬丹為我開啟了大門。我有能力為那些把自己託付給我的其他人開啟大門——不僅我的客戶，還包括熱切希望學習這一行的年輕訓練員。

所以當其他人稱我教父，把我當成這一行的權威，我既驕傲又愧不敢當。能夠將我的本事傳授給其他人，是我的勝利。

本書一開頭，我談到求勝過程的艱辛、磨難和犧牲。野蠻、辛苦、卑劣、粗鄙、齷齪、坎坷、無情、不留情面、毫無顧忌。

當你朝著一個會想盡辦法阻止你抵達終點的目的地前進，真實情況就是這樣。艱難而殘忍，而且理應如此。

不過，終點——甚至過程中——也有快樂。

快樂必須一直都在。

不論你可能多麼緊張、多麼投入競爭、多麼執著，不要把置身當下的機會拒於門外，請擁抱你此刻擁有的一切，盡可能堅持下去。留一點時間做好玩的事，享受你能得到的幸福、喜悅與歡笑。享受生活、珍惜能帶給你滿足感與成就感的事物，這麼做不會令你變得軟弱。

對我而言，那些事物未必是冠軍獎盃或戒指。我最大的成就，包括看見我的客戶打了一場全新高度的球賽之後，眼裡閃爍的喜悅；知道我令爸媽感到驕傲；對一群觀眾演說，看見他們「茅塞頓開」；跟我的「狠角色」（Down & Dirty）輔導小組共事，聆聽他們一次又一次的勝利；始終保持最真實的自我；忠於我所愛之人，以及無條件愛我的人；以及最重要的，做一名父親。

不論你有怎樣的夢想，不論你在追逐什麼，請堅持下去，不要放棄。相信它；為它而戰，彷彿沒有它你就活不下去。因為那是事實。

勝利注視著你。它在終點線等你，準備告訴你：

歡迎。

比賽結束了。

你已付出應付的代價。

起碼暫時是如此。

下一個勝利正等著你

請在以下篇幅填寫你擁有的勝利……不論過去、現在和未來。勝利無所不在。認清勝利、短暫享受它們、以它們為基礎累積更多勝利。規劃你的下一步，好好寫下來。勝利正等著你。

致謝

我得到機會把我的想法、學識和經驗寫進這本關於勝利的書中。我可以選擇寫下美好、有意義，或甚至傷人的內容。無論怎麼寫，這次的書寫機會是個禮物，我得決定如何運用。我要向我的合著者兼經紀人莎里・溫克致上最深的謝意，謝謝她陪我一起將禮物轉贈給你，她幫忙把禮物包好，給許多人機會拆開這份勝利的禮物。

致勝的關鍵在於找到對的盟友。我很感謝跟Scribner出版社的合作關係，尤其主編瑞克・霍根（Rick Horgan）；他明白勝利的意義未必在於最終慶祝，而在於幕後的努力以及阻擋成功的頑強障礙。我也有幸與Scribner的整個團隊合作《強者之道》，謝謝你們相信我。

謝謝允許我陪伴他們追求勝利的數千名運動員，你們永遠不會知道我有多麼珍惜我們攜手走過的旅程。

謝謝讀過《強者之道》並跟我分享他們的故事與經驗的眾多讀者……讓我們一起奪取勝利！

創新觀點

致勝思維：頂尖人士追求勝利，成就卓越的13道冠軍法則

2022年6月初版 定價：新臺幣390元

著者 Tim S. Grover
Shari Wenk
譯者 黃佳瑜
叢書主編 連玉佳
校對 陳佩伶
內文排版 林婕瀅
封面設計 萬勝安

副總編輯 陳逸華
總編輯 涂豐恩
總經理 陳芝宇
社長 羅國俊
發行人 林載爵

出版者 聯經出版事業股份有限公司
地址 新北市汐止區大同路一段369號1樓
叢書主編電話 (02)86925588轉5316
台北聯經書房 台北市新生南路三段94號
電話 (02)23620308
台中辦事處 (04)22312023
台中電子信箱 e-mail：linking2@ms42.hinet.net
郵政劃撥帳戶第0100559-3號
郵撥電話 (02)23620308
印刷者 文聯彩色製版印刷有限公司
總經銷 聯合發行股份有限公司
發行所 新北市新店區寶橋路235巷6弄6號2樓
電話 (02)29178022

行政院新聞局出版事業登記證局版臺業字第0130號

本書如有缺頁，破損，倒裝請寄回台北聯經書房更換。 ISBN 978-957-08-6311-6 (平裝)
聯經網址：www.linkingbooks.com.tw
電子信箱：linking@udngroup.com

國家圖書館出版品預行編目資料

致勝思維：頂尖人士追求勝利，成就卓越的13道冠軍法則/ Tim S. Grover、Shari Wenk著．黃佳瑜譯．初版．新北市．聯經．2022年6月．416面．14.8×21公分（創新觀點）

譯自：Winning: the unforgiving race to greatness

ISBN 978-957-08-6311-6（平裝）

1.CST：成功法 2.CST：生活指導

177.2 111006573

U0032572

海隅逐客

An Outcast of the Islands

著／康拉德　主編／孫述宇　譯／金聖華

康拉德的生平與小說

孫述宇

1

康拉德（Joseph Conrad, 1857-1924）是英國小說家中的佼佼者。著名的批評家李維斯（F. R. Leavis, 1895-1978）把他列在前四名之內，別的論者即使不這麼推崇他，也沒有不認爲他是一流的。然而他本來不是英國人。他是波蘭人，原名Josef Teodor Konrad Nalecy Korzeniowski。

他父母系的家庭都是波蘭農村的士紳貴族，但是國運的影響，他的少年生涯十分坎坷。波蘭在十八世紀末年時給俄羅斯、奧地利、普魯士三國瓜分了，要到二十世紀第一次大戰時方能復國；在十九世紀裡，波蘭的民族情緒非常高漲。比方那位要求一撮波蘭泥土陪葬的「鋼琴詩人」蕭邦（F. Chopin, 1810-1849），便是屬於這時代的。康拉德的父母系家庭，都參與一八六〇年代前後的復國運動，並付出了代價。他的一位舅父曾任一八六二年華沙革命委員會的主席，一位叔父在次年的起義中被害，另一位則遭放逐到西伯利亞。

他的父親阿波羅，一八六二年時也參加祕密的革命活動。他的母親伊芙蓮娜終年都穿著黑色衣服，表示在爲國家服喪。一八六三年時，阿波羅被捕了，判處流放到俄國去，妻子一家都隨行。兩年後，康拉德不過八歲，母親就因肺病死在寒冷的異鄉。父親沒法照料他，便把他送去依舅父和外祖母過日子。不久，父親也生病了，獲准南遷到奧國屬下的波蘭地區居住，父子才又相聚。奧國是瓜分波蘭的三國中最寬仁開明的一國，准許波蘭人使用波文，康拉德這時學習自己民族的語文達到一個程度，終生都不忘記。他父親也做些翻譯工作，把法國的雨果（V. Hugo, 1802-1885）、英國的莎士比亞（W. Shakespeare, 1564-1616）、狄更斯（C. Dickens, 1812-1870）的一些作品，譯成波文。但這時他已經病入膏肓；康拉德晚上自己讀書之後，和父親說了晚安，回房往往是哭到入睡。一八六九年，父親便死了，因他吃過俄人的苦頭，一大群同胞來送殯。

沒有了父母，康拉德就在外祖母與一位貴族的監護之下，由舅父泰迪沃斯（T. Bobrowski）照顧。奧國治下的克拉考市，由於市議會同情他父親的遭遇，特准他居留。他舅父給他安排，由一個大學生教導他讀書。

讀了幾年，旅行幾次之後，他興了航海之念。他的親戚都是大陸農村背景的人，對海洋陌生得很，疑懼之心不能免；舅父常說康拉德父親那邊的人多怪僻，這出海之心又是一明證。康拉德日後自承，從小就愛對著地圖幻想，立志要到那些五顏六色的地方去。結果，在一八七四年，少年人的堅持勝利了，他舅父讓他到法國去。

2

到了法國一年，康拉德就開始他的航海生涯。他的舅父爲他在一家銀行開了個戶頭，這銀行的老闆是個船東，手裡有兩隻船，康拉德就在他的「白山號」上初次出海。這時是一八七五年，他是十八歲。

他航海的初期，似乎很富傳奇色彩。在「白山號」之後，他到這銀行家的另一艘船「聖安東尼號」上做事，原來這船在中美洲航行時，幹的是軍火走私的勾當。康拉德當然沒有吃虧。他日後得意之作《我們的人》（*Nostromo*）就拿這種事做背景。冒險的事正合年輕人的胃口，據說他離開「聖安東尼號」後，又曾爲覬覦西班牙皇位的卡洛斯（Carlos, 1848-1909）運輸武器，直運到有一天，在巡邏船緊追之際，他們的走私船撞毀在一處岩岸上。由於與卡洛斯的人馬來往，他這時戀上一個名叫麗姮的神祕女子。麗姮從一個法國富翁處承受到一筆遺產，生活放蕩，卡洛斯也是她的入幕之賓。她也許只是拿康拉德來玩玩——也許覺得這個矮個子寬肩膀的波蘭青年，頭向前伸，下巴尖長翹起，怪有趣的；但康拉德對愛情認真得很，他衝衝動動的與一個美國人爲她而拔槍，結果是受傷入院，讓舅父痛罵了一頓。

這些故事未必是真的；康拉德說往事常是虛虛實實，矛盾也屢見。假使他初時果真如此之浪漫，後來省悟倒也快，自新得很徹底。他轉到英國船上謀生，學英語，幾年間便把英國的船副與船長資格一一考取了。他的同事只記得他那時有一口外國口音，有些奇奇怪怪的氣派，綽號叫作「伯爵」，沒有人記得他有什麼荒唐行爲。

他前後在許多船上做過事，走過許多航線，歐洲、非洲、中東、印支、南太平洋、澳洲、中南美都去遍了。這些旅程增廣他的見聞，也磨練他對世界人生的看法。英國是個航海國家，拿航海爲題材的作家，如史蒂文生（R. L. Stevenson, 1850-1894）與吉卜林（R. Kipling, 1865-1936）等，都擁有大量讀者；康拉德日後就拿他的航海生涯積聚到的材料來寫小說。

他小說中的人物與故事，往往是他在航海時所遇的真人真事。比方早在一八八〇年，他跟著「巴勒斯坦號」到曼谷去，那是一艘老舊的船，走得慢，後來更因所載煤斤自燃，船就在大洋上燒毀了。這就是中篇《青年》（*Youth*）的故事，這種不圓滿的結局，誠如敘事者所說，對年輕人的生活與志氣是沒有什麼影響的。過了幾年，他到一艘「水仙花號」上任職，這便是那本《水仙花號上的黑水手》（*The Nigger of the Narcissus*）

的背景。

一八八七年，他到「高原森林號」當大副，這船是爪哇線的，船長叫作麥回爾（J. McWhir），日後現身在他的中篇《颱風》（*Typhoon*）裡。其後他轉到另一條船「韋達號」上，行走馬來亞一帶。他在這船上工作不到一年，在馬來走了五轉，卻蒐集了許多寫作的材料。在幾本早期小說中露面的林格（Lingard），本是這裡的一位船長；他的侄子就是詹姆老爺（Lord Jim）；其他如奧邁耶、威廉士、回理等小說人物的真身，也是這時期遇見的。奧邁耶是康拉德頭一本小說的主人翁，真身是個瘋瘋癲癲的荷蘭人，娶了個土女爲妻，慾望之大與能力之低恰成對照。康拉德自言，若是沒有遇見這個怪人，也許畢生不興動筆寫作之念。

一八八九年，康拉德到非洲走了一轉，那是很重要的一轉。先是他離開了東方，回到歐洲，一面動手寫頭一本小說《奧邁耶的癡夢》（*Almayer's Folly*），一邊等候俄國當局批准他入英籍——因爲他是俄屬波蘭人，若未得允許擅自歸化他國，將來回波蘭探親便有麻煩。俄政府辦事很慢，他等候時，須有工作以資餬口。這時，比利時皇利奧普二世（Leopold II，1835-1909）設有「國際開化非洲協會」，康拉德少年時曾立志到剛果一行，於是請親戚代爲設法，謀得一份剛果河船的差事。那時在非洲旅行是很苦的，又不能一路乘船，要在不毛之地徒步跋涉數十日，中間還會染上疫症。還沒有來到目的地，船已沉了，撈起來再慢慢修繕，他沒事好做，就跟人另乘一船去救公司的一位職員克拉恩（Klein）。在這段路程中，歐洲人以開化爲名所施的種種暴行，種種的掠奪、奴役、折磨、殺戮，他都目睹了。他把這些事實記在日記裡，後來更寫成一個中篇，那就是有名的《黑心》（*Heart of Darkness*），書中的庫爾茲（Kurtz）就是克拉恩的化身（德文klein是「小」，kurtz是「短」）。康拉德在旅途中又遇見一個愛爾蘭人凱斯門特（R. Casement），這人日後受到榮封，再後又被絞死，康拉德把他寫成《羅曼斯》（*Romance*）一書中的奧白賴恩（O'Brien）。

從非洲回來，康拉德還航了幾年的海。他駕過一艘「佗侖斯號」，是艘快速帆船，從英國駛到澳洲有很好的速度紀錄，而且外觀俊美，使他很滿意。康拉德的時代，輪船已日漸興起，但他不甚瞧得起這種新玩意兒，只賞識那些很需要氣力與技術、也很考驗人的意志的帆船，「佗侖斯號」的乘客中有一位年輕人是高斯華綏（J. Galsworthy, 1867-1933），康拉德與他在途中結交，友情終生不渝。這高斯華綏日後在文壇成大名。船上另一位年輕乘客叫傑克斯（W. H. Jacques），剛從劍橋畢業，前往澳洲，抵達不久就得病死了。他在文學方面涉獵很廣，康拉德把《奧邁耶的癡夢》初稿給他看，然後怯怯地問他有何意見；他很簡單地回說，這值得出版。康拉德雖已看過許多書——波蘭的文學、俄國的小說、雨果、莎士比亞、古柏（J. F. Cooper, 1789-1851）等等——但迄今少與文化界人士晤談，傑克斯這位飽讀詩書的大學生說了這句話，對他實有決定性的影響。

3

一八九四年，康拉德開始在英國定居，並在文學方面謀求出路。兩年後，他結了婚，娶的潔絲・喬治小姐（Jessie George），是一位英國書商的女兒。兩人的年紀相差頗大，但婚姻美滿；潔絲女士後來還寫了康拉德的傳記。他們生下兩個男孩。除了到南歐住過一段時期，晚年又回波蘭一趟之外，他們一家人一直住在英國。

康拉德的寫作生涯，可說是相當順利。本來，他決定以文字維生，可說是大膽到近乎魯莽，因爲他生長在波蘭，現在在英國寫小說，就是用第二語文來創作，這是很少有人做成功的事；加以他又是海員出身，沒有受過什麼正式的文學教育。不過，誠如他的傳記作者常說，他航海已有二十年，足跡遍天下，人生經驗與見聞已是用之不竭的材料。而且他的運氣不錯，常常得到幫助——用占卜的話來說，是命裡有「貴人」。他的頭一本稿子《奧邁耶的癡夢》，在上陸地定居那年送到翁溫（Unwin）書局去，馬上便蒙採納印行。審閱稿本的人是嘉涅特（E. Garnett, 1868-1937），他巨眼識人，日後與康拉德做了朋友；他的妻子是康絲坦・嘉涅特（Constance Garnett, 1862-1946），也是文壇知名人物，專譯俄國小說。康拉德在「佗侖斯號」上結識的乘客高斯華綏，對他也大有助力。高斯華綏的家境很好，本是學法律的，但轉而投身文學，中年之後在小說與戲劇方面都成了大名，後來更獲頒諾貝爾文學獎。他是個恬淡的人，不愛熱鬧，與康拉德交誼極好，康拉德有時就住在他家寫作。別的文壇翹楚，如詹姆斯（H. James, 1843-1916）、吉卜林、本奈特（A. Bennett, 1867-1931）、各斯（E. Gosse, 1849-1928）、克萊恩（S. Crane, 1871-1900）等人，都賞識康拉德，先後與他來往。他的作品印出來或是在刊物上面世時，有識之士很快就給予好評。他又找到一位平克斯（J. B. Pinkers）爲他辦理事務，出版取酬諸事都不必煩心，而稿件也從不受退還的冷遇。

他的筆動得很勤快。他需要收入以維家計，也知道自己開始得比較晚。他的處女作付梓之時，已經是三十七歲的人，在這年紀，許多作家早已大有成績。他寫得很拚命：《奧邁耶的癡夢》完成的次年，他拿這小說中的人物（以奧邁耶的丈人林格船長爲中心）寫了《海隅逐客》（*An Outcast of the Islands*），而這第二本墨瀋未乾，又已動筆寫林格的第三部曲《拯救》（*The Rescue*）。這第三本寫得不甚順利，要到二十年後方能完成，但他把稿丟在一旁之際，很快速又寫了《水仙花號上的黑水手》，在一八九七年出版。早一年，他結了婚度蜜月時，旅途中也還在寫短篇；一八九八年，長子出生時，短篇集*Tales of Unrest*也殺青了。接著，由他筆下那位著名的「說話人」馬洛（Marlow）講述的中篇《青年》完成了，在《黑林》（*Blackwood*）雜誌刊出。他動手寫《詹姆老爺》，前後寫了一年多；但這書未成，先寫就有名的中篇《黑心》。這時他開始與福特（Ford Madox Ford, 1873-1939，初時名叫Hueffer）合作，先後完成了《繼承者》（*The*

Inheritors）與《羅曼斯》兩本。到了一九〇三年，他同時著手寫《海鏡》（*Mirror of the Sea*）與《我們的人》兩書。後者是他最賣力的一本作品，前後寫了三年；他對友人形容工作的艱辛，喻之爲「與神搏鬥」（《舊約・創世記》中的故事）。

我們剛才說他的寫作生涯是一帆風順，但後人的觀感與當事人自己的心情每每是很不同的。他在這頭十年裡，常向朋友訴苦。他早在航海時就有痛風症上了身，這病頻頻發作，影響他的工作。他的錢也不夠用；像《黑心》這樣的中篇，日後成爲經典之作，選到各種選集中，也給大詩人艾略特（T. S. Eliot, 1888-1965）引進詩裡，但在出版時賺不到幾十鎊的稿費。福特說他常常擔心妻兒會淪爲餓殍；他也曾請朋友代爲設法覓個職位，再度放洋。有一回他告訴嘉涅特說，自己是既窮又病，年歲也不小了，幸而還有心情寫作。雖說文壇人士對他都予好評，但有些作品，他寄予厚望的，卻不甚受歡迎。他的《海鏡》很受揄揚，但他自己以爲很了不起的《我們的人》卻受到冷淡的待遇，雖然後世的評論家大致都同意他自己的評價，許之爲他的代表作。他寫作認真，從不作媚眾之想，然而一直都相信廣大讀者群的心是打得動的，只要作品寫得好。這點信心也使他一再失望痛苦。

在他寫作的第二個十年間，日子漸漸好過。他依次寫了四個長篇，即《特務》（*The Secret Agent*, 1906）、《在西方的眼睛下》（*Under Western Eyes*, 1910）、《機會》（*Chance*, 1912）、《勝利》（*Victory*, 1914）。這些小說與早些時的作品略有不同：早時的作品可以稱爲海洋小說，講的若不是航海，便是西歐人在海外地區的活動——所謂「海外」，是從西歐的觀點而言，即是指南太平洋、中南美洲、非洲等地方；但現在這些小說，也講到歐洲人的革命與地下活動，背景是倫敦、聖彼得堡這些大都會。他還想以地中海爲背景寫一篇，又想講拿破崙（Napoleno I, 1769-1821）。吳爾夫女士（V. Woolf, 1882-1941）認爲康拉德最具特色的作品是早時的海洋小說，這個判斷，大多數的批評家都無異議；大家都相信，他最能流傳下去的，是《我們的人》、《詹姆老爺》與《勝利》（雖不屬早期之作，但也是海洋小說，講一個瑞典人在荷屬印尼一帶的生涯）等長篇，以及《黑心》、《颱風》、《青年》等中篇。不過，成就與報酬往往是不一致的，康拉德第二個十年間的經濟狀況比從前好得多。美國的市場由《機會》打開了，紐約那邊的出版商人肯預付巨酬來請他寫稿。他隨便寫一個短篇，就得到當初《黑心》十倍的收入。他不再憂窮了。

在這以後，他寫了《陰影線》（*The Shadow Line*）、《金箭》（*The Arrow of Gold*）和《流浪者》（*The Rover*）。林格船長的第三部曲《拯救》也終於修改完成，但是那本拿破崙小說*Suspense*卻完成不了。他也像老朋友高斯華綏一樣，想在劇院裡一顯身手，不過成績並不出色。他還寫下些回憶性的文章。

他這時名氣很大，在小說界享譽之隆，只有稍早時的哈代（T. Hardy, 1840-1928）比得過。一次大戰前夕，當年曾特准他居留的波蘭城市克拉考，邀請他回去遊覽，他高高興興的去了，但甫抵達，奧國下令動員，他目睹戰事發生，幾乎回不了英國。他對這場戰事頗爲關懷，因爲他祖英惡德之故。他年事日高，服役是不能了，就爲英國海軍部寫文章來激勵人心。

戰後，在一九二二年，出版商爲他安排訪美，朗誦自己的作品。他從《勝利》中選些章節來讀，大受聽眾歡迎，恍若當年的狄更斯。英國皇室敬重他的成就，有意頒發爵位給他，他辭謝了。一九二四年，他買了一所新居以娛晚景，可是未曾遷入，健康情形已不好了，不久終因心臟病發而逝，時年六十六歲。

4

康拉德的小說，是男性的讀物，最適宜的讀者是壯年的男子。比方浪漫愛情的描寫，在小說中就很少。在處女作《奧邁耶的癡夢》裡，我們看得到兩個異國情鴛如何划著獨木舟到小島林間去私會，如何裹在繽紛的落英與濃得發膩的香氣裡，後來又如何因另一個女子的私戀而幾乎遇險等等；但這種內容很快就沒有了，就如他本人雖然也曾鬧過戀愛，也曾賭博醉酒，可是收斂起來是很快的。典型的康拉德小說，借用《水滸傳》的話來形容，所講的都是男子漢的豪傑事務。評論家常說他不善寫女性。當然，他筆下也有不少女人，但她們就像《水滸》中的女人一般，本身不是寫作的重要目的，只是拿來引出與襯出漢子們的胸懷而已。康拉德的人物是很真實的，比梁山人物真實得多。梁山上的英雄挾著一身超凡武功，在江湖上盡做痛快的事；康拉德的漢子卻是奮鬥與吃虧的時候多，成功得意的時候少，讀者常見他們挨打得臉青唇腫，甚至變成古古怪怪的畸人。他們面對的是個無情的世界，在汪洋大海上，在狂風暴雨中，在利慾薰心爾虞我詐的人間，應付危險與屈辱，也應付自己的恐懼、慾望、責任等等難題。這是認真的壯年漢子才願意看的材料。

說到頭來，康拉德是個很不浪漫的人。他很能自律，工作時很專注。我們初時會以為他是個浪漫派，因為他自言曾為戀愛而與人決鬥，又曾為暴亂份子偷運軍火。即使這些故事不足信，但他出身內陸農業社會，卻不顧親友反對而去航海，也似乎很表現出浪漫派那種「對遠方異國的懷戀」。可是在另一方面，他早在二十多歲的書信裡，已經對「歐洲貧民窟裡醞釀出來」的革命理論抱有強烈反感。浪漫派全是喜歡革命的，革命都應許一些美麗的遠景；康拉德卻不愛幻想。他自己最看重的小說是《我們的人》，在這書中他把一些中美洲的革命份子寫得很不堪，他們膚淺愚昧，滿腦子虛幻的理想都是從二三流的通俗文學作品裡來的。甚至那個叫作《我們的人》的隊長，好一條漢子，天生的民眾領袖，他會在人群的喝采聲中把銀扣子扯下來拋給他的情婦，諸如此類，可是要他長久看守一批銀子，他就辦不到，因為他的力量只是一種虛榮之心，到頭來這阻擋不住物慾。與他們相反的是一個英國的商行職員，蠢蠢的（諢名叫作「傻卓」），一點想像力也沒有，可是他有他的信條，這使那些革命黨也爲之吃驚而敬佩。理性主義者都會同意，感情是不可放縱的，應受理性駕馭；康拉德更強調對事情的認真，凡事都須當一回事來做。這大抵與航海經驗和海員心態有關，海員是實幹的人，他們曉得若要航過風濤，須有技術與氣力，能沉著與堅忍，幻想是沒有用的，感情也不濟事，自然規律不饒過你。

這種務實而傾向於保守的心態，與他選擇國籍之事，可以互相印證。他拋棄波蘭國籍，歸化了英國。脫離波籍本來無可厚非，因爲波蘭已被三國瓜分，保留著波籍，他便是俄國臣屬，而他痛恨俄國；可是他終生對於波蘭的民族運動似乎並不熱心，他爲英國做的事比爲波蘭多得多。這與當時的許多波蘭知識份子及藝術家大異其趣，加以他的雙親與父母系家庭又還是爲國做了大犧牲的人，他之置身事外實在令人詫異。因此有人以爲他有犯罪感。此外，爲了要逃出帝俄牢籠，英國並不是唯一的選擇；比方說，他當年離開波蘭後先到的是法國，爲什麼不設法入法籍呢？

他實在是喜歡英國。他對英國的風土人情，可謂無一不愛，而且比一般英人更要喜愛。他自己說在十多歲旅行到阿爾卑斯山時，第一次見到一個英國人，在冷峭的空氣中臉頰發紅，短褲長襪間露出一截雪白的腿，這個民族，他一下子就愛上了。這種回憶是否很能保留當時的感覺，姑且不論，但英國人保守務實，這肯定能得他歡心。與英人相比，法人富想像與浪漫氣質，比較愛走極端，愛革命，這些都不投他所好，所以他選英不選法，恐不是純粹機緣使然。至謂背棄祖國，當然很不應該，但這也許是由於他厭惡暴亂，而波蘭復國運動似乎總不離那些路子。也許他少年時眼睜睜的看著雙親先後在異國酷寒之地給癆病折磨至死，覺得已經受夠了。他的悲觀是很顯然的。

他有他的種族偏見，我們不必為他隱瞞。他痛恨俄人，不喜德人，而熱愛英人。當然，他的經驗與我們中國人的經驗很不相同：我們記得鴉片戰爭，記得英軍一再侵華，他的祖國卻是俄普奧瓜分的，不干英國的事。我們亞洲人從被統治的下層所看見的英國殖民者的僞善，他不會看得很清楚。他知道英國人在統治外國人，但他覺得英國人做得不錯，他的小說裡的英國統治比荷蘭、葡萄牙的統治要好，比之比利時在剛果的統治——他的《黑心》的背景——更是文明得多。他是個白人，白人的偏見自是難免，看見白人騎在亞洲人頭上，也不會很難堪。他愛的是秩序，是把事情切切實實地做好，他的英雄是沒有夢想的；他會覺得一個有效率的政府，一些清潔的城市，豐饒的農村與暢通的貿易，比民主自由更有意義，因此殖民地不一定是壞事。他的白人立場是很清楚的，在他的異域小說中，主角都是歐洲人，勝利與光榮固然是他們的，挫敗、屈辱、痛苦與悲劇也是他們的特權。亞洲人好像是另外一種生物，他們好像也有些長處，他們氣力不缺，又沒有歐洲人那些文明缺點，可是他們要不就是很簡單，比動物好不到那裡，要不就是神祕不可解的。他許多小說裡都有中國人，這些人尤其詭譎古怪；比方說吧，馬來土人還會到蘇祿海上做海盜，他們卻只幹高利貸與賣鴉片的營生，或是在帳房裡從早到晚數錢幣。其實中國人且不說那些披荊斬棘的創業工作，就是海盜又何嘗不會做？馬尼拉不是幾乎給一個中國海盜攻下來了嗎？他在《奧邁耶的癡夢》的〈前言〉中很開明地指出，「蠻荒」的人也有血有肉，可是他其實從沒有很努力去了解他們，站在他們的立場來寫故事。

但我們不是為了種族偏見來看康拉德的；我們要看的是他筆下具有普遍性的人性，以及他表現人性的藝術。

5

康拉德的小說頗不易讀。他寫得費力，我們也讀得費力。從閱讀的難度而言，這些也可稱為壯年人的小說。

首先是文字艱難。康拉德寫英文是個有趣的題目；他的母語是波蘭語，英語連他的第一外語都算不上，他是先接觸了法語才接觸英語的。他的朋友記得他起初說英語時，外國口音濃重得很。他選擇英語來寫作，是因為他立心以英國為家。他寫作是很吃力的，常說是逐個字絞腦汁。

可是他寫出的英文卻非常好。所謂非常好，不是說「在外國人中可謂難得」，而是比一般英國人好，甚至比英國作家尤勝。勝在有氣力，有深度，能打動人心。有人用演奏來形容他的寫作，因爲他寫起來，有如一位獨奏家在表演，不管你是否確切了解他的意思，也許他的話就像音樂一般，並無客觀而與事實緊密相應的意義可把握，但他說得這麼美妙動人，這麼有氣勢，你早就折服了。還有人批評他時，說他善玩文字魔術，藉此掩蓋內容缺乏之處。總言之，他寫出的英文是非母語的奇蹟。他自言自己師法的是一些英國海員，他們言必有物，不說廢話。這恐怕還是說得太簡單了；他初時也許跟海員學過話，但他寫作時對文字的態度肯定不像海員。他是個文字藝術家。海員只不過言之有物；文字藝術家卻是要把語文拚命驅策，迫使做許多日常所不做的事情。

康拉德的東西難讀，最主要的原因還在他對小說藝術的關注。他是文字藝術家，更是小說藝術家。想把小說寫好是許許多多小說家的共同願望，因此，對小說藝術的關心本不限於某一時代與某一地方；不過，把技巧的地位置得很高，把很多精神貫注其上，有意識研究改良，這種風氣是十九世紀的事，領袖是那位英籍的美國小說家亨利．詹姆斯。康拉德與詹姆斯是同時的人，兩人寫出的東西很不相像——詹姆斯寫的是在上流社會走動的人，康拉德寫的是中下流的居多——但在追求技藝方面是同道，兩人互相敬重。

兩人對於小說藝術也頗有共通的結論。最突出的是在敘述方法方面，大家都很看重故事由誰來講，以及怎麼講出來的問題。故事由誰來講的問題，詹姆斯稱之爲「觀點」（Point-of-view），他最不高興的是由一個無所不知的說書人來把故事糟蹋掉。他的故事，或是由故事中人之一來講，即使是由一個局外的說書人來講，講時的所知所見也似是有限度的，這便是他主張的「受到限制的觀點」。康拉德的作法也差不多。比方說，他的許多海洋故事都是由航海老手馬洛講的，馬洛在講親身見聞，而且是當時感受，這樣，故事不僅真實，而且有迫切感，有當事人臨事時的惶惑與震恐。馬洛本人的感受與評論，除了表現他自己的性格與心理，還能夠引出故事的各種意義。

康拉德渴望把故事中每一場景的娛人動人力量都發揮盡致——所謂要擠盡最後一滴「戲劇性」。一件事情，他常要寫幾個不同的面相。因此，他敘事的方法很奇怪。他很少把一個故事老老實實從頭說下來的，反而是從尾倒溯的時候為多。人家形容他講故事，好像向前走了一步，向後就退兩步，結果路程都是反身走完的。有時，為了「擠取戲劇性」，他還不只是向後倒敘，而是講完又講，同一個人或是幾個人講，重重複複，忽前忽後。他的故事的時序常常會傷讀者腦筋，他的句子也相應而複雜，動向忽前忽後，常常還會是團團轉的，嚇壞了外國讀者，更害苦了翻譯的人。

但如果我們不怕艱難，埋頭下去，就會讀到一位公認的世界一流小說家，可以欣賞到極其認真的藝術。

第一部

1

他的誠實自成一格。當他悖離這誠實的窄道直途時，私下抱定了不移的決心，只要偶入歧途、略涉泥淖之後，所產生的效果稱心如意，馬上就回到雖則單調，但安全可靠的正路上來。這件事在他流暢的生命史中，只會是個短短的插曲——可以說是一句在括號中的句子，一件無關重要的事，一件不情願做，但卻做來爽快俐落，過後迅即忘得一乾二淨的事。他料想事後大可以繼續仰望著陽光，享受著樹蔭，在他屋前小小的庭園中呼吸百花的沁香。他還以爲事情會一成不變，他可以繼續如前地對他混血的妻子，不懷惡意地作威作福，又憐惜又輕蔑的關注他那膚色淺黃的孩子，高高在上去庇護他的黑皮膚的大舅子。那大舅子愛打粉紅色領帶，瘦小的腳穿上漆皮靴子，在他好福氣姐姐的白種丈夫面前，老是低聲下氣。這些都是他的生活情趣，他可不曾料想到自己一舉一動的道德意義竟會牽涉到事情的本質，使太陽黯然無光，庭花失去香味，令他妻子不再順從，兒子不再歡笑，更使倫納德．達．索薩甚至整個達．索薩家族不再對他敬而畏之。這家人對他的仰慕，是他生活中的一大樂事，也不斷的確保他自知毫無疑問的高人一等，因而生活得更圓滿無缺。他們在這成功白人的廟堂前，獻上粗劣的香火，使他聞起來十分受用。他娶了他們家的女兒、姐妹、表親，使他們光耀門楣；而他身爲胡迪公司的機要文員，一定會飛黃騰達。他們這邋邋遢遢的一大群，住在錫江城郊破舊的竹棚子裡，四周都是荒蕪失修的院子。他跟他們保持相當的距離，也許是因爲很明白他們一錢不值的緣故。他們是一群雜種的懶骨頭，他把他們看得清清楚楚——一群衣衫襤褸、骨瘦如柴、骯髒污垢、發育不良、年歲不等的人，趿著拖鞋毫無目的地遊遊蕩蕩。年邁的婆子一動也不動，看來活像一袋袋巨型的粉紅色洋布袋，裡面塞滿了塊塊形狀莫辨的油膏，給斜斜放置在灰塵僕僕的露台上陰涼角落裡的舊藤椅上；又瘦又黃、大眼長髮的年輕女人，則在她們居所的垃圾及廢物堆裡，無精打采的走來走去，好像每移動一步，就是活著的最後一步似的。他聽到他們尖聲相罵，也聽到孩子們的哭鬧，豬的嘷叫；他聞到他們院子裡垃圾堆的味道，對這一切覺得十分厭惡，但是他是這貧困寒酸的一大群人的衣食父母，這些人是葡萄牙統治者不成器的後裔。他是他們的主宰。也正由於他能使他們在怠惰、污穢、無窮無盡、毫無指望的卑劣處境中，繼續對他歌功頌德，因而感到滿懷欣喜。他們需索很多，但他卻能滿足他們全部需索而不損及自己。他所換取得來的，是他們默默無言的畏懼，喋喋不休的敬愛，以及喧嚷嘈雜的崇拜。一個人能成爲人家的主宰，而且在日常生活中天天讓人提醒這一點，確是件美事，使人有一種高高在上、不可一世的感覺。威廉斯就這樣沉溺其中，洋洋自得。他沒有分析自己的心理狀況，但是雖然沒表示出來，心底裡也許深信只要自己一旦撒手不理，所有這些敬愛他的人就會活活餓死，這使他感到最大的滿足。他的慷慨施與使他們甘於墮落，這是易如反掌的事。自從他紆尊降貴娶了喬安娜之後，他們便連迫於生活所需、要外出工作的那一點點謀生技能，都喪失殆盡了。他們現在的生活全仰仗他的施捨，這是權力，威廉斯樂此不疲。

在另一個也許是較低的層次上，生活中亦不乏稍欠複雜但較爲明顯的樂趣。他喜歡簡簡單單講技術的玩意，例如桌球；也喜歡不那麼簡單，完全靠另一種技巧的玩意，例如撲克。他是一個目光堅定、奇警機智的美國人的得意高足，這美國人神祕的從太平洋飄來錫江，在鎮上生活的漩渦中混了一段時日之後，又像謎一般飄泊到印度洋上滿是陽光的荒僻之處去了。在玩撲克牌戲（撲克在西里伯島的首府自此流行起來），喝濃烈的雞尾酒時（調酒的祕方就在森達酒店中，由中國籍的侍役領班用廣東方言傳給另一領班，直至今日，依然如此），人們對這來自加州的陌生客，歷久不忘。威廉斯是個喝酒的行家，玩牌的好手，他對於這些成就，略感自得，但是對於他老闆胡迪給予他的信賴，卻炫耀人前，得意忘形。這感覺是由於他恩澤廣被，也由於意氣揚揚的自覺對己對人都身負重任而引起的。他感受到那難以按捺的衝動，要把所知傳授給別人，這衝動與貧乏無知是不可分割的。無知的人總會知道一件什麼事，而這就是唯一值得知曉的事，它充斥了無知者的宇宙。威廉斯對自己了解透徹，自從那天，擔驚受怕的在三寶壟路上從一艘荷蘭—東印度的船上逃脫以來，他就開始自我檢討，檢討自己的方式，自己的能力，自己命中注定得到今天名成利就地位的資質了。由於稟性腼腆自疑，他的成就使自己亦感意外，幾乎大吃一驚，而末了，等到他因意外而吃驚的情緒平復之後，就變得傲慢狂放起來，自以為多才多藝，閱歷過人。這一點別人也該知道，一方面是為了他們好，一方面也可把更大的榮耀歸於自己。所有這些拍拍他背脊、大聲跟他打招呼的友善的人群，都該以他為榜樣，身受其益。就為了這點他必須講話，他孜孜不倦的跟他們談。每日午後，他在小桌子上詳細解說他的成功之道，不時將小翳子沾在雞尾酒裡的碎冰上；到了晚上，他時常會手執球桿。隔著撞球檯對一個年輕的聽眾侃侃而談。上了燈罩的油燈，低低的掛在桌面上，強光照耀下的撞球，靜止不動，也好像在洗耳恭聽似的。大房間較遠處陰影裡的中國計分員則會困倦的靠在牆上，茫茫然的臉在桃花木的計分牌下，看來十分蒼白。天色不早，叫人倦得昏昏欲睡，那白人吐出的一連串話，又聽不明白，只是單調的嗡嗡作響，使他眼皮都抬不起來。談話突然一頓，球戲就會「的搭」一聲重新開始，球桿輕輕一擊，母球迴旋流轉，以「之」字形向前滾動，成功的連撞兩球，就這樣再繼續一段時間。穿過寬大的窗，敞開的門，海水帶鹽的濕氣，旅館花園裡泥土的氣息夾雜著花香，吹進來與油燈的味道羼揉在一起，夜色越深，氣味越濃。玩撞球的人打球時，彎下身來，頭在燈光下湊合在一起，打完一球，又猛然挺身沒入燈罩外綠色的陰影裡。時鐘有規律地滴答作響，絲毫不動容的中國人繼續用死板的聲音報分，就像一個會說話的大玩偶——而威廉斯就會如此贏上一場撞球。他表示時間已經不早，自己又是個結了婚的人，於是神氣十足的道聲晚安，然後走出去，踏上空蕩蕩的長街。這時候，街上白色的灰塵，就像一道月光般令人目眩，使眼睛不得不望著疏落的油燈較爲黯淡的光暈，來歇息一會。威廉斯隨著沿街的牆頭走回家去，牆上覆滿了前院裡茂盛的林木。左右的房子都掩映在花木的黑蔭裡。長街上就威廉斯自己一個人，他會走在街中間，影子巴結的曳在身前，他俯望自己的影子，感到躊躇滿志。這是一個有所成就的人的影子！他會因爲喝了兩杯，也爲了沉醉於自己的榮耀中而感到飄飄然。就像他時常告訴別人一般，他在十四年前來到東方——當時只是個船上的小廝，一個小男孩！那時候他的影子一定很小，想起那時候他不知道有什麼——甚至連影子也沒有——是可以稱得上屬於自己的，就不禁莞爾一笑！而現在，他卻望著胡迪公司的機要文員的影子走回家去，多麼光彩體面！對萬事順遂的人來說，生命是多麼美好啊！他在人生中打了勝仗，在撞球上也贏了一場。他加快了腳步，把玩著自己的成就，思量著人生歷程中刻下里程碑的光耀日子。他想起去印尼龍目島販馬的旅程，那是胡迪託付給他的第一樁重任；然後他再追憶另外幾樁更重要的事情：暗中買賣鴉片，非法私運火藥，以及戈克的族長的艱巨任務——軍火走私的勾當。他能完成這最後一樁事完全是靠膽色過人，他曾在那專橫的老蠻子的會議室中公然違逆他，他又用一架鑲金的玻璃馬車來賂誘他，這架馬車據說現在拿來當雞窩用。他把老頭子勸轉來，又在各方面打倒他，這就是成功之道。他可不贊成把手伸在錢箱裡那種小兒科的伎倆，但是人可以走法律縫隙，可以把貿易的原則極盡其用。有人說這是欺詐矇騙，這些人是傻瓜，是弱者，是該讓人瞧不起的。

聰明人，強者，值得尊敬的人，是百無禁忌的，一有顧忌就失去權力。他就時時這樣教訓年輕人，這是他的理論，而他，他自己，就是這套真理的金字招牌。

夜復一夜，他就這樣回家，經過一日的疲勞與歡樂，爲他自我吹噓的聲調弄得醉醺醺的。他三十歲生日那天，也是這樣走回家。他跟一群朋友好好的鬧了一個晚上，現在沿著空蕩蕩的馬路走著，自命不凡的感覺襲上心頭，使他自鋪滿白塵的路上提升，滿懷欣喜與遺憾。他在酒店裡時，可沒好好對得住自己，沒把自己講個夠，也沒好好的令聽眾感動。沒關係，下次再說吧！現在他可要回家把老婆叫起來聽他說了。她爲什麼不該起來耐心地聽他說？並且弄杯雞尾酒給他喝喝？就是這樣，她該這麼做。只要他願意，他可以把達・索薩全家都叫起來，只要他一說，只要他願意從樓梯頂上向他們解釋自己有多偉大多好，他們就會全都跑來，穿著睡衣坐在他家院子裡又硬又冷的地上，靜靜的洗耳恭聽！他們會這麼做的。不過，只有他老婆一個也成——今晚就將就一下吧！

他老婆！他打從心底裡有點畏縮！一個陰惻惻的女人，帶著驚惶的眼神，陰鬱下垂的嘴唇，在痛苦的迷惑與無言的寂靜中，聽他的話。她現在已經聽慣這些夜談了。起初她反叛過一次，只一次。現在，他攤在長椅子上，一面喝酒一面說話時，她就會遠遠的站在桌子另一端，雙手擱在桌子上，受驚的眼睛望著他的嘴唇，一聲也不響，一動也不動，連氣也不透，直至他輕慢的把她打發走，叫一句：「睡覺去吧！蠢貨！」她便會長長吸口氣，拖曳著腳步走出房間，如釋重負，卻毫無所動。沒有什麼可以嚇倒她，使她叫罵，使她哭泣；她不抱怨，也不反抗。他們之間這頭一點分別是很大的。太大了，威廉斯不滿的想。這分別一定已經把她嚇得魂靈出竅了，這陰惻惻的女人！整件事都該死！他見鬼的當初到底爲什麼要給自己揹上這個……啊！對了！他要一個家，而這樁婚事好像令胡迪很滿意，胡迪就送他這座平房，這座花叢蔽蔭的房子，這座他在這月涼之夜賦歸的平房。而且達．索薩整族人都敬重他，像他這樣的人樣樣稱心如意，可以爲所欲爲，可以希求萬事。再過五年工夫，這些星期天參加總督牌局的白種人就會接受他了——連他那混血的妻子等等都接受！好啊！他看見自己的影子向前衝，揮舞著帽子，帽子大得像個酒桶，手臂伸得幾碼長……誰在叫「好啊」？……他對自己羞愧的笑笑，把雙手深深的插在口袋裡，突然臉色一板，加快了腳步。

在他後面靠左處，但見文克先生前院的門口點燃著一根雪茄。文克先生是胡迪公司的帳房，正依著一根磚柱，在抽晚上最後一支方頭雪茄。在修剪過的樹叢蔭影裡，文克太太正在圍繞屋前的沙礫小徑上，小心地慢慢踱步。

「看那個威廉斯在走回家去——我想是喝醉了。」文克先生擰轉頭說，「我看見他又跳又亂揮帽子的。」

沙礫上的腳步停了。

「好怕人的傢伙，」文克太太靜靜說。「我聽說他打老婆的。」

「啊！不對！親愛的，不對！」文克先生心神不寧的喃喃說道，做了個含糊的手勢。威廉斯打不打老婆與他無關，女人多麼會胡亂猜度！威廉斯若要虐待老婆，大可以採用比較文明的法子！文克先生對威廉斯知之甚詳，相信他很能幹、很精明——精明能幹得討人嫌！文克先生把煙蒂猛抽了幾口，心想在這情況下胡迪對威廉斯的信任，該受到胡迪的帳房忠誠的批評了。

「他越來越危險，他知道得太多了，一定得除掉他！」文克先生大聲說。可是文克太太已經進屋去了，他搖搖頭把煙蒂扔掉，慢慢跟她進屋。

威廉斯走回家去，繼續編織未來的美夢。到達成功之途，清清楚楚伸展在眼前，既平坦又光明，看不到任何阻礙。他明白自己悖離了誠實的正途，但不久就會重歸故道，永不再行差踏錯。這只是一件微不足道的事，他很快就會把一切弄妥。目前的要務是不要給人揭穿，但他相信憑自己的技術、自己的運氣、自己一向的信譽，足可以使任何膽敢懷疑的人不起疑心。但是沒有人會膽敢疑心他的！不錯，他明白這是小小的貪污，爲了一時之需，他暫時盜用了些胡迪公司的公款。但是他待己以寬，對一個天才的弱點是該放縱些。他會加以補救的，一切都會恢復舊觀；沒人會受到損失，而他可以不給人揭穿的繼續向前，直達野心的光明目標。

胡迪的合夥人！

在踏上家門的台階之前，他佇立片刻，兩腿叉開，下巴抵著手掌，心裡默想著成爲胡迪的未來合夥人！光明燦爛的事業！他看到自己很安全：穩當似山；深沉如淵；更謹慎得好比墓穴一般！

2

大海，也許是因爲它的鹹味，使它僕從的靈魂外表粗糙，內心甜蜜。昔日的大海，許多年前的大海，所有的僕從都是忠心耿耿的奴隸，他們在海上從年輕到年老，或猝然去世，均無須打開生命之頁，因爲他們可以從那生死予奪的海水中瞥見永恆。昔日的大海，像一個美艷而無所不爲的女人：微笑時風姿嫣然，嗔怒時難以抗拒；喜怒無常，而令人動心；毫無理性，又不負責任。叫人又愛又怕。它既施展魅力，又賜予歡樂，輕誘人寄予無限信任，然後卻迅如閃電，無緣無故的狂怒起來，將人殺害。但是它的殘忍無道卻因爲它神祕莫測，因爲它給予人無窮希望，又因爲它可以賜予恩寵的無上魅力，而得到補償。猶有赤子之心的壯漢，對它一片忠心，心甘情願的因它恩賜而生，遂它意願而死。這就是昔日的大海，接著法國人的頭腦就令埃及人的肌肉動員起來，造出了一條陰沉乏味卻有利可圖的溝渠①。自此之後，由無數蒸氣渦輪噴出的煙幕就覆蓋了波濤洶湧的上帝之鏡。工程師的手撕下了這蛇蠍美人的面罩，好讓貪得無厭，毫無信用的陸上懶漢分享紅利。她再也不神祕了；就像所有神祕的事物一般，神祕感只存在崇拜者的心

① 此處指蘇伊士運河，當初由法國人首先策劃開鑿。

目中。人心變了，人也變了。曾經一度熱愛崇拜大海的侍從，以火與鐵②武裝起來，克服了內心的恐懼，成爲一群斤斤計較、冷酷苛刻的主人。昔日的大海是美豔絕倫的女主人，臉色深沉，眼神殘酷，然而有所應承。如今的大海是遭人糟蹋的賤役，凶殘的螺旋槳攪起翻騰發泡的海浪，使大海滿臉皺紋，面目全非。海上浩蕩無垠，懾人心魄的魅力已遭剝奪，大海的美、大海的神祕與大海的希望，都已經破壞無遺了。

湯姆．林格是大海的主人、愛人與僕人。他很年輕就出海去。大海磨練他的身心，給予他威猛的儀容，洪亮的聲音，無畏的目光，誠實無詐得近乎愚騃的心胸。大海又慷慨賜予他可笑的自信心，以及對造物的普遍熱愛；更使他仁厚寬容，傲然凜冽，凡事動機明確了當，目的坦然無欺。大海既已把他造就成人，就像個女人般溫馴的伺候他，使他在她那喜怒無常的恩寵中安享陽光，不受損傷。湯姆．林格在海上憑藉著海發了達，他用愛人的熱情愛海，憑十足的把握輕海，也以勇士的睿智來畏海。他更像個縱壞了的孩子與一個脾氣善良慈如父母的魔頭相處一般，對大海從容得很。他很感激海，真心誠意的感激。由於他確知大海絕不可靠，因而對自己能深信大海將不我欺，更感到莫大的榮幸。

那艘小雙桅船「閃光」號是林格發財的工具。他們年輕時，一起從一個澳洲港口遠

② 指蒸汽輪船。

赴北方，不出三兩年工夫，群島之上（從巨港到干那底，從奧巴哇到巴拉望），就沒有一個白人不知曉湯姆船長與他那幸運號的大名。由於他慷慨豪爽，誠實正直，故甚得人愛戴。起初人家因爲他脾氣暴躁，還對他略感畏懼，但過不了多久，就發現真相，輾轉相傳，說其實湯姆船長的盛怒比起許多人的笑容來，更不傷人。他的業務飛黃騰達，自從他第一次打勝了海盜，據謠傳在卡里瑪塔附近拯救了從故鄉來的什麼權貴乘的快艇之後，就開始深得人望，時間越久，聲譽越隆。由於他時常在那一帶尋幽探僻，並時常爲他的貨物找尋新市場——不僅是爲了有利可圖，而是爲了尋到新市場的樂趣，不久即在馬來人中名聞遐邇，再加上他屢次遇上海盜都奮不顧身，更建立了赫赫威名。那些跟他有生意來往的白人，自然而然都設法要找出他的弱點，他們很容易看出只要稱呼他的馬來名號，就可以令他大爲得意，所以只要有利可圖，有時也純粹出於真心，他們就會不稱「林格船長」，而半真半假的稱他爲——「海大王」。

他肩負這令名而無所畏。威廉斯還是小孩子在三寶壟路上從「環宇四號」甲板上赤足跑來跑去時，他已經擁有這美譽好多年了。當時威廉斯用天真無邪的眼睛望著新奇的岸邊，嘴裡胡言亂語咒罵著四周的環境，孩子氣的腦袋裡盤算著逃脫的英雄念頭。一天清晨林格在「閃光」號的船尾上瞥見那艘荷蘭船喧喧鬧鬧的啓航，開往東部的港口。同一天夜裡很晚的時候，他站在登岸河道的碼頭上，正準備上船，當時滿天星斗，夜色清朗，小小的海關已關上大門，載他來此地的馬車已經在樹梢塵封的入鎮長街上消失了。

林格以為碼頭上只有自己一個人，他把睡夢中的船員叫起來，站在那兒等他們就緒，就在此時，感到有人在牽他的外衣，還聽到一個小小的聲音，很清晰的說：

「英國船長。」

林格很快轉過身去，一個看來很瘦的男孩向後一躍，動作靈敏可嘉。

「你是誰？從那兒跳出來的？」林格吃驚地問道。

那男孩子在安全距離外指指一艘靠了碼頭的運貨駁船。

「你一直躲在那兒，是不是？」林格說。「好吧！你要幹什麼？說出來吧！他媽的！你到這兒來，可不是只為了嚇壞我吧？」

那男孩子想用結結巴巴的英文解釋，說不上幾句就給林格打斷了。

「唔，我明白了，」他叫道：「你是從今天早上啓航的大船上逃下來的，可是，你幹麼不去找此地的本國同胞？」

「船只去不遠──去泗水。會把我送回船上。」那孩子叫道。

「這樣最好不過。」林格說得很肯定。

「不，」那孩子反駁道，「我要留在這兒，不要回家。賺錢在這兒，家不好。」

「這比什麼『我要去釣魚』更厲害了，」大感意外的林格批評道。「你要的是錢？好傢伙！好傢伙！你還居然不怕逃跑，你這把瘦骨頭，你呀！」

這孩子暗示天不怕，地不怕，就怕給送回船上去，林格若有所思地靜靜望著他。

「走近來一點，」他終於說，然後用手托著孩子的下巴，把他的臉抬起來好好端詳了一番。「你多大啦？」

「十七歲。」

「十七才這麼點點大！餓不餓？」

「有一點。」

「跟我上那艘船去好嗎？」

孩子一言不發就向船走去，躍上了船首。

「倒是熟門熟路的，」林格重重踏進帆腳鐵索拿起操舵索時，咕噥著說。「划槳啦！」

馬來船員一起身向後仰，小艇從碼頭上滑出，向雙桅船的錨位燈光駛去。

這就是威廉斯事業的開端。

林格花了半小時就知悉威廉斯全部的平凡故事了。父親是鹿特丹一個什麼船舶掮客商的外勤夥計，母親已經去世了。這孩子悟性很高，在學校裡卻成績不好。家裡環境窘迫，弟妹成群，除了穿暖吃飽之外，毫無教養。鬱鬱不樂的鰥夫則整天穿著襤褸的外衣，破舊的靴子，在泥濘的碼頭上跑，晚上則倦睏地帶著半醉的外國船長到低級娛樂場所去廝混，弄到三更半夜才回家，爲了公事跟這群人混得煙酒過量，跟這群人做生意，這樣的應酬是免不了的。然後「環宇四號」那好心腸船長給了個差事，他要替這個耐心勤快的傢伙做件好事。年輕的威廉斯起初大喜過望，繼而卻大失所望，海上生活從遠處看來引人入勝，進一步認識之後，卻原來如此艱辛苛刻。接著，就是出於一時衝動，從船上逃跑下來了。這孩子與海上的精神格格不入，簡直到了無可救藥的地步。海上生活誠樸簡純，不會帶來任何他希冀的後果，他對此天生就瞧不起。林格不久就看出這一點，說可以用一艘英國船帶孩子回國去，但是孩子苦苦哀求要留下來。他寫得一手漂亮的好字，很快就把英文學好，計數又十分敏銳，林格就在這方面使他發揮所長。他年事漸長時，商業天才發展得十分驚人，林格自己在途中要轉往什麼偏僻地方一行時，往往把他留下在這個那個島上，獨自處理商務。後經威廉斯表示自己想做生意的意願；林格就讓他進入胡迪公司。威廉斯萌生去意頗使林格不快，因爲他多少跟這個受自己保護的人建立起一些感情。但是他仍然以威廉斯爲榮，誠心誠意的爲他說話。最初是——「伶俐孩子——可再也當不成海員」。後來威廉斯協助商務時，每提起他總是說：「那聰明的年輕人。」其後威廉斯變成胡迪的心腹職員，參與許多棘手的要務時，這個直心直腸的老海員就會用手指著他背後，跟站在他身邊的不管什麼人，滿口讚嘆的低聲說道：「看看這有先見之明的傢伙，非常有眼光的傢伙，看看他，老胡迪的心腹，是我把他從溝裡撿回來的。你可以說，真像隻餓得半死的貓，皮包骨的。發誓是我提拔他的，現在島上的商務，他比我還懂得多了。千真萬確的，我不是開玩笑。比我知道的還多。」他會一本正經的重複再三，誠實的眼裡顯露著純真的得意之色。

威廉斯在商務上的成就，使他在與林格來往時，神氣起來。他挺喜歡他的恩人，但對於老人行止的率直，也未免有些瞧不起。不過，林格性格中有些地方還是讓威廉斯略微心折的。這個絮絮不休的海員，知道在那些威廉斯很有興趣的事上賣關子。此外，林格還很有錢，單憑這一點已足夠使威廉斯羨慕了，雖然並非羨慕得心甘情願。威廉斯在跟胡迪密談時，每提起這樂善好施的英國人，總是用一種困惱的聲調稱之為「幸運的老糊塗」。胡迪會咕咕噥噥的表示絕對贊同，然後兩個人會突然對望，眼神中是沒有表示出來的想法。

最後胡迪會轉過臉來，又俯到桌面的文件上，問道，「威廉斯，你沒有查出他那些印度膠都是從什麼地方弄來的吧？」

「沒有，胡迪先生，還沒有，但是我在想法子，」威廉斯總是這樣回答，帶著愧疚求恕的口氣。

「想法子！老是想法子！你可以想法子！你也許自以為很聰明，」胡迪繼續咕噥，眼也不抬。「我跟他已經做了二、三十年生意了，這個老狐狸。我也試過想辦法，哼！」

他伸出一條矮胖腿，凝望著赤著的腳背，草拖鞋掛在腳趾上。「你沒法子把他灌醉？」打了一陣呼嚕，他會這麼加上一句。

「沒法子，胡迪先生，我真的沒法子。」威廉斯誠懇的說。

「好吧！別這麼做了，我知道他這個人，別這麼做。」做老闆的會如此勸告道，然後，再俯身檯上，充血的眼睛定神盯著文牘，他會仔仔細細的用那胖手指去檢閱信件中細削扭曲的字母，而威廉斯則在一旁恭恭敬敬的等待著他下一步的指示，接著必恭必敬的問道：

「胡迪先生，還有什麼吩咐嗎？」

「唔，對了，你親自到『本興』去走一趟，督促他們把那筆款子點清裝好，運上往干那底的郵船。郵船今天下午到。」

「知道了，胡迪先生。」

「哪！注意，郵船要是晚到了，就把錢箱在『本興』的貨倉裡存放到明天，打上火漆封起來。像平時一樣八個火漆印。船還沒到，別把錢箱運走。」

「不會的，胡迪先生。」

「還有別忘了那些鴉片箱，今天晚上要的。用我自己的船夫，把箱子從『卡羅琳』號轉運到阿拉伯人的船上去。」老闆繼續用粗嗄嗄的聲調說著，「你可別再像上次那樣跟我來那一套，說什麼有只箱子從船上掉到水裡。」他加上一句，突然發起惡來，抬頭望著他的心腹。

「不會了，胡迪先生，我會小心的。」

「就這麼說了。你出去的時候跟那個豬玀說，他再不把吊風扇弄快些，我把他的骨頭一根根全打斷。」胡迪說完，用一條幾乎像床罩那麼大的紅絲手巾抹著他那紫醬色的臉膛。

威廉斯靜悄悄的走出來，小心翼翼關上那扇綠色小門，向貨倉走去。胡迪手拿著筆，耳聽著威廉斯用粗言穢語大聲吆喝那拉吊扇的僕童，威廉斯是只要老闆舒適，就會賣力不已的。胡迪然後再埋首在文牘中工作，頭頂上，吊扇起勁的轉動，習習涼風吹下來，吹得文件窸窣作響。

文克坐在靠近老闆私人辦公室的小門前，威廉斯會跟文克先生熱絡地招呼，然後帶著一股大人物的神情向貨倉走去。文克先生溫文的臉上每一條皺紋裡都露出極端厭惡的神色，眼隨著那在一綑綑一箱箱貨物的陰影中掠來掠去的身影，直至它穿過闊大的拱廊，進入陽光燦爛的街道上爲止。

3

對威廉斯來說，機會與誘惑都太大了，在一時急需的壓力下，他玷污了一向引以爲榮的信譽，長久以來這是他聰明過人的標記，但也把他壓得喘不過氣來。這一陣子玩牌手氣不好，自己的小小投資虧蝕，達．索薩家裡這個那個又需要額外的錢用——因此，他蕩離了誠實之途，自己還不甚知覺。這條路模糊不清，界限不明，他得花些時間才弄得清楚自己多年來一直在邊緣徘徊的這一片荊棘重重的曠野險地，目前到底有多深入。他向來都沒有別的準則，只有自己的方便與他那套達至成功的信條，這套信條是他在生命之書中爲自己找出來的——在書中讓撒日寫下的那有趣的幾章，寫來考驗人的目光是否銳利，心志是否堅定。有那麼短暫的、既黑暗又孤獨的一陣子，他很懊喪，但他卻有一股勇氣，雖然不足逾高，但能奮涉泥潭——如果沒有其他途徑可走的話。他以償還公款爲己任，以不被揭穿爲職守。在他三十歲生日那天，幾乎已經完成這項任務了——而他也能聰明的克盡職守。他覺得自己很安全；又能懷著希望來展望他那正正當當的大志了。沒人膽敢懷疑他，而且再過幾天，也沒有什麼可懷疑的了。他覺得飄飄然，當時並不知悉自己氣數已盡，厄運將至了。

兩天之後，他知悉一切了。文克先生聽到門把的轉動聲，就從寫字檯旁跳起來，他一直在那兒心驚膽戰的聆聽著私人辦公室裡的喧鬧聲，然後急急忙忙埋首在大保險箱裡。這是威廉斯從通到胡迪密室小綠門經過的最後一次了。這個密室在過去半小時內傳出咆哮之聲，人家還以爲是什麼野獸的洞穴哩！威廉斯從他受辱之所出來後，困惑的眼睛，一瞬攝盡滿屋的人與物。他看見那拉吊扇男孩受驚的模樣；那些中國出納員跪坐在地上，臉上木無表情，茫茫然望著他，停了的雙手則在地上一堆堆閃閃發光的荷蘭金盾上游移著；也看見文克先生的肩胛骨，以及他那兩隻紅耳朵的耳朵邊。他看見杜松子酒箱排成長長一列，從他站立的地方，一直伸展到拱形的門口，出了門，他也許可以透口氣了。通道上有條細細的繩子橫在那兒，他分明看得真切，卻重重的絆了一下，好像這是條鐵棒似的。最後終於走到街上了，但吸不到足夠的空氣來塡滿胸腔，他朝家裡走去，一面喘著氣。

經過一段時間，耳畔響著胡迪的辱罵聲逐漸模糊了，羞慚之感慢慢減退，代之而起的是滿腔憤怒，既氣自己，更氣因緣際會，竟使他變成如此沒頭沒腦輕舉妄動。真是輕率得沒頭沒腦——這是他對自己過錯所下的定義。既然他的聰明是無可否認的，還有什麼比這更糟呢？一個精明的頭腦犯了這種錯可真要命！他簡直認不出自己來了，一定是神經失常了。對了，突然神經失常！現在多年來的心血毀於一旦，他會有什麼下場呢？

他還沒想通這問題，就發現自己已經來到家門前的花園裡。房子是胡迪送的結婚禮物，他望著房子，發現還在那兒，略感驚異。他的過去已經完全摧毀了，住宅是屬於過去的一部分，現在好端端出現在面前，在午後酷熱的陽光下，顯得乾乾淨淨喜氣洋洋，看來是多麼格格不入。房子是座小巧精緻的建築物，門窗眾多，四周都有深深的陽台，由細巧的柱子支撐著，柱上攀滿了綠色的爬藤，斜側的屋頂、突出的屋簷上，也攀滿了這些植物。威廉斯慢慢爬上通往陽台的十來級台階，每走一步停一停。他須告訴妻子。一想到要這麼做就心驚膽戰，而自己居然會心驚膽戰也使他懊喪不已。怕去面對她！再沒有什麼比這個更能測出他周圍、他內心的轉變有多大了！變了另一個人——變了另一種生活，自信心沒有了。他若怕面對那個女人，那他這個人也就所值無幾了。

他不敢從飯廳敞開的門口進去，只是猶疑不決的站在那張小工作檯旁，檯上攤著一小幅白洋布，還插上一根針，好像做了一半活匆匆忙忙就停下來。那隻冠毛淺紅的鸚鵡一看見他，就笨拙的跳動起來，在棲木上殷勤的攀上攀下，含混不清的大叫「喬安娜」，尖銳的叫聲把名字最後的音節拖得長長的，就像是一陣瘋子的笑聲。走廊上的簾子在微風中輕輕晃動了一、兩次，每次都令威廉斯微微一驚，以爲他妻子會出現，但他一次也沒抬眼來望，雖然耳朵在聆聽著她的腳步聲。他逐漸想得出了神，不停猜想她會以那一種態度來接受他的消息——以及他的命令。由於出了神，他幾乎不記得去怕她在場了。毫無疑問她會哭，會傷心，她會像以往一般無可奈何，受驚害怕，而毫無作爲。而他得在已遭摧毀的生命中繼續拖著這軟弱的擔子向黑暗裡去。多可怕？他當然不能任由她與孩子受苦挨餓，威廉斯的妻與子！威廉斯這成功的人，聰明的人，威廉斯這胡迪的心腹……呸！可是威廉斯現在是什麼？威廉斯這……他把這想了一半的念頭扼殺了。清了清喉嚨忍住呻吟，啊！他們今夜會不會在撞球室裡談論他——這是他的世界，在那兒他至高無上，他與那批人來往是屈尊俯就的。他們會不會用滿是驚奇、假裝惋惜、一臉嚴肅，搖頭擺腦的神態來談論呢？這些人之中有幾個欠他錢，可是他從沒催過債，他才不呢！威廉斯，人稱好漢俊傑的！而現在他們毫無疑問的會因爲他垮台而幸災樂禍！這批笨蛋！就算他現在垮了，還是覺得自己遠勝過這批人，他們只是老老實實或沒被人揭發而已。一批笨蛋！他向想像中的這群朋友揮動著拳頭，受了驚的鸚鵡掠動翅翼，拚命亂飛尖叫。

威廉斯一抬頭瞥見他妻子正從屋角走來，就趕快垂下眼睛，靜靜等她走近來站在小檯子的另一端。他不瞧她的臉，但看得見她那身熟悉的紅衣裙，她是拖曳著這紅裙子過日子的。前面是一串邋遢的藍蝴蝶結，又污穢，又歪七扭八的，裙子下襬撕裂了一塊，每當她懶洋洋走來走去時，就像條蛇似的拖在後面。頭髮漫不經心的束成一把，糾纏不清的拖在背後，看來散散亂亂。他的目光從最下面的蝴蝶結逐個向上移，看見有些結子只用一根細線連著，但向上望到她下巴就停止不再往上望了。他望著她細細的脖子，她那亂七八糟的衣服下凸顯的鎖骨，他看到她用細細的手臂、多骨的手緊摟著孩子，不由得對這些命中的負累感到深惡痛絕。他等她開口，卻感到她的目光駐留在他身上一聲不響，於是就嘆息一聲，說起話來。

這是一件苦差。他說得很慢，緬懷著早年生活順遂，如今很不情願承認這一切都已經了結，往後日子沒那麼好過了。由於他自信已給予她一切物質上的滿足，故此從不懷疑不論未來路途如何險阻坎坷，她一定會跟他同甘共苦的。他對這件事很有把握，但並不感到飄然。他是爲了討好胡迪娶她的，他既然做了如此重大的犧牲，她自該心滿意足，再無苛求了。她當了這許多年有頭有臉的威廉斯太太，享了這些年清福，又受了幾許呵護與柔情。他小心保護她不受任何身體上的傷害；至於她受別的痛苦，他可一點印象都沒有。他確保自己地位優越，也是爲了給予她另一種福利。這些都是理所當然的，他之所以告訴她這一切，是要她看清楚自己的損失有多大。她既然這麼遲鈍，非這麼說，沒法讓她明白。現在一切都已完結，他們必須遠走他方，離開這所房子，離開這個島，走到遠遠的沒人知道的地方去。也許到英屬海峽殖民地去，憑著他的本事，可以在那兒找份差事，可以跟比老胡迪公道的人打交道。他澀笑著。

「喬安娜！我今天早上留在家裡的錢在你那兒吧？」他問道：「我們現在需要這筆錢了。」

他說這番話時，認爲自己是個正人君子。這倒沒什麼新鮮，但他仍然算是超出自己預期的水準，有什麼辦法呢？歸根結柢，生命中仍然有些神聖的事。婚姻就是神聖的，他可不是破壞婚約的人。他能夠堅守原則，確使自己十分滿意，但即使如此，他還是不屑於望他妻子一眼。他等她開口，然後就得安慰她，叫她別哭得像個傻氣的淚人兒，叫她收拾上路。上那兒去？怎麼去？什麼時候去？他搖搖頭，他們一定得馬上離開，這是最要緊的事。他突然感到有馬上離開的必要。

「好了，喬安娜，」他有點兒不耐煩的說：「別站在那兒發呆了。你聽見沒有？我們得……」

他抬起頭來望他妻子，要說的話頓住了。她用她那雙大大的斜眼睛盯住他，眼睛看來比平時大了一倍。孩子的小髒臉枕在母親肩頭上，正睡得安詳。鸚鵡現在安安穩穩停在棲木上，發出低低的咕咕聲，不但沒打破屋內的沉寂，反而加深了靜默之感。威廉斯望著喬安娜時，她的一邊嘴角往上一牽，憂鬱的臉上平添狠毒的神色，是他從未見過的，他大感意外的向後退了一步。

「喔！你這個了不起的人！」她清清楚楚的說，但是聲音低得幾乎像耳語。這些話，再加上她的語調，使他目瞪口呆，就像有人在他耳邊轟了一槍似的，他楞楞地回望著她！

「喔！你這個了不起的人！」她慢吞吞的重複，左望右看，好像在預想突圍逃遁的途徑。「你還以爲我會跟你去挨餓。你現在垮了。你以爲我媽跟倫納德會讓我走？而且跟你走！跟你！」她藐視地重複著說，提高了嗓子，把孩子吵醒了，低低嗚咽起來。

「喬安娜！」威廉斯喝道。

「別開口，我已經聽到許多年來等著要聽的事了。你呀！簡直垃圾不如，你一向把我踩在腳下。我已經等了好多年了，我現在沒什麼可以怕的了，我不要你。別走近來，啊……！」他伸手做出懇求的表情時，她高聲尖叫起來：「啊！走開，走開，走開！」

她身向後退，眼睛又怒又驚的瞪著他，威廉斯一動也不動的望著，意外地楞住了，不知他妻子腦袋裡的憤怒與反叛從何而來。爲什麼呢？他對她做過什麼啦？今天真是不公道的一天！先是胡迪——再是他妻子，這「仇恨」在他身邊潛生了許多年，不由使得他怵然心驚。他想開口說話，但是她又尖叫起來，就像一根針扎進他心裡一樣。他再次舉起了手。

「救命！」威廉斯太太用刺耳的聲音叫道：「救命！」

「閉嘴，你這蠢貨！」威廉斯叫道，想用自己憤怒的聲音把他太太兒子的喧鬧聲壓下去，一面在盛怒中，狂撼著那張小小的鋅檯。

屋子下頭是浴室及工作間，倫納德手持一根生鏽的鐵棍，從那兒走上來，他從樓梯下面帶著威脅的叫道：

「別打她！威廉斯先生，你是個蠻子，一點也不像我們白人。」

「你也這樣！」威廉斯大惑不解地說。「我碰都沒有碰她，這裡難道是瘋人院嗎？」他朝樓梯口走去，倫納德噹一聲抛下鐵棍，朝院子大門口直溜。威廉斯轉回來對住他妻子。

「原來你早就料到這事兒，」他說，「這是個陰謀詭計。屋子裡哭哭啼啼的是誰？

又是你的寶貝家人，是不是？」

她現在安靜下來了，把哭著的孩子匆匆放在大椅子上，突然無所畏懼的向他走去。

「是我媽，」她說。「我媽來保護我抵抗你——你這沒有來頭的人，你這流氓！」

「你從前用手摟著我脖子——那時候我們還沒結婚，可沒叫我流氓，」威廉斯不屑地說。

「是你前說後說，讓我婚後不再用手摟住你脖子的。」她答道，握緊了拳頭，把臉湊近他的臉。「你老是吹牛，我卻受苦受罪的一口氣也不吭。你了不起的地方，我們了不起的地方，你常誇口不停的，現在變成什麼啦？現在我要去靠你主子施捨過日子，不錯，這是真的，他差倫納德來告訴我的。至於你呢！到別處去吹牛，去餓死吧！好了，哈！我現在可以透口氣了，這房子是我的了。」

「夠了！」威廉斯慢吞吞的說，做了個引人注目的手勢。

她跳向後，眼裡又露出驚恐的神色，把孩子一把抱起來，擁在胸前，一跤跌坐在椅子上，發瘋似的用腳跟踩著陽台上回音響亮的地板。

「我會走的，」威廉斯沉著的說，「我很感謝你，你生平第一次使我開心。你是吊在我脖子上的一塊石頭，你明白嗎？我本來只要你活著一天，就不打算把這個告訴你的，可是你現在卻叫我說出口了。我還沒走出這個門，可是心裡頭已經把你忘得一乾二淨了。你倒叫這件事很容易辦，我很感謝你。」

他轉身走下樓梯，不再瞧她一眼，她直直的、靜靜的坐在那裡，睜大著眼睛！孩子在懷裡哭鬧著。威廉斯在門口突然碰上了倫納德，他正在門口東躲西閃，來不及避開。「別動粗，威廉斯先生，」倫納德急急忙忙地說。「白人之間發生這種事，讓土人看著不像話。」倫納德雙腿發抖，聲音忽高忽低，一點都沒想到要自制。「忍忍，別動粗，」他匆匆囁嚅道：「我是個好人家出身的體面人，而你……太可惜……他們都說……」

「什麼？」威廉斯大吼一聲，突然感到氣得發瘋，還沒弄清楚怎麼回事，已看到倫納德·達·索薩在他腳下的塵土裡打滾了。他一腳跨過他那趴在地上的大舅子，漫無目的地衝到街上，人人都讓路給這個發了瘋的白人。

他恢復神智的時候，已來到城外。在堅硬龜裂、已經收割了的禾田中跌跌撞撞。他是怎麼來到這裡的？天已經黑了，他一定得回去。他慢慢走回城裡的時候，腦海裡重溫白天的事，感到寂苦難當。他妻子把他攆出家門，他狠狠的揍了他大舅子一頓——那是達·索薩家的一份子，那群他的崇拜者的一份子。他幹了，可是，不對！那是別人幹的，現在走回去的又是另外一個人，一個沒有過去，沒有將來，只有痛苦、恥辱與憤怒的人。他停了步向四周張望，有一、兩隻狗竄過空蕩蕩的街道，衝過他身旁時，受驚的吠叫著。他現在來到馬來人的住宅區中。那些竹房子匿藏在小小庭院的濃綠蔥蘢中，又黑又靜，男人、女人與孩子都睡在裡頭，都是人！他還能睡嗎？睡在那兒？他覺得自己見棄於全人類，在他重續疲憊的步伐之前，毫無指望的向四周望望，發覺世界好像變大了，夜也變得更深沉更黝黑了。但是，他仍然執拗的垂著頭向前走，就像披荆斬棘似的，然後突然覺得腳下踩著了木板，一抬頭，望見碼頭盡處的紅燈。他一直走到盡頭，在燈下，依著燈柱站在那兒，望著海中的抛錨處，那兒有兩艘船停泊著，在滿天星光下輕晃著細細的桅索。碼頭的盡頭！從這兒再走一步，就是生命的盡頭了，什麼事都一了百了。這樣還好些，他還能做什麼呢？事情一去不回頭，這點他看得很明白。他們全體的敬重仰慕，往昔的習慣，舊日的情意，在清楚明白他名譽掃地的原因之後，都已經突然了結。所有這些他都看得清清楚楚，在這刹那他跳出了自我，衝破了自私——從一向的自我利益、自我慾望中解脫出來——離開了自我的聖殿，不再囿於以自我為中心的思想中。

他的思想現在飄回了老家。佇立在滿天星斗、熱帶微溫的靜夜裡，他感受到東風苦澀的氣息；在雲空的陰影下，他看到高房子又高又窄的前端；在泥濘的碼頭上，他曾見那個衣衫襤褸、高聳肩頭的身影——一個疲憊不堪的人那張忍耐、褪色的臉，為了他那些守候陋室中的孩子在掙麵包，真可憐！真可憐！但這一切已經一去不回了。這些事與威廉斯這聰明人，與威廉斯這成功者之間又有什麼關聯？他在許多年前已經跟老家脫離關係了，那時候是對他好，現在是對他們好。這些都已成為過去，永不再回了。他突然發起抖來，看到自己在未知與可怕的危機中孑然一身。

他生平第一次對未來感到害怕，因為他已失去了信心，失去了對自己成功的信心，而信心的摧毀，全是他愚不可及，一手造成的。

4

他在沉思冥想中，慢慢興起自殺的念頭，卻給林格打斷了，林格大喝一聲，「好不容易把你找到了！」一隻手重重落在威廉斯的肩膊上。這次是老水手親自出動來收容這個無趣無味的流浪漢，來收拾這突如其來、一團糟的殘局。對威廉斯來說，這粗獷友善的聲音是一縱即逝的慰藉，緊隨而來的卻是更深的憤恨與徒然的惆悵。這聲音把他帶回到順遂事業的啓端，而這番事業的結局現在從他兩人站著的碼頭上可以看得一清二楚。他掙脫了這友善的手，激忿地說：

「都是你不對。現在快推我一把，趕快，送我歸天。我一直站在這兒等人幫我個忙，你來了——最好不過了。你起初拉過我一把，現在結局時也該動動手。」

「我拿你還有好用處，不用餵魚呢！」林格說得很認真。他抓住威廉斯的手臂，溫和的強迫他在碼頭上往回走。「我像隻瞎蒼蠅似的在這鎮上到處亂飛，到東到西找你，聽到許多你的話。威廉斯，告訴你吧，你不是個聖人，這是事實，你也不見得聰明到那兒去。我不是落井下石，」他急急忙忙加上一句，看著威廉斯有意走開，「但是我可不會吞吞吐吐，我可不會！我說話嘛，你就安靜些聽著，行不行？」

威廉斯做了個無可奈何的手勢，悶住氣哼了一聲，就在這比他更強的意志前讓步了。於是兩個人就在嘭嘭作響的木板上來來回回踱著步。林格對威廉斯透露他這次事敗的真正情由。威廉斯最初大吃一驚，過後，驚奇之情爲無比的憤怒取而代之。原來是文克跟倫納德把他出賣了。他們一直在窺察他，追查他的越軌行爲，向胡迪報告。他們買通了來歷不明的中國人，慢慢在那些醉醺醺的船長處套了話，更串通了船員，就這樣把他不守規矩的整件事拼湊出來。這黑幕重重的陰謀使他駭然大驚。文克這樣做，他可以了解！他們兩人之間本來就沒有什麼交情；可是倫納德！倫納德！

「哎呀！林格船長，」他發作出來，「那傢伙一直拍我馬屁呀！」

「對，對，對，」林格性急的說，「我們知道你狠狠的把他踩在腳下。沒人喜歡這樣的，孩子。」

「我一直在接濟那群餓鬼，」威廉斯激動地說，「我的手老是在袋裡掏，他們用不著開第二次口。」

「正因爲如此，你這麼慷慨把他們嚇壞了。他們問自己，這許多錢是從那裡來的，就想到把你整垮了倒好些。歸根結柢，胡迪比你強得多，老朋友。何況他們也有權向胡迪要錢。」

「林格船長，你這是什麼意思？」

「我這是什麼意思？」林格慢吞吞地複述一遍。「怎麼，你可不是想要我相信，你連你太太是胡迪的女兒也不曉得吧？得了吧！」

威廉斯突然住了嘴，搖晃起來。

「啊！我明白了，」他喘著氣，「我從沒聽說過……最近我以爲有……可是，我從沒想到過。」

「喔！你這傻瓜！」林格帶著憐憫說，「我發誓，」他喃喃自語道，「我想這傢伙是不知道。好了，好了，現在鎮靜點吧！振作起來。這有什麼不對？她是你的好妻子呀！」

「好得很呢！」威廉斯用一種煩悶的聲音說道，越過黑沉沉波光粼粼的海水望著遠處。

「那很好，」林格繼續說，越來越友善了，「那就沒什麼不對。不過你從前真以爲胡迪爲你娶妻，再送你一幢房子，還有什麼的，就是爲了愛護你呀！」

「我替他好好服務來，」威廉斯答道。「怎麼好法，你是知道的：不顧艱難困苦，不管什麼工作什麼風險，我總是隨侍在旁，隨時候命。」

他是多麼清楚，他自己過去的工作多麼重要，而所換得的報酬又是何等的不公道啊！她是那個人的女兒！由於發現了這樁事，過去五年來生活中的點點滴滴，現在都顯露出真正的意義來了。他是在那個清晨的旭日之下，上班之前，在家門口頭一次跟喬安娜搭訕的，在那時候就算以最懵懂的眼睛看來，女人與嬌花都是迷人的。鄰居是個最最體面的家庭——兩個女人，一個年輕男子。他們家除了牧師——一個從西班牙島上來的當地人——偶爾造訪之外，從來沒有訪客。那年輕人倫納德呢，他在鎮上早見過，這小人物對他這大人物威廉斯必恭必敬，使他大為得意。玩撞球時，他讓倫納德搬椅子，喚茶房，用白粉擦他的球桿，用精選的字眼來表達崇仰之情。他甚至紆尊降貴的耐心聽倫納德提及「我們親愛的父親」。他父親是一個有公職的人，一個在科堤的政府人員，在那兒死於霍亂，老天可憐，死在公職上，真是一個好天主教徒，一個好人，這一切聽起來令人起敬，而威廉斯對這些有真情的話亦很嘉許。此外，他因為自己沒有膚色歧視，沒有種族仇視而洋洋自得。有一天午後他應邀光臨達·索薩太太的家，在陽台上喝柑桂酒。猶記得那天喬安娜在一張吊床上搖曳著，她連那時候也不是整整齊齊的，他記得，這是他在那次拜訪中唯一所得的印象。在那些光彩的日子裡他沒有閒暇談戀愛，連興起遐思綺念的時間都沒有，但逐漸卻養成了天天去造訪小屋的習慣。在那兒達·索薩太太總是迎接他，尖著嗓門喚喬安娜出來招待這位從胡迪公司來的客人。然後就是那牧師突如其來的探訪了。他還記得那人扁平的黃臉，細瘦的雙腿，勸解的笑容，閃閃發光的黑眼睛以及調停糾紛的態度。他那隱隱約約的暗示，當時使他茫無頭緒；還記得他對那人的要求多麼疑惑，又多麼不客氣的把他攆走。然後他清清楚楚的回憶起有個早上，他又碰見那傢伙從胡迪的辦公室出來，看來格格不入的，使他覺得很可笑。至於那天早上跟胡迪在一起！他難道會忘得了？難道忘得了當時的驚異之情？他的老闆並沒有立即談公事，在翻閱桌上的公文之前，鬼鬼祟祟的笑笑，對著他若有所思的望著，他直到現在還聽得見他說話的聲音，他把鼻子埋在面前的文件堆裡，噗哧噗哧的喘著氣，說出令人驚異的話來——

「聽說……常去那兒……十分體面的女士們……跟那父親很熟……可敬……年輕人最好莫過於……成家立室……個人很高興聽到……事情有了安排……忠誠服務得到適當的承認……再好不過，再好不過的事。」

可是他那時居然相信了！多麼輕信於人！真是笨蛋！胡迪認識那父親，哼！也許其他人都曉得，所有的人，除了他自己！他曾經因為胡迪對他的生活殷殷垂注而感到多麼驕傲！胡迪邀他同赴鄉居小住，在那兒可以會晤要人——身居公職的要人，與他們平起平坐，如同友儕，他當時是多麼得意！文克曾經妒忌得眼紅。喔！不錯，他相信最好的一切，把那女孩子當作幸運的贈禮娶過來。他那時如何對胡迪吹噓說自己沒有偏見，那老混蛋一定在暗地裡竊笑這心腹職員是多麼愚鈍，他娶了那女孩子，一點也不疑心什麼，他怎麼會疑心呢？大家都知道她從前有一個什麼樣的父親的。大家認識他，談論他，一個瘦長個子，出身血統不純，可是此外，表面上看來沒什麼差錯的人，那些窮親戚是事後走出來的，但是由於他沒有偏見，也就毫不介懷。因為正由於他們卑躬屈膝的依賴他，方才成全了他在人生路途上的凱旋。誆騙了！誆騙了！胡迪為這群要飯的找到了一個好出處，他把自己年輕時幹了荒唐事揹下的包袱，轉嫁到他心腹的肩上；他為老闆賣命，老闆卻欺騙了他，把他的自身也給偷走了。他結了婚，於是屬於那個女人，不論她會做出什麼事來。盟了誓……訂了終身！把自己胡亂便丟掉了……而那傢伙今天早上居然膽敢罵他作賊，他媽的！

「林格！放手！」他高叫著，想從那不肯稍懈的老海員身旁掙脫開來。「等我去宰了那……」

「別動！」林格喘著氣，雄赳赳的抓牢不放。「你想殺人，是不是？你發瘋啦，啊！我可逮住你了，別鬧。」

他們糾纏得很凶，林格慢慢把威廉斯逼到欄杆處，在靜夜裡，他們腳下的碼頭響得像打鼓似的。岸上，碼頭的本地看更蹲躲在一些大木箱背後觀看著這場鬥爭。第二天他平平靜靜的告訴朋友們，前一晚有兩個喝醉的白人在碼頭上打架。兩人大打出手，沒用武器，就像野獸似的，白人常是這樣打架的。不，沒人給打死，要不然就有麻煩，還得報警了。怎麼知道他們爲什麼要打架？白人打起架來是沒理由可講的。

正當林格漸感不支，深怕無力再把這年輕人的暴怒鎭壓下去時，他感到威廉斯的肌肉放鬆了，於是出盡最後力氣，利用時機把他推到欄杆上去。兩人都氣喘如牛，不能作聲，他們的臉靠得很近。

「好吧，」威廉斯終於囁嚅道，「別在這鬼欄杆上把我背脊壓斷了。我不鬧了。」

「現在你講道理了。」林格放心不少的說。「你剛才是怎麼大發脾氣起來的？」他問道，一面把威廉斯帶回碼頭的另一端，一面仍然謹慎的用一隻手扶著他，另一隻手摸出哨子，吹了又尖又長的一聲。平靜海面的那邊，從泊船處一艘停泊的船上傳來一聲微弱的應聲。

「我的船馬上就到。」林格說道，「想想看你打算做什麼。我今天晚上出海。」

「除了一樣事之外，我還能做什麼？」威廉斯悶悶不樂的說道。

「你聽我說，」林格說，「你小時候我把你帶大，我覺得自己多少要對你盡點責任。很多年前你就自立做人了——可是……」

他停下來聆聽，等到聽見來船槳架上槳支有規律的划動聲，才繼續說下去。

「我跟胡迪把一切弄妥了，你現在不欠他什麼了。回到你妻子身邊去吧，她是個好女人，回到她身邊去吧。」

「哎呀！林格船長，」威廉斯叫道，「她……」

「真是叫人感動，」林格說下去，沒聽見他說。「我去你家找你，看到她傷心得不得了，真叫人難過。她叫喚你，求我去找你，她說得瘋瘋癲癲的，可憐的女人！好像什麼都是她的錯似的。」

威廉斯聽得呆了。這個瞎眼的老糊塗！他誤解得多麼離奇！但是假如他所說的是真的，就算是真的，一想起要跟她見面也使他打從心底裡深惡痛絕。他沒有不守婚誓，但不要回到她身邊去。讓她去承受分離的罪過，承受破壞神聖婚約的罪過。他自覺內心純潔無比，他不會回到她身邊去，讓她回到他身邊來吧！他泰然相信自己永遠不會再見她，而這都是由於她的過失。在這信念中，他莊嚴的告訴自己，假如她回到身邊來，他就慷慨大方的原諒她，因爲這是他堅守原則的可敬之處。可是他猶疑不決，不知道要不要對林格透露使他飽受屈辱的惡心事，趕出家門——而且是被他老婆趕出來！昨天，那女人在他跟前還連氣都不敢透的呢！他疑惑不定，保持緘默。不行，他沒勇氣道出這樁丟人的事。

船上的小舟突然在近碼頭處黑色的水面上出現，林格打破了叫人難受的沉默。

「我時常都在想。」他很傷感的說，「威廉斯，我時常想你真有點沒心肝。你往往會拋棄那些最關懷你的人。我請你講良心，別拋棄那個女人。」

「我沒拋棄那個女人，」威廉斯急忙回答道，帶著自覺的誠意。「我爲什麼要這樣做？你的看法很對，她一向對我很好。她是個好妻子，文文靜靜、順順從從，也很可愛，我愛她正如她愛我一般多，分毫不差。可是若說到現在回去，回到那地方去……再回頭走到那些人當中，那些人昨天還隨時願在我面前爬的，今天卻要我去忍受他們的憐憫，他們自得的笑容，不行！我辦不到！我寧願葬身海底去躲開他們。」他繼續下去，斬釘截鐵的說。「我看，林格船長，」他又較爲平靜的加上一句，「我看你還不明白我在那兒的處境是怎樣的。」

他用手橫橫一掃，把沉睡中的海岸自北至南全都比畫進去了，就像對它做了個高傲而帶威脅性的訣別。一時裡，他忘了自己的沒落，只記得自己輝煌的成就。在那群沉睡在黑黝黝屋子裡，跟他身分地位及職業相仿的人群當中，他確實是首屈一指，出人頭地的。

「真麻煩，」林格沉思著喃喃說道，「不過這是誰的錯呢？是誰的錯呢？」

「林格船長！」威廉斯叫道，突然靈機一動。「你要是把我留在這碼頭上——那就等於謀殺。我一定不會活著回到那地方去，管他老婆不老婆的。你還不如馬上在我脖子上抹一刀吧！」

老海員吃了一驚。「威廉斯，別來嚇唬我。」他正色說道，然後頓了頓。在威廉斯那厚臉皮的哀鳴之上，他很不自在的聽到自己那可笑的良知在低語。他帶著猶疑不決的態度沉思片刻。

「我大可以叫你滾蛋，去跳海！去見鬼去！」他說，一面想裝一副殘忍的模樣又裝不出。「但是我不會這麼做，我們對彼此有責任——真倒楣！我簡直有點慚愧，不過我明白你那臭架子，我明白！真他……」

他深深嘆了口氣就住了嘴，急步走向梯階。梯階下泊著他的船，隨著輕微隱約的波浪微微起伏著。

「下面！船上有燈沒有？好，點好燈拿上來，誰都行，快點！快點！」

他從記事冊上撕下一頁紙，使勁沾濕了鉛筆，不耐煩地跺著腳等候著。

「我要弄好這件事的，」他在自言自語。「我會把它弄得妥妥當當，像模像樣；走著瞧吧，看我弄不弄得好。你們到底拿不拿燈上來，不中用的瘸腳龜兒子，我在等著哪！」

紙上燈光一閃，使他的火氣平靜下來，他振筆疾書，最後簽名時大筆一揮，使紙張一角捲了起來。

「把這個送到這位白老爺的家裡去，我半個鐘頭後叫船回來接你。」

舵手故意提起燈照著威廉斯的臉。

「這位老爺？哎！我認識。」

「那就快點！」林格說著把燈拿過來——這個人就拔腳跑開了。

「Kassi mem（交給太太）！直接交給太太，」林格在他背後叫道。

等那人消失蹤影之後，他轉過來向著威廉斯。

「我給你太太捎了信。你要是不打算回來定居，你就別回家了又走，你得堂堂正正的回來。我可不要那可憐的女人受罪，我會安排好不讓你們長期分離的，信任我吧。」

威廉斯打了個哆嗦，然後在黑暗中笑了。

「這個可不用擔心，」他打謎語似的喃喃說道。「我完全信任你，林格船長，」他提高聲音加了一句。

林格率先走下梯階，搖晃著燈扭過頭來說：

「威廉斯，我這是第二次來收容你，記住下不爲例了。第二次！現在跟從前唯一不同的只是從前是赤腳的，現在卻穿了鞋子。十四年了，人又這麼聰明！成績很糟，成績糟透了。」

他在梯階最下一級站了一會兒，燈光射在划尾槳的人向上仰著的臉上，槳手使船緊靠著岸，待船長上船。

「你看，」他滔滔雄辯的說下去，一邊把玩著燈的上端。「你在那些碼頭上的小錄事堆裡廝混得不三不四的，那就無論如何也脫不了身了。你向來所說的這種話，所過的這種日子，就該得到這麼個下場。一個人看了這麼多欺盜瞞騙的事，就對自己也撒起謊來了。呸！」他不屑地說，「只有一個地方適合誠實的人，那就是大海，小伙子，大海！可是你從來都不願去，總認爲海上掙的錢不夠，可是到了現在呢？你瞧！」

他吹熄了燈，踏上小艇，一面很快地向威廉斯伸出手，顯得友善而關懷。威廉斯靜靜地坐在他身旁。小艇盪開，沿著一個大圈向雙桅船划去。

「林格船長，你只同情我太太，」威廉斯快快地說道：「你以爲我很開心嗎？」

「不是！不是！」林格衷心地說，「我再也不吭氣了。我總得把心裡想的說一遍；我可以說是瞧著你長大的啦。從現在起，我把這些都忘掉。不過你還年輕。將來的日子還長著呢，」他繼續道，不知不覺有點傷感起來，「這次就當作一個教訓吧！」

他愛憐地把手放在威廉斯的肩頭上，兩人都坐著不作一聲，直坐到小艇划近了大船的梯子。

上了船，林格給大副下了命令，就帶著威廉斯到船尾，坐在一尊六磅重銅砲的末端，他的船就是用這種砲來裝備的。小艇又划回去接那傳訊的人，一俟小艇轉回程，大船的船桅上就出現了黑幢幢的影子；然後重重摺疊的船帆就嗖嗖作響的垂下，在清朗死寂、露水沾潤的夜裡，無聲無息地懸在帆桁之下。船的前端響起絞盤的聲音，接著就聽到大副對林格報告道：錨鏈已經拉起了。

「暫時別動。」林格應道：「等有了陸風再解纜。」

他走近威廉斯，威廉斯坐在天窗下，傴僂著身子，低著頭，兩隻手在雙膝間懶洋洋的垂著。

「我要帶你去森巴鎮，」他說，「你從來沒聽說過這個地方，是吧？哪！這地方在我那條河的上游，就是那條大家議論紛紛卻一無所知的河，我在河上找到個入口，像『閃電號』這樣大的船也可以駛得進，這可是不簡單的哪！你會看到的，我會指給你看，你在海上待過這麼些時日，對這個總會想看看……可惜你沒繼續航海。嗯，我要上那兒去，我在那兒有自己的交易場。奧邁耶跟我合夥，他在胡迪公司做事時你是認得他的。喔！他住在那兒稱王稱帝，快活得很，你瞧！他們都在我手裡，族長是我的老朋友。我的話就是法律——只有我一個商家。在那鎮上除了奧邁耶之外，從來沒有別的白人，你在那兒日子會過得安安靜靜的，等我下次西行回來。我們到時候再看看有什麼可以替你搞的，不用怕。我很放心，你不會洩漏我的祕密，等你再跟別人做生意的時候，可別提起我那條河，有很多人伸長耳朵要打聽這件事。我告訴你吧，這就是我收那些樹膠藤器的地方，簡直是取之不盡，小伙子。」

林格說話時，威廉斯很快的抬頭一望，但馬上又垂首胸前，心灰意懶的確信他與胡迪以前極亟欲知曉的內情，現在得悉，已經爲時太晚了。他無精打采的坐在那兒。

「你要是想幹，可以幫奧邁耶做做生意，」林格繼續說道，「消磨消磨時間，等到我回來找你。只不過六個星期左右。」

他們頭上，潮濕的帆在第一陣微風中吹得噗噗作響。接著，空氣清新起來，雙桅船迎著風，扯好不再作響的風帆向後就位。大副在後甲板的陰影裡，用低沉清晰的聲音說道：

「起風了，林格船長，您要向那一邊行駛？」

林格的眼睛本來注視著桅桿高處，望下來看著那人坐在天窗上垂頭喪氣的身影，好像猶疑了片刻。

「向北，向北，」他不耐煩地回答，彷彿爲他自己飄忽不定的念頭所擾。

「快去動動手，在這一帶每一絲風都是錢哪！」

林格不動，聽著船上的噪聲以及拖起索繩時鐵索的吱叫聲。船上又張起帆，弄妥了錨索。他靜靜站著，出了神，直到一個赤足的海員躡手躡足的從他身旁溜過向舵輪走去時，才清醒過來。

「轉舵向左舷！左滿舵！」他用水手特有的粗獷聲音向那人說道，那人的臉突然從黑暗裡冒到光圈中，光是從羅盤針燈向上照射來的。

錨收好，帆隨風調整好，船開始從停泊處出航。尖銳的船頭破浪處衝醒了大海，大海開始用溫柔、撫慰的低語向前進中的船隻悄悄輕訴起來，大海有時就是這樣跟它所撫育所愛憐的對象說話的。林格站在船尾欄杆處傾聽著，一直開懷微笑，直笑到「閃電號」駛近停泊處僅有的另一艘船邊。

「威廉斯，過來，」他說著把他喚到自己身旁，「你看見那艘船嗎？這是艘阿拉伯船。白人大都已經放手了，可是這傢伙一直追蹤著我，巴望著在那鎮上把我幹掉。我相信，在我有生之日，他就辦不到。是我把那個鎮弄好的，我替他們排難解紛，眼看著他們一天天發達。那地方的日子過得平平安安，快快活活。說不定那一天有條懶洋洋的兵艦瞎闖進去了，可是那個在巴達維亞的荷蘭總督可不會比我管得更好。那些阿拉伯人，滿嘴大話，滿肚子詭計，我怎麼樣也不讓他們進去。就算要我傾家蕩產，我也不放這些蛇鼠進去。」

「閃電號」靠著那艘船靜靜馳過，正當要越過的時候，一個白色的身影在那阿拉伯船的船尾甲板上出現，有個聲音喊道：

「海大王您好！」

「您好！」林格意外地猶豫片刻回禮道。然後轉向威廉斯冷笑。「那是阿都拉的聲音，」他說。「突然禮儀周到起來，可不是嗎？我想不通這是什麼意思。就像他的狗膽一般。管他的！他有禮沒禮也罷，對我都一樣。我知道這傢伙會啓航，像子彈那麼快，追蹤我，我才不在乎呢！在這一帶的船艇，全都追我不上的。」他加上這一句，眼露自得的神色，愛憐地向全船掃視一番，然後珍惜地注目在高聳優美的桅桁上。

5

「那是寫在他額頭上的③，」巴巴拉蚩說道。他蹲在一堆小小的篝火旁，加添了兩支小木柴，看也沒看火堆另一邊的拉坎巴。拉坎巴用手肘撐著躺在地上。「他出世的時候已經命裡注定將來要在黑暗中了結一生的了。他現在就像個在黑夜裡走路的人——睜開著眼，卻什麼也看不見。當年他奴婢無數、妻妾成群、生意興旺，還有用來做生意的快船和打仗的快船。我那時跟他很熟，哎呀！在上蒼沒有將他眼中的光吹熄之時，他原是個了不起的鬥士。還是個虔誠的信徒，有很多美德：他既敢打仗，又慷慨豪爽，是個了不起的大盜。有好多年他率領了海上飲血的好漢，不論禱告戰鬥，都身先士卒。他臉朝西方聖城時，我不是隨侍身後麼？高桅的船隻在靜靜的海上烈焰沖天時，我不是在他左右觀看嗎？他的劍比天上的閃電還快，看都沒看見就已劈下來了。唉！老爺！這都是以前的好日子。他可真是個領袖人物，我自己那時候也年輕。在那些日子裡，還沒有這麼多火砲齊備的船隻從老遠來殺人。漫山遍野的，喔！拉坎巴老爺，他們在我們藏匿快艇的山間狹道中拋下斷斷作響的火球，他們不敢在那裡追蹤手上有武器的人。」

③命中注定的意思。

他感傷惋惜地搖搖頭，又抓了一把燃料丟進火裡，新冒起的火照亮了他那寬闊、黑黝、滿是痘疤的臉，大大的嘴唇，沾上了檳榔汁，看來活像一個深陷的傷痕在滴血。火光反照在他的獨眼中，閃閃發光，剎那間使眼睛虎虎有神起來，但短暫的火光一滅，就什麼都完結了，他用雙手快快的把餘燼扒成一堆，然後抹去腰間圍布上猶有餘溫的灰燼——他身上只穿著這個。他交叉著手指抱住纖細的雙腿，下巴靠在聳起的膝蓋上。拉坎巴微微動了一下，可是並沒有挪動身體，也不把視線從燃燒的炭火移開。他的眼睛一直如夢如幻的凝視著灰火。

「不錯，」巴巴拉蚩繼續用低沉單調的聲音說道。好像在口述腦裡追尋的連串思潮，這思潮由靜靜冥想人間榮辱的變幻不定而引起。「不錯，他以前又有財又有勢，現在卻要靠人賑濟過日子，又老又弱，還瞎了眼睛，除了女兒之外，又沒人作伴。巴塔魯魯族長給他米，那個臉色蒼白的女人——他女兒啦——就替他煮飯，因爲他沒有婢女。」

「我從遠處看見過她，」拉坎巴侮蔑地咕噥著：「長了白牙的母狗，像個白種女人。」

「對，對，」巴巴拉蚩附和道，「可是你還沒在近處看過她。她母親是個西方來的女人，一個戴了面紗的巴格達女人。現在她不戴面紗了，就像我們的女人一般，因爲她窮，他瞎，也沒人走近他們，除非是去求個符咒或祝福的，可也都急急忙忙走開，因爲怕老人生氣，怕族長打人。你沒去過河那邊吧？」

「好久沒去了。我要是去……」

「不錯，不錯，」巴巴拉蚩撫慰有加的打斷話頭，「可是我時常一個人去——爲了你著想——去看看——去聽聽。時間一到，我們一旦向族長的院落進發，那就是長驅直入，而且留下不走了。」

拉坎巴坐直了身子，鬱悶地望著巴巴拉蚩。

「這話說來不錯，一次兩次，可是聽得太多就變成蠢話了，就像小孩子嚼舌頭似的無聊。」

「不知多少次了，我看過烏雲蔽天，聽過風雨交加。」巴巴拉蚩說，想要令人感動。

「可是你的智慧在那裡呢？一定是跟著過去的風雲消逝了，因爲你的話裡沒有呀！」

「真是忘恩負義的話！」巴巴拉蚩突然氣憤填膺的叫起來。「的的確確，想要平安，除非是跟唯一的、至高無上的、救贖一切的……」

「別鬧嘛！別鬧嘛！」吃驚的拉坎巴咆哮著說。「我又不是惡意。」

巴巴拉蚩安靜下來，恢復先前的態度，對自己嘰嘰咕咕。過了一會兒，他提高了嗓門說下去——

「自從海大王又把一個白人放置到森巴鎮來之後，瞎子奧馬的女兒除了我，又對別人說話了。」

「一個白人會聽一個乞丐的女兒說話？」拉坎巴很懷疑的問。

「會呀！我看見……」

「你又看見了什麼呀？獨眼龍！」拉坎巴不屑地叫道。

「我看見那個陌生白人一大早在小路上走，露水還沒有曬乾，在早飯的炊煙裡，他低聲跟那個大眼睛蒼白皮膚的女人說話。身子是女人、膽子可是男的！什麼都不怕，也不害羞。我也聽見她說話。」

他饒有深意的對拉坎巴點了兩次頭，然後沉思默想起來。獨眼一動也不動地凝望著對岸筆直的森林。拉坎巴靜靜躺著，茫茫然的瞪著眼睛。在他們下面，林格私有的河道在木柱間輕輕泛著漣漪，這些柱子是用來支撐那所看守小屋的竹平台的。他們就躺在這間小屋前面，小屋後面的地逐漸凸起，形成小丘，上面不長大樹，蔓草叢生，矮樹滿覆，由於旱季長期乾涸，現在已經枯萎頹死了。這一塊稻米墾地，已經多年休耕，三面都受未經開發的森林包圍，糾纏濃密，不可穿越。第四面向下伸展到泥濘的河岸，河裡岸上都沒有一絲風，但在高高的天上、澄澈透明之處，片片微雲掠過月亮，使月亮忽而銀色閃耀，華光照人；忽而遮面不見，烏黑一片。遠處在河面上，不時有魚兒躍起，魚兒躍水的響聲更顯出無邊的沉寂，尖脆的聲響一下子就給吞噬了。

拉坎巴不舒服的打起睏來，可是清醒的巴巴拉崮卻在那兒沉思，不時唉聲嘆氣，不停在他赤了膊的身上劈劈拍拍打著，妄想趕走飛來飛去、偶爾來叮一口的蚊子。蚊子從河邊沼澤處飛到高高的平台上來，常會在未及防備的受害者身上，猝然叮上勝利的一口。月亮循著自己沉靜費力的途徑，攀到了頂峰，追趕著拉坎巴臉上那屋簷的影子，看來好像就停駐在他們頭上似的。巴巴拉蚩再次把火撥亮，喚醒同伴，拉坎巴呵欠連連的坐起身來，渾身不自在的打著寒噤。

巴巴拉蚩又說起話來，聲音就像流過石頭的潺潺澗水：低沉、單調而持續不斷。流水磨損的力量無可抗拒，連最堅硬的阻礙物亦能摧毀。拉坎巴聽著，不作一聲但深感興趣。他們是馬來的冒險家，當時當地的野心家，族裡的波希米亞人④。在早期拓荒的日子，在統治者巴塔魯魯尚未與科提的蘇丹脫離關係之前，拉坎巴帶著兩艘商船來到河上。他發現在各種族的移民中間已經略有組織，共同認可老巴塔魯魯寬容的治道，就不禁大失所望。但他不懂得掩飾這失望之情。他自稱來自東方，當地沒有白人統治，是個受壓迫的民族，但自己出生於貴冑之家。事實上，他也的確擁有一個放逐王子的全部特徵：不滿現實、不知好歹、情緒不寧、滿懷嫉妒、又詭計多端；嘴裡都是大話，卻永不兌現。他很固執，但他的意念都是出於一時衝動，從未堅定得足以使他完成野心。巴塔魯魯疑心很重，對他十分冷淡，他卻不管獲不獲得批准，堅持在距離森巴鎮約十四哩的河流下游處一個良好的地段上，墾地建屋，外面築上高高的柵欄。由於他隨從眾多，一副無所顧忌的樣子，老族長認爲目前不可輕舉妄動，去用武力干涉他。一旦安頓下來，他就開始圖謀不軌了。巴塔魯魯與科堤蘇丹之間的爭執就是他從中挑撥出來的，但是結

④ 流浪人。

果並不如他所願，因爲蘇丹鞭長莫及，無法在老遠有力支持他。這樁陰謀既不如意，他立即策動南西里伯島地區的居民暴動，把老族長圍困在他的圍柵中，聲勢浩蕩，也頗有成功的機會；可是就在那時，林格駕著他那武裝雙桅船出現了。這個老海員毛茸茸的食指，在他臉前帶有威脅性地一晃，就把他軍事上的熱心澆冷了。沒人敢跟海大王抗衡，拉坎巴於是也暫時銷聲匿跡，退而以半農半商維生，在他那戒備森嚴的屋子裡醞釀他的怒氣與野心，以便有朝一日來善加發揮。他執著自己王孫的身分，不肯承認憲定的權威。族長的信差前來徵收耕地的稅收時，他也惡言相向，說是族長最好親自來收。由於林格的建議，族長任由他蠢蠢欲動，未加鎮壓，所以長久以來，他生活在妻妾僕從堆裡，不受打擾，不斷毫無根由的夢想著鴻鵠將至。這種夢正是世界各地被逐王侯的特權。

但是日復一日，仍然沒有起色，希望越來越渺茫，炙熱的野心也逐漸冷卻，只留下微弱將熄的星星之火，閃爍在一堆微溫的餘燼中，怠惰默從，聽天由命，直至巴巴拉峇來到，才又重新煽燃起熊熊烈火。巴巴拉峇爲了替他那聲名狼藉的腦袋找尋一個安全的避難所，恰好闖入這河一帶。他是海上的流浪漢，如假包換的「海上人」——在得意的日子裡，以搶劫掠奪海岸及船隻爲生；在困窘的日子裡，卻以平實勤懇的勞力換取生活。所以他雖然不時率領蘇祿海盜，卻也擔任過公營船隻的掌帆長之職，曾經遠涉重洋，見識過孟買的繁華以及馬斯卡底蘇丹的權威，甚至也曾擠在虔誠的朝香客堆裡，搶前去求取親吻聖城⑤聖石的權利。他在世界各地擷取經驗與智慧，而自從跟隨奧馬之後，雖然看不懂先知的真言，卻裝成十分虔誠的模樣（合乎朝香客的身分）。他驍勇過人，嗜殺成性，毫無愛心。他痛恨白人，白人干涉過他那些謀殺、綁票、販賣奴隸，以及縱火的勾當，而這些事正是一個海上好漢的本行。他在頭目跟前很得寵，頭目是無畏的奧馬，婆羅洲海盜的首領。在他們掠劫生涯的黃金時代，他曾經忠心耿耿的追隨了奧馬許多年；然後，當長時期的謀殺、搶劫與暴力生涯第一次在白人手裡慘遭挫折時，他忠心不二的追隨在首領左右，目不轉睛地望著砲彈橫飛。山寨付諸一炬，夥伴傷亡枕藉，女人的尖叫，孩子的嚎哭，凡是快樂、榮耀地過活不可或缺的一切，盡都毀於一旦，但卻未能令他喪膽。房舍間的空地上，血流遍地，滑不可行；泥濘溪澗黑茸茸的紅樹叢中，垂死者的悲嘆聲，隨處可聞。這些人還沒有看到敵人便已經給擊倒了。他們無依無助地死了，因爲在密密叢林中沒有逃生之處，而他們的快艇，他們一度用來洗劫沿海居民及水上船隻的快艇，如今擠塞在狹窄的山溪裡，燒毀在熊熊的烈火中。巴巴拉嵩眼看大難臨頭，費盡一切力氣去搶救，就算救出其中一個也好。他總算及時成功。最後正當儲藏的火藥桶爆炸時，他尋到他的頭目，發現他半死不活，而且眼睛全瞎，身旁一個人也沒有，只有他的女兒愛伊莎——兒子無愧爲男兒，在當天早上已經英勇殉難。在這心志堅定的

⑤回教聖城麥加。

女孩協助下，巴巴拉蚩帶著奧馬登上一艘輕舟，逃出了生天，但是只帶了寥寥可數的夥伴。他們把小舟曳進又黑又靜的溪道時，可以聽到兵艦上的水手乘小艇攻打海盜村落的呼叫聲。愛伊莎坐在高高的後甲板上，膝上枕著她父親燻黑流血的頭，無所懼畏的眼睛抬起來望著巴巴拉蚩。「他們在那兒只會見到煙、血、死人、怕得發瘋的女人，再沒有其他活著的東西。」她很傷心的說。巴巴拉蚩用右手緊按著肩上的深傷，哀戚地答道：「他們很強，我們跟他們打只有死路一條。不過，」他恫喝地加上一句：「我們還有些人活著，還有些人活著！」

有過很短一陣子他夢想報仇，但是自從蘇祿的蘇丹對他冷淡相待之後，這夢想已經煙消雲散了。他們先去蘇丹那兒請求庇護，但是他對他們既蔑視又薄待。奧馬在愛伊莎的照料下逐漸復元時，巴巴拉蚩則在高抬貴手庇護他們的貴人面前，曲意奉承。儘管如此，巴巴拉蚩在蘇丹耳旁進言，提出有關大舉掃蕩自干那底至阿契恩各島、從中謀利的計畫時，蘇丹大爲震怒。「我看穿你們，你們這些從西邊來的傢伙。」他怒喝道：「在統治者的耳中，你的話是有毒的。專門搧風點火，引人謀殺掠劫，可是你們作了孽卻報應在我們頭上。給我滾！」

再沒有什麼作爲了，時移勢易，一切變動得這麼多。因此當一艘西班牙戰艦在島前出現，向蘇丹提出要求，要他交出奧馬等一干人時，巴巴拉蚩得知他們快要成爲政治上權宜之計的犧牲品，也毫不感到意外。但是從知悉危險到束手成擒之間，還有一段距離，於是就開始了奧馬的二度逃亡。這一次一開始就武器在手，因爲這一小撮人必須趁夜晚在沙灘上搏鬥，以便奪取小舟，後來沒有給打死的便乘坐小舟逃了生。他們逃亡的故事時至今日，仍然活在勇敢的人心目中，他們對於巴巴拉蚩以及那堅強女子帶著盲眼父親在北方戰艦的砲火下乘風破浪的事蹟，津津樂道。這個做海盜而且子嗣已絕的伊尼阿斯⑥，他的夥伴如今都已逝去，但他們的魂魄夜裡遊蕩在海洋島嶼之間，鬼模鬼樣的，流連在武夫圍坐的篝火旁。無畏戰士喪命沙場後的靈魂是應當在這裡駐腳的。在此地，他們可能會聽到有關自己當年的事蹟——他們如何英勇，如何受難與死亡，轉述在活人的口中。那故事在各處流傳，在族長府第微風吹拂的涼蓆上，麻木不仁的政客說到這故事時總表現得冷淡蔑視；但是在庭院中擁擠的武裝人群中，這故事卻能使嗡嗡的低語聲及足鐲的叮噹聲靜止，檳榔盤碟的傳遞停頓，全神貫注的目光滯留。他們談到那場戰鬥，那個驍勇的女人，那個睿智的謀士；談到駕著有裂罅的扁舟，在海上抵受乾渴的長期磨難；談到那些喪生的人——許多人喪了生。只有幾個逃了命——就是那頭目，那女人，還有一個日後飛黃騰達的人。

巴巴拉蚩初抵森巴鎮時樸實無華，並沒表現出什麼顯貴的跡象。他跟奧馬及愛伊莎

⑥ 伊尼阿斯（Aeneas）是特洛伊城的貴族，希臘聯軍破城，他攜家逃亡，成爲羅馬始祖，故事見維吉爾（Vergil）的史詩。此處喻奧馬，但奧馬是海盜而不是王子，而且沒有子嗣，不能開族。

一起坐了一艘滿載綠色椰子的小艇來到，並且自稱船與貨品都是屬於他的。至於巴巴拉蚩最初坐了小獨木舟逃命，最後結束亡命旅程時，居然弄到一艘船滿載價值不菲的貨品，其間的轉折到底如何，確是一個海上之謎，無論如何打探，也問不出個究竟來。事實上也沒人查根究柢，有謠傳說有艘屬於米那都的商船失了蹤，但是謠傳始終含混不清，神祕莫測。巴巴拉蚩說了個故事，可是不獲信於巴塔魯魯，這足證族長對世事有見識。在族長表示懷疑時，巴巴拉蚩用一種平靜抗議的語調問道，依他看，以兩個老邁的人——兩人合共只有一隻眼睛，加上一個年輕女子，是否可能用武力來攫取任何物資？先知也曾勸人以慈悲爲懷，世上大有善長仁翁，對於值得救濟的人是願意施以援手的。巴塔魯魯懷疑的搖搖他耆老的頭，於是巴巴拉蚩就以受驚的態度退出，轉而尋求拉坎巴的保護。快艇之上僅有隨員兩名，跟著他投入那大亨的門下。瞎眼奧馬跟愛伊莎留下來受族長的照顧，而族長沒收了他們的貨品。那艘快艇停放在河岸的泥地上，在斑苔河兩條支流的交會處，日曬雨淋，發霉彎翹，裂成碎片，終於逐漸消失在民戶的炊煙裡。只有一兩塊遭人遺忘的厚板或支條，長久以來，一直給人忽略了，插在閃亮的軟泥中，經年累月的，提醒巴巴拉蚩說，他在當地是個異鄉人。

除此之外，他在拉坎巴的地盤裡過得賓至如歸。他的特殊地位及勢力甚至在婦人群中，也很快得到認可與尊崇。他具有一個道地流浪漢的能耐，能將就四周，適應暫時的處境。由於他能夠憑經驗得知早期的原則不值一錢（一個真正的政治家必須如此），因此，足以與任何時代的一流政治家相提並論而無愧。此外，他意志堅定，又有足夠的說服力來完全左右拉坎巴優柔寡斷的心意。拉坎巴除了滿腔怨忿不滿之外，凡事都猶疑不決。巴巴拉蚩維繫這個可憐放逐者的怨忿不滿，重燃他將熄的野心，並且穩定緩和他那不違常情、希望爬高發達的焦躁情緒。巴巴拉蚩是個慣用暴力的人，現在卻反對用武，因爲他對困難的處境了解得一清二楚。基於同一原因，他這個痛恨白人的人，多少亦認可受荷蘭人保護的權宜方便之處。但是凡事不可操之過急；不論他的主子拉坎巴怎麼想，他始終認爲去毒死老巴塔魯魯並沒有什麼用處。這件事當然做得到，但是毒死了又怎麼樣？只要林格的勢力依然壓倒一切，只要林格的代理人奧邁耶仍在區內商界唯我獨尊，拉坎巴就算辦得到，也不值得去奪取這個新興地區的統治權。至於把奧邁耶及林格殺掉，既然如此困難及冒險，這種不切實際的事還是免了罷！目前所需要的是聯盟，需要有人起來抗衡白人的勢力——而這個人，一方面須對拉坎巴有利，另一方面也得與荷蘭統治者保持良好關係。最好是個有錢有勢的商家，這樣一個人一旦在森巴鎮打下基礎，就會幫助他們驅逐老族長，把他勢力除去，或在必要時把他老命除掉。然後，爲了認可他們的功績，也爲了確保他們永遠得到安全的庇護，就得去向白人申請一面旗了。在巴達維亞，一個忠誠有錢的商家的話在統治者面前會有點分量，首要之務就是去找這樣一個盟友，再誘說他在森巴鎮安頓下來。一個白種商家可不成；白人不會跟他們意見相投，白人是靠不住的。他們需要的該是個既有錢財、又肆無忌憚的人，隨從無數，又在各島上鼎鼎大名。這樣一個人也許可在阿拉伯商家中找得到。巴巴拉蚩說，由於林格小心維護，所有商家都不得涉足斑苔河，有些人害怕，有些人不知如何到達該地，也有人完全漠視森巴鎮的存在；更有許多人認為，不值得為了在一個較為陌生的殖民區上做沒有把握的生意，而去冒觸犯林格的大險。大部分人都是不符理想及不可信靠的。於是巴巴拉蚩很遺憾的提起當年認識的人：有錢、有決心、有勇氣、肆無忌憚、無所不為！可是為什麼要憶念過往，緬懷逝者呢？目前就有一個人——活著——了不起——也不離得太遠……

這就是巴巴拉蚩在他那野心勃勃的保護者面前提出的計謀，拉坎巴贊同了，唯一反對之處是這個計謀實行起來太花時間。由於急欲奪權斂財，這個不聰明的放逐者，隨時準備投入任何亡命之徒的手中，只要得到對方的協助即可。巴巴拉蚩歷經千辛萬苦才抑制他的輕舉妄動。讓人看見他們在森巴鎮的社會政治圈中，插手引進新的勢力可不行。事敗的可能性總是有的，萬一事敗，林格一定會很快來報復。不應該冒險，他們必須等待時機。

這時，他在區裡到處走動，每天沿門挨戶的在各家爐火前蹲著，打探坊間的情緒與意見——並不住提及自己即將離開。到了晚上，他會時時划了拉坎巴最小的獨木舟，靜悄悄的渡河，神神祕祕的去探討他那在河流對岸的舊主子。奧馬在巴塔魯魯的保護下，住在神聖不可侵犯的氛圍中。在原始森林與族長房舍四圍的竹籬間，有一片香蕉林，在香蕉林盡頭，豎立著兩幢小屋子，矮矮的建築在幾株珍貴的果樹下，果樹邊是一條清溪，從屋後湧起，急湍的奔流入大河。沿著小溪是一條窄窄的小徑，通過荒棄的耕地上濃密的再生植物，直達香蕉林，以及族長賜給奧馬居住的房屋。奧馬那張揚得很的虔誠心，占卦的智慧，所歷經的千辛萬苦，以及他忍受苦難的剛毅精神，都令族長大受感動。在炎熱的午後，森巴鎮的老統治者往往會非正式的造訪這個盲眼的阿拉伯人，神情肅穆的聆聽他的話語。到了晚上，巴巴拉蚩會前來探訪，打斷奧馬的休憩，亦不受非難。愛伊莎靜靜站在一間茅屋的門口，看著這兩個老朋友，一動也不動地坐在兩間屋子中空地上的篝火旁，向著靜夜喁喁細語，隱約難辨。她聽不出他們說什麼，只是好奇的守望著這兩個形不可辨的影子。最後巴巴拉蚩站起來，攙握著她父親的手腕，帶他走回屋裡，替他整理床蓐，然後悄悄的走出來，巴巴拉蚩不知道愛伊莎那雙眼睛在盯著他瞧，時常走出來後，並不急於離去，又再在篝火旁坐下。愛伊莎肅然起敬的望著這個聰明勇敢的人——自從記憶所及，她已經慣於見到父親身旁的這個人了——看著他在靜靜的夜裡，將盡的火旁，一個人坐著出神，他的身體一動也不動，他的思想正在追溯往昔，或者是，誰知道呢？也許正在茫茫前進中摸索著一條出路？

威廉斯來臨後，巴巴拉蚩眼見白人陣營又添了助力，不禁大吃一驚。過後他改變了看法。有一天晚上，他在通往奧馬家的小徑上遇見了威廉斯，事後也只是略感意外的發現，那瞎眼的阿拉伯人對於這個新來白人在他家附近造訪的事，似乎一無所知。有一次，巴巴拉蚩在白天出其不意的來到，恍惚見到小溪對岸的叢林中有白色的外套一閃。那天在愛伊莎走來走去準備晚餐時，他若有所思的注視著她，可是過了一會兒，他在日落前匆匆辭行，拒絕了奧馬憑真神阿拉之名的邀請，不肯留下來共進晚餐。當天晚上他把拉坎巴嚇著了，宣布時機終於來臨，可以初步實施他們延宕已久的大計了。拉坎巴興奮的要他解釋清楚，巴巴拉蚩搖搖頭，然後指指來往婦人飄忽的影子，以及在院子裡坐在篝火旁的隱約的男人身影，宣稱在此地一字都不可洩漏。可是等到眾人都入睡後，巴巴拉蚩與拉坎巴靜悄悄越過熟睡的人群去到河邊，找了一艘獨木舟，偷偷摸摸的划向那塊舊稻田中荒棄的看守屋去。在這兒他們可以避開耳目，而且必要時可以解釋說他們這次出遊是爲了獵鹿，因爲如所周知，這是各類獵物出沒飲水之地。在這寧靜隔絕的祕密地點，巴巴拉蚩把他的大計解釋給聚精會神的拉坎巴聽，他的主意是利用威廉斯去摧毀林格的勢力。

「老爺，我了解這些白人，」他總結地說，「我在許多地方遇見過他們。他們時常做了慾望的奴隸，老是爲了女人就丟開自己的力量和理智。信徒的命運是唯一真神決定的，可是信仰多神的人卻命運未卜，什麼女人都可以把他們毀掉。就讓白人自己鬼打鬼吧！真神的意志要他們愚不可及。他們跟敵人講信用，可是彼此之間卻爾虞我詐，嗨！我見得多了，我見得多了。」

他在篝火前伸長身子，閉上眼睛，也不知是假寐或真睡。拉坎巴並不太信服，坐了很久，眼睛牢牢盯著火堆的餘燼。夜深了，一層薄薄的白霧從河裡升起，月亮逐漸下沉，掛在森林的樹梢頭，好像想在大地上安息，正如一個浪跡天涯的遊子，終於倦遊歸來，把他那倦睏的頭安枕在戀人的胸脯上。

6

「奧邁耶，槍借我用用，」威廉斯隔著桌子說。桌上點了一盞冒煙的燈，紅色的光照見桌上杯盤狼藉。「今天晚上月亮出來時，我想出去走走，打頭鹿。」

奧邁耶側坐在桌子旁，手肘伸在剩菜殘碟中，下巴頂著胸口，雙腿直挺挺的伸出來，兩眼牢牢的盯著草編拖鞋的鞋頭，突然笑了起來。

「你說借不借都成，別笑得那樣叫人不舒服。」威廉斯平靜的說道，頗有點不高興。

「你的話，我若相信一成，我就借，」奧邁耶回答時，說得很慢，一停一頓，好像把字一個個丟到地下似的。「可是我既不相信——要槍幹麼？你知道槍擱在那兒，拿不拿悉聽尊便。槍、鹿，嚇！獵鹿，呸！你要打的……是隻小羚羊，我的貴客！你要配備的是金踝飾、絲紗龍——我的大獵人！我敢擔保，這些東西可不容易要得到。整天都混在土人堆裡，你真幫了我不少忙！」

「奧邁耶，你不該喝這麼多酒，」威廉斯說，佯用慢吞吞的語調來掩飾怒火。「你沒有頭腦，從前在錫江時就一點也沒有，我記得的。你喝酒喝得太多了。」

「我喝我自己的，」奧邁耶反駁道，很快的抬起頭來，氣忿忿的白了威廉斯一眼。這兩個優等民族的樣品互相野蠻的對望了一會，然後就好像預先約好似的，同時擰轉了頭，又一起站了起來。奧邁耶踢掉拖鞋，擠進了吊床，吊床掛在露台上兩根木柱中間，以便在旱季少風的時候，可以納到每一絲涼風。至於威廉斯，則在桌旁猶疑不決的站了一會兒，一言不發的走下台階，穿過庭院，朝那小小的木碼頭走去。在那兒幾艘小獨木舟及一兩艘白色的大救生船在湍急的河流中，用短短的纜索拖著，擠碰在一起，正拴得牢牢的。他跳進最小的一艘獨木舟，手忙腳亂的平衡了身子，鬆開藤纜索，毫無必要的把船身狠狠一推，差點使自己倒頭栽入水中。等到再次坐穩之後，小舟已經在河裡向下游衝出約莫五十碼了。他跪在小舟的艙底，大力划著槳跟水流搏鬥。奧邁耶在他的吊床上坐起身，抓緊自己的雙足，張開嘴望著河面，後來便看到人舟合一的影子，奮力划著經過碼頭。

「我早想到你會去的，」他叫喊道，「你不拿槍啦？嗨？」他盡量提高嗓門吼著，接著又倒在吊床上，對自己乏力的笑著，直到入睡爲止。在河上，威廉斯的眼睛專注的望著前頭，一左一右的划著槳，對於隱約傳到他耳中的話不加理睬。

自從林格把威廉斯帶到森巴鎮，讓奧邁耶照顧，自己又匆匆離開以來，已經過了三個月了，這兩個白人相處得並不融洽。奧邁耶一想起從前他兩人共事胡迪公司時，高高在上的威廉斯以令人反感的態度來對待他，就大生厭恨之心。他又嫉妒林格對威廉斯眷寵有加。奧邁耶娶了個林格領養的馬來女孩，林格收養這女孩子就是他不合理智的善舉之一。由於以家庭生活來看這段婚姻並不美滿，奧邁耶一直指望能得到林格的財產，作爲他這不愉快婚姻的補償。現在這個人一出現，看來好像對林格有什麼需索的權利，便使他忐忑不安；加以老海員並不對他養女的夫婿講述威廉斯的往事，也不向他透露對這個人的未來有何打算，於是奧邁耶更不放心。既然一開始就滿腹疑慮，奧邁耶並不歡迎威廉斯插手幫他做生意，可是等到威廉斯退出之後，他又因爲彆扭成性，埋怨他漠不關心。兩人的關係由最初漠然的客氣，進爲無言的仇視，終至公開的敵對。雙方都熱切盼望林格早日回來，能結束這日甚一日、越來越難以忍受的局面。

時間拖得很慢。威廉斯天天望著日出，沮喪的思忖日落之前，在他死氣沉沉的生活中，到底會不會有什麼變化出現？他懷念過往日子裡的商業活動。那時對他似乎已經很遙遠了，無可補救的失落了，埋沒在他往昔輝煌成就的殘垣敗瓦中——離他而去，永不可追了。他鬱鬱不樂的在奧邁耶的庭院中嗟嘆，從這處漠不關心的望著向內地去的獨木舟，在林格公司的小碼頭上卸下藤或樹膠，裝上米或歐洲貨品。奧邁耶擁有的土地雖然大，威廉斯還是感到整齊的圍籬之內不夠容身之地。他在過去漫長的歲月裡，向來以爲自己對別人是不可或缺的，現在冷酷的明白自己冗贅、自己無用，又看到在這蠻荒角落唯一的白人眼中對自己冷漠的敵意，不禁感到忿忿不平，狂怒不已。再想到自己在浪費時光，跟這個脾氣暴躁性情多疑的傻子虛耗生命，更不禁咬牙切齒。在清水潺潺，林風颯颯中，他聽到對他閒散怠惰的譴責之聲。圍繞著他的一切，腳下的大地，頭上的蒼穹，萬物都在動：微微動，慢慢動，快快動。他四周的蠻族在掙扎、奮抗、戰鬥、工作，雖然不過是延長一種貧困淒苦的生涯！但是究竟他們活著！他們活著！只有他好像見棄於造化的範疇之外，絕望地止息不動，滿腔是折磨人的憤怒，不住刺痛人的悔恨！

他開始在鎮上遊蕩。日後繁榮的森巴鎮當初是在沼澤地區誕生的，早期在臭氣薰天的泥濘中度過，房舍擠在河岸，然後，好像是爲了要脫離不衛生的岸邊似的，又都沿階伸展到河裡，在河面上搭起一排擠得緊緊的竹平台，高高的用架子支撐著。架子底下的河流，迴旋喘鳴，不斷的輕輕低訴。整個鎮上只有一條通道在屋後經過，沿路是一列燻黑的圓堆，這些圓堆就是家家戶戶舉炊的地方。通道的另一邊是未經開發的處女林，直壓到路旁，好像在冒失的挑撥過路人去解決叢林深處的奧僻問題。沒有人會接受這種欺人的挑戰。或東或西只有幾處地方有人稍試墾荒，但是由於地勢低，每年河水氾濫之後，在每處留下一個逐漸變小的泥淖，炎炎白日下，南西里伯島移民從外地運來的水牛，就在泥淖裡快活的打滾。每當威廉斯走在路上的時候，懶洋洋的男人會伸躺在屋旁的蔭地裡，靜靜的充滿好奇的望著他；忙於煮食的女人會驚異而怯生生的望著他的背影；小孩子看到這個臉生得又紅又白的人出現時，則會只望他一眼，就嚇得大叫而逃。小孩子表現出來的輕視與驚懼刺激著威廉斯，使他感到莫名其妙的受辱，於是散步時就走到稍經開墾的空曠地帶去避靜，可是正當他想不讓人看見、偷偷沿著叢林潛行時，水牛卻見到他，成群受驚鳴叫，竄出陰涼的泥地，擠成一堆，狂野地瞪視著他。有一天，由於他一時不慎的突兀舉動，整群水牛踐踏到路上來，踏翻了火堆，使女人尖叫著四處奔走，留下一堆打爛的鍋缽，踏過的米飯，跌倒的孩童，以及一群憤怒的男人拿著長竿大聲吆喝著來追趕。引起這一切騷亂的無辜罪魁，滿臉羞慚的在怨怒的目光與敵對的議論中，拔腳而逃，急急忙忙跑到奧邁耶的院子裡去避難。自此之後，他再也不涉足鎮上了。

此後，威廉斯感到加諸身上的禁錮越來越難以忍受，就在奧邁耶許多艘獨木舟中挑了一艘，划過斑苔河的主流，去找尋什麼僻靜的地方，以便隱藏起他的沮喪與疲困。他划著小船沿著糾結的綠牆巡迴，靠近岸邊的靜水，棕櫚樹闊大的葉子伸展開來，輕曳著覆在他頭上，彷彿在對這遊蕩的逐客寄予輕蔑的憐憫。在河岸上，他可以見到幽徑處處，由於一心要遠離繁忙的河道，他會登岸而上，沿著窄狹曲折的小徑走，但發現小徑並不通到那兒，在荊棘叢前突然掃興的斷了路，他就會緩緩走回頭，無由的失望惆悵，滿懷淒苦。大地灼熱的氣息，林子裡的濕氣與霉腐，無情地逼使他回到河上燦爛的陽光裡。然後他就會用疲乏的雙臂重新划槳去找尋另一個入口，再受另一次蒙蔽。

他划到族長築在河邊的大院子附近時，棕櫚樹已落在身後，在棕色的河水上窸窣作響，河岸上出現的是株株大樹，高大碩壯，它們的生命堅強無比，歷久不摧，對那個人心底一縱即逝的短暫生命，毫不動容。這人痛苦的在它們的蔭影下爬著，想逃避他思想中不絕如縷的悔恨。在光滑的樹幹之間，一條清溪分為兩道支流蜿蜒流過，然後在陡險的峭壁，一躍而下，注入湍急的河水中。那兒還有一條小徑，似乎頗有些人跡。威廉斯登了岸，循著紆曲莫測的小徑往前走，不久發覺來到一處較為開曠的空地，那兒日光斑駁的從覆在頭上的枝葉隙間投射下來，照在小溪上，小溪彎彎的，就像一把明晃晃的劍，跌落在長長的、毛茸茸的草叢裡。再向前走，小徑又伸展開去，在濃密的灌木叢中再次收窄。在第一個拐彎處，威廉斯瞥見白色與其他色彩一閃，金光一掠，就像在蔭影中失落的陽光；黑影一顯，比在叢林中最深的顏色還深。他停了步，大感意外，幻覺自己聽見輕柔的腳步聲——越來越輕，終至消失。他向四周張望，溪旁的綠草在抖動，銀灰色閃耀生輝的草梢從水旁向前伸展出一條微顫的小徑，一直奔向灌木叢旁。這時候連一絲風都沒有。有人經過那兒！他出神地望著，在他眼前，草叢一陣亂抖，之後就靜下來，草又挺起來，一動也不動，在炎熱靜止的空氣中低垂著頭。

他急步向前，受著突然甦醒的好奇心驅使，進入草叢間的窄徑。在下一個拐彎處，他又瞥見在他面前有什麼彩色的東西一閃，還有女人的黑頭髮！加快了腳步，終於把所追尋的目標看清楚了。那女人提著兩竹筒滿滿的水，聽到他的腳步聲，停了步，放下竹筒，半轉過身來看。威廉斯也略停一會，然後穩穩的踏步向前，那女人挪身在旁讓他經過。他雙眼直直望著前面，可又幾乎是不自覺的把那亭亭玉立的身影瞧個仔仔細細。他走近那女人時，她把頭微向後仰，然後用健壯渾圓的手臂自自然然的撩起披散的黑髮，向前挪過肩頭，把下半部臉孔一掩。接著他在她身旁擦過，走得僵挺挺的，就像個神志恍惚的人。他聽到她急速的呼吸，也感受到從那半開半閉的雙眸投射過來的一瞥。這一瞥，把他的神智與心靈都懾住了。它嘹亮激動一如嘯聲，沉靜深入又好比靈感。他前進的衝力使他經過她身旁不停，但是一種無形的力量——驚異、好奇、慾望交集的力量，卻使他一走過就轉回身來。

她已經挽起竹筒，想繼續上路。他那突如其來的動作使她一舉步就停了下來，她又站得挺直窈窕，若有所待。由她輕盈盈站立不動的樣子看來，好像準備隨時閃開。高高在上的，是扶疏的枝葉，在晃動的綠霧那透明的閃光中交叉連結，穿過枝葉，黃色的光暈瀉落在她的頭上，滑下她黑色的髮鬈，閃閃發光，在她臉上像液體古銅般流轉生輝，逐漸熄滅在她那烏黑的明眸深處，她的雙目現在睜得大大的，放大了瞳孔，牢牢地盯住這橫在她途徑上的男人。威廉斯也盯著她瞧，爲了一種魔力而著迷；這種魔力帶來無可彌補的失落感。這感覺，開始時像輕輕愛撫，結束時像重重一擊。突然受創於嶄新的情感，這情感滲入人心深處，使沉睡中的感覺突遭驚醒，知覺到新希望、新恐懼、新慾念，也知覺到舊日的自我遠颺了。

她向前跨了一步又停下來。有一絲風從樹隙吹下，但是在威廉斯的幻覺中，這絲風好像是由她移動的身軀帶來的，它捲成炙熱的浪，圍繞著他的身體，火燙的一觸，灼焦了他的臉。他深深的吸了一口氣——這是一個戰士衝鋒陷陣之前，一個男人把心愛的女人擁入懷抱之前，最後深深吸入的一口氣；這口氣給予人勇氣去面臨死亡、面臨狂風驟雨般激情的威脅。

她是誰？她是從那裡來的？他把眼光從她身上移開，遊目四顧森林中茂密的叢樹，這些樹又大又高又直，恰似在屏息靜氣地注意著他和她。他曾經爲這熱帶生命的旺盛激越而感迷惑，而生反感，而覺受驚。這生命需要陽光，卻在黑暗中滋長；看來五光十色，多姿多采，充滿光明，充滿歡笑，實際上卻只是死亡的花朵。神祕莫測，承諾美與歡樂，但除了劇毒與霉腐，卻一無所有。以前他曾隱約感受到危險而怵然心驚，但如今，他再注視這熱帶生命時，雙目似乎可以看穿這層藤蔓樹葉的神奇面紗，穿過堅實的樹幹，透過不許窺視的幽暗面。神祕之幕揭穿了，看到了引人、誘人、美麗的一面。他望著這個女人。透過兩人間明暗倏忽的光芒，她看起來就像夢幻似的清晰可見而又不可捉摸。那神祕叢林之地的精髓站立在他面前，恍如罩在透明薄紗後的幽靈——這薄紗是用陽光與陰影交織而成的。

她又向他走近一點。他對她逐步前來感到異樣的不耐，腦海裡思潮起伏，離亂、無形而又驚人。然後，他聽到自己的聲音在問道：

「你是誰？」

「我是瞎子奧馬的女兒，」她回答道，聲音很低卻很穩定。「你呢？」她繼續說，略略響一點，「你是那白人商家——這地方的要人吶。」

「對了，」威廉斯說時，很吃力地用眼睛捕捉她的雙眼。「我是白人。」說完，他又像是在說及另一個人似的加上一句，「但是我是給自己族人逐出來的。」

她神情肅穆的聽他說，臉上雲鬢掩映，看來像一尊金色的塑像，長了一雙活溜溜的眼睛。沉重的眼簾略向下垂，從長長的睫毛中，她斜斜的睨著，目光堅定，精明而專注，就像鋼鐵般銳利。她的雙唇鎮靜的閉著，線條彎曲得很優雅，但是她那張開的鼻孔，那略微擰轉的頭向上仰著的姿態，使她整個人表現出狂野不馴、悍然無懼的神情。

威廉斯的臉色沉了下來。他把手按在唇上，像是要按住那些由於一時激動、必須衝口而出的話，這些話是一心所念的結果，從心底湧到腦裡來，在面臨疑慮、危險、恐懼與毀滅的關頭，非說出口不可。

「你好美，」他輕輕說道。

她又望著他，怏怏的瞟了一眼，從他日灼的臉龐，望到寬闊的雙眉，再望到高高挺挺、一動也不動的身軀，最後停滯在地上，望著他的雙足。接著她笑了。在她臉上那肅穆的美中，這微笑就像風雨交加中，破曉時分的第一道光線，在密布的烏雲裡，射出虛幻微弱的光，預示著日出與雷鳴。

7

在我們的生命中，時有短暫的片刻，不足以構成記憶的一部分，只留下感覺；記不起舉止動作，或生命任何外在的表徵。這些都已消失在當時不似人間的輝煌或幽暗之中了。我們全神貫注，冥想著那在我們軀體中的什麼事物，軀體繼續呼吸時或喜或憂，或出於本能而逃避，或出於本能而奮起掙扎，或甚至於死亡。但是在此時此刻，死亡是幸運兒的特權，是罕有的崇恩，至高無上的寵賜。

威廉斯記不起是什麼時候以及怎麼樣離開愛伊莎的。小舟離開森巴鎮的房舍在河流中央漂浮時，他發覺自己掬著手淘著河裡的泥水喝。隨著神智的恢復，起了無名的恐懼。有些什麼占據了他的心，既模糊不清又霸道專橫，說不上來是什麼卻非要他服從不可，他最先的衝動就是想反抗，他永遠不要再回到那裡去，永不回去！他緩緩環顧在劇烈的陽光下燦爛生輝的周遭，拿起了槳。一切都好像改頭換面了！河闊了，天高了，划著槳，小舟泛流得多麼快！從什麼時候開始，他有了兩個人甚至更多人的力氣？他上上下下打量著兩岸的叢林，曚矓中以爲只要把手一揮，就能把所有這些大樹都揮落到河裡去。他的臉上感到灼燙，又喝了些水，喝完後嘴裡泥糊糊的味道，使他有種墮落的快感。

回到奧邁耶家裡時天色已晚，但是他穿過黑黝黝高低不平的院子時，卻步履輕快的走在別人看不見的、自己內心煥發出來的光亮裡。主人家繃著臉衝著他，使他感到有什麼突然從空下墜似的一擊。他坐在奧邁耶的對面，想跟這個沉悶的夥伴開開心心的聊聊。可是吃完飯，兩人悶聲不響坐著抽煙時，他突然間感到十分沮喪，四肢乏力，就像經歷了什麼難以彌補的重大損失似的無比哀傷。陰沉的夜色進入他心中，帶來對自己、對全世界的迷惑、遲疑與莫名的憤怒。他衝動得想大聲咒罵，跟奧邁耶吵一架，幹件粗暴的事。根本沒什麼導火線，他卻想著要把這個可恨可咒的畜生揍一頓！他狠狠地瞅著奧邁耶，奧邁耶毫無知覺，只管出神地抽著煙，也許在盤算著第二天的工作吧！這傢伙的鎮靜自若對威廉斯來說，幾乎是罪無可恕的侮辱。這個白癡！今天晚上需要他開口時爲什麼偏偏悶聲不響？別的晚上他隨時都可以嘰嘰喳喳，說的都是連篇廢話！威廉斯竭力壓抑自己的無明火，煙霧騰騰中定睛望著污漬斑斑的檯布。

像平時一樣，他們很早就上床了。但是到了半夜，威廉斯感到鬱悶難當，就從吊床上一躍而起，奔下台階，跑到院子裡去。兩個當值夜班的看更正坐在一小堆篝火旁，用單調低沉的聲音聊天，在威廉斯穿過火堆投射出的光圈時，好奇地抬起頭來望著這個白人神色不寧的臉孔。他在黑暗中消失，然後又折回來，靠近他們走過，但是從他臉上看來，彷彿茫然不知有兩人存在。他來來回回地踱著步，自言自語。兩個馬來人低聲商議了一番，就悄悄離開火邊，因爲認爲留在一個行爲如此怪異的白人旁邊，實在不太安全。他們退到倉旁的角落裡，徹夜好奇地窺視著威廉斯。直至破曉之後，旭日初升，突然光照大地，於是奧邁耶的地盤又甦醒過來，開始了工作。

威廉斯一等到可以神不知鬼不覺的從忙碌的河邊溜開，就渡過河到邂逅愛伊莎的地方去了。他躺在溪畔的草叢裡，聆聽著她的腳步聲。白日燦爛的陽光穿過參差不齊的樹隙，流瀉下來，散落在巨大樹幹的蔭影裡，變得柔和起來。在一片蒼翠的背景前，隨處可見一道道狹狹的陽光，在粗糙的樹幹上潑灑金暉，在跳躍的溪水上耀眼生輝，或留駐在一片突出的樹葉上，閃閃發光，清晰可見。白色的禾雀在他頭頂上澄澈的藍色空隙飛掠而過，鳥翼在陽光中發亮，熱浪從天上經此空間傾瀉下來，緊罩在蒸熱的地上，翻滾在樹叢間，把威廉斯團團包圍在輕柔、沉鬱的空氣裡。空氣裡瀰漫著淡淡的花香，以及生命敗壞後的腐爛氣息。在自然的氛圍中，威廉斯深感慰藉，逐漸對過去渾然忘懷，對未來漠不關心了。他對過去輝煌成就的記憶，他的過錯與他的野心，都在這熱浪中銷聲匿跡；這熱浪好像把他心中一切悔恨、一切希望、一切憤怒與一切力量都融化掉了。他躺在那兒，在那暖洋洋、芳芬四溢的避難所中，想念著愛伊莎的眼睛，回憶著她的聲音，她嘴唇的翕動，她的一顰一笑。

她來了，當然來了。對她來說，他是新奇、未知而陌生的。他比她以前所見的任何男人都要高大碩壯，與她所認識的全都截然不同。他是得勝族人的一份子。她對自己悲慘的身世記憶猶新，在她看來他是個危險的龐然巨物。若能把威脅克制降服，變成玩物，的確是引人入勝的事。那些勝利者，說話的聲音就是如此低沉，望著敵人時，藍色的眼睛又確是如此銳利；但她卻使那個聲音輕輕地對她說話，那雙眼睛溫柔地瞧著她的臉龐。他是個不折不扣的男子漢！他告訴她自己的身世，她不能全然明白，但卻把所明白的一鱗半爪，拼湊起來，編成一個故事。故事中，他是自己族人裡一個非凡的人物，英勇過人，但時運不濟。一個不屈的放逐客，夢想有一天對付他的敵人，雪恥復仇。他既含糊陌生、不可預測、突如其來，又是一個強壯、危險、生氣勃勃的人，隨時準備降服為奴，因此深具吸引力。

她感到他已經甘於投降了。憑著原始女人面臨單純衝動時不會出錯的本能，她有這種感受。日復一日，在他們會晤時，她站在一旁，聆聽他的傾訴，一面凝望著他，心中感受到最近的征服帶來的莫名恐懼，越來越消隱減退、渺如夢幻；而對他的把握卻越來越明確、可信，甚至像烈日下的實物般清晰可見。深深的喜悅，極大的驕傲，觸手可及的甜意，似乎在她唇上留下蜜糖的滋味。他伸長身子躺在她腳下，不敢動彈，因為根據經驗所得，他知道在他們初期的來往中，只要自己輕輕一動，就會把她嚇跑。他靜靜的躺在那兒，在聲音中、眼神中，流露出所有的熱望，身子卻動也不動，靜得像死亡本身一般。於是他仰望著她，她站在那兒，頭部掩映在頸際闊大優美的樹葉的蔭影裡，淡綠色的蘭花細長的穗莖在葉叢裡垂下來，跟她臉旁的黑髮纏夾在一起，宛如那些植物都爭說她是屬於它們的——是那豐盛生命中燦爛綻開的花朵，這生命在幽暗中勃發，不斷掙扎著迎向陽光茁長。

每天她更走近一點。他窺察著她緩慢的進展——由於他愛的傾訴，這女人逐漸馴服下來。那是讚美與愛欲的單純頌唱，從開天闢地以來，就像大氣般把世界團團圍住，只有在一切都到盡頭時方才了結——直至再沒有嘴唇去唱，也沒有耳朵去聽時，方才不再存在。他告訴她，她很美，令人愛慕；他一次又一次的重複，因爲他這麼告訴她時，已經把心中所想的一切，傾腹相授了，把唯一的思想、唯一的感受表達出來了。日子一天天過去，他看到她臉上好奇吃驚及疑惑不信的表情逐漸消失，她的眼神柔和起來，唇上的微笑越來越久，笑得彷如陶醉於美夢裡，在初萌的柔情中，略帶著勝利醉人的洋洋意氣。

她近在身邊時，在這賦閒的男人心中，除了她的一顰一笑，世界上就什麼都沒有了。過去是空白的，將來也是空白的，而目前，只有她的存在這一煥發輝耀的事實。但是她一走就突然天日無光，只留下他羸弱無助的一個，似乎一切都給殘暴的剝奪殆盡了。他這人活了一輩子，除了事業，心無旁騖，一向瞧不起女人，對那些受女人影響、即使稍受影響的人都藐視；他這強壯有力，甚至犯的錯都高人一等的人，終於明白到他的自我已讓一個女人用手從內心攫走了。他對自己才智的信心與自傲，對成功的信念，對失敗的憤怒，對再次發達的希望，以及自己必能完成願望的把握，都到那兒去了？失去了，全都失去了。所有在他心中足以構成男子漢的品質都失去了，剩下的，只是心中的煩惱——這顆心已經變成了卑賤之物，只要一顰一笑就沾沾自喜；一字一語就受盡折磨；

一個允諾卻又得到撫慰。

渴望已久的日子終於來臨了。她在他身旁的草地上坐下，快快抓起他的手放在自己手中，他突然坐起身來，動作表情就像一個人因爲房子塌了而驚醒過來一般。他的全部血液、全部感情、全部生命都像湧入那隻手中，剩下他疲憊乏力，打著寒顫，突然感到粘冰冰，渾身癱軟，好似中了致命的槍傷。他粗暴的甩開她的手，彷佛是什麼火燙的東西一般，坐在那裡木然不動，頭向前垂，眼睛盯著地下，痛苦地喘著氣。他本能的畏懼與明顯的害怕絲毫沒有令她沮喪。她臉色凝重，雙目嚴肅地望著他。她的手指摸撫著他額旁的鬢髮，輕輕向下撫弄到面頰，溫柔地扭捲著他長鬢的鬚尾。在她愛撫下，他坐著直發抖，她卻猝不及防的跑開了，在一連串清脆的笑聲中，在碧草的波動中，在蔽覆小徑的嫩枝的輕搖中消失芳蹤，只留下動作與聲音杳不可尋的痕跡。

他慢慢的、痛苦的爬起身來，像是肩負重擔似的，朝河邊走去，胸臆中擁著滿懷畏懼與喜悅，但卻一再嚴肅的告訴自己這次奇遇必須就此結束了。他把小舟划入河中心時，抬起眼來對河邊投以長長的、堅定的一瞥，好像在對一個引人入勝、充滿追憶的地方看上最後一眼。他邁步向奧邁耶的房子走去，表情專注，步履堅定，宛如一個剛下了重大決心的人。他的臉色嚴肅持重，舉止動作緩慢而小心翼翼。他對自己嚴厲控制，毫不放鬆。他有栩栩如生的幻覺——幾乎真實得像現實一般——覺得自己在看守一個狡猾的囚犯。晚餐時他坐在奧邁耶對面——這是他們共進晚餐的最後一次——臉上不動聲色，心中卻滋長著要逃避自己的恐懼。他在突如其來的銳利絕望中，不時緊抓桌緣咬牙切齒，好像一個人跌下平滑陡急的斜坡，到了懸崖邊，手指甲掐入滑不留手的表面，感到自己無可奈何的向下滑，終於難逃一劫。

接著，突然間，他的肌肉一鬆，意志屈服了。腦袋裡似乎有什麼在啪地一斷，而這幾個鐘頭以來強捺下來的願望與慾念，帶著烈火般的熱與聲轟入腦中。他一定得見她！立刻見她！現在就去！今晚就去！他對於失去的時光，每一吋已逝的光陰都忽然遺憾，現在再沒有抗拒的念頭了。但是由於本能上對無可挽回的事物的恐懼，由於人心天生的虛僞，他要留條後路。他在晚上從不外出，奧邁耶知道了什麼嗎？他會怎麼想？最好問他借槍，月明之夜……去獵鹿……一個藉口，他會向奧邁耶撒謊，有什麼關係？他一輩子每一分鐘都在向自己撒謊。現在爲了什麼？爲了一個女人……以及如此……

奧邁耶的答覆顯出他的謊言無濟於事。凡事都瞞不過人，就算在這地方也一樣。好吧！他不在乎，除了損失了的時光他什麼都不在乎。要是他突然死去又怎麼辦？還未看到她之前死去，還未能夠……

耳中彷彿灌滿了奧邁耶的笑聲，他划著小舟斜斜越過湍急的水流，一面自言自語，說自己隨時都可以回頭。他只是去看看他們經常會晤的所在，去看看那棵他躺在下面由她握住手的大樹，去看看那她坐在他身旁的地點。只是去那裡走一趟便回頭——如此而已。但是輕舟泊岸時，他一躍而出，忘了繫好纜索，小舟給草叢絆留了一會，就沖開去，一去無蹤，他想衝入水中繫縛都來不及。最初他嚇呆了，他現在回不去了，除非喚醒族長的手下，去找艘船，找些划手來——而要去巴塔魯魯的地方，就必須經過愛伊莎的家！

像一個追尋鬼魂的人，他踏上小徑時，兩眼熱切地張望著，腳下不情不願的跨步向前。他發現自己站在路口——一條窄窄的小徑向左拐向奧馬的地方，就收住了腳，臉上聚精會神，像在傾聽一個遙遠的聲音——他自己的命運之聲。這是個詞語不清但意義深長的聲音，接著，但覺內心摧裂。他捏緊手指，手與臂的關節格格作響，前額冒汗，凝成顆顆小珠。他向周圍拚命張望，在黑黝一片的矮樹叢上，看到高高的樹梢頭，枝葉扶疏，映著淡淡的天色，黑黑的矗立著，就像夜色化作碎片，浮在月光裡。腳底下暖暖的蒸氣，從燠熱的土地冒起，圍繞著他的是一片沉靜。

他向四周張望求助。周遭萬籟俱寂，毫無動靜，好像是對他冷然斥責，斷然拒絕，以及殘忍的漠不關心。他身外既無安全，心中亦無避難之所，所有的只是那女人的倩影。他突然間神志清朗起來——一個最愚昧懵懂的人，一輩子也會那麼殘忍的清醒一次。他似乎看到內心的事物，但看到的奇怪景象使他怵然心悸！他，一個白人，至此為止，最大的過失也不過是缺乏一點點判斷力，以及過分信賴自己那種人的正直罷了；那女人卻是個完完全全的野蠻人，而……他想告訴自己說，這件事是不會有結果的，這種努力是白費心思的。他以前從未經歷過這種情感，他當時身為一個文明人，高枕無憂，每逢聽說這種事必然嗤之以鼻，現在這情感卻摧毀了他的勇氣。他對自己深感失望，好像在向一頭野獸獻出自己這一生，自己這一族，自己這文明中白璧無瑕的貞潔一般。他覺得失落在危如鬼魅、無可名狀的事物中。他掙扎著，但心知必遭挫敗——失了足，於是跌回到黑暗中去，他微弱地喚叫了一聲，高舉雙臂，就像一個人在水裡游得筋疲力竭，終於撒手了——因爲船已經在腳下沉落，因爲夜色深沉而岸邊遙遠，也因爲死亡比掙扎反勝一籌！

第二部

8

光與熱落在鎮上、耕地與河流上，就像是由一隻憤怒的手甩下來似的。灼熱的光線直傾猛瀉，摧毀了所有的聲音、所有的活動，埋葬了所有的陰影，也扼殺了每一絲呼吸。大地靜止不動，燦爛生輝。沒有生靈膽敢抗衡無雲天際的寧謐，膽敢違逆輝耀酷日的壓力。力量與意志、肉體與心智，全都無能爲力，全都想在天降烈火之下，設法躲藏，只有柔弱的蝴蝶——驕陽的無畏無懼孩兒，嬌花的喜怒無常暴君，才大膽的在空曠之處翩翩飛舞。牠們纖細的影子成群的在垂頭喪氣的花叢間翺翔，在枯萎的草堆上輕飛，在乾涸龜裂的地面上掠過。在這酷熱的午潮中，除了流水潺潺，就沒有其他的聲音了。河流輕旋迴轉，向前奔流，閃爍發光的浪花，互相追逐，輕輕快快的奔向碧海深處清涼的避難所。

奧邁耶遣開工人睡午覺去了。他把小女兒揹在肩頭上，快步奔過院子，奔上露台去歇涼，然後把瞌睡的孩子放在大搖椅上，墊好從自己吊床上取下的枕頭，站了一會兒，溫柔沉思的眼睛俯視著她。孩子又睏又熱，很不舒服地扭動著，睡眼惺忪的向上望著他。他從地上拾起一把破棕葉扇，向發紅的小臉輕輕搧起來，她的眼皮眨呀眨的，奧邁耶看著就笑了。她回笑了一下，倦極欲睡的眼睛亮了亮，嬌柔的頰旁梨渦一現；然後，突然垂下眼皮，張開的嘴唇深深吸了口氣，小臉上倏忽的笑容尙未消失，就已經沉沉入睡了。

奧邁耶悄悄走開，拿了把木製靠手椅，放在靠近露台的欄杆處，坐下來如釋重負的嘆了口氣。他把手肘擱在欄杆上，頭靠在互握的雙手上，心不在焉的望著河面，看著水流上舞動著的陽光。對岸的叢林逐漸變小了，好像沉到水平線下去了。輪廓線浮動著，越來越細，終於在空中化掉。在他眼前，現在只有一片波動起伏的藍色空間——時而變深的浩大空闊的蒼穹……太陽光到那兒去了？……他感到舒適愉快，宛如有隻溫柔無形的手，從他心中卸去了肉體的重荷。再過一秒鐘後，他好像浮到明亮蔭涼之處，那兒沒有記憶或痛苦這等事。多美妙！他的眼睛闔上——睜開——又闔上。

「奧邁耶！」

他突然全身一搐，坐了起來，用雙手抓著前面的欄杆，呆頭呆腦地眨巴著眼。

「什麼？怎麼啦？」他咕噥著，茫茫然向四周張望。

「喂！奧邁耶！下來呀！」

奧邁耶從椅子上半欠著身，越過欄杆向露台下望去，吃驚地低低吹了一聲口哨，又坐下。「見鬼啦！老天爺！」他對自己輕聲叫道。

「你聽不聽我說？」院子裡那粗嘎的聲音繼續說道。「奧邁耶！我上來，行嗎？」

奧邁耶坐起身俯向欄杆。

「你敢！」他壓低了聲音，但說得清晰可聞。「你敢！孩子在這兒睡覺。我不要聽你說，也不要跟你說話！」

「你非聽我說不可，這樁事很要緊。」

「一定跟我無關。」

「不，是跟你有關的，非同小可的。」

「你向來到處欺詐瞞騙。」奧邁耶沉然片刻之後，放肆的說道：「一向如此！我記得以前的日子，有些人常說沒有人機靈得過你——可是你從來騙不到我。騙不著。威廉斯先生，我從來沒有真正信任過你。」

「我承認你聰明過人，」威廉斯在下面反唇相稽，有些藐視與不耐。「聽我的話更可以證明這一點。你不聽，會後悔的。」

「噢！你這傢伙倒很滑稽，」奧邁耶嘲弄著說，「好吧，上來！別吵吵鬧鬧的，就上來吧！你在下面說不定會中暑，在我們門口一命嗚呼的，我可不願意這兒出事情。來吧！」

話還沒說完，威廉斯的頭已經冒上門口了，然後逐漸冒出肩膊，最後終於站在奧邁耶的面前——一度是諸島首富的心腹，如今是個喬裝的鬼魂：污漬斑斑，襤褸不堪，齊腰以下，穿了一條破舊褪色的紗龍。他甩開帽子，露出長長的、亂蓬的頭髮，在冒汗的額頭上，糾結成一綹綹，覆掛在眼前。眼睛在眼眶中深陷，亮閃閃的，就像是餘燼中最後的火光。日灼深陷的雙頰長滿不潔的鬍子。他向著奧邁耶伸出的手在發抖，一度堅定的嘴唇現在向下垂癟，洩漏出曾經精神受苦，體力透支。他赤了雙足。奧邁耶好整以暇地把他端詳了一番。

「怎麼樣！」他終於說，並沒有去握威廉斯伸出但已逐漸沿身旁下垂的手。

「我回來了，」威廉斯開口說。

「喔！是嗎？」奧邁耶打斷他的話頭。「你大可不必光臨，我也不會見怪。假如沒算錯，你已經走了五個星期了。沒有你我的日子過得挺好——現在你回來了，看起來可並不順眼。」

「你聽我說，好不好？」威廉斯叫道。

「別這樣大聲嚷！你自以爲是在森林中跟你的……跟你的朋友在一起嗎？這是間文明人的屋子，一個白人的屋子，明白嗎？」

「我回來，」威廉斯再繼續話題，「我是爲了你我兩人的好處回來的。」

「你看起來好像是爲一頓好飯回來的。」收不住口的奧邁耶插嘴道，威廉斯則用沮喪的姿勢搖搖手。「他們沒讓你吃飽嗎？」奧邁耶用一股吊兒郎當的揶揄口吻說下去。「那些人——我該怎麼稱呼他們呢？——你的那些新親戚，那個瞎眼的老混蛋有你作伴一定很高興，你知道他以前是這一帶海上最凶的強盜殺人犯。喂！你們一定是互相推心置腹的啦？威廉斯，你在錫江殺了什麼人，或是偷了什麼東西沒有？你說呀。」

「瞎說八道！」威廉斯怒氣沖沖的叫道。「我只借了……他們全都在撒謊！我……」

「噓？」奧邁耶示警的噓了一下，望了望熟睡中的孩子。「看來你真的偷過東西，」他繼續說道，強抑著得意之情。「我就料到你會幹這種勾當，現在呢，就在這兒，你又犯了。」

威廉斯第一次抬眼望著奧邁耶的臉。

「喔！我不是說你偷我的東西，我什麼也沒有丟，」奧邁耶嘲弄的急忙分辯道。「可是那個女孩子！嗨！你偷了她。你沒付帳給老頭兒。老頭兒現在拿她賣不到錢了，是嗎？」

「奧邁耶，閉嘴！」

威廉斯的聲調中有些什麼使奧邁耶住了嘴。他仔細端詳著眼前這個人，看到他那副模樣，不由得不吃一驚。

「奧邁耶，」威廉斯繼續說道，「聽我說。要是你算得是個人，你就會聽我說。我受苦受難，是爲了你的緣故。」

奧邁耶揚起眉毛。「真的？怎麼會？不過是你在說瘋話罷了。」他漫不經心的加上一句。

「啊！你不明白的。」威廉斯輕輕說道，「她走了，走了，」他一再重複，嗚咽著說，「兩天前走了。」

「不會吧！」奧邁耶大感意外的叫道，「走了！我還沒聽到這消息呢！」他輕輕笑了起來。「多奇怪！已經受夠你啦？你知道，這對你可不算很恭維啊，我的優等同胞。」

威廉斯好像沒聽見他的話，依著屋頂下的一根柱子，眺望著河面。「最初，」他低聲說道，像做夢一般。「我日子過得有如在天堂──或是在地獄中一般，我不知道是那一樣。自從她走後，我才明白沉淪的意義是什麼，黑暗是什麼。才知道活生生給撕成片片的滋味是怎樣的。這就是我的感受。」

「你可以再回來跟我一起住，」奧邁耶冷冷的說──「歸根結蒂，林格──我叫作外父也敬如父親的人，把你交給我的。你自己要跑掉，很好；現在又要回來了，就回來吧！我不是你的朋友，只是為林格辦事。」

「回來？」威廉斯激動地複述著。「丟了她，回到你這兒來？你以為我瘋了嗎？沒有了她？天！你是什麼做的？只要想想她在我看不見的地方走著、活著、呼吸著。我妒忌吹拂她的涼風，妒忌她呼吸著的空氣，受她兩腳撫弄的土地，妒忌現在凝望著她的太陽，我……我已經兩天沒看見她了──兩天了。」

威廉斯感情的激越有點使奧邁耶感動，但他佯裝老大一副打呵欠的模樣。

「你把我煩死了，」他咕嚕道。「你怎麼不去找她反而來了這兒？」

「真的為什麼呢？」

「你不知道她在哪兒嗎？她不會走得很遠。這兩星期，本地人的船一艘也沒離開過這條河。」

「不，不很遠——我告訴你她在哪兒：她在拉坎巴的宅院裡。」威廉斯定睛盯著奧邁耶。

「啐！巴塔魯魯從沒差人來告訴我，奇怪。」奧邁耶若有所思的答道。「你怕那傢伙嗎？」他頓了頓加上一句。

「我——怕？」

「那麼，我的志高的朋友，是不是由於你有自尊心，便不能跟著她到那兒去？」奧邁耶佯表關懷的問道。「你是多麼高尚啊！」

有一刻短暫的沉默，接著威廉斯平靜的說，「你是個笨蛋，我真想踢你一腳。」

「我不怕你，」奧邁耶漫不經心地回答，「你身子太弱了，幹不來。你看來快要餓死了。」

「我想這兩天以來，我什麼都沒吃過，也許更久了——我記不清楚了。沒關係，我滿身都是未滅的火，」威廉斯沉鬱地說道。「你看！」他露出一隻手臂，上面是纍纍的新疤，「是我自己咬的，爲了要忘記這兒被火灼傷的痛楚。」他用拳頭狠命捶打自己的胸口，打得一陣眩暈，跌坐在就近的椅子上，慢慢閉上眼睛。

「令人作嘔的活現世！」奧邁耶義正詞嚴地說，「外父在你身上到底看中了些什麼？你簡直渣滓不如！」

「你居然這樣說話！你，你爲了幾個金幣就出賣靈魂，」威廉斯睏倦地咕噥著，眼睛都沒睜開。

「不止幾個錢，」奧邁耶出於本能的衝口而出，說完又楞了一會，很快就清醒過來，繼續說道，「可是你——你把自己的靈魂毫無價值的抛掉，扔在一個野女人腳下，她已經把你弄成這個樣子，不久就會把你活活弄死，不管用那種方式，愛也罷，恨也罷。你剛才提到金幣，你的意思我猜是指林格的錢。好吧！不論我出賣了什麼，付出什麼代價，我從不想讓你——最不應當是你——來破壞我的這宗交易。不過，我覺得相當安全。現在就算我父親，就算林格船長，也是碰都不會碰你，隔了十尺遠也……」

他說得起勁，一口氣說下來，突然住口，瞪著威廉斯，慍怒的從鼻孔裡哼著氣。威廉斯定定地瞧了他一會兒，然後站起身來。

「奧邁耶，」他下定決心地說。「我要在這裡做生意。」

奧邁耶聳聳肩膊。

「不錯，還要你幫我起家。我要一所房子，還要些貨——也許還要一點本錢。我向你要。」

「你還要什麼？也許要這件外衣？」說著奧邁耶就解開外套鈕扣。「或者要我的房子——我的靴子？」

「這到底是自然而然的事，」威廉斯說下去，一點也不注意奧邁耶。「她自然希望得到些好處……然後我就可以把這老混蛋的嘴巴封起來，接著……」

他停了口，臉上因爲夢想的興奮而容光煥發起來，兩眼轉向上望。他的憔悴容顏與襤褸外貌，使他看來活像一個曠野中的苦行者，在炫目榮耀的美景中，尋到了苦修的報酬。他繼續熱情奔放的低聲說道——

「接著我就可以把她據爲己有，跟她自己人離得遠遠的——據爲己有——在我自己的勢力之下——可以去模鑄——去塑造——去愛惜——去使她變軟——去……噢！多快活！然後——然後我們就遠走高飛，離開她所知道的一切，我就是她整個世界，她整個世界！」

他的臉突然間改變了，目光游移了一會兒，倏然堅定下來。

「當然我每分錢都會歸還給你。」他用一本正經談生意的口吻道。語調中包含著一些昔日的把握與昔日的自信。「每一分錢。我不需要干擾你的生意。我會打垮本地的小商人。我有腦筋——不過目前不必管這些。而且林格船長也會贊同的，我有把握。說來說去不過是貸款而已，我也近在咫尺。你大可放心。」

「啊！林格船長會贊同……他會贊……」奧邁耶哽住了。一想到林格爲威廉斯做什麼就使他怒火中燒，臉上脹得發紫，不由得破口大罵。威廉斯冷冷地望著他。

「奧邁耶，我向你保證，」他很溫和的說。「我這樣要求是有充分理由的。」

「你死不要臉。」

「相信我吧！奧邁耶，你在這裡的地位並不是你心想那樣穩當。一個不擇手段的對手在這裡，不出一年就可以弄垮你的生意。你會一敗塗地。現在林格長期不在，有些人躍躍欲試，你知道吧！——最近我聽到不少流言，他們向我提出條件……你在這裡孤立得很。就算是巴塔魯魯……」

「去他的巴塔魯魯！我在此地是老大。」

「可是，奧邁耶，你難道不明白……」

「對，我明白，我看見一個神祕莫測的混蛋！」奧邁耶狠狠地打岔。「你吞吞吐吐的威脅，究竟是什麼意思？你難道不明白我也知道一些事情嗎？他們施陰謀詭計已經有好多年了——可什麼結果都沒有。阿拉伯人多年來在這條河外走來走去——我還是本地唯一的商家，此地的老大。你是向我宣戰來的？那麼這只是你一個人宣戰，我對其他的仇家都瞭如指掌。我該在你腦袋上敲下去，你配不上吃子彈。該用條棍子把你一棍打死——像打蛇一般。」

奧邁耶的聲音把小女孩吵醒了，在枕頭上坐起身來大聲哭嚷。他衝到椅子那邊去，把孩子抱在手裡，盲目走回頭，絆著放在地上的威廉斯的帽子，便狠狠的一腳把它踢下梯階。

「滾出去，滾！」他大嚷道。

威廉斯想說話，但是奧邁耶把他轟下去。

「你滾吧！沒看見你把孩子嚇醒了——你這個害人精。不！不！寶貝，」他哄著小女孩說。威廉斯緩緩走下梯階。「不，別哭，看哪！壞人走了，看哪！他怕你爹，可惡的壞人，永遠不會再來了。他住到林子裡，永遠不再走近我的小女兒了。他再來，爸爸殺了他——就像這樣！」他一拳打在欄杆上表示他會怎樣殺威廉斯。一隻手抱著哄好的孩子擱在肩膊上，另外一隻手向那逐漸退去的訪客指著。

「看他跑著逃，乖乖，」他哄著她說。「他不是很可笑嗎？乖乖，向他喊『豬羅』，向他喊。」

她臉上沉重的表情退去，露出兩個酒窩。在她那長長的睫毛下，大眼睛帶著剛哭過的眼淚在閃光，因爲覺得有趣而眨動起來。她一隻手緊緊抓著奥邁耶的頭髮，另一隻手高高興興的搖晃著，用盡力氣大聲喊叫，聲音清脆、柔和、明晰得像小鳥的啁啾：

「豬羅！豬羅！豬羅！」

9

是灼熱藍天下的一聲嘆息，是沉睡大海的一陣微顫，是涼涼的吁口氣，就如宇宙冷凍的空間給打開了一扇門，隨著樹葉晃動，樹幹點頭，細枝輕抖，海上的微風拂岸而來，湧上河道，在水面遼闊處迴轉，繼而在黑黝黝的水中泛起微波漣漪，在樹枝的低語悄聲裡，在甦醒叢林枝頭葉隙的瑟瑟聲中，繼續向前驅進。海風吹拂著拉坎巴的院子，把暗紅的餘燼搧得微微發光。海風輕拂下，由每堆篝火裊裊上升的螺旋形暮煙，也給吹得婀娜晃動，四散開來，在暮色中瀰漫在一簇簇的樹梢頭，散發著燃燒柴木的芳香。炎炎午後在蔭地裡打盹的漢子都醒過來了，一陣仍然睡意矇矓、含糊支吾的低語，加上咳聲、打呵欠聲、不時發出的笑聲、大聲打招呼慢吞吞說出笑話或叫出名字的拖長聲音，打破了大院子的寂靜。人們三五成群的蹲在小火堆旁，低沉單調的談話聲充斥全院。這是蠻族的談話，持續、平穩，用輕柔的音節、抑揚的聲調重重複複說著。這些林中和海上的漢子，他們可以談上整日整夜，他們永不會把一個話題說完，更似乎永不能討論或研究什麼問題。對他們來說，聊天就是詩，是畫，是音樂，是所有的藝術與歷史；他們唯一的成就，唯一的過人之處，也是唯一的娛樂，就是這種營火之談，談及勇氣與機智，奇行異事及遙遠國度，談及昨日之事與明日之事，談及生者與逝者——那些曾經征戰過與熱愛過的人。

拉坎巴走到自己屋前的平台上，流著汗、繃著臉，半睡半醒的坐在斜斜屋簷下蔭地裡一張木製的安樂椅上。越過黑漆漆的門口，他可以聽見女眷們在悄聲談話。她們正在織布機旁忙著織他那禮服紗龍布上方格的花紋。在他左右有彈性的竹地板上，四散著他的侍從。這些人出身良好，忠心耿耿的長年追隨他，所以特別優待，得以享用主人的房子。有些睡在蓆子上，有些剛坐起身來揉眼睛，醒來更久的則鼓足精力，用紅土在蓆上畫了個棋盤，正在沉思默想下步棋該怎麼走法。下棋的人臉朝下，用手肘撐持著，腳板底猶疑不決的搖著，全神貫注在棋上。在他們跪屈著的身形之上，有三、兩個旁觀者，直挺挺站著聚精會神向下望，雖然毫不激動卻深感興趣。平台旁放著一排高筒皮屐，整整齊齊排成一列。靠著粗木欄的是長矛的細柄，這是屬於這些侍從所有的。沉色鋼刀那闊闊的刀刃，在落日的紅光中，顯得黑漆漆的。

一個大概十二歲左右的男孩子——拉坎巴的貼身僕僮，蹲在主人膝下，遞上一個銀盒，拉坎巴慢吞吞的接過盒子，打開來，撕開一片綠色的葉子，裡頭放上一撮青檸檬，一小塊檳榔膏，一小把檳榔子。他把這些東西巧手靈便的一把包起，頓了頓，手中拿著小包，好像短缺了些什麼，就把頭慢慢的左右扭動，猶如隔夜扭了頸骨似的，然後脾氣暴躁的發出一聲低吼——

「巴巴拉蚩！」

下棋的人快快抬頭一望，又馬上盯到棋盤上去。站著的人不安地晃動著，像是給主子的聲音唬著了。拉坎巴身邊的人隔了一會之後，俯身在欄杆上向院子裡傳了一聲，底下篝火旁的人仰起臉來，於是這呼喚聲就像唱歌似的在院落裡一路傳開去。用木杵臼米的聲音停了一會兒，然後巴巴拉蚩的名字就在女人口中用高低不同的音調尖聲呼喚起來。遠遠的有個聲音在叫喊著什麼，然後較近的聲音重複那句話，一陣短短的叫喊聲突然間停頓下來。第一個傳話的人回向拉坎巴，懶洋洋的答道：

「他在瞎子奧馬那兒。」

拉坎巴的嘴唇無聲地翕動著，剛才回話的人又給他腳下進行的棋局深深吸引過去了。當主子的好像已經忘記了一切，板著臉坐在他那沉靜的隨從群中，在他的椅子裡端端正正的向後靠著，雙手擱在椅柄上，雙膝分開，兩隻充血的大眼莊嚴地眨著，好像因爲自己思想空靈一片而迷惘起來。

巴巴拉蚩在午後向晚時分看老奧馬去了，由於他一心想著如何機敏的操縱這老海盜敏感而易於打動的心，如何技巧的擺布愛伊莎激越的本能衝動，就變得心無旁騖，連對他主子與保護者的例行侍奉也不理會了，過去三晚以來甚至夜不成眠。這天，他離開自己竹棚時——竹棚在拉坎巴院子中與其他竹寮建在一起——心情沉重，感到既焦慮又猶疑，不知自己的計謀是否得逞。他慢吞吞地走著，像平時一般對周遭漠不關心，好像不知道許多對昏昏欲睡的眼睛正從院子裡所有的角落望過來，望著他向院子上方的一扇窄門走去。那窄門通向另一院落，裡頭有一座相當大的房子，是遵拉坎巴之命建來預備迎接奧馬與愛伊莎來住的。這是所上等的住宅，起初拉坎巴打算用來給他的主要謀臣居住。他認為，憑他的才幹，住這房子確是當之無愧。但是自從在荒棄的耕地密談之後，他們兩人都同意，在奧馬及愛伊莎受勸離開族長的轄區，或必要時從那兒綁架來之後，新房子該先讓給他們住，巴巴拉蚩毫不在乎把自己住體面房子的事情押後，因為這房子對於他暗中籌訂計畫有許多好處。房子地處僻靜，自成一角，而這一角又與拉坎巴私宅後院相連——這後院是給主子的女眷住的。房子與河流唯一的通道要經過龐大的前院，院子裡經常都有武裝人員戒備森嚴。在整列建築物的後面，伸展著種稻的平地，四周都圍著處女林，林下植物茂密糾纏，沒有什麼可以穿過，除非是一顆子彈，而子彈也必須在很近處射出，才能穿越進來。

巴巴拉蚩悄悄溜過窄門，把門關上，小心翼翼地拴上藤門。屋子前是個四方的天井，打磨得平平實實，滑得像鋪上瀝青似的；一株幹上有扶垛的大樹是闢土蓋屋時故意留下的龐然巨物，在空地上高高撐起枝葉扶疏縱橫交錯的華蓋；向右離開大屋稍遠處是間小茅屋，上面蓋著草蓆，是特地為了方便奧馬而建的。奧馬又盲又弱，要爬上通往大屋的陡斜木梯有些困難，大屋建在矮木梁上，還有個露天陽台。在樹幹附近，向著茅屋的門口，在一大圈白色的灰燼中生著一把小小的炭火。有個老嫗——拉坎巴老婆之一的什麼窮親戚，給派來服侍愛伊莎——正蹲在火堆旁，在巴巴拉蚩急步穿過院子時，用矇矇矓矓的眼睛，漠不關心的抬頭望著他。

巴巴拉蚩用他的獨眼向院子裡精明的一掃，也不俯看一眼那老婦人就咕噥地問一句。那婦人不聲不響地朝房子伸出一隻抖顫瘦削的手臂。巴巴拉蚩朝門口走了幾步，但是在門外陽光下止了步。

「喔！奧馬老爺，奧馬大人！是我呀！巴巴拉蚩！」

在茅屋裡有一聲低微的呻吟，一陣咳嗽以及一連串軟弱無力、斷斷續續、模糊含混的低語，這是屋中淒慘生活的表徵。巴巴拉蚩顯然因此鼓勇走進屋裡，過了一會，他又小心謹慎的帶領著瞎子奧馬出來，奧馬兩手都擱在他那帶路人的肩頭上。大樹下有個粗陋不平的座位，巴巴拉蚩把他的舊主人帶到那兒，奧馬舒了口氣坐下來，疲憊乏力地靠在粗糙的樹幹上。落日的餘光，在扶疏的枝葉下流竄著，停駐在那身披白袍，頭向後仰，挺直而威嚴的身影上；也停駐在焦躁不安、不斷移動的瘦弱雙手，以及麻木的臉上。臉上的眼皮覆蓋著瞎了的眼珠，這張臉木無表情，就像褪黃了的石膏像。

「太陽快下山了吧！」奧馬用呆板的聲音問道。

「快了，」巴巴拉蚩回答道。

「我在那兒？爲什麼帶我離開我的熟地方？在那兒，我雖然瞎了眼，還可以毫不害怕的東摸西摸。這就像是明眼人的黑夜。太陽快下山了——我從早到現在還沒聽到過她的腳步聲！今天兩次都是陌生人拿飯給我吃，爲什麼？爲什麼？她在那兒？」

「她在附近，」巴巴拉蚩說。

「他呢？」奧馬繼續說道，突然熱心起來，壓低了聲音，「他在那兒？不在這兒，不在這兒！」他重重複複的說，把頭晃來晃去，好像著意想看東西似的。

「不！他現在不在這兒，」巴巴拉蚩哄著他說，然後，隔了一會，他輕輕的加上一句，「不過他很快就會回來的。」

「回來！喔，詭計多端的人！他會回來？我已經咒了他三次了，」奧馬叫道，雖然惡狠狠，卻有氣無力。

「他呀！不錯，是倒了運的，」巴巴拉蚩用安撫的態度附和說，「可是沒多久就會到這兒來，我知道的。」

「你這人詭計多端，又毫無信用，是我把你捧起來的。你從前是我腳下的泥巴——比泥巴還不如。」奧馬鼓起餘力說。

「我追隨您打了許多仗。」巴巴拉蚩心平氣和的說。

「他爲什麼來的？」奧馬繼續說道，「是你差他來的？他爲什麼來把我呼吸的空氣弄髒，爲什麼來嘲笑我的命運，來毒化她的頭腦，偷走她的身體？她對我變得心腸硬起來了，心腸又硬又冷酷無情，偷偷摸摸的，就像平靜海面下的岩石似的把一艘船給毀了，」他長長的吸了口氣，怒火難遏，接著突然間垮了下來。「我很餓，」他繼續說道，用一種嗚咽的聲調——「我常常又餓、又冷、又受人冷落，沒人在身邊。她老是把我忘記——

我的兒子全都死光了，那個人又是條無情無義的狗。他爲什麼來？是你給他帶路的嗎？」

「是他自己找到路的，唉，勇士的領袖，」巴巴拉蚩傷感的說。「我只看見一條路——他們滅亡我們興起。假如我看得不錯，您以後就永遠不用再挨餓，我們也可以安享太平、榮華和富貴了。」

「可是我明天就要送命了，」奧馬忿忿地咕噥著。

「誰說得定？這些事自開天闢地以來就已經注定的了。」巴巴拉蚩若有所思的低語道。

「別讓他回來，」奧馬叫喊著。

「他也逃不過命運呀，」巴巴拉蚩說下去。「他一定得回來，而且你我向來痛恨的那些人的權勢，就會在我們手中瓦解粉碎。」然後他興致勃勃的加上一句，「他們會自相殘殺，一同喪生。」

「你看得見這一切，我卻……」

「不錯，」巴巴拉蚩很遺憾的囁嚅著，「您的生命是一片黑暗。」

「不，是火焰！」這個老阿拉伯人喊道，半站起身，又跌坐到座位上，「那最後一天的火焰！我到現在還看得見——這是我最後看見的東西！我還聽到他們一同喪命時天崩地裂的聲音。但是我卻活著，變成了一個詭計多端的傢伙掌中的玩意兒。」他加上一句，前言不對後語的怨懟起來。

「您還是我的主人嘛，」巴巴拉蚩謙恭的說。「您很有智慧，憑你的智慧，在阿都拉到這兒來時，您要跟他說話——您得照我說的跟他談，我是您的僕人，多年來跟你並肩作戰的。我聽到消息說阿都拉今天晚上會到這兒來，也許會很晚才到，因爲這些事必須祕密安排，不然那個白人，那個在上游做生意的，就會知道風聲了。但是他會到這兒來的，他已經給拉坎巴遞了個信，信上說阿都拉今天正午會離開他的船，船現在泊在河口外。假如真神阿拉保佑，他在日出前就會來到此地了。」

說話時他眼睛盯在地上，一直到說完話抬起頭來時，都渾然不覺愛伊莎已經來到身側。愛伊莎悄悄地走近來，連奧馬也沒聽到她的腳步聲，她現在站著望住他們，眼神困惑，雙唇微張，好像想開口說話，但是鑑於巴巴拉蚩懇求的手勢，就沒有作聲。奧馬坐著出了神。

「哎嘩，就算這樣！」他最後用微弱的聲音說，「我也是去代你的智慧說話的！噢，巴巴拉蚩，叫他去信任白人！我真不明白，我又老又盲又虛弱，我真不明白。我好冷啊！」他用更低的聲調繼續說道，兩肩不安地晃動著，頓了頓之後，又用微弱的輕語繼續喃喃說道，「他們是巫婆生的，他們的父親是魔鬼，巫婆養的，巫婆養的。」稍靜了一會，他突然用較爲堅定的聲音問道，「現在這裡一共有多少白人？有謀有略的人啊，你說。」

「有兩個。有兩個白人，好自相殘殺，」巴巴拉蚩回答得很快。

「那麼事後會剩下幾個？幾個？告訴我呀！你這聰明人。」

「只要有一個敵人垮台，不幸人就很安慰了，」巴巴拉蚩說得像格言警句似的。「他們遍布四海，只有至高無上的神才知道數目有多少——不過你會知道他們當中，有些人會遭殃的。」

「巴巴拉蚩，你說他們會不會死掉，兩個都死掉？」奧馬突然激動地問道。

愛伊莎動了一下。巴巴拉蚩示警地舉起一隻手。

「他們當然，會死，」他鎮定地說，定睛望著那女孩子。

「哎嘩！但是要死得快！這樣，阿拉真神叫他們僵得直挺挺的時候，我就可以把手放在他們臉上了。」

「要是你跟他們命中注定是這樣的話，」巴巴拉蚩毫不遲疑地說，「上帝真是偉大啊！」

一陣猛烈的咳嗽嗆得奧馬屈起身子來，他一前一後晃動著，一會兒氣喘，一會兒呻吟，巴巴拉蚩與女孩子靜靜望著他，然後他又靠回樹幹上，筋疲力竭。

「我是孤零零的，孤零零的，」他疲弱地哭號著，伸出發抖的雙手在四周摸索著，「有人在旁邊嗎？有人在旁邊嗎？我怕這個陌生地方。」

「噢，勇士的領袖，我在你身旁，」巴巴拉蚩輕輕撫著他的肩頭說，「我一直在你身旁，就像我們年輕時一樣。就像從前我們大家帶了武器打仗的日子一樣。」

「從前有過這樣的日子嗎，巴巴拉蚩？」奧馬狂野地說，「我忘了！現在我要死了，身邊沒有一個男兒，沒有一個天不怕、地不怕的男兒來談起他父親當年是如何英勇。從前有一個女人的！一個女人！但她為了一條無信無義的狗，竟背棄了我。上蒼的手重重壓在我頭上！喔！我真倒楣！真丟人！」

過了一會他情緒平復下來，靜靜說道，「巴巴拉蚩，太陽下山了嗎？」

「已經下到最高的樹梢頭了，我從這裡望過去看得見，」巴巴拉蚩回答道。

「該祈禱了。」奧馬說著，想站起身來。

巴巴拉蚩盡職地扶他的老主人起身，兩人慢慢向茅屋走去。奧馬等在外面，巴巴拉蚩走進屋去又很快出來，身後拖著這阿拉伯老人祈禱用的氈子。他從一個銅皿裡把淨水倒在奧馬伸出的雙手中，然後小心的攙扶著他跪下，因為年高德劭的老海盜站都站不穩。然後，等到奧馬念出頭幾句禱文，向著聖城第一次膜拜時，巴巴拉蚩無聲無息地向愛伊莎走去，愛伊莎一直沒挪動過。

愛伊莎定定地盯著獨眼賢者看。他慢慢的朝她走來，表示出非常敬服的模樣，他們面對面一聲不響地站了好一會。巴巴拉蚩看來很窘。她驟然抓住他的手臂，另一隻手指著西沉的紅日，在黃昏的薄霧裡，落日發著光，卻已不再華光四射。

「第三次日落了，最後一次！可是他卻不在這兒。」她悄悄說道，「你做了些什麼？你這個沒有信用的人！你做了些什麼？」

「我的確守了我的諾言，」巴巴拉蚩熱誠地低語道。「今天早上布蘭基划了艘獨木舟去找他，他是個怪人，不過是我們的朋友，會不動聲色的就近看守著他。三點鐘時，我又派了另一艘有四個划手的船去。奧馬的女兒呀，你盼望著的人，只要他高興就隨時會來到的。」

「但是他不在這兒！我昨天等他，今天又等！明天我就走了。」

「休想活著走，」巴巴拉蚩自言自語說。「難道你對自己的魅力發生懷疑了？」他揚高了嗓子說道，「他覺得你比在七重天上的仙女①還美，他是你的奴隸。」

「奴隸有時也會逃走的，」她悶悶地說，「這時候主人就得去把他找回來。」

「那你想一輩子都當乞丐呀？」巴巴拉蚩不耐煩地問道。

「我不在乎，」她扭著雙手叫道，她那睜得大大的眼中漆黑的珠子瘋狂的東溜西轉，就像暴風雨欲來時的海燕②似的。

「噓！噓！」巴巴拉蚩噓著，瞟了奧馬一眼，「女孩子啊！你認爲他就算跟你廝守在一起，肯像乞丐樣的過日子？」

「他真了不起，」她熱烈地說道。「他瞧不起你們，全都瞧不起。他是個真正的男子漢！」

① Houri，回教天堂的仙女，妖艷動人。
② Petrels，相傳這種海燕一出現，就有暴風雨來臨。

「這個你最清楚了，」巴巴拉蚩咕嚕道，臉上倏然一笑──「但是記住，你這心意堅強的女人，你現在要抓住他，就該像大海之於口渴的人一樣──要不停的折磨他，叫他瘋狂。」

他住了口，他們靜靜地站著，兩人都眼望地上，一時裡火花劈噼啪啦作響之外，闃無一聲，只聞奧馬呢喃祈禱，讚美著上帝──他的上帝，讚美著信仰──他的信仰。然後巴巴拉蚩側著頭好像在全神傾聽大院子裡的嗡嗡雜聲。隱約的噪聲漸漸響起來成爲清楚可辨的叫聲，然後變成大叫大嚷，消沉下去，再重新開始，越來越響，又突然靜止。在那些短暫的休止時，女人尖銳的喧嚷聲升起來，就像放了轀似的，直衝靜寂的雲霄。愛伊莎跟巴巴拉蚩都吃了一驚，但這次是巴巴拉蚩擰住女孩子的胳膊，用力拖住她。

「等等。」他輕輕說。

拉坎巴的私宅與奧馬的院落有厚欄隔開，欄上的小門給猛然一推，只見這位顯貴的放逐王孫神情困擾，手握一把出鞘的短刃出現了。他的頭巾半散，尾巴拖在身後的地上，外套敞開，還沒開口，先急促地喘了一會。

「他坐了布蘭基的船來了。」他說，「他一直靜靜的走著，可是看見了我，就無緣無故、發癡發狂的撲到我身上來，白人就是這樣，我簡直險極了。」這個野心勃勃的貴人用大爲不滿的聲調繼續說，「巴巴拉蚩，你聽見了沒有？那吃豬肉的傢伙用他那不乾不淨的拳頭對準我臉上揍一拳，他想在我屋子裡橫衝直撞，現在六個人把他制住了。」

又一陣叫喊聲把拉坎巴的話打斷了。憤怒的聲音叫道，「抓住他，打倒他，敲他腦袋。」然後叫喊聲突然停下來，好像被一隻巨靈掌捏殺了，出奇的靜了一會，就單單聽到威廉斯一人的聲音，用馬來話、荷蘭話及英語大聲咒詛著。

「聽呀！」拉坎巴說，嘴唇打著哆嗦，「他在褻瀆他的上帝，他的話像瘋狗狂吠似的，我們難道一直抓住他嗎？非把他宰了不可！」

「笨蛋！」巴巴拉蚩嘀咕著，抬眼望著愛伊莎。她咬緊了牙，張大了鼻孔，兩眼發光地站著，但是任他用手緊緊抓住她。「這是第三天，我守了諾言，」他對她說，聲音很低。「記住，」他警告道，「像大海對乾渴的人一般，哪！現在，」他大聲說，放開了她向後退，「去吧！什麼都不怕的女兒，去吧！」

迅如羽箭出弦，她速靜的飛奔而去，在通往外院的門口消失了，拉坎巴與巴巴拉蚩在後面望著她，他們聽見叫聲又起，那女孩清晰的聲音叫道：「放開他！」然後嚷聲稍頓，還不及普通人呼吸一口氣一半時間那麼長，愛伊莎的名字給大聲的嚷叫出來，聲音顫抖響亮，尖銳刺耳，叫人聽了不寒而慄。老奧馬在地氈上癱瘓下來，微弱地呻吟著，拉坎巴輕侮不屑地朝著那非人聲音的方向瞧著，但是巴巴拉蚩卻擠出個笑容，把他顯貴的主子推著從欄柵的門穿過，並隨後急急把門關上。

那個大部分時間都跪在火堆旁的老婆子現在站起身來，心驚膽戰地向四周張望，然後傴僂著躲在大樹後。大院落的那道門給人狠命的一踢，驟然開了，威廉斯手上抱著愛伊莎衝進來。他像一陣旋風似的衝進小院子裡，緊緊把女孩子摟在胸前；她的雙臂勾繞著他的脖子，頭向後靠在他的臂彎裡，眼睛閉著，長長的頭髮幾乎觸及地面。他們在火光中出現了一刹那。然後，踏著大步，他衝上木階，帶著他的累贅，在大房子的門口消失了蹤影。

院落的內外一片沉寂，奧馬躺著用手肘支撐著身子，他那可怖的臉上雙目緊閉，看來活像個在發噩夢的人。

「這是怎麼回事？來人哪！來幫我站起來呀！」他軟弱無力的叫道。

那老婆子還蜷曲在樹蔭裡，兩眼矇矇矓矓地盯著大房子的門口瞧，沒理睬他的叫喚。他聽了一會，手臂一鬆，沮喪地深深嘆了口氣，就倒在地氈上了。

微風飄忽，樹枝輕晃微搖。一片樹葉從高高的樹梢頭緩緩飄落下來，落在地上，一動也不動，在火光中，好像永遠止息在那裡了。但不久又飄動起來，然後突然向上揚起，飛著，迴旋著，在薰香微風的呼吸中打著轉，無奈的吹向罩在大地上的茫茫黑夜。

10

阿都拉在他真主的道路上已經行走了四十多年了。他父親是富有的沙埃斯林丙沙利，是海峽殖民地一帶的回教大商家。十七歲時，阿都拉第一次出海經商：他父親包下一艘船，載著一群虔誠的馬來人到聖廟去朝香，他就在這艘船上當他父親的代表。在那些日子裡，海上仍然沒有蒸汽船，至少沒有今天那麼多。航程很長，年輕人見識了不少異地風光，因而大開眼界。阿拉真神使他早歲就成爲一個朝香客，這實在是上蒼極大的寵眷，而獲此隆眷的人之中，再也找不出有誰比他更當之無愧，有誰比他對這件事更加珍視了。他內心虔誠堅定，行爲又神聖莊嚴。其後，他更顯示是命中注定一生要雲遊四方的。他到過孟買與加爾各答，看過波斯灣，也順途見過蘇伊士灣峭拔荒蕪的海岸。他向西行就到此爲止。他當時二十七歲，然後命運宣稱時候已經到了，他該回去海峽殖民地，從他垂死的父親手中接過千頭萬緒的事業來。他父親的事業從蘇門答臘到新幾內亞，從巴達維亞到巴拉望，遍布馬來群島。不久他的才能、他的意志（頑強得近乎固執）、他早熟的智慧，使他受眾人推崇爲一家之主，這家人的親朋戚友，分布在那些海域之上。這兒有個叔伯，那兒有個兄弟，在巴達維亞有個岳丈，在巨港又有另外一個，還有無數姐妹的夫婿，更有其他親戚四散在東、南、西、北，任何一處有貿易的地方。這個大家族就像個網似的罩住各島，他們貸款給王族，影響各地的政務，必要時，勇猛無懼但相安無事的面對手持利刃、轄管海陸的白人統治者；而白人亦都對阿都拉尊敬有加，聽從他的勸告，參與他的計畫——因爲他智慧、虔誠而又有福氣。

他帶著一個信徒應有的謙虛，平日裡時時刻刻不忘自己是至高無上真神的僕人。他樂善好施，因爲樂善好施的人是阿拉之友；每當他走出自己的屋子——建在檳榔嶼城外的石屋——步向港口的貨倉時，都得從他族人或教友的唇邊急急把手奪回來；也有很多時，他得咕噥些責怪的話，或甚至嚴詞訓斥那些感恩懇求，想用指尖觸摸他的膝頭的人。他長得很俊美，謙遜莊重的高抬著細小的頭，他那高挑的眉，挺直的鼻，狹長黝黑的臉，以及俊秀清朗有如雕塑的五官，使他看來很有貴族氣派，正顯得出身貴冑。他的鬍子修得整潔圓淨；棕色的大眼目光堅定，看來溫和柔善，與兩片薄唇的表情頗不相稱。他氣度雍容，深信自己的順遂昌隆是沒有什麼可以動搖得了的。

像他所有的族人一般，他是安定不下來的，難得在檳榔嶼豪華的住宅接連住上一段時日。身爲眾多船隻的東主，他經常不是在這艘船，就是在那艘船上，在經商的範圍內四處巡遊。他在每一港口都有個家——他自己家或親戚家——喜孜孜的歡迎他的蒞臨。在每一港口，都有有錢有勢的人熱切地等著見他，有生意跟他磋商，有重要函件等他閱讀——信件堆積如山，用絲袋裝著——不是經過不可靠的殖民地郵局寄來的，而是通過間接迂迴但安全可靠的方式遞到他手上——經本地商船上緘默寡言的船長留下給他；或是由風塵僕僕、旅途疲憊的人鄭重的行了額手禮之後，遞交給他的。這些人退下後會呼喚著真神阿拉之名，求神保佑這個賞賜豐厚的東主。所有消息總是好的。所有的意圖都能實現，在他耳中只聽見一片欽慕、感恩，或謙卑懇求之聲。

這是個有福氣的人！由於他萬事順遂，因而在他出生時司星宿的好神靈，並沒有忘記賜給他一個難以得償的願望，以及一個難以克服的對手。這些原始的神靈，竟也會施這麼微妙的恩賜，倒是少有的。於是，妒忌林格在政治商業上的成就，以及希望在各方面都勝過他，就變成了阿都拉最熱中的事，是他生命中最大的興趣，以及生存所賴的給養。

過去數月以來，他從森巴鎮接到神祕的消息，催促他採取決定性的行動。一、兩年前，他發現了那條河，曾經不止一次的把船停在河口外。原本湍急的斑苔河，在這些低地上緩緩伸展開來，好似猶疑不決慢慢流過二十處出口，然後經一大片泥地、沙洲與珊瑚礁，流入期待著的大海。但他從沒有想要深入河口。因為阿拉伯人儘管驍勇好冒險，卻缺乏真正航海人的本能，唯恐覆舟沉船。一想到海大王會向人誇口，說阿都拉在打聽他的祕密時，也跟其他小人物一樣得不到好結果，就使他忍受不了。他向來只把振奮的消息回給森巴鎮上不知名的朋友們，然後就在最後終會勝利的信心中，靜待良機。

這個就是威廉斯回到愛伊莎身邊的當晚，拉坎巴與巴巴拉蚩期待著初次會晤的人。巴巴拉蚩三天以來都提心吊膽，唯恐自己那小小的計謀做得過了火，現在既已對手中的白人有了把握，在院子裡監督著迎迓阿都拉的準備工作時，就感到輕鬆愉快。從拉坎巴的家到河邊的中途，放著一堆乾柴，準備在阿都拉駕到時點燃做火把之用。在乾柴堆與屋子之間，繞成半圈的，是一小堆低低的竹架，上面放著拉坎巴屋子裡所有的地氈與墊子。歡迎儀式經決定要在空地上舉行，並由拉坎巴數目眾多的侍從弄得體體面面。侍從都穿著乾淨的白袍，齊腰圍著紅色的紗籠。斧頭在脅下，長矛在手中，正在院落裡來回走動，或三五成群，興致勃勃地談論著即將來臨的大典。

河邊上岸處每邊點上一個明晃晃的小火，每個小火旁放著一堆樹脂的火炬，巴巴拉蚩在火堆間來來回回踱著步，不時停下來臉朝著河，頭側向一邊，傾聽著漆黑的河面上傳來的聲音。沒有月亮，頭上的天空澄澈，但是自從午後的微風，時吹時息終至停止之後，閃爍的斑苔河面上霧氣變得越來越重，瀰漫在岸邊，把中流都隱蔽起來了。

霧裡傳來一聲呼喊——然後又一聲——接著，巴巴拉蚩還來不及答話，就有兩艘小艇衝到上岸處，森巴鎮兩名主要的市民達烏·沙哈明跟哈默特·巴哈索恩，急急登岸（他們是祕密應邀前來會晤阿都拉的），跟巴巴拉蚩打了招呼之後，就穿過黑沉沉的院落向屋子走去。因他們到來而引起的小小騷動立即平復下來，又是漫長的一小時，在靜寂中過去了，巴巴拉蚩在火堆中踱來踱去，臉色隨著時間的消逝而越來越緊張。

終於聽到河上一聲高呼，巴巴拉蚩一聲令下，眾人就奔到河邊，拿起火炬，紛紛點燃，然後高舉過頭搖晃著直至迸出火焰爲止。一縷縷濃煙裊裊升起，在照亮院落與閃明河面的火光上罩成一片紅雲，但見三艘長長的大艇，上有許多划手，浮在稍遠的河面上。

船上的划手把船槳高高舉起，齊齊放下，輕輕一划，就使這小小的艇隊在湍急的河流上穩然不動，正好泊近上岸處。在最大的艇上有一個人站起身來叫道：

「沙埃阿都拉丙沙利駕到！」

巴巴拉蚩用官腔大聲回答道：

「阿拉賜福給我們！請大駕登岸。」

阿都拉扶著巴巴拉蚩伸出的手平穩了身子，先上了岸。從下船到登岸的短短時間裡，他們交換了銳利的目光與幾句急促的話。

「你是誰？」

「巴巴拉蚩，是奧馬的朋友，拉坎巴的屬下。」

「你寫的信？」

「是我寫的，施主！」

然後阿都拉正一正臉色，在兩列拿著火炬的人中間走過，在那堆熊熊燃燒的大火前與拉坎巴相見，他們站在那兒互相緊握著雙手，求神賜平安給對方。接著，拉坎巴仍然握住貴賓的手，帶著他繞過火堆走到預先排好的座位那兒。巴巴拉蚩緊緊地隨著他主子身後，阿都拉由兩個阿拉伯人隨侍。他跟他的侍從一般，穿著上了漿的棉布白袍，從頸口起摺成硬挺挺的褶子，並從喉頭用一排密密的小金鈕扣直向下扣到半胸，圍著窄窄的袖口滾鑲著金色的花邊。在他那剃光的頭上，戴著一頭打辮編成的貼頭草帽，沒襪子的腳上穿了黑漆皮的拖鞋，右手腕上掛著一圈沉重的木念珠。他在貴賓席上慢慢坐下，然後脫掉拖鞋，端莊的把兩腿盤起來。

這臨時的客廳布置成一個大半圓圈，離火最遠的一點約莫在十碼之外，也最接近拉坎巴住宅之處。一俟主賓就座，房子的露台上就悄悄擠滿了拉坎巴宅裡蒙住面孔的女眷，她們擠近了欄杆向下窺視，正在輕輕耳語。院子裡拉坎巴與阿都拉並肩坐著，兩人客套地寒暄了好一會。巴巴拉蚩謙恭地蹲坐在他主子的腳下，他座位的硬地上只鋪了一張薄薄的蓆子。

接著是一陣緘默。阿都拉若有所待地向四周掃視，不久，一直靜靜坐著沉思的巴巴拉蚩，好像勉力振作起來似的，開始用溫柔、勸誘的語調說起話來，口若懸河地娓娓敘述森巴鎮最初的起源，現在的統治者巴塔魯魯與科堤蘇丹之間的爭執，其後的麻煩，以及最後在拉坎巴率領下，南西里伯島移民的崛起。敘述中說到各要點時，他會轉身向沙哈明與巴哈索恩求證，他兩人坐著熱心聆聽，用熱烈低沉的聲調發出「Betul, betul[3]，對！對！」來同聲附和。

巴巴拉蚩一路敘述下來，慢慢入題，開始談到在內部傾軋的緊要關頭跟林格的行動有關的事實，他說得雖然還有節制，但已經越來越氣憤不平了。那個形貌凶惡的人到底

③ 馬來語「對」的意思。

算是什麼，竟把他們跟整個世界隔絕？他是政府嗎？是誰讓他來統治的？他控制了巴塔魯魯的腦袋，使他硬起心腸，使他口出惡言，又使他亂打亂殺。這不信神的人使虔信者在他橫行霸道的壓迫下氣喘。大家必須跟他交易，不管他交出什麼貨物，給予什麼貸款，都得接受，而且他每年又強索款項……

「很對呀！」沙哈明和巴哈索恩同聲叫道。

巴巴拉崙賞識的瞟他們一眼，又轉向阿都拉。

「受壓迫者的保護人啊，聽聽這些人說吧！」他叫喊道。「我們從前有什麼辦法呢？人總得做生意，又沒有別的商家。」

沙哈明站起身來，手裡拿著杖子，用隆重的禮儀對阿都拉說話，一面莊嚴的揮動右臂加重語氣。

「事實的確如此。我們還債給這裡的那個白人，實在還得煩了。他是海大王的兒子，這個白人——但願有人掘他娘的墳！——把我們大家都死死抓緊在手裡還不知足，他想真要了我們的命。他跟森林裡的達雅克人④做買賣，這些人比猴子也好不了多少。他跟他們買樹膠、買藤，而我們卻都活活餓死。才兩天前我去對他說。『奧邁耶老爺，』——到了這地步，我們對那魔頭的朋友講話時還須必恭必敬的——『奧邁耶老爺，我有什麼、

④ 婆羅洲的原始人。

什麼貨要賣，您要買嗎？』他卻這麼說——因爲白人是什麼禮貌也不懂的——他對我說話就像當我是個奴隸似的：『達烏，您這個交運氣的傢伙』——注意，信徒中的首領啊！他說了那些話是可以弄得我倒運的——『你在這種艱難的日子裡還有貨可賣，實在幸運。快送來，我會收下，當作你去年的欠帳。』然後他笑笑，攤開手在我肩上拍著。這個死遭瘟的！」

「我們要跟他鬥，」年輕的巴哈索恩爽快的說。「只要有人相助、有人領導，我們就會爭一爭。阿都拉老爺，您會加入嗎？」

阿都拉沒有立即作答，他嘴唇用聽不見的低語念念有辭，手指間數著念珠，咯咯作響。大家都肅然靜待。「假如我的船能駛進河來，我就加入。」阿都拉終於用莊嚴的聲調說道。

「能進的，老爺。」巴巴拉蚩叫道，「此地有一個白人他……」

「我要見見你信上提到的奧馬，還有那個白人，」阿都拉打斷了他的話。

巴巴拉蚩迅速站起身來。大家都動起來了，露台上的女人們急急走進屋內，在院子另一端謹慎伺候的人群中，有兩個人抱滿了乾木柴跑過來，把燃料放在火堆上。其中一人，在巴巴拉蚩示意之下走近來，接到命令後，走向那道小門進入奧馬的院子。在等待中，拉坎巴、阿都拉，跟巴巴拉蚩用低沉的聲調交談。沙哈明一個人坐著睡意昏昏的嚼著檳榔，重垂的下顎微微的、懶懶的一動一動。巴哈索恩一手按著短刃的柄，在明亮的火光中來回踱步，看來一股鬥志旺盛，毫無顧忌的樣子，叫拉坎巴那些在院子黑蔭裡成群站著或輕輕走動著的侍從看得又羨慕又嫉妒。

遣去看奧馬的信差回來了，遠遠站著，等人注意他。巴巴拉崮打手勢喚他前來。

「他怎麼說？」巴巴拉崮問道。

「他說現在就恭候沙埃阿都拉大駕光臨，」那人答道。

拉坎巴正在低聲跟阿都拉說話，阿都拉興趣盎然的聽著。

「……需要的話，我們可以有八十個人，」他正在說，「八十個人分坐十四艘划子，我們只少了火藥……」

「唉！不會真打的，」巴巴拉崮插嘴說。「您大名的威望已經足夠了，別說還怕您親自駕臨呢！」

「也許有火藥的，」阿都拉漫不經心地咕噥道：「要是船能安全進入河道的話。」

「要是心志堅定，船隻就平安無事，」巴巴拉崮說，「我們現在去瞧瞧奧馬跟我手上的這個白人。」

拉坎巴昏昏沉沉的眼睛突然變得明亮起來。

「小心，阿都拉老爺，」他說，「小心，那個不乾不淨的白人窮凶極惡，他起先想揍……」

「施主啊！憑我的腦袋擔保，您一定平安無事。」巴巴拉崮打斷了話。

阿都拉把兩人逐一打量，他那一本正經的臉上，有一陣子露出了一絲微笑。他轉向巴巴拉蚩，決斷地說：

「我們去吧！」

「請這邊走。您真使我們勇氣百倍！」巴巴拉蚩帶著做作的敬意嘰嘰咕咕。「再走一步您就會看到勇士奧馬，還有那個精力充沛、狡猾過人的白人了。請這邊走吧！」

他做了個手勢要拉坎巴留在後面，必恭必敬地攙扶著阿都拉向院子上方的小門走去，身後隨著兩名阿拉伯人。他們一面慢慢走著，他一面不停用急促低沉的語調向這個大人物說話，大人物正眼都沒瞧他一眼，雖然看來像是在聚精會神地聽著。接近小門時，巴巴拉蚩搶前一步停下來，面對著阿都拉，手放在門把上。

「你會見到他們兩人，」他說。「我所說關於他們的話，都是真的。我看見他成爲我提到的那個人的俘虜之後，我就知道，他在我手裡會軟得像河裡的泥巴一樣。最初他用他家鄉話中的污言穢語來回答我，白人向來是這樣的。後來聽到他心上人的聲音之後，就變得猶疑不決起來。他遲疑了好些天——太多天了，我把他看得一清二楚，就讓奧馬跟他的……家人退居此地，接著，這紅臉孔的傢伙就冒了三天火，像是隻餓慌了的黑豹似的。到了今天晚上，就是今天晚上，他來了。他逃不了。他現在是在一個鐵石心腸的人的掌握之中，他逃不了。」巴巴拉蚩說完了，得意地用手叩著門柱。

「很好，」阿都拉低聲說。

「他會給您的船隻領航，帶頭作戰——假如真打起來，」巴巴拉蚩繼續說道。「假如有什麼殺人事件——讓他去做殺人凶手，您得給他武裝——一管能開許多次的短槍。」

「好的，一定。」阿都拉慢慢沉思了一會，同意了。

「可是最大方的施主啊，您得捨得出錢！」巴巴拉蚩繼續道。「您得去滿足一個白人的貪慾，另外那一個不是男人，所以對飾物十分貪心。」

「他們會得到滿足。」阿都拉說，「可是……」他頓了一頓，眼望著地下，撫弄著念珠，讓巴巴拉蚩在一旁焦急地待著，張開了嘴。隔了不久，他突然用含糊的低語再開口說話，巴巴拉蚩不得不側耳傾聽。「是的，可是奧馬是我叔公的兒子……他的一切都是教內的，可是那個人卻是個異教徒，這便很不適當……非常不適當。他不能在我庇蔭下生活。那個畜生不行！悔罪吧！一切求真神保佑！」他急急忙忙囁嚅著。「他怎麼可以在我眼前跟那女人住在一起？那女人是教內的！丟人！真是醜事！」

他匆匆說完，深深吸了一口氣，然後疑問地加上一句。「等到那個人做了我們要他做的事情之後，該拿他怎麼辦？」

他們緊緊站在一起，靜靜的思索，眼睛向院子裡漫無目的地轉著。院子裡熊熊大火燒得正旺，一圈晃動的光輝照著他們腳下黑漆漆的地，懶洋洋的煙慢吞吞繞成一圈圈發光的圓圈，罩在黑黑的大樹枝葉間。他們可以看到拉坎巴已經回到座位上，在墊子上無精打采地佝僂著背坐著。沙哈明又站了起來，看來在用莊嚴生動的姿態跟拉坎巴說話。

侍從們三三兩兩的從蔭裡走到光裡，慢慢踱著步，又回到蔭裡去，大家面對著面，手臂有節制地做著手勢。巴哈索恩的頭昂然後仰，衣飾繡品與劍柄在火光中閃閃發亮。他步履堅定地繞著火堆兜圈子，就像行星繞著太陽似的。黑沉沉的河邊吹來一陣潮濕的涼風，使阿都拉與巴巴拉蚩打了個寒噤，把他們從出神冥想中喚醒過來。

「把門打開，你先進去，」阿都拉說。「沒有危險吧？」

「性命擔保，沒危險！」巴巴拉蚩答著，拿起了藤圈。「他是安安靜靜、心滿意足的，就像一個久渴逢甘霖的人。」

他把門大力推開，向著陰沉沉的院落踏了幾步，然後又突然折回來。

「他也許可以派許多用場呢。」他向阿都拉耳語道。阿都拉先前看見他折回來，也停了步。

「罪孽啊！誘惑啊！」阿都拉輕輕嘆道：「我們是託上主庇護的，我能夠把這不信真神的人永遠永遠的養下去嗎？」他不耐煩的加上一句。

「不對！」巴巴拉蚩說道：「不對！不是永遠，只在他爲您服務時才這樣做。阿拉恩賜的分派者啊！時機一到，而您的命令……」

他側身挨近了阿都拉，輕輕觸撫他那垂在身旁、拿著念珠的手。

「我是您的奴隸與祭品，」他對著阿都拉的耳朵咕噥著，聲調清晰而有禮。「只要您靈機一觸，也許可以找到一些靠得住的毒藥，誰知道呢？」

11

巴巴拉崮看見阿都拉穿過又矮又窄的門口進入奧馬黑沉沉的屋裡，聽見他們照例寒暄一番，又聽到那貴客莊重的聲音問道：「上帝保佑，除了視力沒有其他不幸吧？」接著，巴巴拉崮覺察到跟隨阿都拉的那兩個阿拉伯人不以爲然的目光，就學著他們的榜樣，退到耳朵聽不見的地方。他這樣做來很不情願，雖然明知現在裡面會發生些什麼已經完完全全不受他控制了。他怔忡不定地來回踱了一會，終於漫不經心的走到火邊來，篝火現在已經從樹下移到接近小屋入口的上風處了。他蹲坐著，開始若有所思的撥弄著燃燒中的火炭，這是他每次想心事時的習慣，等到他悠然出神燙著了手指時，就突然把手一縮，拿到頭上晃著。他坐在那兒可以聽到小屋內談話的嗡嗡聲，他分得清聲音，卻聽不出內容。阿都拉說話的聲音低沉，這流暢單調的聲音不時讓老人怒氣沖沖的叫聲、低弱的呻吟或悲哀的顫音打斷。話聽不見是怪不舒服的，巴巴拉崮坐著牢牢盯住飄忽不定的火光時，心裡這樣想著：可是事情會辦妥的，一切都會妥當的，阿都拉讓他很放心，他完全符合他的期望。打從他第一眼看到這個人開始——以前他只是聞其名而已——就很確定這個人是剛毅果斷的。也許太果斷了；也許以後會要分太多的好處。巴巴拉崮臉色陰沉下來了。在他夢想實現的前夕，嘗到了疑懼重重的苦杯，這是與成功的甜頭，不可分割的。

聽到大屋露台上的腳步聲，他抬起頭來，臉上的陰霾已過，換了一副警惕的表情。威廉斯走下木梯，進了院落。屋裡的光，透過粗糙的牆上的裂罅，滲了出來；在照亮了的門口，愛伊莎移動的身影出現了。她也走到屋外的夜色中，消失了蹤影。巴巴拉蚩心中納罕，不知她到底去了那裡，一時忘記威廉斯走近身來了。那白人在他頭頂上粗暴的說話聲，使他嚇得一躍而起，彷彿由一個強力彈簧把他向上彈起一般。

「阿都拉在那裡？」

巴巴拉蚩向著小屋揮揮手，站著凝神傾聽。屋內的聲音停了又起。他斜斜睨了威廉斯一眼，那人朦朧的身影聳立在將成灰燼的火光上。

「把火生起來，」威廉斯突然說。「我要看看你的臉。」

巴巴拉蚩討好威廉斯，爽爽快快的從近便的柴堆取了些乾柴放在火炭上，一方面警戒地望著他。巴巴拉蚩挺起身來時，手就不由自主地移向左邊，去摸摸放在他那紗龍衣褶裡的匕首柄，但盡可能在怒目瞪視下裝作若無其事。

「你身體很健康，上帝保佑？」他囁嚅道。

「不錯！」威廉斯回答說，聲音出其不意的響，使巴巴拉蚩神經質地嚇了一跳，「不錯……健康……你……」

他跨了一大步，把兩手按在這馬來人的肩上。巴巴拉蚩被按住了，有氣無力地前後晃動著，但是臉上還是跟他剛才坐在火旁做夢時一般平靜。威廉斯最後狠狠的一扼就突然放開了，扭轉身，在火上攤開了手。巴巴拉蚩向後趺趺撞撞，接著定下神來，使勁的搓揉自己的肩膊。

「嘖！嘖！嘖！」他發出責怪的聲音，略停片刻，又以強調的語氣表示欽慕道：「真是個好漢哪！真是個堂堂男子漢呀！這樣的男子漢！」繼而用沉思的驚嘆的語調做結論道：「這樣的一個男子漢可以摧撼山嶽啦！山嶽啦！」

他滿懷希望地向威廉斯寬闊的肩膊望了一會兒，用低沉勸誘的聲調向著那充滿敵意的背影繼續說道：

「可是爲什麼對我生氣呀？跟我這個只爲你打算的人生氣？我不是把她收容了在我自己的房子裡嗎？不錯，老爺！這是我自己的房子。我不要任何酬答，讓你們住我的房子，只因爲她需要有個住所。所以，你跟她就住在這兒好了。誰能夠知道女人心？尤其是這樣一個女人！如果她想從那另外的地方離開，我算是誰呀？敢說個不字？我是奧馬的僕人呀！我只能說：『蒞臨舍下，使我不勝榮幸。』我說得對嗎？」

「我告訴你，」威廉斯身也不轉地說道：「假如她再離開這個地方，那你就得當災了。我掐斷你的脖子。」

「心裡充滿愛時，就沒有餘地來容納正義了。」巴巴拉蚩又開口了，還是一貫漠然的溫柔語調。「爲什麼殺我？老爺，你是明白她要什麼的，她要的是個美好的將來，每個女人都一樣。你受你自己族人的虧待，放逐，這個她知道。但是你勇敢，你強壯，你是個男子漢；老爺——我比你年紀大——你是在她手裡呀！這就是強壯男人的命運。她出身高貴，不能像奴婢似的過日子。你了解她——你又是在她手中的。你像隻墮入網羅的鳥，就因爲你有力量嘛。還有，別忘了我是個見過世面的人，聽命吧！老爺，聽命吧！要不然……」

他把最後幾個字用猶疑的態度期期艾艾的說出來，句子斷斷續續。威廉斯依舊在火上輪流烘著手，頭也不回的慘然一笑，問道：

「要不然——怎麼樣？」

「她會再離開的，誰知道呢？」巴巴拉蚩用溫柔暗示的腔調來結尾。

這一下威廉斯把身猛然一轉，巴巴拉蚩向後倒退。

「她這麼做，你就遭殃了，」威廉斯用恐嚇的聲調說。「那就是你幹的好事，我……」

巴巴拉蚩在火光圈子外說話，帶著冷嘲的意味。

「哎——呀！這話我聽過了。她要是走了——我就該死！好得很，老爺，你以爲那樣就可以使她回頭啦？假如是我搗的鬼，這樣做法就搗得好，白人哪！可是——誰知道——你得沒有她一個人生活下去了。」

威廉斯喘著氣向後一躍，就像一個信心十足的旅人，原以爲路途安全妥當，卻突然瞥見腳下有個無底深淵。巴巴拉蚩走到光裡來，從側走近威廉斯，頭向後仰還微側一旁，這樣他的獨眼就可以把這個高個子白人的臉瞧得一清二楚了。

「你威脅我，」威廉斯含混的說。

「我？老爺！」巴巴拉崙喊道，語氣中佯裝驚奇，似乎略含譏嘲。「我的老爺，是誰在提到死呀？是我嗎？不是呀！我只是提到生，只說到一個寂寞的人漫長的一生！」

他們隔著火站著，兩人都很沉默，兩人都以自己的方式了解目前的一分一秒是多麼重要。巴巴拉崙的宿命觀在懸宕未決的關頭，只能使他略感慰藉，因為宿命觀扼殺不了對未來的思慮，對成功的渴望，以及在等待上蒼揭曉不變旨意中所受的痛苦。宿命觀是由於恐懼未來而產生的，因為我們全都相信成功掌握在自己的手中，但又懷疑自己的雙手軟弱無能。巴巴拉崙望著威廉斯，慶幸自己有能力去擺布這個白人。阿都拉有了個領航——萬一事情有什麼差錯，就有個平息林格憤怒的替死鬼。他會小心把他安放在每一件事情之前。無論如何，讓白人自己窩裡反。他們全都是傻子，他痛恨他們——這些強有力的傻子。他深知憑藉公義的智慧，是穩操勝券的。

威廉斯沉鬱地測度著自己受辱的程度。他，一個白人，白人之中的翹楚，落在這些可卑的野蠻人手中，就要淪為他們的工具了。他對著他們，感受到自己的種族、自己的道德、自己的智慧全盤的憎恨。他用悲戚憐憫的眼光看自己。她把他逮住了。他以前聽說過這一類的事，他聽說過女人……他從不相信這些故事……但這些故事卻是真的。只是他自己之為俘虜就更不自由、更可怖、更無可挽回，連一點救贖的希望也沒有。他納罕上蒼何以如此弄人，竟使他變成這樣！更糟的是，竟然允許像奧邁耶這樣一個人活在世上。他去見他時已經盡了自己的責任，他為什麼懵然不懂？人全都是傻子。他給了他機會，那傢伙不明白，這對自己——威廉斯來說真是慘得很。他想把她從她族人中帶走，這就是他肯屈尊去見奧邁耶的原因。他自我反省，想著心都沉下去了，知道自己的確是，不知怎麼的，沒有了她便活不下去。這事實既可怕又甜蜜。他記得最初的日子，她的外貌，她的臉，她的笑，她的眼睛，她的話語。一個蠻族女子！但他覺察到他什麼都想不起來，只想到他們離別的這三天，以及重逢的這幾個鐘頭！好吧！他若不能帶她走，就只有跟從她……他有一陣子想起米已成炊，無可挽回，竟有種醜惡的樂趣，他已經豁出去了！他以此為榮，準備面臨一切，什麼都幹。他什麼都不介意，什麼人都不在乎。他自以為天不怕地不怕，但事實上他只是醉了，中了熱情追憶的毒而醉了。

他把手伸在火上，向四周張望，然後叫起來，「愛伊莎！」

她先前一定是近在咫尺，因為她立時現身在火光中，上半身裹在厚厚一層層的頭巾裡，頭巾從前額垂下，尾端從一個肩頭掠到另一肩頭，把臉孔的下半部遮蔽起來，只看得見她的眼睛——黑黝黝閃著光，宛如星空。

威廉斯望著這個奇怪的、包裹起來的身影，感到憤慨、驚訝而無能為力。富商胡迪的這位舊親信，胸中對於什麼是體面行為，自有一套成見。他從陰鬱鬱的紅樹，黑沉沉的叢林以及成爲他主人的異教蠻子的靈魂中，避難在自己這一套所謂正當得體的觀念裡。她看來像是一綑活生生的廉價棉織品，這使他怒不可遏。她把自己掩藏起來，只爲了有個族裡的男人在一旁。他告訴過她別這樣做，但她不聽他的話。他的想法會否改變得與她對於什麼事得體合宜、什麼事值得尊重的看法一致？他真怕假以時日，會變成這樣。這一點，在他看來，真是可怕得很。她永不會改變！她認爲合乎禮儀的這種表現更顯示出他們兩人之間無可救藥的分歧，對他來說就好像又向下淪落了一步。她跟他太不一樣了。他是這麼文明！他突然省悟他們之間毫無相同之處——一絲想法、一點感覺也不相同！他無法將他每一步行動最簡單的動機向她解釋清楚……但他沒有了她又活不下去！

這個面對巴巴拉蚩站著的勇敢的人，突然喘了口氣，半像是呻吟。她違反他的意思把自己的臉掩蔽起來，這樣小小的一件事，對他來說，就像是揭發出什麼慘重的災禍似的，使他更不屑自己居然成爲感情的奴隸，這種感情他向來就瞧不起；也不屑自己無法堅持自己的意志，這意志，以及他所有的感受，他的人格，這一切的一切好像都在可鄙的慾念中喪失了，在那女人無價的允諾中喪失了。他當然不能明晰分辨自己苦難的因由，但是誰也不會愚昧得不知道受折磨，不感到因七情六慾衝擊交戰而受罪的滋味。愚昧的人跟最聰明的人一樣都須因七情六慾交錯而感到受罪，但對他們來說，掙扎與失敗的痛苦看來是奇怪的、莫名所以的、挽救得來、但毫不公道的。他站著望她，也望自己，氣得自頂至踵，渾身發抖，像是給人摑了一巴掌似的。他突然笑起來，但笑聲像是一陣假笑，那走了樣的回聲，從遠處傳來。

巴巴拉蚩在篝火另一端急急忙忙說道：「阿都拉老爺來了。」

12

阿都拉一踏出奧馬的小屋就望見了威廉斯。他當然預期會看到一個白人，可沒料到會是這個白人，這個他很熟悉的白人。每一個在各島之間做買賣，以及跟胡迪有生意來往的人都認識威廉斯。胡迪的這位親信過去兩年在錫江曾經主理過該公司所有的當地業務，老闆過問得很少。所以誰都認識威廉斯，阿都拉也認識，但他並不知悉威廉斯身敗名裂的事。其實有關這件事保密功夫很到家——保密得在錫江很多人都以爲威廉斯會回去，以爲他只是有了什麼祕密任務暫時離開而已。阿都拉深感意外，在門口猶疑不定。他原來以爲會見到一個海員——一個林格的舊僚屬之類，總之是一個普通人——也許難以對付，但始終不是他的對手。相反的，他發現自己面臨一個向來以做生意精明幹練出名的人。他是怎麼來這兒的？爲了什麼？阿都拉驚異過後定下神來，以威嚴的態度向篝火走去，兩眼牢牢地盯住威廉斯。他走到威廉斯面前兩步之遙時停下腳步，舉起右手莊重的打招呼。威廉斯微微點了點頭，過了一會兒就開口說話了。

「阿都拉老爺，我們彼此相識，」他說著，佯裝滿不在乎的樣子。

「我們一起做過買賣，」阿都拉莊嚴地回答道，「但那是在遠方呢。」

「我們也可能在這裡交易的。」威廉斯說。

「地方不成問題，做生意講求的是坦和誠。」

「說得不錯，是真心、誠意、坦坦蕩蕩的。我會告訴你我爲什麼來這兒的。」

「何必告訴呢？人離開了家可以體驗生活，你到處遊歷，遊歷就是勝利。你回去時一定增長不少見聞。」

「我永遠不回去了，」威廉斯打斷說，「我已經六親斷絕了。我是個無親無故的人。沒有公道，忠誠也就沒有了。」

阿都拉眉毛一揚，表示驚奇之意。同時又含含糊糊做了個手勢，好像在說「對呀！」以表示贊同和息事寧人似的。

那阿拉伯人直到現在一點也沒注意到愛伊莎；她站在火邊，威廉斯表陳之後，靜默片刻，她開口說話了。她用裹著面紗減弱不少的聲音向阿都拉說了幾句寒暄的話，稱他爲同胞。阿都拉很快瞟了她一眼，然後合乎禮儀的把眼睛盯在地上。她向他伸出手，用面紗一角覆蓋著；他拿起了手，握了兩次，放下來，轉向威廉斯。她探索地望著兩個男人，然後退下，好像突然間沒入夜色之中了。

「阿都拉老爺，我知道你是爲什麼來的。」威廉斯說道。「那個人告訴我的。」他向巴巴拉蚩點點頭，然後慢慢繼續說道：「這件事會很困難。」

「阿拉真神使凡事輕而易舉。」巴巴拉蚩在遠處很虔誠地插嘴道。

兩人迅速轉過身來，若有所思的站著望住他，好像在鄭重考慮這句話的眞實性。在他們的凝視下，巴巴拉蚩感到罕有的膽怯，不敢再進一步了。最後威廉斯輕輕移了一步，阿都拉緊跟著，兩人向院落走去，聲音沒入黑暗中，不久聽到他們走回來了，身影從黑蔭裡走出來，聲音也越來越清晰。他們重新繞著篝火兜圈子，巴巴拉蚩聽到幾個字，威廉斯在說——

「我年輕時曾經跟隨他航海多年。我這次來的時候，也曾經利用知識觀察過河流的入口。」

阿都拉用籠統的話附和著。

「見多識廣，安全妥當，」他說，然後又聽不見了。

巴巴拉蚩奔向大樹，在樹枝下黑沉沉的地方占了個位置，然後靠在樹幹上。他那兒大約是篝火與那兩人踱步盡頭的中央。他們在他身旁走過，阿都拉瘦瘦挺挺，頭抬得高高的，雙手垂在身前，機械地捻著念珠；威廉斯高大魁梧，比起他身邊瘦削的白色身影，看來又大又壯，他漫不經心地踱著步，每跨一步就等於另一個走兩步。他俯身向前望著阿都拉的臉，激動地做手勢時，粗大的手臂不停地比畫著。

他們走過巴巴拉蚩身邊，來來回回約莫五、六次，每次走到巴巴拉蚩與篝火的中途，他就可以把他們瞧得一清二楚，只見他們有時候會突然停下來，威廉斯加強語氣的說，阿都拉全神貫注的聽。然後，前一個停口不說了，後一個就微微彎下頭，好像接納什麼要求或同意什麼話似的。巴巴拉蚩不時聽到隻字片語或一聲叫喚。由於好奇心驅使，他爬到大樹下黑蔭的邊緣上，他們離他很近，他聽見威廉斯說：

「我一上船你就付錢，我一定得有這筆錢。」

他聽不清楚阿都拉的回答。他們下一次走過時，威廉斯在說：

「我的命運總是操在你手裡的啦！帶我到你船上的那條小船，回頭就把錢帶給奧馬。你一定得用個密封的袋把錢準備好。」

他們說的又聽不見了，但是這次沒走回頭，卻在火邊面對面停下來。威廉斯舞動手臂，高高的搖頭晃腦，一直在說話，然後又突然放下手頓著腳，隨即靜止了片刻，巴巴拉蚩凝神注視著，看到阿都拉的嘴唇幾乎使人瞧不見的翕動了一下，威廉斯突然抓住這阿拉伯人不動的手握起來。巴巴拉蚩如釋重負，吸了一大口氣。會談結束了，一切看來都算順利。

他現在向兩人走去，那兩人看見他，在靜默中等候著。威廉斯已經收斂起來了，裝出一副漠不關心的神情；阿都拉挪開了一、兩步。巴巴拉蚩滿腹疑團地望著他。

「我走了，」阿都拉說，「威廉斯老爺，我在河口外等你，等到第二次日落。一言爲定，我知道。」

「一言爲定。」威廉斯複述道。

阿都拉跟巴巴拉蚩在院子裡並肩走開，留下那白人一個人在篝火旁。那兩個跟隨阿都拉來的阿拉伯人做先導，很快穿過小門，走進火光通明，人聲嗡嗡的主院之中，但是巴巴拉蚩與阿都拉則停留在院子的這一廂。阿都拉說：

「很好，我們談了許多事，他肯了。」

「什麼時候？」巴巴拉蚩熱切地問道。

「從今天算起的第二天。我什麼都答應了，也打算守相當的諾言。」

「最慷慨的信徒啊，您總是大方的！您不會忘記請您駕臨此地的僕人的，我不是說了真話嗎？她把他的心都灼焦了。」

阿都拉手臂一揮，似乎要拂開這最後一句話，然後語重心長的慢慢說道：

「一定不能讓他出事兒，你明白嗎？平安無事，就好比在自己人當中一樣，等到——」

「等到什麼時候？」巴巴拉蚩低聲問道。

「等到我開口，」阿都拉說。「至於奧馬，」他頓了頓，斷續低聲說，「他很老了。」

「哎——呀！老弱多病，」巴巴拉蚩囁嚅著，突然傷感起來。

「他想我殺掉那個白人。他懇求我立即把他殺掉。」阿都拉輕蔑地說，又向門口走去。

「他很心焦，所有自知死期不遠的人都是這樣。」巴巴拉蚩抱歉地大聲說。

「叫奧馬跟我住，」阿都拉說道。「等到……不過沒關係了。記住！那個白人可千萬不要出事情。」

「他活在您庇護之下，」巴巴拉蚩莊重地答道。「這就夠了！」他觸觸自己的額頭，然後退後讓阿都拉先走。

現在他們回到先前的大院子裡了。他們一出現，滿院無精打采的情況一掃而空，所有的臉都即時變得生氣勃勃，興趣盎然起來。拉坎巴向他的貴賓走去，眼睛就朝著巴巴拉蚩瞧，巴巴拉蚩機密的點點頭叫他放心。拉坎巴笨拙地想裝出一副笑容，可是由於本性難移，就自然而然從眉頭下不情願的瞅著他所要奉承的人，詢問他是否俯允坐下用膳，還是寧願休憩？房子由他用，房子裡的一切，還有那些站得遠遠注視著這會晤的許多手下，都由他差使。沙埃阿都拉將主人的手按在胸前，低聲說了幾句心腹話，說是自己慣於清戒，加以性情憂鬱，所以不必休息，不用進食，所有這些下人也沒什麼可以派用場之處。沙埃阿都拉急於要離開；拉坎巴一股猶疑不決、鬱鬱不歡的樣子，雖表遺憾，卻禮儀周全。阿都拉老爺必須有些新的划手，要很多划手，可以縮短黝黑倦人的路程，嗨——呀！來人哪！備船哪！

河邊，一個個模糊的身影躍動著加入喧鬧紛雜的活動中，一片叫喚傳令，吆喝嘻鬧之聲。燃著的火把冒出的煙比發出的火光更多，在紅色的火光中，巴巴拉蚩上前稟告船隻已經準備妥當了。

沙埃阿都拉披著白色的長袍，穿過魅紅的火光，飄然輕曳，就像一個端莊的幽靈，由地位較低的鬼魂左右隨侍，在登船處，稍等片刻跟他所愛的主人及盟友告別。阿都拉開船之前把意思說得清清楚楚，然後在小艇正中一個四角撐開的藍布篷帳坐下來。在阿都拉前後蹲在舷邊的划手把槳高高舉起，準備齊齊划槳。準備好了？還沒有，大家暫停！沙埃阿都拉又開口說話了。拉坎巴與巴巴拉蚩靠緊岸邊站著聽他的話。他的話振奮人心。在太陽第二次升起之前，他們會再見面，沙埃阿都拉的船也一定會航行在這條河的河面上的。拉坎巴與巴巴拉蚩毫無疑慮——假如這是阿拉的旨意。他們都是在仁慈上主的手中，毫無疑慮。沙埃阿都拉也在上主之手，這位大商家從來不知道失敗爲何物！那白人亦如是——這個各島之間最出色的生意人，現在正在奧馬的篝火旁，頭枕著愛伊莎的膝頭躺著；阿都拉卻順著水流，乘著槳勢，在泥濘的河水之中，夾岸沉沉樹林的陰森高牆之間，飛馳而下，直奔那澄澈遼闊的大海。「眾島之主」號（以前屬於格陵諾克的，但被棄出售，現在重新註冊屬於檳榔嶼了。）正在那裡等候著它的主人，停泊在坦莊米拉嶙峋的紅色懸崖之下，在潮水洶湧的強流之中，不定地搖盪著。

潮濕的黑暗吞噬了大船，船上載著阿都拉與他那永不改變的洪福。拉坎巴、沙哈明與巴哈索恩靜靜望了一會兒，然後兩個客人說起話來，表示出他們滿懷的熱望。年高德劭的沙哈明，對於相當遙遠的未來活動大感樂趣。他會買小艇，他會到河流上游去探測，他會發展自己的生意，而且，有了阿都拉的資金做後台，他會在短短幾年之間發大財，短短幾年就夠了。目前來講，明天最好去見見奧邁耶，這個可惡傢伙的好運已到末日，得占點便宜，向他賒些貨來。沙哈明心想可以運用技巧向他甜言蜜語哄騙到手。歸根結蒂來說，這個魔頭之子是個傻瓜，這件事也值得一做，因爲跟著而來的大變革會把所有債項一筆勾消。沙哈明毫不隱瞞，就把這念頭說給他的同伴聽，一面老態龍鍾的嘻笑著，一面跟他們一起從河邊踱向住所。那牛頸子拉坎巴噘著嘴聽著，毫無笑意，那呆鈍充血的眼睛一閃也不閃，在他兩個客人間，慢吞吞拖著腳步穿過院落。但是巴哈索恩突然本著年輕人慷慨熱心的特性打斷老人的絮語……做買賣很好，但是這種使人快樂的轉變發生了沒有？白人該狠狠的搶光……他變得很興奮，說得很響，再說下去，就用手按著劍柄，亂七八糟的說到殺人、放火等這些光榮話題，以及他祖先那些馳名的英勇事蹟上去了。

巴巴拉蚩留在後面，自顧自想著大計。這個森巴鎮精明的政客在後頭不屑的望了望他那位顯貴的保護者，以及他的朋友們，然後站著冥想這些人認爲把握十足的未來。巴巴拉蚩可不這麼想，由於聰明過人，就隱然有不安之感，雖然倦睏，亦難以入眠。他終於離開河邊，替自己摸出條路，沿著圍籬爬行，迴避院子的中央，那兒小小的篝火閃爍著、眨巴著眼，好像院中凶險的黑暗正在反映靜空中的滿天星斗。他偷偷溜過奧馬院子的邊門，耐心地沿著竹欄柵爬行，直爬到角落上接連拉坎巴私宅的厚欄柵旁。站在那兒，他可以越過圍籬看見奧馬的茅屋與門前的篝火，也可以看到兩個人的影子坐在他與紅色的火光之間：一男一女。這景象似乎令這個心勞力絀的哲人興起唱歌的欲望。他所唱的其實算不得歌，只像沒有韻的吟誦，用粗嘎戰顫的聲音，急急速速但清清楚楚的唱出來。

假如巴巴拉蚩認爲這是一首歌，那麼就是一首有目的的歌，也許爲了這個理由，就沒有什麼藝術可言。凡是沒有技巧的即興歌曲所有的缺點，它都應有盡有，而主題又令人毛骨悚然。這首歌敘述一個沉船與口渴的故事，說一個人爲了一瓢水殺死了親兄弟。一個惡心的故事，也許有其目的，但是毫無教訓可言。不過巴巴拉蚩一定很喜歡這故事，因爲他唱了兩遍，第二次唱得甚至比第一次還響，把白色的米鳥跟停棲在奧馬院子裡大樹枝葉間孵小鳥的野鴿子都驚起了。在歌者頭頂上茂密的枝葉間，有一陣混亂的撲翼聲，一陣睡鳥的聒噪聲，以及一陣樹葉的抖動。火旁的人形動起來，女人的影子換了形狀。巴巴拉蚩的歌聲突然給一陣低微持續的咳聲打斷；打斷後，他沒有再唱，卻悄悄地溜走了，溜去尋找——即使尋不到好夢，也尋一點兒休息。

13

等阿都拉跟他的同伴一離開了院子，愛伊莎就走近威廉斯，站在他身旁。他沒注意她若有所待的神情，直到她輕輕碰他，才憤怒的轉身向她，撕開她的面紗，把它踩在腳下，當它是死敵似的。她微微含笑望著他，帶著容忍的好奇心，就像在看一架複雜的機器開動似的；因疑惑不解而興致盎然。他洩了憤之後，直挺挺嚴肅地站著俯望著篝火，可是她的手指在他頸背上那麼一撫，他嘴角上冷冷的線條就馬上抹去了，他的眼睛不自在的轉動，嘴唇也輕輕地抖顫起來。速度快得像是一顆鐵粒般無可抗拒——前一分鐘尚靜止不動的，下一分鐘卻飛向強烈的磁石，他衝向前，把她一把抱住，狂暴地擁在胸前，又驟然鬆手，使她踉蹌後退了幾步。她微開的嘴唇呼吸急促的嬌嗔道：

「喔！傻瓜！你要是用強壯的手臂把我擠死了，你又怎麼著？」

「你想活……想再從我身邊跑開，」他溫柔地說，「對不對？你說呀！」

她踏著碎步向他走去，頭微微側著，雙手放在臀上，略略平衡身軀，這走上前比逃開去更加引人。他興致勃勃地望著，入了迷。她開玩笑地說：

「我對一個離開我三天的男人該說些什麼呢？三天！」她重複說，作弄地在威廉斯眼前舉起三隻手指，他一把去抓她的手，但是她早有防備，把手一縮放在背後。

「不！」她說，「我不能給你抓到。可是我會過來的，我自己來因爲我喜歡來，別動，孩子呀，別用你的大手碰我。」她說著就再上前一步，又一步，威廉斯一動也不動，她靠著他，踮起腳尖直望進他眼裡去。她自己的眼睛好像更大了，亮油油溫柔的眼，既吸引人又撫慰人。就這樣望著，她把這男人的靈魂從他那木然不動的眸子裡懾走了。在她的凝睇下，威廉斯臉上的火花熄滅了，代之而起的，是肉體上的安寧，感官上的狂喜已經充斥了他僵硬的全身。這狂喜使追悔、躊躇與疑慮一掃而空；也使他享受癡迷的至福，愚騃、呆滯得像白癡一般。他四肢一動也不動，屏著息，僵挺挺地站著，從每一個毛孔裡吸取與她緊緊依偎的樂趣。

「近點！近點！」他囁嚅道。

她慢慢舉起雙臂，放在他的肩膊上，然後在他的頸背握緊了手，把雙臂一甩，頭望後仰著，眼皮微微下垂，那把濃密的頭髮直瀉下來，恰似染上艷紅火光的黑檀。雖然身上緊緊墜著她的軀體，他仍然站立著，就如四周林子裡一棵大樹似的挺拔堅實，屹立不動。眼睛注視著她那下顎的形狀，她那脖子的輪廓，她胸脯聳出的線條，他饑饞專注的表情，就像一個餓慌了的人看見了食物一般。她貼近了他，頭靠著他的面頰，輕輕地、慢慢地撫弄。他嘆了口氣。她的手還是擱在他的肩頭，仰望寧靜的繁星，說道：

「已經過了半夜了，我們今天晚上就在火邊消磨吧！在火旁你得把你的話跟沙埃阿都拉的話，全都說給我聽。我聽了就會忘掉那三天——因爲我很乖，你說我乖不乖？」

他夢囈般說：「乖呀！」她向著大屋奔著去了。

她回來時，頭上頂著一捲上好的草薦，他已把火生旺了，就幫著她在篝火旁近茅屋處鋪好薦子。她很快的坐下，但動作優雅；他卻迫不及待地伸直全身，一躺而下，好像要先下手爲強似的。她捧著他的頭放在膝上。他感到她的手觸摸著自己的臉，她的指尖撫弄著自己的頭髮，就表現出讓人占有了的模樣，體會到一種安謐、休憩、快樂與欣慰的感覺。他的雙手向上摸索著她的頸項，把她拉下來臉俯在自己的臉上，然後竊竊低語道：「要能這樣死掉就好了——現在就死！」她用嚴肅的大眼睛望著他，眼裡並沒有附和的神色。他的想法跟她的了解距離很遠，因此她漫不經心的讓這些話溜過，就像吹過的一絲風，飄過的一抹雲。雖然身爲女人，但由於單純，她無法理解這句話中極大的奉承，這是極樂的傾許，出於至誠，發自肺腑，抒自胸臆。凡是腐敗墮落都如此，這是瘋狂的聲音，如癡的平安，這種快樂是傷風敗德、畏縮怯懦，然卻美不可言的。墮落的腦筋不願想及它的終結。對於這種快樂的犧牲者來說，快樂的盡頭，就是這快樂的代價磨難的開端。

她輕蹙眉頭，一心想著自己的意願，說道：「現在把話統統說出來，你跟沙埃阿都拉說過什麼話。」

「說什麼？什麼話？」她的聲音喚回了那在她輕撫下離去的知覺，使他省悟到逝去的流光，每一分一秒都像是譴責；那慢慢的、不情願的、無可抗拒的逝去的流光，標刻著他邁向沉淪之途的足印。他對此並沒有任何信心，在這痛苦的路途上並不知何時終結。這只是一種模糊的感覺，一種受苦受難的威脅，就像是患病之前隱約的警告，一種罪惡的告誡，含混不清，又懼又喜，既想服輸又要反抗。他對自己心靈的狀況感到很慚愧。說到底，他怕的是什麼？是因爲有所顧忌？爲什麼猶疑不決，不敢去想去說他立意要做的事？只有呆子才有所顧忌，他明顯的職責是使自己快樂。他有沒有立過誓要效忠林格？沒有，這就是了——他可不讓那呆老頭的利益橫梗在威廉斯與威廉斯的幸福之間。幸福？他不會是走在歧途上吧？幸福的意義就是金錢，很多錢，至少他個人一直認爲如此，直到他經歷了這些新的感受……

愛伊莎不耐煩的一再發問，打斷了他的沉思，他抬頭望見她的臉在微弱的火光中閃爍，就盡情伸展四肢，順從她的意思，說得慢慢的，比呼吸響不了多少。她的頭挨近他的唇，聽得出了神，興致盎然，全神貫注，一動也不動。大院落裡的許多雜聲逐漸靜下來，睡眠使所有的聲音沉寂，所有的眼睛闔上。然後有人哼出一首歌，每一句的結尾都拖著長長的鼻音。他動了一下，她很快地按住他的嘴，坐直了身子。一陣微弱的咳嗽聲，樹葉輕搖，接著大地上就萬籟俱寂了。是冷雋、哀戚、深邃的沉靜，像死亡多於像平安，比最強烈的騷動更難以忍受。一待她拿開手，他就急急開口說話；這全然絕對的沉靜，簡直使他受不了，在這沉靜中，他的思想幾乎響得像是吶喊一般。

「誰在吵吵鬧鬧？」他問道。

「我不知道，他已經走了。」她匆匆回答。「你說吧，你不會回到你自己人那兒去了，不會不帶我就回去，也不會帶著我回去。你答應嗎？」

「我已經答應過了。我沒有自己人了，我不是跟你說過，我只有你一個了？」

「哎！是呀！」她慢慢的說，「但是我要再聽你說——每一天，每一夜，我每次問的時候都說，永遠不要因爲我問你而生氣。我怕那些不害臊、眼睛凶巴巴的白種女人。」她把他的臉仔細的端詳了一番，接著說：「她們很漂亮嗎？她們一定很漂亮。」

「我不知道，」他沉思著低語道。「就算我本來知道的，望著你也就忘記了。」

「忘記！但是有三天兩夜你把我也給忘記了！爲什麼？我們住在溪邊的時候，我最初提到阿都拉老爺的時候，你爲什麼生我的氣？那時候你記起了什麼人，你家鄉的什麼人。你的話是假的。你真是個白種人，虛情假意的，我知道。可是你一對我說你愛我，我又情不自禁的相信你。我可真害怕呀！」

她這麼激烈，他既感到困擾又有些得意，說道：「好啦，現在我跟你在一起了。我回來了，走開的是你呀！」

「等你幫了阿都拉打倒了海大王，他是白人當中最厲害的一個，那我就不再害怕了。」她輕輕的說。

「我告訴你以前我從來沒有別的女人，我也沒有什麼可以遺憾的，我除了仇敵外什麼都不記牢，你一定得相信我說的話。」

「你是從那裡來的？」她熱情洋溢的低語，既衝動又語無倫次。「你從大海那一邊來，大海那邊的土地是怎麼樣的？那是謊言壞事的地方，從那兒到我們這些不是白種人地區來的，什麼都沒有，只有災禍，你最初不是叫我跟你到那兒去嗎？這就是我離開的原因。」

「我再也不會叫你這麼做了。」

「那兒沒有女人在等著你嗎？」

「沒有！」威廉斯斷然答道。

她俯下身來，嘴唇在他臉孔上端晃動著，長長的頭髮，輕刷著他的面頰。

「你教過我你們鬼地方戀愛的方法，」她呢喃著，再彎得低些，輕柔地說道：「像這樣？」

「是的，像這樣！」他回答得很輕，聲音因爲熱情激越而微微戰顫。她突然把雙唇壓在他的唇上，他在極樂中閉上了眼睛。

沉靜了很長一段時間，她輕輕撫弄他的頭髮，他如夢如幻地躺著，若不是受擾於一個熟悉身影的模糊形象，就快樂得毫無憾意了。幻象中，有一個人從他身旁走開，在一長列奇形怪狀的樹叢中逐漸縮小，樹上每一片葉子都是一隻眼睛，從後面窺察著這個人。他越來越遠，越變越小，但是儘管不停變小卻並未從視線消失，他想看著他消失，不耐的急於看到他失蹤，他小心翼翼、不厭其煩地注視著它。那個形象有些似曾相識之處，什麼？是他自己！他突然驚起，睜開了眼睛，從如此遙遠的地方突然回來，發現自己回到篝火邊，全是迅如閃電的事！這種感覺使他戰慄。他原來是在半睡半醒中——他在她懷裡打了幾秒鐘盹。只是夢境的開始——再不是什麼了，看到自己如此從容的走開了——到那裡去呢？話說回頭，假如他沒能及時醒來，豈不是就永遠不會從那兒回頭了——那個他正在走去的什麼地方。他感到很憤怒，這像是在偷遁，像個囚犯在潛逃——那東西趁他熟睡時偷偷溜走。他很生氣，而且對自己莫名其妙的可笑感情也十分震驚。

她覺得他在發抖，就對他輕訴溫柔的低語，把他的頭擁在自己胸前。他又感到十分寧謐，完完全全的寧謐，就如他們周遭的沉靜一般。他喃喃道：

「你累了，愛伊莎。」

她回答的聲音這麼輕、這麼含混，就像一聲嘆息。

「孩子啊，我會看著你入睡！」

他靜靜地躺著，傾聽她心房的跳動。跳動的聲音又輕又快，持續穩定；她的生命依偎著他的面頰在跳動，使他清楚感受到她是穩然屬於他的，使他信念更堅定，認為自己擁有這個人，也像對未來渺茫的幸福有了保障。現在再沒有悔恨、懷疑與躊躇了。以前有過嗎？所有這一切好像離得很遠，許多年以前的事了——就像迷亂中褪了色的記憶一般失真與模糊。過去所有的痛苦、折磨與掙扎，他垮台後的屈辱與憤怒，所有這些只不過是個醜惡的噩夢，睡眠中產生的事物，該遭忘懷，了無痕跡——真實的生命是現在——

他的頭靠著她跳動得如此穩定的心房時，這如夢如幻，凝然不動的片刻！

他現在已經清醒過來了，疲乏的身子經過令人恢復精力的幾秒鐘無可抗拒的睡眠之後，興奮地清醒著，他那睜得大大的眼睛茫茫然望著奧馬茅屋的入口處。那茅草的牆在火光中閃閃發光，篝火的煙，又細又藍，斜斜升起，繞成圓圈螺旋，飄入門口。門裡頭空蕩蕩黑黝黝，在他看來謎樣的深不可測，就如幕幄般隱蔽著遼闊的空間，內藏難測的玄機。這只是他在胡思亂想而已，但想得入神，因此在他看到黑暗中突然有一個頭顱出現時，就當作是自己幻想的一部分，或是另一個短夢的開端——他那疲勞過度的腦袋中的另一個妄想。這是一張垂下眼皮的臉，又老又瘦，臉色蠟黃，臉下拖著一把散亂的白鬚，長可及地。一個沒有身子的頭顱，只離地面一呎，在火光的外圈微微地左右轉動，好像在使兩頰輪流攫取火光煥發出來的熱。他驚異地呆望著它，越來越清晰了，好像向著他走近了，接著看出一個手足並用爬著的身子的模糊輪廓，一吋一吋的爬向火堆，靜悄悄的移動簡直叫人不知不覺。看到這個瞎眼的頭拖著殘廢的身子出現，他怔住了。無聲無息，瞎眼的臉上表情凝然不變，這張臉一時清晰可見，一時又在火光搖曳中模糊不清，一張無聲的臉，雙唇間銜著把匕首，這可不是在做夢！是奧馬的臉，但是為什麼？他有什麼企圖？

他在這快樂得怠倦乏力的時光實在太懶得去回答這個問題了，問題在腦際掠過又放開不理，他又自由自在的去傾聽她心房的跳動，傾聽那珍貴輕靈、充斥著無邊靜夜的聲音。向上仰望，他瞥見女人那寂然不動的頭正俯視著他，長長的睫毛間閃著溫柔的眼波如一翦秋水，睫毛的陰影停駐在臉頰輕柔的曲線上，在秋水凝睇下，他對那魅影、那傴僂著以火光爲指引向火堆爬來的影子所產生的不安、驚異與無名的恐懼，已一掃而空——全都沉溺在他那感官的寧謐之中了，就如吸食一劑鴉片煙後，所有痛苦都沉溺在醉人的安詳中一般。

他微微轉動一下頭的位置，現在可以很容易的看清楚那個他一分鐘前看到而又差不多忘掉了的幻影。它又移近了點，無聲無息的挪動著，有如夢魘的影子，它近在眼前了！靜悄悄的一動也不動，就像是在傾聽什麼似的，一手一腿在前，脖子向前伸出，頭整個轉向篝火。他可以看見那張憔悴的臉，突出的顴骨上包著的皮在閃閃發光，下陷的太陽穴及兩頰黑洞洞，眼上墨黑的兩塊，蓋在已經瞎了的看不見的眼珠上。到底是什麼衝動，把這個瞎眼殘廢的人驅使到夜色裡，向著火光匍匐爬來？他望著他出了神，但是這張條明條暗的臉，並沒有透露什麼，雖然近在眼前卻不可捉摸，就如一扇門上了的門。

奧馬直起身來，做出跪著的姿勢然後跌坐在自己的腳踝上，雙手垂在前面。威廉斯迷迷糊糊猶如在夢中，但望過去清楚看到薄薄的唇間銜著一把匕首，像是臉上一條橫杆；一邊是刀柄，柄上打磨過的木頭反映著篝火的紅光；刀口形成細細的一線，伸展凝聚到另一端隱約的黑點上。他的內心大爲震驚，使身子軟在愛伊莎的懷抱裡動彈不得，胸臆間卻因無能爲力的恐懼而激動起來。他突然間覺悟到是他自己的死亡正在朝他摸索前來；是對他的恨，對她愛他的恨，驅使這個曾經一度叱咤風雲、堅毅果斷的海盜，如今拖著殘弱無能之軀，來嘗試孤注一擲，這一著可能成爲不幸的風燭殘年之中光采榮耀的無尙安慰。他一面全身癱瘓、驚懼萬分的望著那做父親的，再次步步爲營的爬近來了——盲目得像天數，也執著得像命運；一面又貪婪熱切地傾聽耳邊那做女兒的心房跳動的聲音，輕盈、急促而又持續不輟。

他給可怖的恐懼攫住了，這恐懼陰冷的手把它的獵物所有的意志與力量全都掠走了，連想逃走、抗拒與移動的慾望都奪掉了；把希望與絕望都一起摧毀，在突如其來的攻擊下，就像給老虎鉗夾住了似的，只剩下空洞無用的軀殼。這不是對死亡的恐懼——他以前經歷過出生入死的危險，這甚至不是對這種特殊死亡形式的恐懼。這也不是對終局的恐懼，因爲他明白終局還不會來到。只要動一動、跳一下或叫一聲，就可以把自己從這瞎眼老人羸弱的手下救出來，從那隻小心翼翼的在地下掃著、就算現在還在黑暗中摸索他身體的手裡解救出來。這是種不合理性的恐懼，由於突然窺見了不知的事物而引起的，他洞悉了這些一向忽略、但一向存在於那些遭人唾棄的人胸中的動機、衝動與願望。全都近在身邊，顯露片刻，轉瞬又隱藏在懷疑欺詐的黑霧裡。使他驚懼的不是死亡，而是這種叫人迷惘的生活。在這種生活中，他對周遭的一人一物均無從了解，在此他什麼事什麼人都不能引導、控制與理解——連他自己也包括在內。

他感到身邊一觸，這一觸比母親的手輕撫孩子的睡臉還輕，對他而言，卻宛如沉重的一擊。奧馬已經爬近了，現在，跪著俯向著他，一隻手拿著匕首，另一隻手在他外套上輕輕向他胸口摸索而上，但是那張依然向著火光的臉，卻是木然不動的，對它不可能看得到的東西如頑石般毫不動容。威廉斯勉力把目光從這張死氣沉沉的臉譜挪開，轉向愛伊莎的頭部，她坐著一動也不動，好像已經成爲沉睡大地的一部分了。接著，突然間看到她大而深沉的眼睛睜開了，懾人的盯視著，又感到她的雙手死命的把他的手臂壓緊在他身旁。一秒鐘慢慢度過，滯緩而淒苦，就像舉哀的日子一般；這是充滿遺憾悔恨的一秒鐘，怨不該信任她！他對人的信念原已遭摧殘，這是劫後僅存的信心！她抓牢他！連她也這樣！他感到她的心猛然一跳，他的頭滑在她膝頭上，他閉上了眼睛，一無所依！一無所依！就像她已經死了，就像她的心已經躍出來！沒入夜空，捨棄了他，把他束手無援孤零零一個留在空蕩蕩的世上。

她突然一衝把他拋在一旁，他的頭重重碰在地上。他躺在那兒像是楞住了，臉孔向上，一動也不敢動，看不見掙扎，只聽到瘋狂的恐懼中刺耳的尖叫，聽到她憤怒的低語，又一聲尖叫變成了呻吟。他最後站起來時，看到愛伊莎跪著俯在她父親身上，他看到她身子向後仰竭力想壓制他，看到奧馬扭曲的四肢，一隻手舉在她頭上，又看到她一把抓住他的手腕。他本能的一步向前，但她狂野的向著他，扭回頭大喊：「退後，不要走近，不要……」

於是他猛可停下來，雙臂癱軟的垂在身旁，好像這些話使他變成了石頭。她怕他可能用武，可是在他信念完全崩敗之時，想及她寧願獨自殺死她父親，不由得怵然心驚。他望著他們搏鬥的最後階段，眼裡似乎充滿了紅霧，看來凶殘得超過尋常，也帶有邪惡的意義，像什麼妖魔卑劣的東西，在這恐怖之夜的掩蓋下，便把他也牽連在內。他既受驚又感激，無可抵抗地受她吸引，又準備逃之夭夭。他最初無法動彈，接著又不願動彈，想要看看會發生什麼事。他看見她用盡力氣把那顯然毫無生氣的身體舉起，抬進茅屋裡去。他們消失後，他還是站著，眼裡仍然有那生動的印象，看到那個頭垂晃在她的肩膊上，下顎吊下來，癱瘓、沉靜，毫無意義，就像一具屍體的頭。

接著過了一會兒，他聽見她的聲音在屋裡說話，聲音很嚴厲，聲調焦躁粗暴，然後又聽到呻吟聲，以及筋疲力竭、斷斷續續的低語聲在作答。她說得響些，他聽見她激動地說：「不行！不行！不行！怎麼也不行！」

然後又是一陣哀聲求情的低語，像是什麼人在嚥氣前的最後要求似的，只聽她說：

「絕不行！我情願刺進自己的心裡！」

她走出來，在門口站著喘了一會氣，然後踏進火光中。在她身後，從黑暗裡傳來聲音，要老天爺報應在她頭上，聲音越來越高、越尖、聲嘶力竭，一遍又一遍重複著咒語——隨後激動的尖叫一聲，逐漸轉爲粗嗄的低語，終之以深沉的長嘆。她面對著威廉斯站著，一隻手放在背後，另一隻舉起做了個要他注意的手勢，她就用那種姿態站著聆聽，直至屋裡完全靜下來爲止。然後她又向前跨了一步，手慢慢垂下來。

「反正就是倒楣！」她心不在焉地低聲自言自語：「我們這種不是白人的人，反正就是倒楣！」她臉上激動憤怒的神色已經消逝了，改以專注哀戚的目光牢牢盯住威廉斯看。

他突然一驚，恢復了神智與說話的能力。

「愛伊莎，」他喊叫道，說的話衝口而出，又急促又緊張。「愛伊莎！我怎麼能住在這兒？信任我吧，相信我，我們離開吧！走得遠遠的，很遠很遠，你跟我兩個人！」

他並沒有停下來問問到底逃不逃得了，如何走，何時走。他是因爲一個白人對血緣不同、種族不同的人如潮水般湧現的恨、憎厭與輕蔑而沖昏了頭腦。那些褐色的皮膚，那些如大海般虛僞、比黑夜還黑的心！這種厭惡的感覺勝過了理智，使他確信自己不可能跟她族人一起生活。他激動的求她跟他一起離開，因爲在這個可憎的整群人裡，他單單要這個女人，但要她離開他們！離開這些賤種與殺人凶手。雖然她出生於這群人中，他要她跟自己離群索居，躲在什麼平安混沌的僻靜角落。他說著說著，憤怒與輕蔑隨之而起，他的恨幾乎變成了恐懼，而他想擁有她的慾望變得十分強烈，如火灼一般，既無理性又殘忍不仁，這慾望超越他所有的感官向他吶喊，比恨更響，比怕更強，比輕視更深——無可拒絕，又確確切切，就像是死亡本身一般。

她在稍遠處站著，恰好在亮光裡，卻又在她所自來的黑暗邊緣，傾聽著，一隻手仍然放在背後，另一隻手臂向前伸出，手掌半張，好像要捕捉掠過的字語，這些話繞著她響，激情、恐嚇、哀懇，一字一語都沾染了他受罪的痛苦，都是由那啃齧著他內心的不耐催出來的。她聽著、聽著，看到他懇求的意思越來越明白，在她憤怒的眼前，氣憤痛苦地瞥見她那愛情的殿堂，原是她一手建成的，現在卻由於這個人的恐懼，由於他的虛情假意而遭摧毀，慢慢倒塌下來碎成片片。她感到心裡沉下來了。猶記得那些在溪畔的日子，她曾經聽過別種話語、別種思想，以及為別的事所做的允諾與請求，都來自這個人的嘴唇，只為求取她的一顰一笑，一點頭，一啓唇，他的心裡除了她難道還容得了別的事？除了得到她的愛難道還有別的慾望？除了怕失去她難道還有其他的恐懼？怎麼可能呢？是她在一瞬間變老變醜了？她感到痛心疾首又驚奇意外，更因料想不到的羞辱而氣憤。她的眼睛緊緊的、莊嚴的、一動也不動地盯著這個人，這個生在暴力罪惡之邦的人，那兒給這些非白種人帶來的，除了不幸之外，便一無所有。他不去想她的愛撫，不在她的擁抱中忘掉全世界，竟然還在想著他的同胞，想著那些掠奪世界各地、主宰五湖四海、不知仁慈真理為何物、除了強權外一無所知的人！啊！徒有強力沒有真心的人！跟他去一個遙遠的地方，迷失在冷眼假心的人群中，在那兒失去他！怎麼也不！他瘋了——嚇瘋了！但他不該離她而去！她要把他留在這兒當奴隸也當主人，在此地孑然一身跟她在一起，在此他必須為她而生，或為她而死。她對他的愛有權，這愛是她促成的；當他講著這些無意識的話時，這愛存在他心中。她必須在他與其他白人之間築起一道仇恨的牆，他不僅該留下，還得遵守對阿都拉的諾言，這諾言實踐後她就安全了……

「愛伊莎！我們走吧！有你在我身邊，我便赤手空拳也敢去打他們，也許不要！我們明天就離開，就上了阿都拉的船了，你跟我，我就能……假如碰巧船撞上了岸，我們可以偷一艘小船，趁亂逃走……你不怕大海的……在大海上我可以自由……」

他伸出了雙臂慢慢走近她，一面用斷斷續續的話，熱烈地懇求著，這些話因爲過分激動而說得結結巴巴。她向後退保持了距離，目光銳利的盯著他瞧，要看穿他臉上表現出來的疑惑與希望，好像在搜尋他內心深處的思想。她好像已把四周的黑暗慢慢攏起來，包住了自己，皺褶起伏，使她變成模糊不清。他亦步亦趨地跟著她，直至最後兩人都停了下來，在院子裡的大樹下面對面。這棵給森林放逐出來的孤樹，在放逐中變成高大莊嚴，寂然不動，經年累月巍然獨立著，歲月都讓那些爬在他腳下的侏儒驅走了，大樹在他們頭上昂然挺立。它在寂寞的偉大中，好似漠不動心，威儀堂堂地觀望著，伸展著枝葉，儼然是一副保護的姿態，像是把它們隱藏在無數濃葉深深的庇蔭之下，秉於強者倨傲的憐憫、年邁巨人輕蔑的同情，把這兩個人心靈的掙扎，從閃爍群星冷漠監視下掩蔽起來。

他求她垂憐的最後一呼喚叫得很響，在黑沉沉的樹蓋下振盪著，在枝葉間穿梭著，驚醒了比翼而眠的白鳥，但這呼喚在寂然不動的濃密樹葉間窒息了，毫無回響的沉寂下來。他看不見她的臉，但聽到她在嘆息，以及用模糊難辨的話在胡亂咕噥。接著，正當他在屏息靜聽時，她突然高叫道：

「你聽見他說話沒有？他咒我，因爲我愛你，你給我的是痛苦和掙扎——還受他咒罵，現在你竟然要帶我走得遠遠的，到那個會失去你、失去我生命的地方去，現在你的愛就是我的生命了。我還有什麼呢？別動。」他稍微動了一下。她激動得大叫起來，「別說話！拿住！去睡覺去吧！」

他看見她的手臂一掠，有什麼東西閃過，噹的一聲敲在他身後接近篝火的地上。他本能地轉過身去看，一把沒有上鞘的匕首躺在餘燼旁，黑沉沉陰森森，看來像是什麼原來有生命，現在已經壓碎死去的東西，不再咄咄逼人。在暗紅的火光中，匕首黝黑起伏的輪廓顯得非常清晰沉靜。他連想都不想就走上前去把它拾起來，卑躬屈膝，哀憐傷感的蹲下來，就像一個乞丐在路邊塵土裡撿拾拋給他的施捨。這就是他懇求的所得嗎？就是他那熱烈真切的肺腑之言的答案嗎？這個用木與鐵製成既可鄙又狠毒、既脆弱又致命的東西，就是像折辱一般丟給他的答案嗎？他執著刀刃，望著刀柄，發了一陣呆，再讓它掉在腳下。他轉過身來時，所面對的只有茫茫黑夜——無盡、深遠、沉靜的夜，一片黑暗，她在其中不見了，沒留下任何蹤跡。

他步履不定地向前走去，伸出兩隻手，痛苦得宛如突然失明的人。

「愛伊莎！」他叫道，「馬上到我這裡來喲。」

他張望著，聆聽著，可是什麼也看不見，什麼也聽不到。過了一會，一片黑暗好似在眼前浮動起來，像一幅透露動作但隱藏形象的幕幃，接著聽到輕碎急促的腳步聲，然後是通往拉坎巴院子的門忽地一響。他一躍向前，衝到粗糙的木材旁，及時聽到有人在說，「快！快！」然後是另一端上了門閂，把門關好的聲音。他舉起雙臂，手掌按著木柵，向下一滑，在地上跌成一堆。

「愛伊莎，」他哀求道，把嘴唇貼緊木樁間的一道裂縫，「愛伊莎，你聽見嗎？回來，我會照你的意思做，成全你，所有的願望，就算要把整個森巴鎭放火燒掉，再用血來滅火也在所不惜，只要你回來，現在就馬上回來，你在那邊嗎？你聽見我說嗎？愛伊莎！」

在另一端聽到女人們受了驚的耳語聲，突然介入一陣吃驚的輕笑，有個女人低聲讚美道：「這些話眞勇敢！」然後，靜默片刻，愛伊莎叫道：

「去睡覺去吧！你出發的時候快到了。現在我怕你了，怕你膽小，你跟阿都拉老爺回來的時候，就會變得很了不起，你可以在這兒找到我，到了那時候就只有愛，沒有別的——永生永世！到死方休！」

他聽著拖曳的腳步聲逐漸遠去，自己爬起來，心裡對這個如此野蠻而又如此迷人的女人暴怒欲狂，但又啞口無言。恨她，恨自己，恨他所有認識的人，怨天怨地，怨他抑鬱胸腔吸進的空氣，恨空氣因爲空氣使他生存，恨她因爲她使他受罪。但他又離不開那道她通過的小門。他蕩開了一點點路，又折回來，靠著院子頹然倒下，卻再次猛然躍起，只爲著想擺脫這種魔力，這種擰住他，使他再癡癡的順服、狂怒的回頭的魔力。在那覆蓋頭上扶疏枝葉的沉靜莊嚴的庇護之下，在無數樹葉保護中白鳥比翼而眠的高枝之下，他顛動得有如旋風中的一粒灰塵——隨風起落，旋轉不停，但始終近在門口。在那陰沉的漫漫長宵裡，他徹夜與無形的對手搏鬥，他跟影子、跟黑暗、跟寂靜搏鬥，他搏鬥時寂然無聲，打著空拳，從一邊衝到另一邊；他頑固而無告，每次都給擋回來，就像一個人囿於無形的魔術圈中著了魔一般。

第三部

14

「對呀！貓啦！狗啦！隨便什麼會抓會咬的東西，只要夠害人夠骯髒就得了。什麼東西，都不如害病的老虎叫你開心。看見一隻半死的老虎你就可以流眼淚，然後交給你手下的什麼可憐蟲去替你照顧餵養。從不想想後果——想想對這可憐蟲會怎麼樣，讓他給撕傷吞掉好了，你可沒有餘力去同情那些因爲你這種鬼善心而受害的人。你才不同情呢！你那副軟心腸只爲了有毒的、要人命的東西才流血的，你那副慈善眼睛看中了他那天可真該咒，我咒它……」

「好啦！好啦！」林格隔著鬍子吼起來。奧邁耶說著說著快要哽住了，深深吸了口氣，又繼續說下去——

「對呀！向來都是這樣的。向來是的，打從我記得起開始。你不記得了嗎？那隻你抱在手裡，在曼谷帶上船餓得半死的狗怎麼樣呀？抱在你手裡……第二天就發了瘋咬了水手長①。你可不能說，你忘了這件事吧！你手下最好的水手長呀！在他病發要死的時候，你幫著我們把他縛到錨鏈上，親口這麼說的，哪！你難道沒說過嗎？那人留下兩個

---

① Serang，東印度馬來人的水手長。

老婆，這許多孩子。那是你幹的好事——還有一次，你千辛萬苦，冒著犧牲自己船隻的危險，在台灣海峽救一艘漏水舢板上的一些中國人，那是一樁聰明的好事，不是嗎？那些該死的中國人不到兩天就起來造反了。他們是亡命漢呀！說什麼可憐的漁民！你下決心在烈風中從下風岸跑下去救他們時，已經知道是亡命漢了。瘋狂的怪僻！他們要不是惡棍，無可救藥的惡棍，你就不會爲他們讓自己的船冒風險了，我知道的。你就不會讓你那些海員冒生命危險——這些海員你挺愛護的，還有你自己的命哪！那不是笨得要死嗎？還有，除了這點，你也不老實呀，萬一你淹死了呢？我就會一團糟，孤零零在這裡跟你那養女一起。你應該先對我盡責；我娶那女人是爲了你答應過讓我發財。你明知自己答應了的，然後過了三個月，你就走了，去幹起那瘋狂的勾當來了——爲的還是一大群中國人。中國人！你沒有道德觀念。說起來，那些殺人凶徒把你那許多心愛的手下宰了之後，還是不得不給趕到水裡去。我大有可能給他們害垮的。你說，這叫作老實嗎？」

「得了！得了！」林格咕嚕著，不安地嚼著那熄了火的方頭雪茄煙尾，一面望著奧邁耶。奧邁耶在露台上發狂似地跺著腳，走來走去。林格很像一個牧羊人，眼看著他那群馴服的羊群，其中突然有一頭出乎意外地對他發狂反抗起來。他看來很窘，不屑的又好氣又好笑，還感到自尊心有些受創，像是有人惡作劇的要損傷他似的。奧邁耶突然停下來，把雙手交叉在胸上，俯身向前，繼續說道：

「我大可能因此給弄得狼狽非常——全是爲了你那不顧自己死活的荒唐態度——

可是我並沒有記恨抱怨，我知道你的弱點。可是現在——我一想到這個！現在，我們完蛋了，完了！完了！我可憐的小妮娜，完了！」

他狠狠地拍著大腿，來來回回踏著碎步，抓了一把椅子，嘭地一聲放在林格面前，坐下來頹然瞪視著這個老水手。林格堅定地回看他，慢吞吞地在各個口袋裡摸索，終於摸出一盒火柴來，接著小心翼翼地點燃了他的雪茄，在嘴唇裡轉呀轉的，眼光一刻也沒離開過這個沮喪的奧邁耶。然後隔著一陣煙霧，他平平靜靜地說道：

「假如你經歷過的艱辛困難像我一般多，小伙子，你就不會這麼怨氣沖天了。我給整垮了不止一次，哪！現在我好端端地在這兒嘛。」

「是呀！你在這兒，」奧邁耶打斷說，「對我真是太有用啦！你要是早一個月來，那還有些用處；可是現在！……你倒還不如遠在千里之外的好。」

「你埋怨得像個爛醉的罵街潑婦，」林格心平氣和地說。他站起身來，慢慢走向露台的前欄邊，在他沉重的腳步下，地板搖動，全屋震盪。他背向著奧邁耶站了一會兒，眺望河面以及東岸的森林，然後轉過來，和藹地俯視著奧邁耶。

「今天早上這兒很靜呢，嗨？」他說。

奧邁耶抬起頭來。

「噯！你注意到了，是不是？我也認爲很靜！對了，林格船長，你在森巴鎮的威風已經過去了。只要僅僅早一個月，這露台上就會人頭洶湧的來歡迎你。那些人會走上這個梯階笑著來跟你跟我行額手禮。但是我們的好日子已經過完了，並不是由於我的錯。你可不能這麼說。這全是你那寶貝流氓幹的好事，啊！他真是臭美！你該看看他帶領那群凶神惡煞的暴徒的模樣！你會對你的舊寵引以為榮呢！」

「那傢伙精明，」林格沉思著喃喃說道。奧邁耶大叫一聲跳了起來。

「喔！就是這麼一句話！精明傢伙！喔！老天爺！」

「別丟醜現世了，坐下來，讓我們安安靜靜談談吧！我要知道全部經過情形，那麼是他統率的？」

「他是整件事的靈魂。他當帶水，領阿都拉的船進來。什麼人、什麼事都由他指揮。」奧邁耶說道又坐了下來，一臉認了命的神氣。

「到底是幾時的事？」

「在十六號我第一次聽到謠傳，說阿都拉的船進了河口。這件事，我起初不肯相信。到了第二天，再也不能懷疑了；在拉坎巴的地方公開舉行了一個大會，森巴鎮上的人差不多都參加了。到了十八號，『眾島之主』就停泊在森巴灘上，跟我的房子平排。讓我看看，正巧是六個星期以前。」

「那麼所有的事就這樣發生了？突如其來，你什麼也沒有聽到。沒有警告。什麼都沒有，從沒想過有些事會發生？得了吧！奧邁耶！」

「聽是聽過，不錯，我以往天天都聽到一些事，多半是撒謊。在森巴鎮除了扯謊還有別的嗎？」

「你也許不相信謠傳，」林格批評道。「事實上，你對於人家告訴你的事不該全盤相信，不然就像是頭一次上船的生手了。」

奧邁耶在椅子裡不安地挪動著。

「那混蛋有一天來這兒，」他說。「那時他已經離開這房子一兩個月，跟那個女人住在一起了。我只是偶爾從到此地來的巴塔魯魯的手下口中聽到他的消息。好了，有一天，大約是中午時分，他在這個院子裡露面了，好像是從地獄冒出來的——那才是他老家。」

林格把雪茄拿出，滿口白煙從他微啓的嘴唇裡噴出來，全神貫注地聽著。過了片刻奧邁耶繼續說下去，煩躁地望著地板——

「他看來實在是糟透了，也許是打擺子發了陣冷。左岸很不衛生，奇怪只不過隔了條河罷了……」

他住了口沉思起來，彷彿忘掉了他的怨怒，只狠狠出神想著左岸那邊處女林中衛生欠佳的情況。林格乘機大大地吐口氣噴出了煙，然後把煙蒂向肩後一甩。

「說下去，」他過了一會說。「他來見你……」

「可是衛生情況也不曾糟得使他送命，真可惜！」奧邁耶振作起來說下去，「於是，像我剛才說，他粗暴無禮的來這兒。他折辱我，含含混混恐嚇我。他想嚇唬我，威脅我，我！還有，老天爺！——他還說你會贊同的，你！你想得到這麼不要臉的事嗎！我當時沒法子把他的盤算弄得清清楚楚。我要是早知道，我會褒獎他，不錯，把他腦袋打開花來褒獎！但我怎麼想得到他竟然能領航，把一條船領進河了，你常常說河口好難進的嘛！而且，說到頭來，就只這件事危險：我在此地什麼人都對付得來，但是這阿都拉一來……他那艘船有槍砲，裝了十二門六磅銅砲，還有三十個手下，都是亡命無賴。蘇門答臘人，從答利和埃秦來的。那種人，打了一整天晚上還要再打的。」

「我知道，我知道，」林格不耐煩地說。

「那麼，他在我們碼頭停泊後，那些人的臉皮當然是厚得不像話。威廉斯親自把船領到最好的停泊處，我從這露台上可以看到他站在船頭，跟他那雜種主子在一起。那個女人也跟他在一起，靠得緊緊的。我聽說他們把她從拉坎巴的地方帶到船上；威廉斯說沒有她，就不肯再往上走了。他大發雷霆，怒氣沖天，我想把他們嚇壞了。阿都拉不得不干預一下。她獨個兒坐著小艇來，一上了甲板，就當著眾人面，跪倒在他腳下，抱著他的膝頭，哭著鬧著討饒。我真奇怪是爲了什麼？在森巴鎮人人都在談論這件事，他們從沒聽說過，也沒看見過這種事。這些都是我從阿里那兒聽來的，他在鎮上跑來跑去爲我打探消息。發生了什麼事我得知道，是不是？據我所了解，他們——他跟那個女人——讓人家當作什麼神祕人物——是無法理解的。有人說他們發了瘋，他們單獨跟一個老太婆住在拉坎巴院落外的一所房子裡，很受敬重，不，不如說是讓人怕。至少，人家很怕他。他是很粗暴的。她跟誰都不說話，跟他一刻也不離。這是此地的熱門話題，還有別的傳言。依我聽到的，我猜測拉坎巴跟阿都拉已經對他生厭了。還有謠傳說他趁著『眾島之主』離開了，趁著她離開此地南下時，去給阿都拉辦事去了。無論如何，他得把船領出河口；這件事那雜種還辦不到。」

林格一直在全神貫注地聆聽，直至此時，才開始慎重地踱起步來。奧邁耶停了口，用目光追隨著他，他正用海軍軍官的步伐來來回回踱著步，擰扭著自己長長的白鬚，一臉迷惑沉思的神情。

「所以他先來見你，是不是？」林格問道，並沒停下步來。

「是呀！我跟你說過，他是來過，來勒索錢財貨物——我不知道還有什麼。想開攤子做生意——豬玀！我把他帽子踢到院子裡去，他呢，就跟著帽子去了，後來，才又跟著阿都拉再來。我那時怎麼知道他會這樣害人，或是用別的手段呢！本地的騷亂，我全都可以派自己手下，還有借助巴塔魯魯的力量鎮壓下來的。」

「喔！不錯，巴塔魯魯。沒用，呃？你到底向他求助過沒有？」

「我難道沒有嗎？」奧邁耶叫道，「我在十二號那天親自去見他，那是在阿都拉入河前四天。事實上，就是在同一天，威廉斯來對付我，當時我的確感到有些不安。巴塔魯魯對我說，在森巴鎮上沒有一個人不愛戴我。看來精明得像隻老貓頭鷹似的。叫我不必去聽信河流下游那批壞蛋撒的謊。他是在指那個叫布蘭基的人，他住在海邊，傳信給我說有艘陌生的船停泊在河口外——這信息，我當然轉告給巴塔魯魯聽，他不肯相信，不斷的喃喃念道，『不！不！』就像隻老鸚鵡似的。他的頭抖呀抖的，沾滿了檳榔汁。我覺得他有些怪，看來那麼心神不寧，像是急於要擺脫我。好了，到了第二天，那個跟拉坎巴住的獨眼惡棍——叫什麼名字？——巴巴拉蚩，就在此地出現了。是中午來的，一股悠閒的模樣，在這露台上站著聊東聊西，問我你什麼時候來，諸如此類。接著，他順帶提到他們——他的主子跟他自己——爲了我的朋友，那凶惡的白人，弄得不勝其煩，因爲他老是跟那個女人混在一起，她是奧馬的女兒。說是問我的意見，非常謙恭有禮體面恰當，我告訴他說那白人不是我的朋友，他們最好把他一腳踢出去。說了這些，他額手爲禮便離去了，表明他的友誼以及他主子的善意。我現在當然明白那黑鬼是來刺探消息、來遊說我的手下的。無論如何，當晚集點人員時，已經有八名失了蹤，於是我警惕了，不敢不找人保護房子，你是知道我老婆是怎麼樣的，對嗎？我又不敢帶著孩子——已經晚了——所以我送了個信給巴塔魯魯，說我們得協商一下，說在鎭上人心不安、謊言沸騰。你猜我得到個什麼回音？」

林格在奧邁耶面前突然停下來。奧邁耶神氣地頓了頓，更加繪形繪色的說下去：

「阿里帶了回音。『族長致候，不知閣下之意。』就是這麼多了。阿里沒法從他那兒多問出一個字來。我看得出阿里相當慌，他逗留在那兒，整理我的吊床，做這做那的，然後就在走開前，提到族長那兒的水閘重重上了閂，可是他在院子裡見到的人很少。他最後說，『在我們族長的院子裡黑漆漆的，可是並不是睡了，只是又黑又恐怖，還聽到女人的哭聲。』好消息！不是嗎？直叫我背脊發毛。待阿里溜走後，我站在這兒，就在這張桌子旁，聽著鎮上的叫聲與鼓聲。足足有二十個婚禮那麼喧鬧，那時已經過了午夜了。」

奧邁耶在敘述中突然閉嘴停下來，好像他已經把要說的都說了，林格站著瞪住他，靜靜的若有所思。一隻很大的綠頭蒼蠅冒冒失失的飛到涼爽的露台上來，在兩人間大聲嗡嗡叫著，飛來飛去。林格用帽子來打牠，蒼蠅斜斜飛了開去，奧邁耶伸頭避開。林格又打了一次不中，奧邁耶跳起來，舞動雙臂，蒼蠅死命地飛著。在清晨的沉寂中，這小小翅翼振動的聲音，聽來就像遙遠的弦樂，伴著這兩人沉重、堅決的跺腳聲，這兩人頭向後仰，雙臂高舉亂舞，或是滿腔憤怒的俯下身來，立意要把這個闖客置之死地。但是突然之間，嗡嗡聲消失，變成輕輕的聲音，飛入院子的上空去了，留下林格跟奧邁耶倆在清晨重臨的寂靜中面對面站著，一副迷惘癡呆的模樣。兩人的手臂無用的垂在身旁，像是遭逢重大挫折而心灰意冷的人。

「看哪！」林格咕噥道，「終於逃掉了。」

「討厭極了！」奧邁耶用同一聲調說，「河邊滿是蒼蠅，這房子位置不好……蚊子……還有這些大蒼蠅……上星期叮過妮娜……病了四天……可憐的孩子……我真不懂這些該死的東西是做什麼用的？」

15

沉靜長久，靜默中奧邁耶走向桌子坐了下來，兩手捧著頭，眼睛直瞪著前面；林格又踱起步來，清了清喉嚨說道：

「你剛才在說什麼？」

「啊！對了！你應該看看當晚鎮上的情形，我想誰都沒去上床。我向下走到可以看見他們的地方，他們在棕樹林裡生了個大火，在那兒談話，一直談到天亮。我回到這兒來，坐在這靜悄悄的房子黑沉沉的露台上，感到寂寞得可怕，於是偷偷進去把孩子從小床上抱出來，抱來我的吊床這兒。要不是有她，我敢說自己一定發了瘋了。我感到非常孤單寂寞，無依無靠。別忘了，我已經有四個月沒有你的消息了，也不知你是死是活。巴塔魯魯不想跟我有什麼牽連，我自己的手下也像沉船上的耗子似的離棄我。那天晚上對我來說，真是黑得可以，林格船長，真是黑得可以。我坐在這兒，不知道下一步會有些什麼事。他們那麼激動喧鬧，我真怕他們會過來不由分說的放火燒掉我的房子。我就去拿了手槍，上了子彈放在桌上。那邊廂不時傳來可怕的叫聲，幸好孩子一直在睡覺，眼見她這樣美麗安詳，使我稍稍定下心來。看看她睡得正甜，不知發生了什麼事，真不能相信世上也會有暴力存在。可是這一切真叫人不好受；一切都完結了。你要明白，那天晚上森巴鎮上沒人管，沒什麼去管制那些傢伙。巴塔魯魯垮了台，我又給自己的手下背棄，那群人倘若要拿我洩恨出氣，大可以這樣做。他們是忘恩負義的，有多少次我救了這個鎮，使他們不致餓死，真真正正的餓死。才三個月前我剛又發了一大批賒帳的米，那時在這個鬼地方沒東西吃，他們跑來跪著哀求。在森巴鎮上，不論大小，沒有一個人不是欠林格公司債的。一個都沒有，你該心滿意足了。你老是說我們的方針應當如此，好呀！我遵行了，啊！林格船長，這樣的方針後面該有上了子彈的槍桿子撐腰的……」

「你有槍呀！」木格踱著步叫起來。奧邁耶一面說，林格就一面越走越快：這是一個人趕著去做什麼粗暴事情時向前直衝的沉重腳步。隨著老海員的腳步，露台上塵埃四揚，使人煩躁氣悶，叫奧邁耶嗆個不停。

「是啊，我有二十支槍！就是沒有扳槍的手指。說得倒挺容易！」他氣急敗壞的說，滿臉脹得通紅。

林格跌坐在椅子上，身向後靠，一隻手伸長了擱在桌子上，另一隻手擱在椅背上。塵土不揚了，從林梢升起的太陽明亮的照進露台來。奧邁耶站起來，忙著去把露台上柱子間的藤片簾子放下來。

「唷！」林格說，「今天會很熱。不錯，孩子，把太陽擋住，我們可不要在這兒給活活烤死。」

奧邁耶折回坐下，很平靜說道：

「到了早上我到對岸去看巴塔魯魯。我當然帶了孩子一起去。水閘門上了，不得不穿過林子兜著路走。巴塔魯魯躺在地上見我，屋裡黑沉沉的，所有的簾子都拉上了。除了唉聲嘆氣之外，他什麼都說不上來。他說你一定已經不在了。拉坎巴現在要帶阿都拉的槍來把人都殺光了。他說他死也不在乎，年紀已經老了，但他最大的願望是去朝一次聖。人這麼忘恩負義，他受夠了——他沒有兒子，只望去麥加，在那兒歸天。他會求阿都拉放他走。接著他咒罵拉坎巴，一面哭一面罵，又略略咒了你一番。你不讓他去求一面得人尊敬的旗幟——在這一點上他是對的，現在他的敵人強了，他弱了，你又不在場幫助他。我想壯壯他的膽，就告訴他，他有四尊大砲——你知道你去年留在這兒的六磅砲彈的銅砲——我會去弄些火藥來，這樣，我們合起來也許可以抵得住拉坎巴。他聽了直對著我大吼。不論他是向東是向西——他尖聲高叫道——白人都會要了他的命，他所要的就只是去朝聖進香，平安度日而已。我相信，」奧邁耶停了一會，接著說，眼睛定定地瞪視著林格，「那老傢伙很久以來已經看出這樣的事了，可是他嚇得不但自己不敢動，也不讓你、我知道他的疑慮。這又是一個你的特殊寵物！哈！我得說你的手氣不錯呢！」

林格突然一拳打在桌子上，木頭隨之爆裂開來。奧邁耶驀然驚起，接著又跌坐在椅上，眼望著桌子。

「你瞧！」他怏怏的說，「你不知道自己的力氣有多大，這張桌子可完了。我從老婆手上就只搶救下這一張桌子，漸漸我得像土人蹲在地上吃飯了。」

林格開心的笑起來，「得了，別對我嚕嚕囌囌，像個女人嚕囌醉酒老公似的！」過了一會他變得非常嚴肅，接著說道，「要不是『閃電號』沒有了，我早在三個月之前就回來，那就什麼都妥當了。現在懊悔也沒用。卡士伯，你別不自在，我們很快就可以在這兒弄得井井有條的。」

「什麼？你不是在說動武把阿都拉趕掉吧！我告訴你，你辦不到！」

「不是我！」林格大叫道，「我怕什麼都完了。真可憐！他們會吃苦頭的，他會擠乾他們，真可憐。他媽的！我爲他們難過，要是有『閃電號』在這裡，我就會試試用武呃！爲什麼不用呢？不過，可憐的『閃電號』已經沒了，一切都完了。可憐的老船，嗨！奧邁耶！你跟我航過一兩次的，那不是艘好美的船嗎？除了不會說話，叫她做什麼都成。她對我還勝過一個老婆。從沒嚕囌過！嗨！想想竟會弄到這地步，我竟然讓那些可憐的老骨頭插在礁石上，就像個該死的南路糊塗蛋似的，龍骨底下沒有半哩水就不會走了。罷了！罷了！我猜只有什麼事兒都不幹才不犯錯。但是這樁事兒實在痛心，很痛心的。」

他傷感的點著頭，眼睛盯著地上，奧邁耶望著他越來越冒火。

「噯呀！你真沒良心，」他發作了；「一點兒良心也沒有，自私得很。我敢說是因爲你粗心大意，才丟了船——因爲丟了船，你就毀了我們，我跟我的小妮娜，你卻好像完全無動於衷似的。我跟她怎麼辦？我要問你，你把我帶到這裡來，跟你合夥，到了現在，什麼都化為烏有——告訴你，全是因為你錯——你卻在高談你的船——船！你可以再弄一艘嘛，可是這裡，這盤生意，現在都丟了，都是威廉斯的緣故，你的好威廉斯！」

「你別為威廉斯操心了，我會收拾他的。」林格肅穆地說，「說到生意呢……我還是會讓你發達的，孩子，不用怕，你有沒有什麼貨可以給我來的那條船？」

「棚子裡堆滿了藤，」奧邁耶回答道，「井裡還有約莫八十噸膠。這是我最後一批貨了，毫無疑問。」他狠狠的加上一句。

「那麼，說起來總算沒有搶過。你其實並沒有損失什麼。好了，那麼，你一定得……哈囉！怎麼啦！喂！……」

「搶東西！別講了！」奧邁耶叫著，舉起雙手。

他又坐回椅中，臉色發紫，唇上吐出一些白色的泡沫，沿著下巴向下流，身向後仰，眼睛翻白。當他回復知覺時，看見林格正站著俯視著他，手中拿了一只空水杯。

「你剛才發昏了一陣，」老海員關懷的說。「怎麼啦！你把我給嚇壞了，這麼突如其來的。」

奧邁耶頭髮全濕，黏在頭上，像是剛潛過水似的，坐起身來直喘氣。

「氣死了，氣死人了，我……」

林格把水杯放在桌上，留神地靜望著他，奧邁耶把手擱在額上，用發抖的聲調說下去：

「我一想起那件事，就控制不住，」他說，「我跟你說過他把阿都拉的船泊在跟我們碼頭平齊的地方，可是是在對岸，靠近族長那兒。那艘船給小船圍繞著，從這裡看過去，好像給擱在木筏上似的。森巴鎮的小船全都在那兒。從窗口可以看清楚船尾樓甲板上的每一張臉孔——阿都拉、威廉斯、拉坎巴，每一個人。那個卑躬屈膝的老混蛋沙哈明也在那兒。我可以看得相當清楚，他們好像有很多事情在商談。最後我看見船上放下一艘小艇，有個阿拉伯人上了艇，就向巴塔魯魯的碼頭駛去。他們好像不准進去——他們是這麼說的。我倒以爲是這水閘打開得太慢，不能叫這位意氣揚揚的傳信人滿意。不管怎麼，我看見小艇幾乎馬上就回航。我繼續瞧著，相當有味道，看見威廉斯跟還有幾個人走向前——爲什麼事在忙個不停，那個女人也在當中。啊！那個女人……」

奧邁耶哽住了，好像那病又要重新發作似的，可是拚命掙扎了一番，終於略微鎮靜下來。

「突然間，」他說下去——「砰！他們向著巴塔魯魯的門開了一槍，我還沒透過氣來——給嚇了一大跳嘛——他們又開一槍，把門給轟開了。這時候，我猜，他們認爲已經夠了，也許是覺得餓了，因爲接著就大排筵席。阿都拉坐在當中，儼然是個偶像的模樣，盤著腳，雙手放在膝上。別人吃喝時，他太不凡了，可不能照樣做，但這宴會是他主持的，你明白啦。威廉斯在前不停東躲西避，遠離人群，用船上的長望遠鏡向我屋子瞧。我沒法子忍了，對著他揮拳頭。」

「這樣嗎，」林格沉重的說，「當然，這是該做的事。你要是打不到人家，最好是去氣他。」

奧邁耶用超然的態度擺擺手，然後無動於衷的繼續說下去：

「你愛怎麼說就怎麼說，你不會明白我的感覺，他看見我，眼睛仍然在望遠鏡的另一端，舉起了手臂像是在打招呼。我想巴塔魯魯之後，下一個該輪到我給打靶了，於是就在院子裡把英國國旗升到旗桿上去。我沒有別的庇護；除了阿里之外，只有三個人跟我——是三個跛的，就爲了跛得厲害，才沒法離開。我想就算單槍匹馬我也會跟他拚的，我氣得那樣，可是，還有孩子哪！該怎麼安置她呢？不能把她送到上游她母親那兒去，你知道我不信任我老婆。我決定不動聲色，但不許任何人涉足我們的岸上。根據巴塔魯魯發的證書，這是私人物業，我是在我的權力範圍之內，不是嗎？早上很平靜，他們在船上跟阿都拉一起吃過飯之後，大部分都回家去了，只有大人物才留下來。將近三點鐘沙哈明一個人坐了艘小獨木舟渡過河來，我拿著槍走到我們貨倉那兒跟他講話，可是沒讓他登岸。這老狐狸說阿都拉問候我，希望跟我談談正經事，我肯不肯上船去？我說不，我不肯；告訴他說阿都拉可以寫信，我會作答，但不能會晤，不論在他船上、在岸上都不行。我又說如果有任何人想登岸進入我圍籬一步，我就開槍，不論是誰。他聽了這些，舉手向天，口裡咒罵著，然後快快的划開去——我猜是去打報告去了。過了約莫一個鐘頭之後，我看見威廉斯領了一隊船隊登上族長處。一切都很安靜，不發一槍，幾乎連一聲喊叫聲都沒有。他們把你去年給巴塔魯魯的那些銅砲推下河岸，滾到河裡。那兒附近水很深，河朝那頭流的，你知道。大約五點鐘，威廉斯回到船上，我看見他到後輪舵那兒跟阿都拉會合。他不停的講話，指手畫腳——像是在解釋什麼似的——指著我的屋子，然後指指河邊，最後，就在太陽下山之前，他們拉起纜索，然後把船下放約莫半哩直至河流分支的交叉口——這就是現在船停泊的地方，你也許已經見到了。」

林格點點頭。

「那天晚上，天黑了以後——有人告訴我——阿都拉第一次在森巴鎮登了陸。他給款待在沙哈明的家裡。我差遣阿里到鎮上去打探消息。他在九點左右回來，報告道巴塔魯魯在沙哈明的篝火前坐在阿都拉的左邊，他們在開大會。阿里似乎認爲巴塔魯魯成了階下囚，不過在這一點上他弄錯了。他們的把戲玩得乾手淨腳。據我推測，在午夜之前，一切都已經安排好了。巴塔魯魯回到他那搗毀了的院子去，由十二艘點燃著火把的小艇護送。看來他請求阿都拉讓他乘搭『眾島之主』到檳榔嶼去，從那兒他可以前往麥加。所開火的事說是個誤會；不錯，說來這的確是有點誤會，巴塔魯魯從未表示過要抵抗。所以一待船可以出海他就啓程了，他在第二天就帶了三個女人，還有五、六個年紀老得像他一般的手下上船了。由於阿都拉的命令，他們發了七響禮砲向他致敬，他就自此一直住在船上——五個星期了。不知道他會不會活著離開這條河，無論如何，他不會活著抵達檳榔嶼。拉坎巴接收了他所有的財物，給了他一張阿都拉家的支票，在檳榔嶼提款。巴塔魯魯準沒命去到的，你看不出嗎？」

他坐著垂頭喪氣的靜思默想了一會兒，然後接著說：「當天晚上當然有些騷亂，有些傢伙拿準這局面未定的好機會去算老帳，報舊仇宿怨。我一晚就坐在那張椅子那兒，心神不寧的打盹，不時會傳來一、兩聲喊叫聲，使我坐起身來，手裡握緊手槍。不過，並沒有人被殺。有一些打破了頭——如此而已。到了早上，威廉斯讓他們採取了一個新的行動，這件事我不得不承認使我很吃驚。一待天亮，他們就急急忙忙在鎮上另一邊空地上豎起一支旗桿。阿都拉現在就在那邊蓋房子。日出後不久，就有一大群人齊集在旗桿那兒。大家都去了。威廉斯靠著旗桿站著，一隻手搭在那女人的肩頭上。他們給巴塔魯魯搬了張安樂椅來，拉坎巴站在老人的右手邊。巴塔魯魯發表了篇演說，森巴鎮上的人都到了，女人，奴婢，小孩——每一個人，接著巴塔魯魯開口了。他說由於上蒼的垂憐，他要去朝聖了，他心中最大的願望就要實現了，然後，他轉向拉坎巴，請求他在自己離開的期間，秉公統治這個地方。有點像在演戲。拉坎巴說自己擔不起這樣的重任，巴塔魯魯則一再懇邀，可憐的老糊塗！這對他來說一定很痛心，他們使他出口去哀求那個混蛋！想想看吧！一個人被逼去懇求強盜來搶自己！可是這老族長太驚慌了，不管怎麼樣，他這麼做了，拉坎巴最後接納了要求。接著威廉斯向人群演說，說是在向西朝聖的途中，族長（他是指巴塔魯魯）會見到在巴達維亞的白人大領袖，並請求他保護森巴鎮。他接著說，目前，我，身爲白人，又是你們的朋友，會升起一面旗幟，在這旗幟下就有庇護安全，說著他就在旗桿上升起一面荷蘭旗。旗是匆匆忙忙在晚上製成的，用棉布做，因爲重，在旗桿上向下垂著，人群就觀望著。阿里告訴我大家都大感驚異，可是並不發一言。接著拉坎巴上前大聲宣布道，在那天之內每一個經過旗桿的人必須脫下帽子，在旗幟前額手致敬。」

「可是，天殺的！」林格大叫道，「阿都拉是英國籍的！」

「阿都拉並不在場——那天沒上岸。可是阿里，他有點兒小聰明，注意到那人群站著的地方是在『眾島之主』的砲火之內。他們放了一條椰皮拖索上岸，使船在水流中保持一個斜角，這樣就使船身向著旗桿，你說聽不聽明，呃？可是沒有人膽敢抵抗。他們驚魂稍定之後，有一陣小小的嘲弄聲。巴哈索恩破口大罵拉坎巴，直罵到拉坎巴的一個手下用棍子敲他的頭才停口，破了一大塊，我聽說。其後他們不敢再笑了，這時候巴塔魯魯走開了，拉坎巴就坐在旗桿腳下的椅子上，群眾圍擠過來，好像沒法子打定主意離開。突然間，在拉坎巴椅子後面有人大鬧起來，原來是那個女人，來追尋威廉斯來的。阿里說她像是一頭野獸似的，可是他扭轉她的手腕，使她趴在地下。沒人知道到底是怎麼回事，有人說是有關那面旗的事。他把她抱走，扔在木船裡，然後上了阿都拉的船。這事之後，沙哈明第一個向荷蘭旗致敬，其他人也跟著做。沒到中午，鎮上一切都平靜下來，於是阿里就回來把經過說給我聽。」奧邁耶深深吸了一口氣，林格伸長了腿。

「說下去！」他說。

奧邁耶好像在跟自己掙扎，終於咕咕噥噥的說出：

「最糟的還在後頭呢！最聞所未聞的事！氣死人了，講都講不出口的！」

16

「好吧！跟我都說了吧。我想不到……」林格靜待了一會兒，開口了。

「想不到！我當然知道你想不到啦！」奧邁耶插嘴說，「哎……你就聽著吧。阿里回來時，我稍稍放了點心。森巴鎮上到底還算有些秩序的樣子，我從早上起就把英國國旗掛起，開始感到安全一點。我有幾個手下，下午回來了。我沒問問題，差他們去幹活，就像什麼都沒發生過似的。到了傍晚——也許是五點或五點半——我正跟孩子在碼頭上，聽到鎮上的另一端喊聲大作。起初我不太留意，接著阿里過來說道，『主人，把孩子給我，鎮上出了亂子。』我就把妮娜交給他，進了屋，拿了手槍穿過房子走到後院去。我走下梯階時，看見女傭人都從廚棚裡走出來，又聽到在乾壕的另一端有一大群人在喧嚷，那便是我們這片地的界限。壕溝旁長滿了小樹，我看不到那群人，可是知道這群人火得很，正在追什麼人。我正站著納罕，金榮——你認識這個一兩年前來這裡定居的中國人嗎？」

「他坐我的船來的，」林格叫道，「一流的中國人。」

「是你帶來的？我可忘了。喏！那個金榮，他衝過樹叢，簡直可以說是直跌入我的懷裡。他喘著氣告訴我，他們在追他，因為他不肯在旗前脫帽。他並不太害怕，不過非常生氣憤怒。他當然得逃命，因爲差不多有五十個人在追他——是拉坎巴的朋友——不過他倒很有鬥志，說他是個英國人，除了英國旗，對什麼旗都不肯脫帽致敬。那群人在壕溝的另一端鼓譟時，我想安慰他，告訴他說，他一定要乘一艘我的獨木舟渡過河，到對岸去避一、兩天。他不肯，他才不去呢！他是英國人，他要跟整群人鬥過。他說，『他們只是些黑人罷了！我們白人（意指我跟他自己），森巴鎭上誰也不怕。』他激動萬分，那群人靜了一會兒，正當我以爲可以把金榮收留下來，不必冒什麼險的時候，突然聽到威廉斯的聲音。他用英語對我喊叫道，『讓四個人到你院子裡去捉這個中國人！』我沒說什麼，叫金榮也別作聲。過了一會兒，威廉斯又喊道，『奧邁耶，別抵抗，我給你忠告，我在壓著這群人，別抵抗他們！』那叫化子的聲音把我惹火了，我忍不住，對他叫道，『你撒謊！』正當此時，金榮已經剝掉上衣捲起褲腳，準備拚命了；說時遲，那時快，那傢伙從我手中奪下槍來，隔著樹叢向他們開火。一聲尖叫——他一定打中了什麼人——又一陣大喊，一瞬間，他們已經衝過壕溝，穿過樹叢，踏到我們頭上來了！簡直踏到我們頭上來了！根本連一點抵抗的機會都沒有。我給人踐踏在地上，金榮則遍體鱗傷，這麼一衝，我們給推過院子的一半路，我的眼睛、嘴巴裡都是塵土。我躺在地上，身上坐了三、四個傢伙，聽見金榮在不遠處想喊叫，他們不時勒他脖子，他喉嚨咯咯響喊不出。我自己有兩個重重的傢伙騎在胸上也難以呼吸，威廉斯奔過來命令他們把我抬起，但得好好抓住。他們把我帶進露台，我向四周瞧了瞧，可是既不見阿里也不見孩子，感到放心點。稍稍掙扎了一下……噢，我的天！」

奧邁耶怒形於色，臉都變了相，林格在椅子裡輕輕挪動了一下。奧邁耶頓了頓接下去說：

「他們抓住我，當著我的臉大聲恐嚇。威廉斯把我的吊床拿下，拋給他們。他還把這張桌子的抽屜拉出來，發現了一個掌盤針及麻繩，我們正在替你的小帆船做艇罩，是你上次出航前叫我做的。他當然知道要的東西在那兒找，在他的命令之下，他們把我放在地上，用我的吊鋪把我包好，然後他把我縫起來，就當我是具屍體似的，從腳部縫起。他一面縫一面好笑。我把所有想得到的罵人話都罵出來了，他吩咐他們把髒蹄子放在我的嘴上鼻上，我差點給悶死了，我動一動，他們就在我肋骨上一拳。他繼續穿針引線，一針針縫下去，直縫到我的喉嚨口，接著就站起來說，『這就行了，放手吧。』那女人一直站在一旁，他們一定已經和好了。她拍著手，我躺在地上像綑貨品似的，他卻瞪著我瞧，那女人開心得尖聲高叫。就像綑貨品！每一張臉都在笑，露台上全是他們這些人，我真想死了算了——天地良心，林格船長，我真的這麼想。就算現在，一想起這件事，我就恨不得死了算了！」

林格的臉因爲同情而顯得很憤慨。奧邁耶把頭擱在手臂上，雙臂放在桌上，就這樣用含混不清的聲音說下去，沒抬頭來看。

「最後，他指示著，他們把我扔在那張大搖椅上。我給縫得這麼緊，僵得像塊木頭似的。他很大聲的發號施令，而那傢伙巴巴拉蚩就督促執行，他們對他絕對服從。我正躺在椅子上像塊木頭似的，那女人卻在我前面搞把戲扮鬼臉，在我鼻子前捻手指，女人真不是好東西！——不是嗎？我以前從沒見過她，從沒對她不起，可是她卻窮凶極惡的，你能明白嗎？她不時讓我靜一靜，走去跟他依偎一番，然後又回到我的椅子前頭來，重新開始她的把戲。他望著，縱容她做。汗流下我的臉，流入我的眼睛——我的手臂給縫在裡頭，有一半時間我是瞎的，有些時候看得清楚些，她把他拖到我的椅子前，『我像白種女人，』她說，手臂摟著他的脖子，你該看看在露台上的那批傢伙的臉！他們看到她的行爲也感到羞慚丟臉。她突然問他，『你幾時才殺他？』意思是指我。想想看我怎麼感覺。我一定暈過去了，我記不清楚了。我猜是有一場爭吵，他很生氣。我清醒過來時，他靠近我坐著，她已經走了。我知道他叫她去我老婆那兒，我老婆躲在後間，一直沒有露面。威廉斯對我說——我好像現在還能聽見他的聲音，又沙又啞的——他對我說：『不會動你一根毫毛！』我不作聲，然後他接下去說，『請注意你掛的旗——這面旗，順便講講，並不是你的——這旗受到尊重，你見到林格船長時這麼跟他說。可是，』他說，『是你先向人開火的。』『你說謊，你下流胚子！』我大叫道。他縮了一下，看到我並不害怕，他不舒服。『無論如何，』他說，『有一槍從你院子射出，有一個人中了槍。不過，爲了英國旗，你的財產都受到庇護。再說，我跟林格船長沒有過節，他是這盤生意的大股東。至於你，』他說下去，『你會忘不了今天——就算活一百歲也忘不了——除非我看錯了你的天性，你會含羞忍辱，至死方休；這樣，你對我的一片仁慈，總算得到了報答。我會拿走你所有的火藥，這海岸是在荷蘭的保護之下，你沒權藏火藥。你是知道的，這件事上，有督憲議會的規章爲憑。那小倉庫的鑰匙在那裡？』我不發一言，他等了一會兒，站起身來說道，『如果有什麼損失，全是你咎由自取。』他命令巴巴拉蚩把辦公室的鎖用槍打開了，進去翻箱倒櫃，可是找不到鑰匙。這時，那女人愛伊莎問我老婆，她就把鑰匙給了他們。過了一會兒，他們一桶桶都倒進河裡，八十三桶一英擔裝的火藥！他親自監督，督促著每一桶都滾進水裡。有人在嘟嘟囔囔，巴巴拉蚩很生氣，想勸勸他，可是威廉斯把他好好揍了一頓。我得說，他對那些人是絲毫不怕的。然後他折回露台，又在我身旁坐下說道：『我們找著你的僕人阿里跟你小女兒躲在河上流的樹叢裡，我們把他們帶來了。他們當然平安無事。奧邁耶，我得賀賀你，那孩子可真聰明伶俐，她一眼就認出了我，還叫我『豬玀』，叫得跟你一樣自然。環境改變感情。你得看看你的僕人阿里有多驚慌，他用手搗著她的嘴。我想你慣壞了她，奧邁耶，可是我並不生氣。說真的，你在這椅子上這麼滑稽，我想生氣也不成了。』我拚命想掙脫吊鋪，去掐那傢伙的脖子，可是我只是摔了下來，把椅子翻倒在我自己身上。他大笑起來，僅僅說道：『我把你手槍的子彈留下一半，拿一半，這些子彈合我的槍用。我們都是白人，應該互相協助，我也許會需要彈藥的。』我從椅子底下對他大叫：『你這賊，』可是他看都不看，回頭就走了，一隻手摟著那女人的腰，一隻擱在巴巴拉蚩的肩上。他在對巴巴拉蚩講話——在吩咐這吩咐那。不到五分鐘，我們圍籬裡已經沒有人了。過了一會，阿里來找我，替我鬆了綁。我自此之後沒看見過威廉斯——也沒見過任何人。他們沒再來煩我。我拿了六十塊錢給那受傷的人，錢收了，第二天降旗時，他們放了金榮。他送了六箱鴉片來收藏，但本人並沒有離開他的家。我想他現在也夠安全了。各處都很寧靜。」

快說完時，奧邁耶從桌上抬起頭來，在椅子上向後靠，眼望著頭上屋頂處的竹椽。林格在椅子上懶洋洋的伸長了腿。在寂靜鬱暗的露台中，竹簾低垂，從灼日下的外面世界傳來隱約的噪聲；河上一聲吆喝，岸邊一聲回答，滑輪嘰嘎一響；一聲聲短暫、中斷，全像是突然失落在正午的光輝中。林格慢吞吞站起身，走到前欄處，把一幅幕簾拉開，靜靜的朝外望出去。越過水面及空空的庭院，自一艘靠著林格碼頭停泊的縱帆船中，傳來一個清晰的聲音。

「水手長！在那大的頂桁吊索那兒拉一把！這斜桁落到帆杠上了。」

一響尖銳的哨子聲，拖長了漸漸消失——是繩上搖晃的人的歌聲。那聲音俐落的說，「這樣行了！」另一個聲音——也許是那水手長的聲音——叫道：「Ikat（繩索）！」林格垂下簾子轉過身來時，一切又都靜下來了，輕拂中的垂簾的另一端，好像什麼都沒有，只有亮光，亮光燦爛、沉重、粗糙的躺在死寂的大地上，猶如一團烈火。林格又坐下來，面對著奧邁耶，手肘放在桌上，若有所思的樣子。「一艘很好的小帆船呢，」奧邁耶疲德的咕噥道，「是你買的？」

「不是！」林格答道，「『閃電號』毀了之後，我們乘小艇去巨港，是我在那兒租的，一共租了六個月。從福特那小伙子那兒租來的，你知道，船是他的。他想上岸一個時期，所以我就來接管。船上當然全是福特的人，我不認識的。我得爲保險的事去一趟新加坡，隨後當然又去了馬加撒。走了很久，沒有風。看來像是擺不脫霉運。我跟老胡迪有很多麻煩，這件事把我拖了不少日子。」

「哎！胡迪，爲什麼跟胡迪有麻煩？」奧邁耶用敷衍的態度問道。

「喔！爲了一個……一個女人的事，」林格喃喃說道。

奧邁耶無精打采而又驚奇的望著他。那老水手已經把他那白鬍子扭起來了，現在正拚命忙於捲他的鬚。他那雙小小的紅眼睛——那雙給四海鹽沫弄得發痛的眼睛，那雙遨遊各地歷經風暴、當著風眨也不眨的眼睛——現在卻低垂睫毛望著奧邁耶，就像是一雙躲在樹叢裡受了驚的野獸。

「真不尋常！真像你的本色！你跟胡迪的女人又有什麼牽連？那不積德的老鬼！」奧邁耶漫不經心地說道。

「你在胡扯些什麼！是一個朋友的太太……我的意思是，一個我認識的人的……」

「可是，我還是不明白……」奧邁耶不經意的打斷他。

「是你也認識的人，熟人，很熟的人。」

「沒給你埋在這個鬼地方之前，我認識很多人，」奧邁耶吼叫著，一點也不友善。「倘若她跟胡迪有什麼關聯——那個老婆——那她就沒什麼値得提的。我倒是幫那個男人，」奧邁耶接著說，想起過去的醜聞謠傳而開心起來。當時他還年輕，置身在群島第二大都會裡，消息靈通，十分靈通。他笑了起來。林格的眉頭皺蹙得更緊了。

「別胡說八道，是威廉斯的老婆。」

奧邁耶抓緊了椅邊，眼睛嘴巴張得大大的。

「什麼！爲什麼！」他叫道，感到大惑不解。

「威廉斯的……老婆，」林格清清楚楚的重複，「你又不聾。威廉斯的老婆，就這麼簡單。至於爲什麼，因爲答應過人家嘍。我又不知道這裡發生的事。」

「什麼事呢？你給了她錢，我敢打賭，」奧邁耶叫道。

「哎！沒有！」林格故意說，「雖然我猜我還得這麼做……」

奧邁耶哼了一聲。

「事情是這樣的，」林格接著說下來，說得緩慢而鎭定，「事實是我已經……我已經把她帶來這裡了。這裡，森巴鎭。」

「看老天爺的分上吧！爲什麼？」奧邁耶叫道，跳了起來。椅子一斜，慢慢翻了身。他把握著的雙手高舉頭上，然後神經質的放下，把手指勉強分開，好像撕開來似的。林格匆匆點頭，點了好幾次。

「我已經這麼做了。尷尬透了，嗨……」他說道，遲疑的向上望。

「啊呀！」奧邁耶哭喪著臉說道，「我一點也不了解你。你下一步會做什麼！威廉斯的老婆！」

「老婆跟兒子，小男孩，你知道。他們在那艘帆船上。」

奧邁耶突然間狐疑的望著林格，然後轉過身忙著去扶起椅子，坐了下來，背向著老人，想吹口哨，但馬上住了口。林格說下去：

「事情是這樣的，那傢伙跟胡迪惹上了麻煩，設法引起我的同情，我答應了把事情弄妥。我守了諾言，歷經麻煩。她表示要去跟她的丈夫，胡迪很生氣。沒有原則的老傢伙，你知道她是他的女兒。哎，我說過我會一直照顧她辦妥一切，幫助威廉斯東山再起等等。我在巨港對克雷格談過，他已經上年紀了，希望有個經理或合夥，我答應保證威廉斯會循規蹈矩。我們一切都安排好了。克雷格是我的一個老朋友，四十年代時在船上共過事。他現在正等著他。一團糟！你怎麼說？」

奧邁耶聳聳肩膊。

「那女人由於我的保證，跟胡迪決絕了，」林格說下去，越來越沮喪。「她真這麼做了，當然做得對，妻子，丈夫……在一起，本該如此……狡猾的傢伙……想不到的惡徒……見鬼，噢！該死的！」

奧邁耶輕蔑的笑起來。

「他會多麼高興啊！」他輕輕的說道，「你讓兩個人高興，至少兩個人！」他又笑了起來，林格愕然望著他那顫動的肩膊。

「這次我可在背風的岸上擱淺了，我要是有此一遭的話，」林格咕噥著。

「快快把她送回去，」奧邁耶建議道，強忍著不笑出來。

「你在偷笑些什麼，」林格怒氣沖沖的喝道。「我會把一切都弄清楚的。現在你一定得收容她到你家住。」

「我家！」奧邁耶大叫一聲，轉過身來。

「我也有份兒，有一點點，是不是？」林格說。「別爭，」一待奧邁耶開口，他叫道，「服從命令，閉上嘴巴！」

「噢，你要是用那種腔調來辦事，」奧邁耶不悅的嘟囔，做了個首肯的手勢。

「孩子，你的脾氣也很大呀！」老水手說，語氣出奇的平靜。「你得給我轉圜的時間，我不能一直把她留在船上。我得有話跟她說，比方說，他到河的上游去了，隨時會回來。這就成了，你聽到了沒有？你一定得把她安頓下來，好好兒搪塞，我才好把這一團糟纏夾不清的局面理一理。天哪！」他停了一會之後，悲傷的叫道，「人生真是烏煙瘴氣！活像在橫風橫雨的夜裡，守在背風的前桅桁索上那麼樣。可是呢，可是呢，你也不能不等到看清楚沒問題了，才走到下面艙裡去——去了就一了百了啦。小伙子，你要不想吵架呢，」他嚴厲地加上一句，「現在就聽我的話去做。」

「我不想跟你吵，」奧邁耶低聲答道，不情不願的順從了。「我只望能夠了解你就好了。林格船長，我知道你是我最好的朋友；只是，天地良心，有時候我真是摸不透你。我但願能夠……」

林格縱聲大笑起來，隨即長嘆一聲。他閉上了眼睛，頭向後靠在安樂椅的椅背上。那很多年來受著當頭烈日灼曬的臉，突然顯得滿面倦容，老邁疲憊，使奧邁耶大吃一驚，就如出其不意的看到罪惡的真面目一般。

「我是筋疲力竭了，」林格輕柔的說。「真正筋疲力竭了。一個晚上都在甲板上把那艘船駛到上游來，然後跟你講這麼多話，看來好像我在曬衣繩上都睡得著，不過我想吃點東西。卡士伯，去看看有什麼可以吃的吧。」

奧邁耶拍拍手，見沒有回應，正想喚人，只聽見通向露台門口那紅色簾子背後的屋中甬道上，有一個孩子在橫蠻的尖聲說話：

「馬上把我抱起來，抱到露台上去。我要生氣了，把我抱起來。」

有個男人的聲音作答，壓低了聲音，謙卑的勸告著。奧邁耶跟林格的臉馬上開朗起來了，老海員叫道：「把孩子帶來，Lekas（快點）！」

「你看看她長得多大了。」奧邁耶用欣喜的聲調嚷道。

從垂著簾子的門口，阿里手抱著小妮娜。奧邁耶走出來，孩子一隻手摟著他的脖子，一隻手抱著一個幾乎跟她頭一般大的熟柚子，她那件小小的無袖粉紅衣裙，一半脫落到肩膊上，臉上烏油油的大眼睛，顯得童稚的一本正經，一把包圍著她青白臉兒的烏黑長髮，披散在肩上，也披散在阿里的手臂上，就像是一面纖巧細緻的絲網。林格站起來走近阿里。孩子一看到老海員就拋下水果，伸出兩隻小手，歡暢的叫起來。他把她從馬來人手中抱過來，她親熱的抓他的鬍子，使他的小紅眼睛充滿了不常見的淚水。「別太使勁了，小傢伙，別太使勁。」他用一隻蓋著住孩子整個頭的大手，摟住孩子貼近自己的臉。

「把我的文旦撿起來，海大王喲！」她用尖脆的嗓子說道，聲音清晰，口齒伶俐。「在那兒，桌子底下。我要快快的撿！快！你是去跟許多人打仗去的，是阿里說的，你是個了不起的好漢，阿里這麼說的，在很遠、很遠、很遠的大海上。」

她搖著小手，夢樣迷茫的凝望著；林格望望她，蹲下身來，到桌子底下去摸柚子。「她是從那裡聽來這些事的？」林格對奧邁耶問道，小心翼翼的站起身來。奧邁耶正在吩咐阿里。

「她老是跟那批下人混在一起。晚上有好多次我看見她伸手在他們的飯裡。她不太喜歡她母親——這點我倒很高興。她多漂亮——又這麼伶俐，簡直是我的翻版！」林格把孩子放在桌上，兩個男人都喜孜孜的站著望住她。

「十全十美的小女人，」林格低語道，「不錯，我的孩子，我們得使她出人頭地。你等著瞧！」

「現在機會很少了，」奧邁耶傷感地說。

「你不明白！」林格嚷道，又抱起孩子，在露台上來來回回的踱起來，「我有我的計畫——我有——聽著。」

於是他開始向滿懷興趣的奧邁耶解釋他未來的計畫。他會去見見阿都拉及拉坎巴，現在這些傢伙占了上風，必須跟他們取得點諒解。說到這裡，他停下來，盡量的破口大罵。孩子正在起勁的玩弄他的脖子，發現他的哨子就不時在他耳朵邊大聲吹，使他又閃避，又發笑，一面按下她的手，愛憐的訓斥她。對的——這件事可以很容易就辦妥的。他仍然是個不容輕視的人，對於這點沒有人比奧邁耶更清楚了。很好，那麼他必須耐心的設法去把一些小買賣整頓好。這也很容易辦妥。但是重大的事——說到這裡，林格壓低了聲音，在出了神的奧邁耶面前突然停口不說了——重大的事是去河流上游淘金。他——林格——會全心做這件事。他以前去過內地，那兒的沙金沉積豐富，難以想像。他覺得很穩當，看過不少地方，工作危險？當然啦！可是報酬有多大啊！他會去探勘——會找到金子。沒有一點疑惑，去他的危險！他們首先盡可能自己採，不動聲色，然後，過一個時期便組織一家公司，在巴達維亞，或在英國。不錯，在英國。好多了。精采！怎麼，當然啦！那麼這孩子就成了全世界最富有的女人了。他——林格，不會，可能不會親眼看到這些——雖然他覺得自己還有許多年可活——可是奧邁耶看得見這些，這就是還值得活下去的事，嗨？

可是這世上最富有的女人已經尖叫了五分鐘了——「海大王！海大王！喂！聽呀！」這老海員卻在無意中越說越大聲，想要別人在這不耐的吵鬧聲中，聽得見他的男低音，他停下口來溫柔的說：

「怎麼啦，小女人？」

「我不是小女人，我是一個白小孩，**Anak Putih**[2]，一個白小孩，白人是我的兄弟，爸爸說的，阿里也這麼說。阿里跟爸爸知道得一樣多。什麼都知道。」

奧邁耶感到做父親的喜悅之情，幾乎手舞足蹈起來。

「我教她的，我教她的，」他重複著說，笑得滿眼淚水，「看看她是不是聰明伶俐？」

「我是這小孩的奴隸，」林格說，開玩笑地一本正經的說，「有什麼吩咐？」

「我要一幢房子，」她像小鳥似的唱著，非常的熱心。「我要一幢房子，在屋頂上再蓋一幢，屋頂上再蓋一幢，很高，很高！像他們住的地方一樣——我的兄弟住的——在太陽睡覺的地方。」

「向西方去。」奧邁耶悄聲兒地解釋道：「她什麼都記得。她要你用牌蓋一幢房子，你上次來這兒時蓋過的。」

林格把孩子抱在膝上坐下來，奧邁耶使勁的把一只又一只的抽屜拉出來找牌，好像

② 馬來語白種小孩之意。

世界的命運操諸手中，全得靠他這樣急急忙忙才行。他找出一副骯髒的牌，這副牌只有林格到訪森巴鎮時才拿出來用。林格有時會跟奧邁耶玩一個晚上，玩一種他叫作中國牌的遊戲。這遊戲使奧邁耶很厭煩，但老海員卻興致勃勃，認為是中國天才的精采傑作——他對這民族有無比的喜愛與欽慕。

「現在我們可以開始了，我的小珍珠，」他說道，小心翼翼的把兩張牌放在一起。這些牌在他的大手指縫裡顯得出奇的單薄。他開始搭樓下時，小妮娜全神貫注，一本正經的望著他。他一面擰轉頭繼續跟奧邁耶說話，以免因爲呼吸而危及建築。

「我不是亂講話的……四九那年去過加里福尼亞……並沒有淘到多少……早期又去過維多利亞……我對這種事兒瞭若指掌。相信我好了。再說一個瞎子也能……安靜點兒，小妹妹，要不然你把這件事弄垮了……我的手還很穩，是不是，卡士伯……現在，我的心肝，我們可以在這兩層房子上蓋第三層了……一聲都不要響……我剛才說了，在那兒，你只要一彎腰就可以淘到一把金……沙，好了。現在我們成了，三座房子，一座疊一座的，了不起！」

他在椅子上向後靠，一隻手放在孩子頭上，無心地輕撫著，另外一隻手做著手勢，跟奧邁耶說話。「一到了那地點，就只消掘起那玩意了。然後我們大家一起去歐洲。這孩子一定要受教育。我們發財了，發財還不止。在我家鄉德艾郡，有個傢伙在泰因茅斯附近蓋了所房子，窗戶多得跟一艘三層甲板船上的窗門一樣。他所有的錢都是從前在這裡什麼地方賺來的，左右的人說他當過海盜。我們小伙子——我當時在畢列森姆拖網漁船上幹活——當然相信這一套。他在自己的產業上坐著輪椅四處走，有一隻玻璃眼。」

「高點，高點！」妮娜叫道，拉著老海員的鬍子。

「你真是煩，是不是？」林格溫柔地說道，輕輕地吻了她一下。「什麼？在這許多房子上面再蓋一座？好吧！我試試看。」

孩子氣也不透地看看他。看到這艱巨的偉績完成了，她就拍著小手，定眼望著，過了一會兒，心滿意足的舒了一大口氣。

「喔！小心！」奧邁耶叫道。

這建築突然在孩子輕輕的鼻息前倒塌下來。林格楞了一會兒，奧邁耶在笑，但是小女孩卻哭起來了。

「把她帶走。」老海員突然說。待奧邁耶抱著啼哭的孩子走開之後，他留在桌旁，快快的望著這堆牌。

「遭瘟的威廉斯，」他喃喃自語道。「我可是還要來的。」

他站了起來，雙手氣憤的一撥，把牌從桌上掃落，然後跌坐在椅子上。

「倦得像狗似的，」他嘆了口氣，閉上了眼睛。

17

人在有意無意之間，都因爲自己剛毅不屈，意志堅定，目標直截而引以爲榮。他們受著堅定信念激勵驅策，朝著自己的願望勇往直前，立意成全德行（或完成罪行）。他們走著人生的路，路的兩旁以他們的好惡、偏見、蔑視或熱情爲圍籬。他們大致誠實不欺，卻全部愚不可及，並以從不迷途而沾沾自喜。他們倘若舉步不前，則僅是爲了要佇留片刻，在安全的藩籬內，去遙觀煙霧迷濛的山谷，瞭望層巒疊嶂的遠峰，看看懸崖、泥淖，再看看陰沉的森林、朦朧的平原。在那兒，其他人正在艱辛度日，摸索向前，絆倒在聖哲的枯骨上，也跌倒在先人未埋的屍骸上。先人當年在陰霾中、陽光下，孑然一身的命喪客途。心懷大志的人，對這一切並不了解，只是鄙夷不屑的繼續前進。他從不迷途，自知前往何處，需求何物。於是他長途跋涉，走了一大段路，卻從不曾向旁拓展，最後，他終於筋疲力竭、憔悴襤褸的到達了目的地。他緊緊攥住一生堅毅不移、敦品勵行、樂觀健康的報酬——一塊不盡不實的墓碑，豎立在陰沉沉、迅即遭人遺忘的墓穴上。

林格這一輩子從未猶疑過。他爲什麼要猶疑？他一向是個成功的商家，歷經百戰，福星高照，精於航海，是諸海之上一致公認的頭號人物。他知道這些。難道他沒聽到眾口一詞、交相讚譽的聲音麼？這是敬重他的世界裡的聲音。他的整個世界——因爲對我們來說，宇宙的極限是由那些我們熟諳的圈子嚴格界定的，除了自己熟人唇上的褒貶之外，就一無所有；超越親朋戚友之外，只是一片混沌，一片含笑帶淚的混沌，與我們毫不相干。這些歡笑眼淚，全都卑夷邪惡，惹人厭煩，令人不齒——因爲是由不納異聲的耳朵零零斷斷聽來的。對林格來說，由於稟性簡單，一切事情都很簡單，他很少閱讀。書籍與他格格不入，而且他必須忙於航海、貿易，此外，還得順從悲天憫人的天性，用繁忙的手撫恤那些在天涯海角找到的淪落人。他還記得在家鄉上主日學時的教訓，還有那位漁民海員布道團中身穿黑袍的先生的講道。這位教士駕著雙桅帆小艇在狂風暴雨中，穿插於因風雨而受阻法茅斯灣的沿海航船中，這景象是回憶的珍貴片段，至今難忘。「一個你說有多聰明就多聰明的牧師，」他會充滿信心的說，「還是個我所見過的人當中，不管什麼天氣，駕船駕得最好的人！」這就是在他乘搭一艘南行的船，離家去闖蕩世界前，粗略塑造他稚嫩心靈的因素。當年他無知而快樂，笨手笨腳、純潔無邪、滿口粗言穢語的離家，把自己獻給大海，那取了他一生但給了他財富的大海。每念及自己白手興家——船長、船主，繼而是大財主，所到之處都受尊崇，一言蔽之，成了海大王——林格就對自己的命運既驚嘆，又起敬。這對他那簡單無知的頭腦來說，實在是人類史上最了不起的事。他覺得自己的經歷是浩如煙海而且包羅萬有的，教訓他說：生命簡單得很。人生在世——就如身在舟中，做事只有兩種方式：做對或做錯。常識及經驗教我們正確的作法；另外的方法卻只適合新手及笨蛋，在航海時，會因此失去帆桁或沉船；在生活中，則會損失錢財信譽，或給人迎頭痛擊。他並不認爲跟流氓嘔氣是自己的職責。他只是對不能了解的事物生氣而已，但是對人性的弱點，他雖然瞧不起，卻還能容忍。大家都知道他聰明幸運——否則又怎能飛黃騰達？他喜歡去替別人操心，代爲安排生活，正如每當大副豎起中帆，或忙於他所說的「重頭工作」時，他很難忍得住遵守行規，不去干涉一般。他管起閒事來十分謙虛；雖然他略知一些事物，但實在不算什麼。「孩子，受過教訓，我就學乖了，」他時常說，「你最好聽聽一個自己當過傻瓜的人怎麼說。再來一杯！」而這個「孩子」就照例吞下那杯冷飲、忠告，以及隨之而來的援助。林格覺得自己責無旁貸地要協助別人，這樣才可以堂堂正正的支持自己的論點。於是，湯姆船長③就航行眾島之間，成爲各地的不速之客，紅光滿面，喧嚷吵鬧，說著各種故事逸聞，有些是表揚，有些是警誡的，但總是大受歡迎。

老海員只有在回到森巴鎮後，才生平第一次嘗到疑惑不快的滋味。丟了「閃電號」——在一個迷濛的早上，曦光朦朧中，「閃電號」在加斯伯海峽的北端，從此擱淺在嶙峋的礁石上了——使他飽受打擊，他抵達森巴鎮及聽到的驚人消息又不足告慰。許多年前，由於熱愛冒險，他歷盡艱辛，發現並探測過那條河的入口，給自己尋點好處。他聽當地人說，有一個馬來人的新移民區正在那裡成形。他當時所想的無疑是爲了個人

③ 林格的名字是湯姆。「湯姆船長」是比較熟狎的叫法。

的利益，但是，由於巴塔魯魯的隆情厚誼，他不久就喜愛上了當地的統治者及人民，給予支持與忠告。他雖不知有世外桃源，卻夢想著在這個屬於自己的世界角落上，讓居民安享世外桃源的福樂。他根深柢固、無可動搖的相信，只有他——林格，才知道什麼對當地人有好處。這雖是典型林格式的信念，但歸根究柢，也錯不了那兒去。他可以操縱他們的悲喜，他口裡這麼說，心裡也真這麼想。他的貿易替這新興的地區帶來繁榮，當地人因爲畏懼他的鐵腕，也維繫了多年的內部平安。

他對自己的成果十分得意。年復一年，他對這片土地、這些人、這條泥河越來越喜愛。他竭盡所能，除了「閃電號」外，不讓任何其他船隻流泛在斑苔河友善泥濘的河面上。每當他的船隻慢慢曳向上游時，他總是用熟悉的眼光瀏覽兩岸的墾地，一本正經的預測本季稻米的收成有多少。大海與森巴鎮間兩岸的移民他每一個都認識，他也認識他們的妻子兒女。每當「閃電號」緩緩滑過人煙稠密的河區時，他可以辨認那群七彩繽紛人群中的每一個人。這群人站在水上小稻草屋那單薄的露台上，揮動雙手，尖聲高叫著，「噢！Kapal layer（帆船）！嗨！」「閃電號」然後離開人煙，進入閃閃發亮的褐色河道中寥寂的水域，夾岸是濃密沉靜的森林，高大的樹木枝葉扶疏，在微微的薰風中輕輕頷首——像是在表示輕柔而悒鬱的歡迎。他愛此地的一切：在藍寶的穹空下，金碧輝煌的景色；輕訴低語的大樹；絮絮不休的棕櫚葉，在晚風中不停饒舌，像是急於要告訴他背後大林子裡的一切祕密。他喜愛黑土與花朵濃濁的氛香，這種生命與死亡的氣息，在溫煦寧謐的夜晚潮濕的空氣中，在他的船上流連不散。他愛那狹窄幽暗的峽道中陽光不到之處：黝黑、平滑、逶迤曲折——就像絕望的支路僻徑。他甚至喜歡那一群愁眉苦臉的猴子，用喧騰跳躍以及獸性的瘋狂姿勢，沾染了這些地方的清靜。他愛當地的一切，有生命的或無生命的，甚至連河畔的泥巴以及鱷魚都愛。這些鱷魚碩大無比，呆頭呆腦，躺在泥漿中曬太陽，傲慢魯莽，旁若無人。牠們龐大的體積，也是他的得意事之一。「老鬼，我跟你說，好大的傢伙！有那種巨港爬蟲兩倍那麼大，」說著，他戲謔的觸觸他老朋友的肋骨。「我告訴你，像你這麼大的個子——牠們一口就吞下了，連帽帶靴全吞下！這些要飯的真了不起！你想不想見識見識？你想不想？哈！哈！」他那如雷的笑聲充斥露台，越過旅館的庭園，流溢到街上，一時裡使街上無聲無息走著的棕色赤腳止步不前；嘹亮的回聲甚至會嚇著屋主的馴鳥——一隻不害臊的八哥，使牠暫時規規矩矩的躲入最近的椅子下去。在那間大撞球房裡，穿著薄薄棉質汗衫、汗流浹背的人群，會手持球桿，停下來，從敞開的窗口側耳傾聽，然後彼此會意的點點頭，悄悄耳語道：「那老傢伙在說他那條河！」

他的河！人們好奇的竊竊私語以及事情本身的神祕性，是林格無窮樂趣的泉源。一般人無知的談論，把他在這奇怪的專利事業上所獲的利益誇大了，而林格雖然在普通事情上誠實不欺，在這件事上卻喜歡戲弄人，故意誇大其詞，使人摸不著頭腦。他的河！由於這條河，他不但富有，而且使人發生興趣。他的祕密使他與海上一般的商家有所不同，滿足他出類拔萃的慾望，這種慾望，是人的通性，林格有此念而不自知。這是他最大的快樂，但他只有在喪失之後，才領會得到。事情來得這麼突然，這麼殘酷，這麼出乎意料！

他跟奧邁耶談過之後，就回到船上去，把喬安娜送上岸，然後自己關在船艙裡，覺得非常不適。奧邁耶一天來看他兩次，其實他是在對奧邁耶藉病託辭。目前尚不採取行動，這正是個藉口。他需要思考。他很生氣：氣自己，也氣威廉斯——氣他做過的事，也氣他剩下未做的事。這流氓做事並不斬釘截鐵。他的設想很完整，可是他的作法，卻毫無道理的欠周到，爲什麼？他應當殺了奧邁耶，把這地方一把火燒了，然後就撤退。撤離林格的路！可是他沒有這麼做！這是厚顏無恥，是瞧人不起，還是怎麼的？這樣作法，表示出對他的權力毫不尊重，使他自尊心大受打擊，而這傢伙拖泥帶水，更令他十分懊惱。這裡頭欠缺了些什麼，少了些什麼，可以讓他放手去報仇懲凶。明白該做的事是把威廉斯一槍打死，可是他又怎能動手呢？倘若這傢伙抵禦、抗拒或逃走，倘若他表示出知道做了壞事，這樣作法，就容易得多，自然得多。可是沒有！這傢伙事實上還給他捎了個口信，要見見他。爲了什麼？沒什麼可解釋的。一樁史無前例、喪盡天良的叛逆行爲，簡直一團糟！莫名其妙！他爲什麼這麼做？爲什麼？爲什麼？老海員在他小小的船艙裡閉室獨處時，把這問題反覆沉吟，頻頻用手掌擊額，百思不得其解。

在他隱居的四天當中，從外界，從那如此突然溜出他掌心而不可挽回的森巴鎮上，收到兩個訊息。一是從威廉斯來的，寥寥數字，寫在小記事本上撕下的一頁紙上。另一是從阿都拉來的信件，小心翼翼的寫在大張薄薄的紙上，用綠色的絲套封著。第一個訊息他不能明白。紙條上說，「來見我吧。我並不害怕！你呢？威。」他氣忿忿的把它撕了，但是那張髒紙的碎片還沒散落在地板上，他的氣已經消了，另一種感情代之而起，使他跪下來，撿拾起撕裂的碎片，在那航海經線儀盒子上再拼湊起來對著沉思良久，好像希望能在這帶來新侮辱的寥寥數字之中，解開可怕的謎底。阿都拉的信他小心的看了，塞進口袋裡，也很生氣，但隨之以一笑置之，半是無可奈何，半是感到有趣。他只要有一線機會，就絕不退讓。他最喜歡的說法之一是：「只要船還能浮，留在船上是最安全的辦法，最安全正確的辦法。嫌漏水就棄船很容易，可是這種作法很丟人！很丟人！」不過他夠聰明，打不過的時候自己曉得，而且勇於接受現實，像個男子漢，不怨不悔。奧邁耶那天下午上船來時，他把信遞給他，不置評語。

奧邁耶看了信，一言不發的還了，然後靠在後甲板的欄杆上俯視著船舵旁旋轉的渦流，看了好一會兒，終於頭也不抬的說：

「這封信還算合情合理。阿拉把他交給你了。我跟你說過，他們已經對他生厭了，你準備怎麼辦？」

林格清了清喉嚨，動了動腳，下定決心的張開了嘴，可是好半晌沒說一句話。最後他咕噥道：

「我知道就好了——現在。」

「我望你早點動手……」

「急什麼?」林格打斷他。「他逃不了的。據我看，事實擺明他是任由我處置的。」

「不錯，」奧邁耶沉思著說，「他也實在不值得饒過。阿都拉在那一大堆好話當中的意思——依我看來，就是，『替我把那個白人除掉，我們就可以和平相處，一同賺錢了。』」

「你相信這個話?」林格不屑地問。

「並不全部相信，」奧邁耶回答。「我們一定會一起賺錢，賺一段時期，然後他就把好處全部搶走了。唔，你打算怎麼辦?」

他說話時抬起頭來，意外地看到林格神色不寧的樣子。

「你臉色不好，那兒作痛啦?」他真心關懷的問他。

「這幾天來都有點怪裡怪氣的，你知道，不過那兒都不痛，」他拍拍碩健的胸膛，拍了好幾下，「哼」的一聲清了清喉嚨，一再說，「不，不痛，還有幾年活的，不過老實說，我爲這些事煩死了。」

「你要好好保重呀!」奧邁耶說，然後頓了頓，再說，「你會去見阿都拉的，是不是?」

「不知道，還沒一定，時候多得是。」林格不耐地說道。

「我希望你有行動，」奧邁耶不快地催促著。「你知道，那個女人真叫人吃不消。

她跟她的小鬼！整天吵吵鬧鬧的。孩子們不肯在一起玩，昨天那小鬼頭想跟我的妮娜打架，還把她的臉抓破了。十足是個蠻子！就跟他那寶貝爸爸一樣。是的，一點也不錯！那女人擔心丈夫，從早到晚都哭哭啼啼。不哭的時候，就對我發脾氣。昨天她磨著我，要我告訴她，他什麼時候會回來，又因爲他要做這麼危險的事兒而哭鬧。我說了句一切都沒問題，不必自尋煩惱之類的話，她就像隻野貓似的衝著我，罵我野獸，說我自私自利，沒有心肝。癡癡的說什麼親愛的彼得爲了我而甘冒自己的生命危險，可是我卻毫不關心；說我因爲他天生好脾氣又慷慨待人，就支使他去做危險工作——我自己的工作。說他比起我這種人來，要好上二十倍；還說她會要你——睜開眼睛來看清楚我是那種人，諸如此類。我爲了你的緣故，要忍受這種氣，你稍稍微我著想一下好不好？我可沒有幹過打家劫舍的勾當，」奧邁耶繼續下去，狠狠的冷嘲熱諷一番，「也沒有出賣最好的朋友，不過，你還是得可憐可憐我。她像是發了高燒似的，已經昏了頭了。你把我的家拿來收容惡徒瘋子，這可不太公道。天地良心，這可不公道！她發起脾氣來，其醜無比，尖聲怪叫，教人渾身不舒服。老天保佑，我的老婆發脾氣搬了出去，自從那件事後一直住在河邊，你是知道那件事的。可是這個威廉斯的老婆單單一個人已經叫我吃不消了。我就問自己幹麼我得受這個罪？你是很難討好的，又不容出錯。今天早上我還以爲她就要來掐死我了。請你想想看吧！她要去鎮上亂逛，她可能會在那裡聽到什麼風聲的，我就對她說她不可以去。我說，走出我們的籬笆就不太平了，才說著她就伸出十隻長長的指甲向著我眼睛衝過來，『你這討厭的傢伙，』她尖聲叫道，『就算這地方也不安全，你倒把他差到這條河的上游去，他在那裡可能連命都送掉。他要是還沒原諒我就送了命，你這麼作孽，上天就要罰你！』我作的孽！我有時問自己到底是不是在做夢！這些事情叫人受不了，我已經倒了胃口了！」

他把帽子扔在甲板上，絕望的抓著頭髮，林格關懷地望著他。

「她這是什麼意思，」他若有所思的咕噥著。

「什麼意思！她是瘋子，我告訴你——我也要瘋了，要是再這樣搞下去，我也要發瘋了！」

「卡士伯，就忍耐點吧！」林格請求道。「再過一、兩天。」

奧邁耶不知是因爲剛才發作了一陣出了氣，還是累了，現在鎮靜下來，拾起帽子，依著舷牆，用帽子搧起來了。

「日子是會一天天的過，」他無可奈何地說，「不過這種事情催人老。還有什麼要考慮的呢？——我可想不通！阿都拉明明白白的說要是你來領航，帶他的船出海，教教那個雜種，他會把威廉斯當個燙手的蕃薯般拋下，從今以後都做你的朋友。關於威廉斯這點，我完全相信他所說的話。這是很自然的嘛。至於說到跟你做朋友，這當然是撒謊，不過我們暫時不必爲這點操心。你就對阿都拉說好，以後不管威廉斯出了什麼事都不會有人理會了。」

他說著自動停下來，靜了一會兒，咬牙切齒，鼻孔僨張的瞪著眼。

「你交給我辦，我負責叫他逃不了。」他最後狠狠說，並不激動。林格微微一笑。

「這傢伙不值一槍，不值得這麼麻煩。」他輕輕說道，像是在自言自語。奧邁耶突然冒起火來。

「你是這樣想，」他喊道，「你可沒有在一群野人面前給人縫在吊鋪裡當笑話看。哎！這混蛋在世一日我都不敢抬頭望人。我一定……我一定幹了他。」

「我想你不會，」林格吼著。

「你以爲我怕他不成？」

「哎呀！不是這個意思！」林格馬上接口道，「怕他？你才不怕呢！我明白你，我相信你很勇敢，我的孩子，我擔心的……是，你的頭腦……你的頭腦……」

「這就是了，」憤憤不平的奧邁耶說道，「說下去。你爲什麼不直截了當叫我傻瓜？」

「因爲我不想叫，」林格神經過敏的光起火來。「要是我想叫你傻瓜，我就乾脆叫了，根本不用先問准了你。」他在狹窄的後甲板上向橫踱起步來，一面踢開擋著路的繩尾，一面自顧自咆哮道，「文質彬彬的紳士……還有什麼？你學走路的時候我已經做了大人做的事了，你懂不懂……我要說什麼就說什麼。」

「好啦！好啦！」奧邁耶說道，假裝逆來順受的樣子。「這幾天沒法兒跟你說話了。」

他戴上帽子，踱到舷梯那兒又停下來，一隻腳擱在小小的內梯上，像是在猶疑不決，然後折回來，攔在林格面前，逼他停下來聽他說話。

「你當然愛做什麼就做什麼，你從不聽人勸的，這點我知道。不過，我告訴你，你要是放走那個傢伙，那就不老實了。你不動手，那混蛋一定會搭阿都拉的船走，阿都拉會利用他到處去害你、害別人。你的事威廉斯知道得太多了，他會給你添很多麻煩。你聽我說，很多麻煩。對你不好，對別人也會不好，想想看吧！林格船長，我要說的就是這些。現在我得回島去了，還有許多事要辦。我明天早上第一件事就是在這艘船上裝貨，所有的包綑都準備好了。你要是找我，就在主桅上掛上一面旗子什麼的，晚上就放兩槍，我就來了。」然後他友善的加上一句，「你晚上來我家吃飯好不好？天天悶在船上也沒什麼好處。」

林格沒回答。奧邁耶挑起的形象——威廉斯巡迴各島之間，以搶掠、欺詐、暴行，搞到世界不寧——使他靜下來出了神，痛苦的懾住了。奧邁耶略待片刻，不情不願的走向舷梯處，又在那兒逗留了一會，然後嘆了口氣，跨過另一端，一步又一步走下去。他的頭慢慢在欄杆下消失，林格一直心不在焉的瞪著他，突然驚覺，跑到欄邊上向外望，大叫起來：

「嗨！卡士伯，等一下！」

奧邁耶吩咐他的划手停了槳，回過頭來向著縱帆船，小艇慢慢划過來靠攏林格，幾乎成了平行。

「聽著，」林格向下望著說：「我今天要一艘上好的獨木舟，四個划手。」

「現在就要嗎？」奧邁耶問道。

「不！抓住繩子，噢！你這笨手笨腳的傢伙！不是現在！卡士伯。」划手抓到了拋下獨木舟中的繩子後，林格繼續說下去。「不！卡士伯，太陽太猛了。這樁事最好別讓人知道。送隻小船來——四個好划手，記得，還有你的帆布椅，我要坐，大約太陽下山的時候，你聽見了沒有？」

「好的，父親，」奧邁耶高高興興的說道，「我會差阿里來當舵手，還有我手下最好的划手。還要什麼嗎？」

「不要了，孩子，別讓他們遲到就是了。」

「我猜，也不必問你要上那兒去，」奧邁耶試探著說。「因爲你要是去見阿都拉，我……」

「我不是去見阿都拉。不是今天去。好了，你去吧！」

他望著小舟向島邊盪去，看見奧邁耶點頭，就揮手作答，然後走到船尾欄杆，從口袋掏出阿都拉的信，先弄平，小心地看了一遍後，慢慢的揉成一團，一面微笑著，緊緊的捏著窸窣作響的紙，就像扼住了阿都拉的喉嚨一般。他把信放進口袋，放了一半又改變了主意，把那團紙扔到水裡，若有所思的看著它在漩渦裡打滾，望了一會兒，只見流水把它捲向下游，向大海沖去。

第四部

18

夜很黑。這是多月以來，東岸第一次酣睡在紋絲不動的雲層下，群星難瞥。這層雲，在雨季第一陣季候風的吹拂之下，整個下午催促著從東面慢慢飄來，黑壓壓、灰沉沉、大塊大塊的追趕著西沉的落日，像是意圖不軌的驅逐陽光。雲端露著凶兆，陰鬱沉著，似乎自知負有暴力騷亂的使命。太陽一沒入西天，廣袤的雲層就加快速度揪住落日的餘暉，滾滾而下來到明晰嵯峨的遠山，罩住水汽蒸蒸的森林，懸得低低的，沉靜而有威脅性的掛在凝然不動的樹梢頭，制止了雨水的祝福，孕育著雷暴的憤怒，現在正猶疑不決——彷佛在尋思自己的力量，不知到底是要爲善還是要作惡。

巴巴拉蚩從他那小竹棚冒煙的紅光中走出來，朝上望了望，深深吸了口窒滯的熱空氣，把他那隻好眼緊緊閉上站了一會兒，像是給拉坎巴院落中罕有的沉寂嚇住了。他睜開眼睛時，視力恢復到足以分辨幢幢黑影的深淺，知道映著那長夜黑色背景之前的，那些是樹林，那些是荒屋，那些是河邊的灌木叢。這位憂思苦慮的哲人，小心翼翼的從闃靜無人的院落走到河邊，站在岸上傾聽腳下看不見的流水之聲，傾聽那喁喁的細語，低沉的輕訴，以及那急湍的河流在炙熱的黑暗中，沖刷過岸邊時，汩汩的聲響，短促的嘶叫。

他臉朝著河站著，好像因爲前面遼闊空曠，呼吸起來就比較自在些。然後，過了一會兒，他沉甸甸的向前靠在拐杖上，下巴抵著胸口，深深的嘆一口氣，算是回應這條自說自話的河流。這條河向前急奔，匆匆不停，對兩岸居民的悲哀或喜樂、折磨與掙扎、失意與成功，均無動於衷。這褐色的流水待在那兒，隨時準備乘載朋友或敵人，也準備以它那忍從而又無情的胸脯，去孕育愛或恨，去協助或妨礙，去挽救生命或置人死地。這條偉大急湍的河流，既是解脫之道，也是囹圄之所；既予人庇蔭，也是座墳墓。

巴巴拉蚩也許有感於此，又對著冷漠的斑苔河上靉靆的迷霧，哀嘆起來。這位蠻族政客想起了一件傷心事，連近日來在計謀策略上的成功都忘記了。這件傷心事，使夜色更添深沉，黏人熱潮更加不適，滯止的空氣更加濃濁，啞然的寂靜叫人受罪而非使人清心。前一天晚上，他在垂死的奧馬身邊度過，現在經過了二十四小時之後，低矮、陰悒的茅舍仍然縈繞腦際。那位無與倫比、成就超卓的海盜的英魂，從茅舍中棄世而去，到了另外一個比人世不如的世界，得知自己生前種種罪孽，已經爲時太晚了。這個蠻族政客的心靈，在悲慟中純化，一時裡深切感受到孤寂的重壓，這種感受，即使面對著那追隨高度文明的福澤而來到這盛世的濫情所磨練的感性，也應當無愧了。約莫有三十秒鐘的時間，一個口嚼檳榔的半裸悲觀主義者，站在這條熱帶河流之畔，沉靜廣袤的森林邊上；一個憤怒無力、兩手空空的人，苦悶不滿的呼聲掛在口邊，這呼聲，一旦喊叫出來，定會響透叢林中原始純潔的寂寥，其真摯、偉大、深邃之處，與安樂椅中發出震撼煙囪屋頂組合的不純荒原的哲學呼聲，不分軒輊。

巴巴拉蚩在叛逆的崇高特權中，悍然對抗了眾神，但是只過了三十秒鐘，這個獨眼的幕後操縱者又故態復萌，變得充滿機智，小心翼翼，深謀遠慮起來，並且沉溺在族人的迷信中。夜晚不論如何寧靜，對存心靜聽的人來說，是絕不會寂然無聲的。巴巴拉蚩以爲除了河流的迴旋及潮汐的起伏外，他還可以聽出另外的聲音。他不斷的把頭左旋右轉，然後用一種受驚警戒的態度，突然向後一轉，好像以爲會看到他那死去的頭兒的盲眼鬼魂在他背後空蕩蕩黑沉沉的院落中遊蕩似的。院子裡什麼都沒有。但是他聽到一個聲音，一個奇怪的聲音，毫無疑問是個含怒訴冤的遊魂的聲音！他傾聽著，什麼聲音都沒有。巴巴拉蚩放了心，向自己的屋子跨前了幾步。正當此時，突然聽到人的聲音，那是一陣粗濁的咳聲從河邊傳來。他停下來留心聽著，可是現在卻不動感情了，匆匆回到水邊，張大著嘴站著等候，想用眼睛看透低垂水面的薄霧，什麼也看不到。可是一定有人坐著划子近在眼前，因爲他聽到有人用普通聲調在說話。

「阿里，你說就是這個地方嗎？我什麼都看不見。」

「老爺，一定在這裡附近！」另一個聲音回答，「我們試試登岸好嗎？」

「不好……再漂一會兒。你要是摸黑登岸，也許會把划子擱在什麼木樁上的。我們一定得小心……讓它漂一會兒，再漂一會兒！這裡好像是什麼墾地。我們也許會從一些房舍看到一、兩點燈光，拉坎巴的院子裡有沒有很多房子？嗨？」

「老爺，很多……我什麼都沒看見。」

「我也看不見，」第一個聲音又嘟囔著。這次幾乎就靠在靜悄悄的巴巴拉蚩身邊，巴巴拉蚩很不安的朝他自己的房子張望，門裡頭有一個點燃著的火把，隱隱的光照亮了門口。房子一側朝著河流，房子門口向著下游，所以巴巴拉蚩很快推測到河上的陌生人從他們船上是看不到這火把的光的。他決不定要不要叫喚他們，正當猶疑不決之時，又聽到說話的聲音，可是現在離他站立的登岸處比較遠些了。

「什麼都沒有，不可能是這個地方，阿里，讓他們划開吧！划槳啦！」

隨著這命令，是一片木槳濺水聲，然後突然有人叫道：

「我看見光了，我看見了！老爺！現在我知道從那裡登岸了。」

小船急速兜繞回頭，向上游河岸划來時，木槳濺水聲更響了。

「喊話！」近處一個低沉的聲音說道。巴巴拉蚩心想來人一定是個白人。「喊了話，可能有人會點個火來，我什麼都看不見。」

跟著這些字發出的大聲喊叫幾乎就是衝著暗中諦聽的人的鼻子發出來的，巴巴拉蚩爲了佯裝剛剛出現，就悄悄的大步向院子跑，跑了一半，才喊著答話，然後一面喊一面緩緩向河岸折回，他在岸邊看到一條船朦朧的影子，跟登岸處並不十分靠近。

「誰在河上喊話？」巴巴拉蚩問道，話裡加些意外的語氣。

「一個白人，」林格從獨木舟上答話。「拉坎巴這麼有錢，院子裡難道連一個火把都沒有來照亮登岸的訪客？」

「這裡既沒有火把，也沒有人手，我在這裡自己一個人，」巴巴拉崮有點遲疑的說。「自己一個！」林格叫道，「你是誰？」

「只是拉坎巴的一個下人罷了！白老爺，請上岸吧！看我是誰。扶著我的手。不！這兒……高抬貴手啦，哪！……現在可好了！」

「你獨個兒在這裡？」林格說道，警惕的在院子裡向前跨了幾步，「多黑啊！」他自言自語的咕噥著——「人家還以為這世界給漆成黑色的了。」

「是呀！自己一個人。你還說了什麼，老爺？我不明白您說的話。」

「沒什麼，我還以為在這裡會找到……可是這些人都跑到那裡去了呢？」

「他們到那裡去了有什麼關係呢？」巴巴拉崮悶悶的說，「您是看我們的人的？最後一個已經長途跋涉去了，只剩下我一個。明天我也走了。」

「我是來看一個白人來的，」林格說，慢慢向前走，「他沒走吧！」

「沒有，」巴巴拉崮在他的身側回答道。「一個皮膚紅紅、眼睛狠狠的人。」他沉思著說下去，「這人的手勁兒大，心裡頭卻又笨又弱的，的確是個白種人……不過還只是個人。」

他們來到矮矮的樓梯腳，這道樓梯通到圍繞巴巴拉崮住所的竹平台。兩人站著互相好奇地對望，門口暗淡的光照在兩人臉上。

「他在嗎？」林格沉聲問道，用手向上一指。

巴巴拉蚩凝望著這位期待已久的訪客，沒有立即作答。

「不，不在這裡，」他終於說，說時把腳擱在最低的一級梯階上，回頭望著。「不在這裡，老爺，不過也不很遠，請您在我屋子裡歇歇腳好嗎？也許還有飯、有魚、有清水——不是河裡掬來的，是從泉裡……」

「我不餓，」林格一口打斷說，「我也不是上你屋子來坐的。帶我到那個等著我的白人那裡去，我沒時間來耗。」

「老爺，夜還長著呢！」巴巴拉蚩柔聲說下去。「而且還有別的夜晚，別的日子，時間很長。非常長……人要死，花得了多少時間呢！海大王！」

林格吃了一驚。「你認得我！」他叫道。

「哎——呀！我以前見過您的臉，領教過您的氣力——很久、很久以前了。」巴巴拉蚩說著。在梯階上走了一半停下，然後從上向下俯視著林格仰著的臉。「您不記得了——不過我可沒有忘記。像我這樣的人多得很，不過海大王可只有一個。」

他突然輕快敏捷的爬上最後幾步，站在平台上，搖著手邀林格上去。林格遲疑了片刻，也跟著上去。

有彈力的竹平台在老海員沉重的身軀下彎了起來。他站在門檻裡，想看清楚這所黑沉沉、煙霧裊繞的低矮屋子。在一根木棒的裂罅處塞著一個火把，成直角繫在一根棟梁的中央，火把下泛著一片紅光，照出一些殘舊的草墊，也照出一個大木櫃的一角，其餘的全隱在黑暗中。在屋子更遠的矇矓角落裡，牆上掛著的一個矛頭、一面銅盤，與倚著櫃子的一桿長槍，映著火把煙霧騰騰的游移光芒。閃爍不定的光起伏著，消失、再現，滅了、重亮——像是在跟黑暗打一場勝負不知的仗，黑暗在遠遠的角落躺著等待，好像隨時準備向軟弱的敵人狠狠的竄出。屋脊下寬闊的空間，浮著一層濃濃的煙霧，平如天花板的下底反射出那搖曳暗淡的火光，上面卻從乾棕櫚葉覆蓋的屋頂空隙徐徐瀉出。潮濕的泥土、乾魚的氣味以及發霉植物的惡臭，匯成了一股無法形容的複雜味道，瀰漫全屋，在林格踏進門口時，衝鼻而來。林格在櫃子上坐下，手肘靠在膝上，雙手捧著頭，若有所思的望著門口。

巴巴拉蚩在暗處來回走動，對一、兩個在茅屋盡頭輕輕走動、隱約莫辨的身影低聲吩咐。林格沒有動，眼睛向兩旁一掠，只見有些裹得緊緊的人影，在火光邊上逗留片刻，突然退隱到暗處去。巴巴拉蚩走近來，坐在林格跟前一綑捲起的草墊上。

「請用點飯，喝些沙貴好嗎？」他說，「我已經把家眷喚醒了。」

「朋友，」林格說，望都沒望他。「我來看拉坎巴，或者看拉坎巴的手下時，從來不餓不渴的，知道嗎？從來不餓不渴。你以爲我沒有頭腦嗎？這兒什麼都沒有的嗎？」

他坐起身來，雙眼一下子望住巴巴拉蚩，意味深長的敲著自己的額頭。

「這！這！這！老爺！您怎能這樣說。」巴巴拉蚩用受驚的聲調叫道。

「我想到什麼就說什麼。我活了一大把年紀了，」林格說著，漫不經心的伸出手去拿槍。他很內行的把槍端詳起來，好幾次，扳上扳機，又把擊鐵放下。「這把槍很好，是瑪塔藍製的，也很舊了。」他繼續道。

「哎！」巴巴拉蚩很帶勁的插嘴說，「這把槍是我年輕時得來的。那是個阿魯商人，肚子很大，嗓門洪亮，還很勇敢——非常勇敢。我們在灰蒙蒙的早上碰上他那艘船，他站在船尾對手下大叫，還用這支槍跟我們開了一次火。只放了一槍……」他頓了頓，輕輕笑著，然後用低沉做夢樣的聲調說下去，「我們在灰蒙蒙的清晨碰上那艘船，四十幾個默不作聲的漢子乘著一艘蘇祿快艇，到了太陽這麼高時，」說到此處他舉起兩手約莫距離三呎左右——「老爺，太陽只有這麼高時，我們就幹好了——海裡的魚又有一頓大餐了。」

「是啦！是啦！」林格咕噥道，緩緩點頭。「原來是這樣的。你不該讓這支槍鏽成這個樣子。」他加上一句。

他讓槍倒在兩膝中間，然後向後一靠，頭依在茅屋的牆上，兩臂交叉在胸前。

「是一枝好槍，」巴巴拉蚩繼續道，「射得又遠又準。比這支好——喏！」

他用手指尖輕輕碰碰林格白外套上右口袋裡突出來的手槍柄。

「把手拿開。」林格嚴厲的說，不過仍然好聲好氣，而且一動也沒動。

巴巴拉蚩笑了笑，把自己的座位挪開了一點點。

他們靜靜坐了一會兒，林格頭微微後仰，垂著眼皮向下俯看著巴巴拉蚩。巴巴拉蚩用手指在摸索兩腳之間草墊上看不見的紋路，他們聽見阿里在外頭跟其他的船夫圍著篝火談笑，火是他們在空闊無人的院子裡生起來的。

「好吧！那個白人怎麼樣了？」林格平靜地說。

巴巴拉蚩好像沒聽見這問題，他繼續在地板上摸索著精緻的紋路，摸了好一會兒。林格不動聲色的等著，最後，馬來人抬起了頭。

「唉！那個白人，我明白！」他心不在焉的嘟囔著，「這個白人，那個白人……老爺，」他出其不意、生氣勃勃的大聲說起來：「您是海上人吧！」

「你明明認識我，還問來幹什麼？」林格沉聲說道。

「不錯，海上人——跟我們一般。一個真正的海上人，」巴巴拉蚩若有所思的說下去，「跟其他的白人不一樣。」

「我跟其他白人一樣。事情明明很簡單，可別轉彎抹角的講。我到這裡來，是要見見那個幫拉坎巴對付巴塔魯魯的白人，巴塔魯魯是我的朋友。你說吧，那個白人住在那裡，我有話要跟他說。」

「只要說話嗎？老爺啊！那急什麼呢？長夜漫漫，死起來卻只是瞬息之間的事——這點您該知道，您已經對付過我好多好多的同胞了。很多年前，我跟您面對面過，手裡拿了武器，您不記得嗎？那是在卡里瑪塔，離這兒很遠、很遠。」

「我一生碰見過的流氓，怎能個個都記得住？」林格認真的說。

「唉！唉！」巴巴拉蚩不爲所動，夢囈似的說下去，「很多年前，那時所有這些，」——他突然向上望著林格的鬍子，一面用手指在他自己那沒有鬚的下巴比畫著，「那時所有這些就像是陽光下的金子，如今卻像怒海上的白沫。」

「可能是吧，可能是吧，」林格耐住性子說。巴巴拉蚩的話勾起了他對往昔的追憶，禁不住輕嘆一聲。

他跟馬來人密切相處過一段長時期，因此對於他們極端委婉縝密，迂迴曲折的思想方式，再不感到惱怒。今天晚上也許比往常更不易煩躁。他立了心即使不聽巴巴拉蚩說，也讓他去說個夠。看來這個傢伙顯然有些事情要傾吐，他希望憑這一番談話，那椿隱晦難明、令人費解的背逆行爲，可以透露出一線亮光來，讓他看看清楚那個即將被人秉公處置的叛徒。就算短暫的片刻也好。只要公義！在他心中，再沒什麼比報仇這種無謂的念頭，更風馬牛不相及了。只要公義！公義必須執行，這是他的職責，並且要由他親手執行。他不願意去想如何作法。誠如巴巴拉蚩所說，長夜漫漫，足以完成他必須做的工作。可是他並沒有確定這樁工作的性質，只是靜靜地坐著在這樁使命的重壓之下，心甘情願的拖延時間。多想這件事又有什麼好處呢？事是無可避免的，而且又迫在眉睫了。但是在那臭氣薰天的茅舍裡，巴巴拉蚩用單調的聲音滔滔不絕，臉上故意死板板沒有表情，除了嘴唇什麼都不動，林格無法不使自己的思潮陣陣湧現。正如一艘停泊中壞了舷弧的船，林格在急湍的思潮中竄來竄去。那輕柔的話、壓低的聲音在他身邊響著，可是他卻失落在回憶中，一會兒想起在卡里瑪塔奮鬥的大好時光；一會兒又想起自己居然判斷錯誤而惶惶不安。猶記得許多許多年前，在三寶壟的路上拯救了一個從一艘荷蘭船上逃下來的餓得半死的偷渡客，這樁意外真是盲目得要命。他曾經非常喜歡過這個人：他的自信，他的衝動，他那向上爬的欲望，傲然的好脾氣，以及自私自利的辯才。他連他的缺點都喜歡，認為缺點中包含惹人好感的一面。他從一開始就對他公公平平，現在到臨了，他也會對他公公平平的。想到這裡，林格的臉色沉了下來，眉頭相應的緊緊一皺。這位執法者雙唇緊閉，心情沉重地坐著，屋外悄然無聲的世界，就好像在黑暗中，屏息靜待著他握在掌中的公義。他那強勁有力的手掌握著公義隨時可以出擊，卻遲遲不願動手。

19

巴巴拉蚩住了口。林格把雙腳移動了一下，鬆開雙臂，緩緩的搖了搖頭。森巴鎮事件的經過，由這個狡猾機敏的政客以他的觀點道來，林格雖沒有凝神細聽，只是偶爾捕捉到一鱗半爪，卻仍然像是一絲線索，幫助他解開隱晦錯綜的思緒。現在他已經來到終局了，從糾纏不清的過去中解脫，進入目前的迫切需要之中。林格掌心放在膝上，手肘向旁撐出，向下望著巴巴拉蚩。巴巴拉蚩用僵直的姿態坐著，啞口不語，木無表情，就像一個會說話的玩偶，其中的發條終於轉完了。

「你們這批人幹的這些好事，」林格終於說道，「在乾風還未吹颳之前，你們就會後悔莫及。阿都拉的聲音會把荷蘭人帶來統治這地方的。」

巴巴拉蚩向著黑沉沉的門口擺擺手。

「那兒有的是森林。拉坎巴現在統治了這片土地。老爺，您說吧，大樹知道統治者叫什麼嗎？不！它們生出來、長大、活著、死掉——可是一無所知，一無所覺。這是它們的土地。」

「就算一棵大樹，也可以給一把小斧砍死的，」林格冷冷的說，「而且，記住了，獨眼朋友，這些斧頭是由白人的手造成的。你們很快就知道了，既然你們已經掛上了荷蘭旗。」

「哎——哇！」巴巴拉蚩慢吞吞的說。「這世界是屬於那些皮膚白、心腸硬、呆頭呆腦的人的，這是寫得清清楚楚的嘛。主子離得越遠，奴才的日子越好過。老爺！您離得太近了，您的聲音老是在我們耳朵裡響著，現在這一切就會不同了。在巴達維亞的大族長強而有力，但是他矇騙得了。他必須很大聲說話，此地才聽得見。可是，倘若我們有需要喊叫，那麼這許多求保護之聲他也不能不聽。他也不過是個白人而已。」

「我雖然曾經對巴塔魯魯說過些什麼，像個兄長似的，那都是爲了你們好——爲了大家好。」林格誠懇地說。

「這是一番白人的話，」巴巴拉蚩叫道，恨恨的發作起來。「我了解你們。這就是你們槍膛上了子彈、利劍磨得雪亮時說的話；你們準備妥當之後，就對那些軟弱的人說：『順我者昌，逆我者亡！』你們很奇怪，你們這些白人，你們以爲只有你們的智慧、你們的德行、你們的幸福才是真的。你們比野獸有力氣，可是並不見得比牠們聰明。一隻黑老虎都知道牠什麼時候不餓，你們卻不知道。牠知道自己跟那些能說話的有什麼不同，你們卻不明白你們自己跟我們之間的差異。我們也是人。你們聰明、了不起但——你們永遠都做傻瓜！」

他舉起了雙手，攪動了頭頂縈繞不動的煙霧，又把攤開的手掌拍在雙腿旁薄薄的地板上。整座茅舍都搖動起來，林格好奇地望著這個激動的政客。

「啊呀！啊呀！怎麼啦？」他安撫地低語道：「我在此地殺了誰啦！我的槍砲在那裡呀？我做了什麼？吞沒了什麼？」

巴巴拉崑安靜下來，故作有禮的回答道：「您，老爺，是海中人，跟我們比較相似，所以我跟您說心底的話……只有一次，大海勝過了海大王。」

「你聽說了，是嗎？」林格痛苦的厲聲問道。

「唉！我們聽說關於您那艘船的事了——有些人額手稱慶，我可沒有。在惡魔似的白人當中，您是個人。」

「Trima kassi！我多謝你了。」林格莊重的說。

巴巴拉崑不好意思的笑著向下望，可是他的臉馬上重顯愁容，再開口時，又是一種哀戚的聲調。

「老爺，您若是早一天來，就會看到一個仇人死去。您會看到他窮困潦倒、瞎眼悲苦的死去——沒有兒子來為他掘墓，來宣講他生前的智慧勇氣。是的，您會看到那個許多年前在卡里瑪塔跟您作戰的朋友，孤苦伶仃的死去——只有一個朋友。您看來是齣好戲。」

「才不是呢！」林格答道，「要不是你剛才提起他的名字，我都記不起這個人了。你不了解我們。我們打仗，把人家打倒——我們事後就忘記了。」

「不錯，不錯，」巴巴拉崑彬彬有禮的諷刺道，「你們白人太了不起，不屑去記住你們的敵人。不會！不會！」他用同一語調說下去，「你們心中存著這麼多憐憫，當然不再有餘地去容納記憶了。喔！你們既偉大又善良，可是我認爲在你們自己人當中，你們可不是善忘的。老爺，是不是這樣？」

林格不作聲，肩膊極輕微地晃動著。他把槍橫放在膝上，心不在焉地瞪著燧發機。

「是的，」巴巴拉蚩接下去說，又再陷入悲思中。「是的，他在黑暗中死了。我坐在他身旁，握著他的手，可是他看不到守望他唇上微弱呼吸的那張臉。她，因爲那白人而受他咒罵的女人，也在那兒掩面哭泣。那白人在院子裡來回走動，大聲嚷叫，不時走到門口來，盯著我們這兩個傷心人瞧。他用一雙惡眼盯著，當時我倒很高興垂死的人是瞎了眼的。這是真心話，我很高興，因爲一個白人肚子裡的惡魔從裡向外張望時，他那雙眼睛是並不好看的。」

「惡魔！嗨？」林格說出聲來，半是自言自語，好像是爲了什麼顯而易見的新鮮主意而吃了一驚。巴巴拉蚩說下去道：

「凌晨時分，他坐起身來——他弱成那個樣子——很清楚的說了幾個字，那不是說來給人聽的。我緊緊的抓住他的手，可是時辰已經到了，勇士的頭兒要去會合那些快樂的信徒了。我的家人拿來一幅白布，我就在他逝世的茅舍裡掘起墳來。她大聲哀慟。那白人走到門口來高叫，很生氣，氣她就像一個女人分內該做的那樣捶胸撕髮，厲聲哀號。您明白我所說的嗎？老爺？那白人走到茅舍裡來，暴跳如雷，一把揪住她的肩膊，把她拖了出去。是的，老爺，我眼看著奧馬死去的，我也看到她趴在那白狗的腳下，那欺騙了我的傢伙。我看見他臉色灰白，正像早上的寒霧，我看見他淺色的眼睛向下望著奧馬的女兒，打著頭，趴在他的腳下。在他腳下，他這個阿都拉的奴隸！不錯，他是在阿都拉的旨意下活命的。這就是為什麼我目睹這一切時留點餘地。我留餘地是因為我們現在是在荷蘭旗的庇護之下，阿都拉卻是可以對那個大勢力直接說話的。我們千萬不能惹上白人的麻煩。阿都拉說過，我一定得服從。」

「就是這樣了，是嗎？」林格在大鬍子中咆哮道，然後用馬來語說，「巴巴拉蚩呀，你好像很生氣！」

「不，老爺，我不生氣。」巴巴拉蚩回答道，從憤怒那不穩當的高峰，下降到謙遜那安全而不誠摯的深淵。「我不生氣，我算是什麼人，居然可以生氣？我只不過是個海上人，而且我在你們面前逃過許多次。是這一個的僕人，又受那一個的保護；我到東到西，為了一小撮米去獻計。我算得了什麼，膽敢跟一個白人生氣？沒有力氣去打人，生氣算得了什麼？可是你們白人把一切都拿走了：土地、海洋，以及打人的力量。在這些島上，除了你們白人的公義之外，就什麼也沒留下了；你們偉大的公義，是不知憤怒為何物的。」

他站起身來在門口站了一會兒，吸著院子裡的熱氣，然後折回來，靠著屋梁的支索，面對著坐在櫃上的林格。火把已經快要燃盡了，正燒得吱吱作響。火焰中心迸發著火花，在冒煙的火光中，噴出一串串堅實、渾圓的白煙，不比豌豆大，趁著透過竹牆肉眼難見的空隙吹來的微風，翻滾到門外去。房屋底下與四周不潔穢物發出的臭氣，越來越濃，使林格不由自主的迷迷糊糊，把滿腔決心與思潮都壓抑下來。他昏昏沉沉的想著自己，也想著那個要想見他的人——那個等著見他的人。在等！晚上白天，等待著……一個狠毒然而空幻的念頭在腦海中浮現——這種等待對那傢伙來說不可能十分愉快，好吧！就讓他等去！他會很快見他。可是見多久？五秒鐘——五分鐘——不說什麼——說些什麼。什麼？不——只讓他有時間好好瞧上一瞧，然後……

巴巴拉蚩突然用低柔的聲音說起話來，林格眨了眨眼，清了清喉嚨，挺身坐起來。

「您現在什麼都知道了，老爺，拉坎巴住在巴塔魯魯的院宅裡，阿都拉已經開始建造木板石塊的貨倉。現在奧馬死了，我自己會離開，去跟拉坎巴住，向他獻計進言。我服侍過許多人，他們之中最好的已經身裹白布，躺在地下了，他墳上沒有別的標誌，只有他逝世時那茅舍的灰燼。是的，老爺，那白人親手毀了它的，他手上拿著點燃著的火炬，來回踱步，對我大嚷著叫我出來——對我嚷著，我正在把泥土撒在一個了不起的領袖的身上。不錯，用你們和我們上帝之名對我咒罵，說如果我們不趕快，他就把我跟她都燒死在裡面……嗨！白人都是非常專橫非常聰明的，我急忙把她拖出來！」

「哎，該死！」林格嚷道，然後用馬來語繼續熱誠的說，「聽著，那人跟其他白人不一樣，你知道他是不一樣的。他根本算不得是個人，他是個……我不知道了。」

巴巴拉嵐不以爲然的抬起手來。他的眼睛閃著光，他那染紅了的大嘴唇，因爲毫無表情的笑容而咧開著，露出一排短短粗粗的黑牙，整齊的排列在牙肉上。

「嗨！嗨！跟您不一樣，跟您不一樣。」他在這寄望甚殷的晤談中，快要說到心中所想的正題了，於是說話的聲調變得越來越柔和：「跟您不一樣，老爺，您就像我們，只不過比我們聰明強壯而已。可是他，也是充滿機巧的，說起您來毫無敬意。白人提起白人的時候就是這樣的。」

林格從座位上跳起來，好像給人戳了一下。

「他說起我！他說了些什麼？」他叫道。

「不！老爺，」泰然自若的巴巴拉嵐說道：「倘若他算不得人，他說的話又有什麼關係？我在您面前算不得什麼——我爲什麼要複述一個白人談起另一個白人的話？他對阿都拉誇過口，說在過去幾年從您的智慧中學到了許多，其他的話我忘了。真的，老爺，我……」

林格不屑地揮一揮手，打斷了巴巴拉嵐的抗辯，然後莊重的重新坐下來。

「我會走的，」巴巴拉嵐說，「那白人會留在這裡，單獨跟死者的靈魂以及他心中的寶貝在一起。他，身爲白人，聽到那些鬼魂的聲音……老爺，您告訴我吧，」他說下去，好奇的望著林格，「老爺，你們白人聽不聽得到鬼魂的聲音？」

「我們聽不見，」林格答道，「因爲那些我們看不見的不說話。」

「從不說話！而且從沒用不是語言的聲音抱怨？」巴巴拉蚩疑惑的嚷道，「也許是這樣——也許是你們的耳朵不靈。我們馬來人在死人埋葬的地方附近聽到許多聲音……今天晚上我聽見了……不錯，就連我也聽見了……我不盼望再聽見什麼。」他神經質的加上一句。「也許是我錯了，我那時……有些事情我是很遺憾的。他逝世時，心裡煩惱重重。有時我認爲自己做錯了……可是我不要聽鬼魂的抱怨。所以我走了，老爺。讓這個冤魂去對他那白人仇敵說去！那白人不知道什麼是恐懼，什麼是愛，什麼是慈悲——什麼都不知道，只知鄙視及暴力。我做錯了！我錯了！唉！唉！」

他站了一會兒，手肘放在左手的掌心裡，右手的手指按在唇上，好像在阻止自己，不便自責追悔似的。接著，望了望將盡的火炬，就把一幅用細竹條編成的簾子拉開，林格很快的在座位的一角挪過雙腿。

「哈囉！」他吃驚的說。

煙霧撩動，一小縷煙從新的缺口裊裊而出。火炬閃一下，嘶的一響，然後熄滅了，熾紅的炬頭跌落在蓆子上，巴巴拉蚩一把拾起來，從方洞口扔出屋外去，只見劃過一道弧形紅光，隨後跌在地上，在黑暗的曠地微弱的閃爍著。巴巴拉蚩的手臂在蒼茫夜色中仍然向前伸著。

「那邊，」他說，「您看得見那白人的院子，老爺，還有他的房子。」

「我什麼也看不見。」林格答時，把頭從窗板洞口伸出去。「太黑了。」

「老爺，等等。」巴巴拉蚩催促道，「您的眼睛看著火炬看得太久了，很快就會看得到的。小心槍，老爺，是上了的。」

「裡頭沒有燧石嘛。這地方一百哩內你都找不到打火石，」林格不耐煩的說。「把槍裝上彈藥真是笨！」

「我有一塊打火石，是從一個住在密南卡包的、又聰明又虔誠的人那兒得來的，一個很虔誠的人——很好的火。他對那塊石頭念過真言，所以打火打得很好。這管槍也好——瞄得又直又遠。我想可以從這裡射到那白人的屋門口，老爺。」

「Tida apa，別管你的槍，」林格咕噥著望著無邊的黑暗，「是不是那所房子——那邊那黑漆漆的東西？」他問道。

「是的，」巴巴拉蚩答道，「那就是他的房子。他是依阿都拉的旨意住在那兒的，而且一直住到……從您站著的地方，老爺，您可以穿過籬笆，院子，直接望到門口。他每天早上都從那門口出來，看起來就像在夢裡看過惡魔似的。」

林格把頭縮進來，巴巴拉蚩摸索著用手碰碰他的肩膊。

「等一會兒，老爺，坐著別動。現在天快亮了。昨晚沒星，今早就沒太陽。可是光線還夠，可以看見這個人；這人沒有多少天以前還說過，單單他一個人就使您在森巴鎮上變得孩童不如。」

他感到手下有一陣輕微的顫動，可是立刻拿開手，在林格背後櫃子頂上摸索起槍來。

「你在幹什麼？」林格不耐煩的說，「你可真不放心你那把鏞槍。你最好點個火。」

「點個火！告訴您，老爺，天快亮了！」巴巴拉蚩說著，終於得到他足以安慰的東西了，他就緊緊攫住它那長長的柄，把槍托擱在地下腳旁。

「大概快亮了。」林格說著，把雙手的手肘都擱在窗洞底下的橫檔上，向外張望。「外面還是很黑，」他漫不經心的說。

巴巴拉蚩煩躁不安。

「您坐在這裡可不好，人家看得到的。」他嘀咕道。

「爲什麼不好？」林格問。

「那白人要睡覺，不錯。」巴巴拉蚩輕輕解釋道，「不過他可能一早出來，而且他是有槍的。」

「啊！他有槍？」林格說。

「是的，他有一把短槍可以發射很多次，就像您這兒的這把。阿都拉當時非把槍給他不可。」

林格聽了巴巴拉蚩的話，可是並沒有動靜，在這位老冒險家的心目中，可沒想到除了他自己，別人手上拿著槍也會有危險的，自然更沒想到威廉斯有什麼危險。他在忙於想著自認爲責無旁貸的事，顧不了那人會採取什麼行動了。這人誠如一個已遭處決的罪犯似的——想起他時，只覺得可恨復可憐。他坐著凝望前面，沉思的眼前，夜色越來越淺，正如逐漸散開的霧一般。威廉斯對他來說已像是個完全屬於過去的形象，不可能再進入他的生命之中。他已經下了決心，事情就像做了一樣。在他煩悶的心中，他已經把自己生命中這無法補救的、費解而可怕的片段結束了。最糟的事已經發生，報應在後頭。

他在他的人生道路上清除過一兩個仇敵，又曾多次償報深仇夙怨。湯姆船長是很多人的好朋友，但是從火奴魯魯起，到德耶哥瓦萊斯①止，人所周知，要是和湯姆船長作起對來，可不是任何一個人赤手空拳可以應付得了的。他時常說要是不去惹他，他連隻蒼蠅都不打；可是一個人多年置身文明社會之外，而不萌生一些古怪的是非概念，卻是不可能的。他的相識當中，誰都不想指出他概念的錯誤。任誰都無謂去反對林格對事情是否恰當的看法——這一點，也是南海及東部群島海域的智慧；在這些天涯海角、他大呼大笑無人攔阻的窮鄉僻壤，這一點最能受人了解。跟一個誇口一生中從未因爲任何一件事而後悔的人辯論，並沒有什麼用處。他對於溫和的批評老是高高興興的叫道：「這件事你不懂。我再來一次也是這樣幹。我會的，先生！」他的合夥人與相識都拿他本人、他的意見與他的行爲，當作是上天早有安排而無可改變的。他們看著他多方面的表現而默默驚嘆，也羨慕他萬事順遂。可是沒有人見過他陷入目前這種情緒中。沒人見過林格猶疑不決，向疑惑屈服，不能下定決心，不願採取行動，一時膽怯猶疑，一時又生氣呆

① 在非洲馬達加斯加島北部，爲世界良港之一。

滯。一言以蔽之，林格目前大惑不解，因爲面臨了一種特殊情境，眼看別人無緣無故爲非作歹，罔顧天理，使他心慌意亂，這種事以他那粗獷樸實的味覺嘗來，顯然帶有地獄底層的硫磺煙味。

簾洞口望出去平滑漆黑的一片，逐漸泛白，繼而變得斑斑駁駁顯出隱約的物像，宛如陰沉混沌中，一個嶄新的宇宙在逐漸演化。輪廓慢慢顯出來了，勾出一個朦朧的形狀：這裡一棵樹，那裡一排灌木，遠處森林一環黑帶，房舍的線條，近處高高屋頂的屋脊。在茅舍裡面，巴巴拉蚩剛才還只是一個誘勸的聲音，現在變成了一個人形，下巴輕率的依在一管槍的槍膛上，眼睛望著重現的世界不安的東溜西轉。白天來得很快，河上的晨霧、晚間的濕氣壓聚著，使晝日失去色彩與陽光，這是殘缺不全、憂悒陰沉、使人失望的一天！

巴巴拉蚩輕輕的拉拉林格的衣袖，老海員詢問的抬起頭來，他就伸出一隻手臂，用食指指著威廉斯的房子，現在清楚看到了，在右方院中大樹的另一端。

「老爺，看哪！」他說，「他住在那裡，那是門——他的門，他很快就會從這門口走出來，披頭散髮，嘴裡不停的罵人。就是這樣的，他是個白人，從來都不心滿意足。我想，他就算睡著了也是怒氣沖沖的。真是個危險人物。老爺您看得到，」他逢迎諂媚的說下去，「他的門口向著這開口，就是您尊駕坐著的地方。這地方別人看不見的，正對著它——而且還不遠。老爺您請看，一點兒也不遠。」

「不錯，不錯，我看得見。他醒來時我就會見到他了。」

「毫無疑問，老爺，他醒過來時……您要是待在這兒，他就看不到您。我馬上就走了，自己去備船。我只是個窮人，必須上森巴鎮去，拉坎巴一睜開眼就得向他請安。我還得在阿都拉跟前打躬作揖，他有勢力，甚至比您更有勢力。您要是留在此地，很容易就可以看到這個人了，他曾經向阿都拉誇口說是您的朋友，就在要打擊那些受您保護的人時，也還這麼說。不錯，他跟阿都拉串謀掛那面死鬼旗。當時拉坎巴瞎了眼，我受了騙。可是老爺您可得記住，他騙您騙得更厲害。他在什麼人面前都這麼誇口呢！」

他靜靜的把槍靠在近窗口的牆上，輕聲說道：「老爺，我現在走好不好？小心那管槍，我把打火石放進去了。是那智者的打火石，萬應萬靈的。」

林格的眼睛盯著遠處的門口。越過他的視線，在灰濛濛空蕩蕩的院子中，一隻大果鴿懶洋洋的拍著翅膀向森林飛去，一面呱呱大叫，像是低音銅鑼噹的一響；在陰霾沉鬱的天色中，這隻毛色鮮艷的鴿子看來就像烏鴉一般黑。一群擠得緊緊的白色米鳥，輕輕叫著飛到林梢，來回盤旋，密集雜亂的一堆，突然飛散至四面八方，宛如突然寂靜無聲的爆開一般。林格聽到背後有拖曳的腳步聲——婦女們走出了茅舍。在另一個院子裡，有人在抱怨冷，聲音隱隱傳來，可是在棄置沉靜的房舍耕地中，聽得十分真切。巴巴拉嵬謹慎的咳著。從屋子下，突然傳來木杵搗米的聲音。院子裡微弱而清晰的聲音又催促起來，「兄弟，把火吹旺些！」另外一個人用細弱平淡的抑揚腔調拖長聲音答道，「你自己吹吧，你這隻發冷豬！」最後一個字突然停下來，好像這人墜入深坑似的。巴巴拉蚩有點不耐的又咳起來，然後用機密的聲調說：

「老爺，您說我是不是該走了？老爺您給照顧我的槍好嗎？我是一個懂得如何服從的人，甚至連阿都拉都服從，他還欺騙過我呢。不管怎麼著，老爺，您要想知道，這管槍打得又遠又準。我已經放了雙份火藥三個彈丸進去了。老爺！現在——也許——我走了。」

巴巴拉蚩開口說話時，林格慢慢轉過身，凝望著他，樣子看來像個病人，目光呆滯，不情不願的，自知醒來後又得受一天罪。機敏的政客一路說下來時，林格眉心打結，眼光變得炯炯有神起來，額前冒出一條青筋，更顯出皺眉蹙額的樣子。巴巴拉蚩說到最後幾個字，就在老海員目不轉睛的凝視下怯住了，停了口，不知所措。

「喔！原來這就是你的目的，」他說著，一隻手重重的壓著巴巴拉蚩退縮的肩膊。

林格站起身來。他的臉色開朗了，他向下望著焦慮的巴巴拉蚩，突然變得慈祥起來。

「你以爲我是來這裡殺他的？嗨，你這阿拉伯人的走狗！說呀！」

「還有什麼呀，老爺？」巴巴拉蚩尖叫著，一氣之下，說起真話來。「老爺，還有什麼呀！別忘了他幹的好事！他說起你的時候，我們的耳朵聽了都受罪。你是個漢子，你要是不是來殺他的，老爺，那麼，我要不是傻子，你就是……」他頓了頓，用手掌拍拍赤裸的胸口，然後用沮喪的低語說道：「老爺，你就是個傻子。」

林格鄙夷不屑，不動聲色的向下望著他。在威廉斯令人莫測的卑劣行徑中痛苦摸索良久之後，巴巴拉蚩想出的這套合乎邏輯的外交辭令，雖然轉彎抹角，對他來說，似像是一線曙光，終於有些事他可以了解了——一個簡單原因的明顯後果。他於是對這大失所望的智者稍萌姑息縱容之心。

「獨眼龍呀，原來你在生你朋友的氣呀！」他慢吞吞的說，威猛的容貌緊逼巴巴拉蚩困窘的臉，「我覺得你跟森巴鎮近來發生的事一定很有關係，嗨？你這妖魔養的！」

「我要是說的不是真話，海大王呀，我就在您手下栽了。」巴巴拉蚩不顧一切激動萬分地說道。「您在此地四處受敵，他便是最大的敵人。阿都拉沒有了他，什麼都不會做，我沒有阿都拉，什麼都做不成。您打我，就等於把大夥兒都打了。」

「你是誰？」林格不屑的叫道。「你是誰，膽敢自稱爲我的仇敵！骯髒！卑鄙！滾出去！」

他厲聲說，「Lakas，快，滾出去！」他推著巴巴拉蚩穿過門口，然後隨著他走下短梯到院子裡。蹲在火堆旁的船夫們轉過遲鈍的眼睛，辛苦使勁的望著兩人，然後，又漠不關心的緊緊擠在一起，可憐巴巴的在炭火上伸出手。女人在屋蔭裡停下了話，舉起木杵，交換迅速好奇的眼光。

「就是這條路嗎？」林格向著威廉斯院落的一扇小便門點點頭，問道。

「你要找死，這條路最好不過，」巴巴拉蚩毫不動容的答道，好像他所有的感情都已耗盡了似的。「他住在那兒。這個傢伙毀了你的朋友，短了奧馬的命，跟阿都拉合謀先對付你，後對付我。我一直像個孩子似的，喔，真丟人！……不過，去吧！老爺，上那兒去吧！」

「我喜歡去那裡就去那裡。」林格加強了語氣來說。「你大可以去見閻王，我不再需要你了。就算海上的群島沉了，我海大王也不會聽你們這批傢伙的指使。Tau（懂不懂）？不過，我告訴你，明天起，你要怎麼對付他，我都不在乎。我是因爲慈悲爲懷才這麼說的！」

「才不呢！我什麼都不會做，」巴巴拉蚩說著，怨恨而冷漠地搖搖頭。「我是在阿都拉手上，我什麼都不在乎，還沒你那麼在乎呢。才不呢！才不呢！」他加上一句，轉過身，「今天早上我學乖了很多。世上沒有真正的男子漢，你們白人對朋友殘酷，但對敵人仁慈。傻瓜才這麼做！」

他頭也不回的向河邊走去，消失在水上岸邊低窪處的霧中。林格沉思地目隨著他。過了一會兒，站起身來，向船夫喊道：

「嗨，呀！來人哪！你們吃過飯後，拿好槳等我，聽見了沒有？」

「遵命，老爺！」阿里在炊煙繚繞中答道，炊煙正在散開，低低的、輕柔的籠罩著院子。「我們聽見了。」

林格慢慢打開小便門，向著空空的院子跨了幾步，就停下來。他感到頭上有一陣輕風掠過，使大樹上每一片葉子都飄晃起來——隨之又在枝幹微盪中平息下來。他憑著海員的本能抬眼向上一望。頭頂上，在暴風將至、寂寥蒼茫的玄穹下飄浮著低低的黑氣，有伸展的長條，有形狀難言的小片，也有纏繞的細絡，扭曲的螺旋。在院落屋子上空，飄著一團陰沉沉，滯留不散的雲，後面拖著一串稀薄的長條，像是服喪女人凌亂披散的頭髮。

20

「當心！」

這一聲顫抖微弱的叫喚，叫得這麼費勁乏力，比起叫聲本身的突如其來，更令林格吃驚，他不知道這警告是誰發出，以及對誰發出的。以他所能見到的，院子裡除了他自己之外，並沒有其他人。叫聲沒有再起。他用警惕的眼睛，小心翼翼的掃視著威廉斯那煙霧瀰漫、孤寂寥落的院子，所見之處，只有不動聲色的靜物：那棵黑黝黝的大樹，那所關門閉戶的房屋，那暗暗發光的竹籬，以及再遠處濕濡委靡的叢樹——所有這些東西，雖然遭了天譴，必須永遠守望著人類那無法了解的痛苦與歡樂，然而卻在它們漠不關心的一面中，確定了無生命物質崇高的尊嚴，這些物質毫不好奇、不爲所動的圍繞著瞬息萬變、無窮無盡的生命中那永不止休的奧祕。

林格閃過一旁，讓大樹幹橫在房屋及自己中間，然後小心謹慎的繞過一面拱壁，繞時還不得不縮步，以免踩散無意中遇上的一小堆黑色的炭灰。一個站在樹後的瘦小乾癟的老太婆，正在盯著房屋看，一驚之下朝他轉過身來，用黯淡呆滯的眼睛凝視著這個闖客，接著一顛一跛地想走開。不過她似乎馬上省悟到逃走不容易，或是根本不可能，就停了下來，猶疑片刻，再慢慢蹣跚地折回頭。接著，眼睛遲鈍的眨巴了一陣子，突然在白灰堆中跪了下來，俯身向著冒煙的炭灰堆，脹起下陷的雙頰，不斷努力的吹著炭灰下的火花，想把火吹旺。林格朝下望著她，不過她好像打定了主意，認爲自己瘦弱的身軀裡，除了操作簡單的家務之外，已經沒有什麼，生命留下了她顯然吝嗇得很，對他毫不留意。林格等待片刻之後，開口問道：

「老姐妹，你爲什麼要叫？」

「我看見你進來，」她微弱地咯咯作聲，仍然臉湊近灰燼趴著，沒朝上望，「於是就叫一聲做警告。這是她的命令，她的命令。」她一再說，呻吟似的嘆著氣。

「那她聽見了沒有？」林格鎮定溫文的追問道。

她那突出的肩骨在薄薄的緊身外衣下，不安地動著。她辛辛苦若的爬起身來，一跛一跛地走開，抱怨地自言自語，朝那堆靠著籬笆放著的乾柴走去。

林格呆望著她時，聽得搭到屋子大門的鬆浮木板在嘎嘎作響。他從大樹的蔽蔭下探頭外望，只見愛伊莎從斜梯走下，走到院子裡來。她急急向大樹走了幾步之後，就停下來一足向前，像是突然吃了一驚，眼睛拚命東張西望。她的頭沒有包上，一塊藍色的布把她自頭至踝裹著，打著密密的斜褶，一端掠過肩後。一綹黑髮披散在她胸前，裸著的手臂緊貼著身體，雙手攤開，伸長了手指。她那略略上聳的肩膊以及微微後傾的身軀，使她看來像是個對即將來臨的打擊無所畏懼但又趑趄不前的人。她把身後的門關上了，她孤獨的站在毫不自然、威脅重重的陰霾曦光之中，周遭的一切都毫無改動，在林格眼中看來，她就像是在那地方創造出來的，從穹蒼黑色的霧氣，從陽光微弱陰邪的光芒中生出來；那陰邪的光芒掙扎著，穿過濃密的雲層，射入這荒漠無色的大地。

林格向嚴密關閉的房子用心的掠了一眼，就從樹後走出來，慢慢向她走去。她一看見他，唯一的表示就是那雙一直都在溜溜轉的眼睛突然定下來，雙手微微動了動。她向前踏了一大步，橫阻在他的路上，又開雙臂。她那雙黑色的眼睛睜得大大的，嘴唇張開，欲說還休，並沒有發出聲音來打破兩人相遇時意義重大的沉寂。林格止了步，用冷峻好奇的眼光望著她。過了一會兒，他鎮靜自若的說：

「讓我過去。我是到這裡來找一個男人談話的。他躲起來了嗎？是他差你來的？」

她又走近了一步，兩臂下垂到身旁，然後又直直的伸出來，幾乎觸及林格的胸膛。

「他是什麼都不怕的，」她低聲的說道，頭向前傾，聲音戰顫但清晰可聞「是我自己害怕，才差使我來這裡的。他在睡覺。」

「他睡得夠久了，」林格用審慎的聲調說。「我來了——現在該是他醒過來的時候了。去跟他說吧——要不然我會親自把他喚醒。這聲音他很熟悉。」

他把她的手牢牢的捺下，又做出想要走過的樣子。

「不要！」她叫道，跪倒在他腳下，好像給一把鐮刀砍倒似的。她這突如其來、預想不到的舉動，使林格吃一驚，倒退了一步。

「這是怎麼回事？」他奇怪的低聲叫道——然後用凌厲的口吻命令道：「起來！」

她立即起身，站著望住他，既膽怯又無懼；但是眼中閃著不顧一切的神色，透露出她已下定決心，非達到目的不可，甚至不惜一死。林格用嚴厲的聲調說下去：

「別擋著我的路。你是奧馬的女兒，你該明白男人在白天會見時，女人該靜靜的聽天由命。」

「女人！」她強捺著激烈的情緒反駁道，「不錯，我是個女人！你的眼睛看得到這一點，海大王呀！可是你能看得見我的生活嗎？我也聽見過——百戰的勇士啊——我也曾聽見過砲火的聲音；我也感受過槍林彈雨中，嫩枝葉在我頭上紛紛落下的滋味；我也知道如何靜靜的看著憤怒的臉龐，以及緊握利刃高高聳起的強壯的手；我也看見過人在我周圍倒下死去，而不發恐懼哀傷之聲；我也看見過疲乏的亡命之徒的睡眠，用一雙警惕戒懼的眼睛專注的守望著夜間充滿威脅死亡的影子，」她繼續說下去，聲音突然哀戚的一沉：「我曾經面對過無情的大海，膝上枕著那些渴得胡言亂語而死的人，並從他們冰冷的手中接過槳來划，這樣跟我一起的人就不知道又有一個同伴死去了。這些事我全做過。你做過的更有些什麼？這就是我的生活，你的又怎麼樣？」

她這番話的內容及說法，使林格呆若木雞，不由自主的全神貫注，並且大爲讚許。她住了口，從她那雙黑白分明、炯炯有神的眼睛裡，靈魂深處的一道雙重光芒流射出來，意欲照亮他內心最深不可測的策略。靜默了很長一段時間，更加強了她這番話的含義，她用氣憤悔恨的低語加上一句：

「可是我居然在你跟前跪下！可是我居然害怕起來。」

「你，」林格從容的說道，滿懷興趣的回望她一眼，「你這女人，我想，心胸大得足以匹敵男人，可是你始終還是個女人，我，海大王，對你是沒有什麼要說的。」

她傾聽著，低著頭勉強用心來聽；他的聲音聽來出乎意料，遙不可測，是遠距而非屬世的聲音，是我們在夢中聽到的。隱隱約約說著駭人、殘忍或可笑的事，對這些事是沒有答案可尋的。對她他沒什麼要說！她擰著手，用茫茫然、無所視的目光熱切而無心的掃視院子，然後向上望著鉛灰、浮黑、毫無指望的天空，望著那哀傷不寧、炙熱明亮的穹蒼。穹蒼曾經目睹她的愛情如何開始，聽見過他的哀求，她的答覆，看見過他的欲望，她的恐懼，然後是她的喜悅，她的委身──以及他的受挫。林格動了動，這近在身邊的輕輕一動，促使她那雜亂無章的思緒，變成急急忙忙的字語。

「等等，」她用哽住的聲音叫道，然後語無倫次的匆匆說下去：「等會兒。我聽說過。那些人常在篝火邊說起……我的那些同胞，他們談起你──海上第一漢子──他們說在戰鬥中你對男人的號叫聲充耳不聞……不！甚至在戰鬥中，你的耳朵也聆聽婦人孺子之聲，他們這樣……說的，現在呢，我，是個女人，我……」

她突然說不下去了，低垂著眼，張開著唇，站在他面前，站得這麼靜，看來似乎已經變成一具沒有呼吸、聽而不聞、視而不見的人像，再不知恐懼與希望，憤怒與失望。她臉上出奇的平靜，什麼都不動，除了那纖美的鼻孔快速的一張一合，用間歇的節拍翕動著，就像是一隻網中小鳥的雙翼。

「我是白人，」林格傲然說道，用堅定的目光凝望著她，目光中純粹的好奇已經讓憐憫的困擾取代了。「至於你聽說的，那些人在夜間火旁所說的，全部是事實。我的耳朵會傾聽你的祝禱的。可是你開口前先聽我說。你不用爲自己害怕；甚至現在你都可以跟我一起來，你會在阿都拉家找到庇護——你們是同一個教的。還有這一點你也必須明白：不論你說什麼，我對那在屋裡睡覺或躲著的男人，都不改變主意。」

她又以利如匕首的目光望了他一眼，不是出乎憤怒，而是出於願望，是出於一種想看穿、看透、知悉一切的強烈而無可抗拒的願望。想知悉這個人內心每一個念頭，每一種感情，每一種意圖，每一陣衝動與躊躇；在這個身穿白衣的異族人內心的一切。這個人望著她，對她說話，在她面前呼吸，正如任何其他的人一般，只是碩壯些，紅臉白鬚，神祕莫測。這是未來化成了肉身：是明天，是後天，是她生命中的年年日日，活生生、神祕地站立在她面前，未來歲月中的好好歹歹全都鎖閉在這人的胸臆之中，這人可以受勸、哄騙、哀懇，或許可受感動、煩擾、恐嚇——誰知道？要是先能了解他就好了！她在很久以前已經看到事情的發展是怎麼樣的了。她注意到阿都拉鄙視而又帶有威脅性的冷漠，她也聽到——使她嚇了一跳，然而心中起疑——巴巴拉蚩晦澀的示意，隱隱約約的暗喻，掩掩藏藏的提議，要她放棄那無用的白人，他的安全是聰明好人謀求和平的代價，現在好人看他已無可利用了。而他——他自己呢？她仰賴他。再沒有其他人了，再沒有其他事。她會永遠仰賴他——一生一世！然而他卻離得她遠遠的，日甚一日，每一天他好像更遠，而她卻跟隨著他，耐心地、滿懷希望地、盲目地，然而堅定不移的，追隨著他踏著曲折迂迴的心路歷程。她竭盡己能的追隨著他，然而有時——最近更時常——卻覺得迷了途，正如一個人迷失在廣大森林裡枝葉糾纏的亂叢中。對她來說，這位老胡迪的前任職員看來就像那個給予這片土地生命的太陽那般遙遠，那般明亮，那般可怕而又不可或缺：是無雲晴空的太陽，使人目眩凋萎；是施恩而又邪惡的太陽——帶來光明、芳香與時疫。她察看過他——緊緊察看過他，惑於戀情、惑於危機。他現在孤零零一個了——只有她；而她看見——她以爲她看見——他像是個心有所懼的人，這有可能嗎？他害怕？怕什麼？是怕那個即將前來已經到此的老白人嗎？有可能。自從她能記憶起就一直聽說起這個人。最勇敢的人也怕他！現在這位看來如此壯健的很老、很老的人心目中，到底在想什麼？他到底要把她生命之光如何處置？把它弄熄？把它拿走？永遠、永遠的拿走——然後把她留在黑暗中——不是留在挑動人的、低語著的、有所期待的黑夜裡，在這裡，靜寂的世界等待陽光的再臨；而是把她留在沒有盡頭的黑夜裡，是墓穴的黑夜，在這夜裡，沒有呼吸，沒有活動，沒有思想——寒冷與死寂的最終之夜，再沒有太陽升起的希望。

她叫道：「你的主意！我什麼都不知道，我一定要……」

他打斷了話——毫無情由的激動，好像一瞥之下，她已經把己身的憂傷注射了一些給他。

「我知道得很夠。」

她走上前，在一臂之遙面對他站著，雙手放在他肩上；林格料不到她如此大膽，吃驚之餘，眼睛眨了兩、三次，自知內心升起了一種感情，是從她的話、她的語氣、她的觸摸而來的；一種前所未知的、奇異、深入而又哀戚的感情，因在近處看著這個奇特的女人而起了——這個狂野然卻溫柔、強壯而又纖弱、膽怯而又堅毅的女人，這個命中注定，必須夾在他們兩人生命之間的女人——夾在他自己還有另一個白人，那可惡的混蛋之間。

「你怎能知道呢？」她繼續說道，用一種勸誘的聲調，似乎是從她的心中流溢出來的，「你怎能知道？我日日夜夜跟他生活在一起，我望著他，我看見他每一下呼吸，每一個眼神，嘴唇每一下翕動。我不看別的東西的！還有什麼呢？連我也不了解他。我不了解他！他——我的生命！他在我眼中是如此之大，有他在，我就大地與海洋都看不見！」

林格直挺挺站著，雙手深深插在外套口袋裡。他的眼睛眨得很快，因為她湊近他的臉說話。她擾亂了他，他自覺得要盡力把握她的意思，而同時又不由自主的對自己說，這一切都是枉然的。

她頓了頓又說道：「從前有一個時期我是可以了解他的，我知道他的心思比他自己還多。那時我觸摸他、擁抱他……可是現在他跑掉了。」

「跑掉了？什麼？走了！」林格大叫道。

「從我身邊跑掉了，」她說，「把我孤單單留下，孤單單的。我一直都在他身旁，但是卻是孤單的。」

她的雙手慢慢從林格的肩頭滑下，兩臂垂在身旁，無精打采垂頭喪氣，對她來說——對她這個野蠻、狂暴而又無知的生物來說——好像這一瞬間已經洩漏出人類孤寂的事實，這種孤寂無法穿透，然又顯而易見，無從捉摸，而又恆久不變；這種孤寂堅不可摧，圍繞著、包裹著、覆纏著每一個靈魂，從襁褓到墳墓，也許還直至身後。

「是的！好吧！我明白了。他對你別過了臉。」林格說，「現在，你要什麼？」

「我要……我找——人幫我……到處……對付人……所有的人……我不知道。最初，他們來到，看不到的白人，從遠處就把人打死了……然後他來了。他來到時，我正是孤零零好淒涼的。他來了，生他自己弟兄的氣；他在自己的族人當中很了不起；生那些我沒有見過的人的氣：那些人，男的不仁不義，女的死不要臉。因爲他很了不起，是不是？」

林格輕輕搖著頭。她對他皺皺眉，然後忙忙亂亂說下去：

「你聽我說。我看見他。我在英勇的人，在首領的身邊生活過。他來時，我卻是一個乞丐的女兒——一個沒有力量沒有指望的瞎子的女兒。他對我說話時，彷彿我比陽光還燦爛——比我們在小溪邊邂逅的清涼溪水更舒服——比……」

她那焦慮的眼睛看到聽話的人臉上掠過某些表情，使她暫時屏住了氣，然後迸發出一陣痛苦的狂怒，這陣狂怒強烈得使林格倒退了一步，就如突如其來的陣風。她向前伸長頸子，對他大叫，他慈祥的舉起雙手，看來跟他威嚴的外表毫不相稱，自己不知所措，但卻撫慰了她。

「我告訴你，他覺得我是那麼樣的，我知道！我看到的！有些時候就算你們白人也說真話的。我看見他眼睛的嘛！我告訴你，我感受到他眼睛的！我看見他發抖——在我走近他時——在我開口說話——在我摸到他時。你看我！你也年輕過的，看看我。海大王，看呀！」

她挑逗的定睛望著林格，然後，快快的擰轉頭，向肩後瞥了一眼，充滿了謙卑的恐懼，望著那在她身後高高豎立的房子——黑黝黝關上了門，在扭曲的柱子上傴僂而沉靜的站著。

林格的眼睛隨著她的目光，有所期待的向房子凝望。過了一、兩分鐘，他猜疑地望著她咕噥道：

「倘使他現在還沒有聽見你的聲音，那他一定是去遠了——或者死掉了。」

「他在那裡，」她悄悄說，稍微安靜了一點，但仍然很焦慮——「他在那裡。他等了三天了，白天夜裡等候著你。我就跟他一起等。我等著，望著他的臉，他的眼睛，他的嘴唇，聽著他說話——說那種我聽不懂的話——聽他白天說的話，聽他夜裡打盹時說的話。我聽著。他在此地來來回回踱著自說自話——在河邊，在草叢中，我就跟著。我想知道——但是卻知道不了！他受到什麼事情折磨，於是用自己人的語言說話。對他自己說——不是對我。不是對我！他在說什麼？他要做什麼？他怕你嗎？怕死？他心中在想什麼？……害怕？……憤怒？……有什麼願望？……有什麼憂傷？他說呀說的，說了很多話，一直不停的說！可是我不能明白！我想跟他說話，他對我充耳不聞。我到東到西跟隨著他，希望聽懂一兩句我能明白的話，可是他心裡盡想著他自己的家鄉，離得我遠遠的。我碰碰他，他就生氣——就是這樣！」

她模仿一個人粗魯地甩開一隻纏擾不休的手的動作，眼淚汪汪，目光游移地望著林格。

她辛苦的喘了一會兒，好像剛跑過步或打完架似的上氣不接下氣，然後垂眼下望，繼續說道：

「日復一日，夜復一夜，我守望著他過日子，別的什麼都看不見。我的心情很沉重——因爲我們兩人隨時都會死掉。我沒辦法相信。我以爲他是因爲害怕，怕你！然後我，我自己也知道害怕了……海大王，你知道無聲的恐懼嗎？沉靜的恐懼——那無人在旁時來臨的恐懼——沒有戰爭，沒有喊殺之聲，沒有憤怒的臉，沒有拿著武器的手時的恐懼……那無可逃避的恐懼！」

她停了停，兩眼又牢牢地望著大惑不解的林格，然後用絕望的聲調急急說下去：

「然後我明白他是不會跟你鬥的了！以前——很多很多天以前——我離開過兩次，爲了要他服從我，要他打他自己的人，來變成我的人——我的人！老天哪！他的手跟你們白人的心一般虛假。由我推著，它向前打——由於他想要我，於是它打擊那強壯的手，可是——丟人哪！它什麼人都沒有殺死！它那凶惡、虛妄的打擊只使人家恨，並不使人家怕。在我四周全是謊話。他的力量是個謊話，我自己的族人對我撒謊——也對他撒謊。要來迎你——你這大人物！他除了我之外就再沒有別人了嗎？只有我！還有我的怒氣，我的痛苦，我的軟弱。只有我！可是對我他甚至連話都不說。這傻瓜！」

她走近了林格，帶著瘋子渴望要輕聲訴出一件狂妄的祕密時那種狂野而又偷偷摸摸的神色——一個奇形怪狀、心肝俱裂，而又荒唐可笑的祕密，一個怪物般殘酷哀傷、匪夷所思的念頭，在瘋狂的夜晚，可怖而不停的到處遊蕩。林格望著她，深感意外，但並不畏縮。她就在他眼前輕輕的說：

「我只要他！只要他。他是我的呼吸，我的光，我的心……走吧！……忘了他吧……他再也不會勇敢，不會機智的了……我也失去了我的力量了……走吧！忘了吧！還有別的敵人呢……把他給我吧。他以前是個漢子……你太了不起了。沒有人能抵抗你……我試過……我現在知道了……我求求你大發慈悲吧，把他給了我，走開吧！」

她那哀懇的話斷斷續續，就像是在她飲泣的聲浪上顛簸著。林格外表上不爲所動，眼睛凝望著房子，內心體會著這天譴的滋味，這滋味深深的打動人心，主宰著一切；他感受著那不以爲然的不合邏輯的衝動，半是輕蔑，半是隱懼，在我們面臨任何嶄新或不尋常的事物，任何不屬於自己良心模式中塑造成的事物時，就會在心中甦醒；這種可咒的感覺，由輕蔑、憤怒、自覺德行高人一等的優越感交織而成，這感覺使我們在任何與己不同的事物前，變得又聾又盲，既瞧人不起，又愚不可及。

他回答了，起初並不望著她，只是朝著那使他迷惑的房子說道：

「要我走開！他要我來的——是他自己要我來的！……你才得走開呢。你在要求什麼你都不知道。聽著，到你自己的族人那裡去吧。離開他，他是……」

他停下來，用堅定的目光俯望著她，猶疑片刻，好像在找一個恰當的說法；然後彈了彈手指，說道：

「完蛋了。」

她向後退，眼睛望著地上，雙手從容不迫的慢慢舉向頭部，按著太陽穴，行止間，不知不覺充滿了哀戚之感。她的聲調輕柔抑揚，像是宣之於口的沉思。她說道：

「去叫小溪別流入江河，叫江河別流入大海吧。大聲講，怒氣沖沖的講，它們也許會聽從你。但是在我心目中，小溪不會理的。那從山邊流出灌入江河的小溪，它不會理會你的話。它不理會那給予它生命的山脈，它撕裂那從中而生的大地，撕裂、吞吃、毀了它——只爲了急於奔向河流——奔向那使它沒身不再見的河流……海大王呀！我不理的。」

她又湊近林格，慢慢的走近，不情不願的，像是給一隻無形的手推著，又說了幾句似乎是心中扯出來的話——

「我不理會我自己的父親，那死了的父親，我會情願……你不明白我做了些什麼……我……」

「他的命，交給你了。」林格匆匆忙忙說。

他們一起站著交換著目光。她突然平了氣，而林格在隱隱約約受挫的心情下顯得沉思不寧。可是並沒有人受到挫敗，他反正沒有打算去殺那個傢伙——在很久以前第一陣怒氣過後便沒有。這些日子來苦澀的好奇已窒息了怒氣，只留下苦澀的義憤，以及要求完全公義的苦澀願望。他感到不滿與意外。出乎意料的遇上了一個人——還是一個女人——她使他在時限未到前洩漏了心中的意願。她應該得到他的性命；可是他一定得告訴她，她一定得知道，像威廉斯這樣的人，不該受人恩惠，得到寬恕。

「明白嗎？」他慢慢說。「我讓他活命，不是出於慈悲，而是爲了懲罰他。」

她嚇了一跳，望著他說每一個字，他說完後，她仍然沉靜不語，但詫異得一動也不動。一大滴雨水，清澄、沉重的一大滴——像一滴超人的眼淚從上垂直急降，穿過陰沉的空際，響亮的落在他們兩人之間乾燥的地上，濺得星散。她在這嶄新而又不可理解的恐懼中惶惑的搓揉著手，她那痛苦的低語聲比最尖銳的叫聲更刺耳。

「何等樣的懲罰啊！那你會把他帶走嗎？帶他離開我？聽聽我做了些什麼，是我……」

「啊！」林格叫了起來，他一直在望著那座房子。

「林格船長，別相信她！」威廉斯在門口叫著，他雙眼發腫，胸膛敞開的走出來站立了一會兒，雙手緊抓著兩旁的門楣，扭動著身體，狂野的瞪視著，好像是給釘牢在那兒似的。接著他突然頭向下衝，從木梯上奔下來，每一步腳步聲都留下空洞、短促的回聲。

她聽見他了，臉上隱約掠過一陣興奮，唇上的話沒說出來，縮回到她那無知的心中，跌回存在每一個人心底的泥土、石頭——以及花朵當中。

21

威廉斯一踩到院子堅實的地面，就收住了腳挺起身來，用不快不慢的步伐向前走。他僵挺挺的直望著林格的臉，既不望左也不望右，只望著這張臉，好像世上除了這張臉上熟悉而令人畏懼的五官之外，就別無所有了。他用神定睛凝望著這個白髮蒼蒼、粗獷嚴峻的頭部，就像一個人在設法極盡目力辨認印得小小的字跡似的。威廉斯的腳一離開木梯，給他腳步噪聲打破的沉寂又再籠罩到院子裡來，這是有雲蒼穹、無風空氣中的沉寂，騷亂將至前大地陰森的沉寂，也是世界匯集一切力量抵禦暴風雨降臨前的沉寂。

威廉斯在這片沉寂中向前邁步，在離林格約六呎之遙停下來。他停下來只爲了無法繼續前進。他從門口出發時，心裡輕率的想著要去拍拍老傢伙的肩膊，沒料到這個人竟會如此高大軒昂，如此不可接近。他好像這一輩子從來也不曾見過林格似的。

他想說——

「別相信……」

一陣咳嗽嗆得他把這句話說來支支吾吾。緊接著他彷彿吞下了一兩塊小石子，不由得下巴向上抬；林格緊緊望著他，看到一塊三角形的骨頭，尖得像是蛇頭似的，在他喉嚨的皮膚下，上下竄動了兩次。再後，連這個也不動了，一切都寂然不動。

「好，」林格說道，說了這個字後，他出其不意的住了口。他插在袋裡的手緊緊握住在臀邊凸出的手槍的槍柄，心想多麼快就結束與這人的爭執，這人急於把自己交在他的手中……而這個結局又是多麼的不適當！想到這個人只送了一條命就可以從他手中逃脫，他受不了，這樣這人就可以逃脫恐懼、疑惑與追悔，而躲避到確切寧靜的死亡中。他現在逮住他了，他不會放他走——不會任由他在手槍一響的稀薄藍煙中從此消失。他的怒火在內心升起，心中彷彿給一隻灼熱的手燙著。這隻手不是燙在他胸膛的肌膚上，而是燙在他的心上，在那跳動不倦的物質上，那反應靈魂每一種感情，那隨著喜悅、恐懼或憤怒而跳動不已的心房。

他深深吸了一口氣，看見面前那人赤裸的胸膛，在敞開的外套下一起一伏。他向旁邊一瞥，見到他身旁那女人的胸脯急速的起伏，使按在胸口的手微微上下動著，她的手指伸開，稍稍曲著好像在抓著什麼大得無法掌握的東西。差不多過了一分鐘。這樣的一分鐘裡，聲音沉寂，但思潮起伏，宛如籠中之鳥，拚命的亂飛亂竄，筋疲力竭，而徒勞無功。

在這沉靜的一分鐘裡，林格的怒火越升越高，又旺又盛，就如翻著白沫的浪花，淹漫過騷亂的淺灘。浪潮的咆哮聲充斥耳中，強烈而令人分神，這不斷膨脹的音量簡直像是要把他的頭腦炸開似的。他望望這個人，這個站得筆直喪盡廉恥的身影，沉靜僵挺、木無表情的眼睛，好比此時此刻，他那腐朽的靈魂已經出了竅，而軀殼尚來不及頹倒下來。在短暫的一瞬間，他幻想這惡棍已經在他那憤怒的瞥視之下死去了，因而有些害怕。

威廉斯的眼皮眨了眨，這僵直身軀中不自覺的一動，使林格冒火得像是嶄新的惡行。這傢伙居然敢動！居然膽敢眨眼、呼吸、生存；就在此地，就當著他的面！他抓在槍上的手逐漸鬆了。他在怒氣高漲時，對這些工具也越來越輕視，這些用來射穿或刺戳的工具，這些橫梗在他的手與所憎對象之間的工具。他要求另外一種滿足。要用赤手空拳，老天爺啊！不用火器！要用那能叉住他的喉嚨、打倒他、把他的臉捏成模糊一團的手；要用一雙能夠感受到他死命抗拒的手，並且在持久、凶猛、貼身而又殘忍的接觸那狂暴的喜悅中，來克制他的抗拒。

他把手槍完全放開了，站在那兒猶疑著，然後露出手來，大步前去——接著什麼東西都從他眼前消失不見了。他看不到這男人、這女人，也看不見地下天上——什麼都看不見，好像就那麼一步，他已把視覺的世界拋在身後，踏入一個黝黑荒涼的空間。他在混沌中聽到四周有尖叫聲，就像那棲居在大海邊孤崖上的海鳥憂戚悲憫的叫聲。然後，突然間有一張臉在他面前數吋之內出現，那人的臉。他感到左手裡有些東西，那人的喉嚨……啊！那像蛇頭似上下竄動的東西……他捏得緊緊的。他又回到世上來了，他看到一雙翻白的眼睛上迅速跳動的眼皮，一雙咧開的翹起嘴唇，一排牙齒在凌亂的髫鬚間閃閃發亮……堅實的牙齒。打進他那撒謊的喉嚨裡去吧……他抽回右手，拳頭伸到肩上，指節向外。在他的腳下又升起海鳥的尖叫聲，成千上萬的。有些什麼纏住了他的雙腿……該死的……他從肩膊把拳揍出去，感到劇烈震動直傳上手臂，突然醒覺到他是在揍一些不動的、毫不抵抗的東西。他的心因爲失望、憤怒以及恥辱而沉下去。他用左臂推開，急急忙忙攤開手，好像剛感覺到自己無意中抓到了什麼討厭的東西——他兩眼發呆的望見威廉斯以摸索的腳步踉蹌後退，臉上覆著外套的白袖子。他眼看著自己與那人之間的距離越來越遠，他站著不動，無法跟自己解釋清楚何以兩人之間的空間會這麼大。應該倒過來，他們應該很接近的，而且……啊！那人不肯打架，他不肯抵抗，不肯自衛。一條賤狗！顯然是條賤狗！……他很詫異，也很難過——深切的——愴痛的，就像一個小孩給人奪走了玩具一般，感到無比的空虛孤寂。他不肯置信的叫道：

「你要騙到底嗎？」

他等待回音。他焦躁萬分的等著，不耐煩得好像給人從腳下抬起似的。他期待有些答覆，有些表示或是什麼唬人的動靜。都沒有！只有兩隻眨也不眨的眼睛，在白色的衣袖上賊亮亮的緊盯著他。他看到舉起的手臂從臉上拿開，下垂到身旁，是一隻白袖的手臂，白袖上一大塊污跡，殷紅的污跡。面頰上有傷痕。在流血。鼻子也在流血。血流下來，使一邊鬍鬚看來像是一塊黑色的污布黏在嘴唇上，接著又濕濕的一條流到下巴上剪短的鬍子的一邊。一滴血掛在幾條黏在一起的鬍子上，掛了一會兒，然後滴在地上。很多血，一滴又一滴的緊接著流下來。有一滴掉在胸前，然後快速迂迴的立即向下滑去，就像一隻逃跑的小蟲，在白色的皮膚上留下一道窄窄的黑痕。他望著，望著小小的活動的血滴，望著自己所做的事，帶著隱約的滿足感，也帶著憤怒與痛苦。這可不太像是一椿秉公仗義的事。他很想走近這個人，去聽他說話，聽他說些凶惡、奸邪的話，那就可以使他這狠命的一擊顯得名正言順了。他提腿想動，發覺雙腿給緊緊抱住了，就抱在足踝上一點點，他直覺的用腳一踢，把這緊緊的圈套踢開，馬上感到那緊圈又轉到另一條腿上去了；這是人臂的圈套，溫暖、輕柔而不顧一切。他不解的向下望，看到那女人伸長了身軀平躺在地上，就像一塊深藍色的破布。她在地上拖著，臉朝下，用雙臂死命攫住他的腿。他看到她的頭頂，那長長的黑髮流覆在他的腳上，散開在平平實實的地上，圍繞著他的靴子，使他看不到自己的腳。他聽到她那急促重複的呻吟，想像中看不見的臉正近在足跟。只要朝那張臉一腳踢去，他就可以鬆身了。他不敢動，只向下叫道：

「放手！放手！放手！」

他這叫喊的唯一後果，就是使她的手臂更加使勁。他竭盡力量想把右腳提起到左腳那兒，卻只提出了一點點。他拖著她走時，清清楚楚聽到她的身邊在地上擦著。他想拔起腳來鬆身。他踩了一腳，耳中只聽得一個人厲聲說：

「鎮靜點，林格船長，鎮靜點！」

一聽到這聲音，他的眼睛又回到威廉斯處，沉睡中的回憶迅即甦醒，林格突然站立不動，因爲這熟悉的字句、清晰的聲調而平靜下來。也心平氣和，就像是從前的日子。當年他們一起在荒僻危險的地帶經商，威廉斯是他親信得力的助手，這傢伙由於比他善於控制自己的脾氣，當年就憑這種及時而又好脾氣的警告，省卻他許多的麻煩，抑阻了他不少急率暴躁的行動。他那時不是低聲說就是高聲喊，「鎮靜點，林格船長，鎮靜點。」一個聰明的傢伙。他把他帶大的，是各島之上最聰明的人。他一直跟著他就好了，那麼這一切就……他對威廉斯叫出來：

「叫她放手，不然——」

他聽見威廉斯喊了些話，等待了片刻，向下約略一望，見女人還是一聲不響，一動也不動的俯伸在那兒，頭枕在他腳上，他興起一陣焦躁不安，有點像恐懼的感覺。

「威廉斯，我跟你說，叫她放手，走開。我受夠了。」他叫道。

「林格船長，好吧。」威廉斯鎮靜的聲音答道，「她已經放手了。別踩著她頭髮，她站不起來。」

林格跳過一旁，鬆開之後，很快的轉過身來。他看見她坐了起來，雙手掩面，然後他慢慢旋轉腳跟，望著男的。威廉斯挺得筆直，可是步履不穩，幾乎是在同一地點晃動，就像一人微醉之後想保持平衡似的。林格凝望了他一會之後，怨恨激怒的叫道：

「你自己還有什麼話好說的？」

威廉斯現在朝他走來。他走得很慢，每走一步都搖搖晃晃。林格看到他把手放在臉上，然後望著它舉向眼前，好像他在掌心裡，藏了些什麼小東西想要祕密的審視一番似的。他突然猛地在胸前向下一撥，在外套上留下一條長長的痕跡。

「幹的好事，」威廉斯說。

他站在林格前面，一隻眼睛深陷在不斷腫起的面頰中，仍然無心地重複摸弄他那受了傷的面頰。他每摸一次，就把手掌按在外套上一處乾淨的地方，在白色的棉布上，印滿變形恐怖的血手印。林格不說什麼，只是望著。最後，威廉斯不再去止血了，就站著，手臂垂在身旁，臉在凝結的血斑中顯得僵化異樣。他看來好像是放在那兒示警的、一個不可理解的形象，全身蓋滿意義重大的、可怖而有象徵性的標記。他說話說得很辛苦，不斷用責備的口吻重複道：

「幹的好事。」

「歸根究柢，」林格憤憤的回答道：「還是我把你看得太高了。」

「我也把你看得太高了。你難道看不出，我可以把那邊的那個傻瓜宰了，把什麼全燒光，不留痕跡嗎？要是我高興，你連一堆灰也找不到。我可以這樣做的，但我不肯做。」

「你——不——能。你不敢，你這混蛋！」林格叫道。

「你臭罵我又有什麼用？」

「不錯，」林格反駁道，「沒有什麼罵法夠臭。」

沉靜了片刻。在兩人急速的對答中，愛伊莎以哀戚沮喪的姿態從坐著的地下爬起身，向兩個男人走來。她站在一邊，惶急的望著，腦裡拚命的使勁，目光渙散，眼珠急急動著，想要了解這些外國話的句子，了解潛伏在這神祕語言奇詭莫測的聲調中，駭人致命的意義。

威廉斯讓林格最後的一句話溜過；好像用手輕輕一揮，就送去加入過去的其他陰影中。他接著說：

「你打了我，侮辱了我……」

「侮辱了你！」林格衝動的打斷說。「誰……什麼事可以侮辱你……你……」

他說不下去了，向前走了一步。

「鎮定點！鎮定點！」威廉斯平靜的說。「我跟你說，我不打架的。你還不明白我不打架嗎？我——不——會——舉——起——一——根——手——指。」

他說這些話時，每說一字，頭就微晃一下作爲頓號。他凝視著林格，右眼睜大，由於半邊臉腫，左眼很小，幾乎閉上了，臉看來都在一面凸出，就像是在凹面鏡中看到的臉譜。他們就正正面對面站著：一個高瘦而破了相；另一個高大而嚴肅。

威廉斯說下去：

「倘若我立心想害你——倘若我要毀了你——那很容易嘛。我站在門口，夠時間扳槍的。你也知道我槍打得很準呀。」

「你射不中的，」林格很肯定的說。「蒼天之下，還是有公義這回事的。」

這個字由他自己口中說出，使他住了嘴，迷惑了，就像是個預料不到、答辯不了的反駁。他那因自尊受創、心靈受傷引起的激憤，已隨著一拳擊出而消散了；什麼都沒留下，空餘聲名狼藉之感……是什麼含糊可怕、令人不齒的感覺，好像從四面八方包圍他，陰惻惻，偷偷摸摸的在他四周飄浮，就如一隊趁黑留在空曠險地的殺手。在青天之下，有公義這樣一回事嗎？他望著眼前這個人凝視良久，好像直接看穿了他，最後只看到一團浮動不定的朦朧身影，它會否在第一陣微風吹拂之下散開，了無痕跡？

威廉斯的聲音使他大吃一驚。威廉斯在說：

「我的生活一向正派，你知道我是這樣的。你總是稱讚我堅定不移，你知道你說過的。你也知道我從沒有盜過款……如果你在想的是這一件。我只是借用而已。你知道我償還的有多少。這只是判斷錯誤。可是想想我在那兒的處境吧！我在私事上有點小小的不順利，負了債，我能夠讓自己在所有這些羨慕的人面前沉下去嗎？但是這一切都已成爲過去了。這是個判斷上的錯誤，我已經付出了代價。判斷上的錯誤。」

林格驚詫得完全不動，俯下頭來。他向下望著威廉斯赤著的雙腳；然後，在威廉斯停頓的時候，用茫茫然的聲調重複道：

「判斷上的錯誤……」

「不錯，」威廉斯拖長聲音說，沉思著，然後越說越興起，「我說過，我一向生活得很正派，比胡迪還正派……比你還正派。不錯，比你還正派。我喝一點點酒，玩一點小牌，誰不這麼做呢？可是我自小就有原則。不錯，有原則。生意就是生意，我從不當傻瓜。我也從不尊敬傻子，他們跟我打交道時，做了蠢事，就必須吃虧。錯的是他們，不是我。至於說到原則，這又是另一回事。我不沾染女人。這是禁忌——我也沒時間——

而且瞧不起她們。現在我更恨她們！」

他把舌頭伸出一點，粉紅濕濡的舌尖東奔西竄，在他那發腫發黑的嘴唇下，就像是什麼獨立的生物似的。他用指尖摸摸頰上的傷口，小心翼翼的掃著傷口四周。他那沒有受傷的另一邊臉，一時看來爲了這一邊疼痛僵硬的狀況而顯得怔忡不安。

他又開口說話，聲音波動著，好像強抑著某種感情。

「你問我妻子去，你在錫江看到她時就問，看看我到底有沒有理由去恨她。她什麼都不是，我讓她當了威廉斯太太。一個雜種女孩！你去問問她，她是怎麼謝我的。你去問——不提這些了。好吧，你來到此地，把我像一堆垃圾般扔下，把我扔在這裡，讓我無事可做——沒有值得追憶的事——又沒有什麼好指望。你把我留給那傻子奧邁耶來處置，他對我疑心重重。猜疑什麼?天才知道!但是他打從頭起就懷疑我恨我，我猜是爲了你對我友善的緣故。唉！我對他瞭如指掌。林格船長，你這位森巴鎮的合夥人，並不很深奧難懂，可是卻挺會去討人嫌。幾個月過去了，我還以爲我會因爲疲憊，因爲我的思想、我的悔恨而送了命，然後……」

他向林格急急走近一步，這時，好像由同一念頭、同一直覺、同一意願所催，愛伊莎也向他們走近一步。他們全都站得近近的，兩個男人可以感覺到兩人臉龐之間的安靜氣氛爲那個焦慮的女人的鼻息輕輕擾動，她用那雙狂野、哀傷的眼睛中沒有理解力、絕望而又奇異的目光，把兩人團團裹住了。

22

威廉斯從她那邊稍微別過身來低聲說話。

「你瞧，」他說。他頭部用幾乎看不出來的動作，朝那個正用肩膊對著的女人晃了一下。「你瞧！別相信她！她跟你說了些什麼？什麼？我在睡覺，終於熬不住了。我已經等了你三天三夜了，有時總得睡一會兒，是不是？我叫她別睡守候著你，看到你了馬上喚醒我。她是在守候。你不能信任她。什麼女人你都不能信，誰知道她們腦子裡想的是什麼。沒法知道。你什麼都沒法知道。你只知道她們心裡所想的跟她們嘴上所說的不一樣。她們在你身邊過活，她們好像恨你，不然就好像愛你；她們愛撫你折磨你；她們拋棄你，或是比你肌膚還親的緊貼著你，為了她們自己那套無可理喻的可怕的理由——這理由你是永遠摸不透的！你看她——然後看我，看我吧——是她作的孽！她說了些什麼？」

他的聲音低沉下去，變成了耳語。林格全神貫注地聽著，手握著下巴，掌裡捂著一大把白鬍子，手肘用另一隻手托著，眼睛緊盯在地上。他沒向上望便輕聲說道：

「她求我饒你一命——你若想知道的話。她說得好像你的命還值得饒，還值得取！」

「可是整整三天，她一直在求我取你的命呢，」威廉斯急急的說。「三天以來她不肯給我一刻安寧，她一刻都沒有停。她計畫各種伏擊，在此地四周找地點，使我可以安全藏身，等你走近再開槍打你。這是千真萬確的，我可以起誓。」

「你起的誓，」林格不屑地咕噥道。

威廉斯沒在意。

「啊！她是頭猛獸呢。」他說下去。「你不知道……那時我想消磨時間——想有些事情做——有些事情想想——這樣可以忘卻我的煩惱，等你回來。可是……看看她……她簡直把我當成不屬於我自己似的。她就是這樣。我那時不知道我身上有些東西是她抓得住的。她，一個野蠻人，我，一個歐洲文明人，而且爲人聰明！她這麼一個比一頭野獸強不了什麼的人！可是，她在我身上找出些什麼。她找出來了，我就此完蛋了。這點我是知道的，她折磨我。我什麼事都甘心去做。我抵擋過——可是我是甘心的。這點我也知道。這就比什麼都使我害怕，比我自己的苦惱更甚，我對你說，這是很怕人的。」

林格聽著，既深受吸引又驚異不置，就如一個小孩子在聽神仙故事似的。威廉斯停下來透氣時，他把雙足在地上換了換位置。

「他在說什麼？」愛伊莎突然叫出來。

兩個男人很快的望望她，然後彼此對望。

威廉斯又再急促的說下去——

「我想過辦法。想帶她離開那些人。我去見奧邁耶；你……最瞎眼的大笨蛋。然後阿都拉來了——她走掉了。她帶走了我身上的一些什麼，我必須拿回來。我不得不這麼做。至於對你來說，此地的改變遲早會發生的；你不可能在這裡一直統轄下去。折磨我的，不是我做了些什麼，而是我爲什麼要這樣做。是我發了狂才這麼做的，是癲狂侵占了我。說不定那一天我又會再發狂的。」

「我包你到那時候什麼人都害不了。」林格語意深長的說。

威廉斯茫茫然望了他一秒鐘，然後接下去說：

「我跟她鬥。她慫恿我去行凶行暴，沒人明白是爲什麼。她一直不斷拚命的催促我去做。幸虧阿都拉有腦筋。我真不知道還有什麼是我會不去做的。她當時把我制住了，就像是一個既恐怖又甜蜜的夢魘。漸漸就變成了另一種生活。我醒過來，發覺自己在一頭山貓一樣危險的野獸旁邊。你不知道我過了些什麼日子，她父親想殺死我——她幾乎殺了她父親。我相信她是無所顧忌的，我不知道那一樁事更可怕！她爲了保衛自己所有就什麼都不顧。想到她所擁有的就是我——我——威廉斯……我就恨她！明天她也許會要了我的命，我怎知道她心裡想的是什麼？她下一個要殺的可能是我！」

他在極度恐慌中停頓下來，然後用受驚的語調加上一句——

「我不想死在這裡。」

「你不想？」林格深思地說道。

威廉斯轉向愛伊莎，用瘦骨嶙嶙的食指指住她。

「看看她！老是在那兒，老是在身邊，老是在監視，監視……什麼。看看她的眼睛。不是很大嗎？不是瞪著嗎？沒法想像她能像別人一般把眼睛閉上。我不相信她閉過眼睛。假如我做得到的話，就在這雙眼瞪視之下去睡覺，等到一覺醒來，又看見它們定定盯著我，就像一具殭屍的眼睛似的，一動也不動。我不動彈時，它們不動彈。老天！要我動的時候，她眼睛才轉動，然後它們跟隨著我，就像一雙獄卒似的。它們監視著我；我停下時，它們就暗暗發著亮，滿有耐心地等著，直至我鬆懈下去——它們好做些什麼，做些什麼恐怖的事。看看它們！你在這雙眼中看不到什麼。它們很大、很嚇人——可是卻是空空洞洞的。是野蠻人的眼睛；是該死的雜種眼睛，一半阿拉伯，一半馬來種。它們看得我發疼！我是白人！我向你賭咒，我受不了！帶我走，我是白人，完完全全的白人！」

他朝著陰沉沉的天空叫道，在越聚越密的雲層下，拚命地宣稱他的血統是純正優越的。他叫喊著，頭向後仰，雙臂狂舞，一個瘦骨嶙嶙、衣衫襤褸、奇形怪狀的高個兒瘋子，為了一些看不見的事物在大叫大鬧；一個可笑復可憐、討厭而又滑稽的人。林格一直望著地下若有所思，匆匆從眉下瞟了他一眼。愛伊莎站著緊握雙手。在院子的另一端，那老嫗就像一個朦朧的殘廢幽靈似的，無聲無息的站起身來張望，然後又偷偷的俯下身，低低的傴僂在篝火的微光上。威廉斯的聲音充斥在院落中，隨著每一字而越來越響，然後，突然間，在最響時停頓下來——就像一只複轉的器皿中流水中斷似的。他的聲音一停，雷聲就取而代之，從內陸的群峰低鳴而來。先是一陣紛雜的低吟，吟聲越來越強，接近時高漲爲喧叫咆哮，衝下河流，在近處掠過，霹靂一聲，隨即低沉下去，在曲折蜿蜒的河岸低處單調鬱悶的重重複複，終於停了。在大片的森林上空，在無數寂然的大樹頂上——在無窮無盡的無言不動的蒼生之上——騷動過後，寂靜隨之而來，懸空待下，深沉完整得宛如自遠古以來，就從來未曾打斷過。然後，在這片寂靜中，片刻過後，林格耳中傳來流水的聲音：低沉、有分寸，而又哀傷，就像在沉靜的夢中，不斷輕輕低訴逝去的往日。

他感到心裡十分空虛，胸臆中彷彿有一大片漆黑無光的空間，他的思想孤寂淒清的遊蕩其中，無從逃遁，難以憩息，亦無法死亡或消失——更不能把他從這些思想的可怖壓力中解放出來。言辭、行動、憤怒、原諒，一切在他看來都虛妄無用，令人不滿，不值得花費腦汁手力來將它們付諸實行。他不知道有什麼理由不讓他一直站在那兒，什麼都不做，直至時間的終局。他感到什麼東西，什麼像是沉重鍊子的東西，把他羈繫在那兒。這可不行！他略向後退，離開威廉斯及愛伊莎，讓他倆緊站在一起，然後停下來望著兩人。這對男女在他看來，比他們實際所在地遠了很多。他只退後大約三步，但他一時裡相信，只要再退一步，就會讓他再也聽不到他們的聲音了。他們看來比真人矮小些，輪廓分明，細緻精確，像是用嫻熟的手藝精心琢磨而成。他振作起來，個性中強烈的自覺又回來了，感到高高在上，在無可攀登的地位審視他們。

他慢慢的說，「你中邪了。」

「是的，」威廉斯沉鬱地說，望著愛伊莎，「不是很美嗎？」

「這種話，我以前也聽過，」林格帶著瞧不起的口吻說道；然後頓了頓，過了一會兒又堅定的說下去：「我什麼都不後悔。我在海邊把你撿回來，就像一隻快餓死的貓似的——奶奶的。我什麼都不後悔，做過的事兒都不後悔。阿都拉——別的二十個人——自然還有胡迪他自己……都想整我。這是生意——他們覺得是。可是你也……誰掙得到錢，又有本領守得住，錢就是誰的——可是這件事情不同呀。這是我一生的一部分……我真是老糊塗！」

他的確是個老糊塗。他的這一番話，他所說的每個字的氣息，都在胸中煽燃起非凡愚行的火焰，這火焰使他這個硬朗碩健的冒險家與眾不同，使他在那些跟他如此相像的人群——污穢骯髒、興高采烈、肆無忌憚、喧嘩嘈雜的人群——之中出類拔萃。

威廉斯急忙說道：「那不干我的事。過錯不在我身上啊，林格船長。」

「那麼在那裡呢？你這混蛋！在那裡？」林格打斷他的話，扯高了嗓子。「你見過我欺騙、撒謊、偷竊沒有？跟我說呀！你見過沒有？嗨？真不知道我在腳下找到你時，你是從地獄那一角來的……沒關係，你不能再爲害了。」

威廉斯走上前，焦慮地凝望著他。林格清晰從容的說下去：

「你叫我來見你時，到底指望些什麼？什麼？你認識我的，我是林格。你從前跟我一起過日子，聽過我說話。你知道自己幹了些什麼。得了，你指望些什麼？」

「我怎麼知道？」威廉斯呻吟著，揉著雙手，「我在那群惡魔似的野人群中，孤零零的一個。我給人送到他們手中。事情過後，我感到那麼軟弱，六神無主，要是有用處，我簡直會召魔鬼自己來幫助我。假如魔鬼不是已經把好事全幹完了的話，我就召他了。普天下只有一個人關懷過我。只有一個白人，你！仇恨比孤單好些。死了更好！我原本指望——什麼都好。有些什麼來指望，有些什麼帶我離開這些，看不見她就好！」

他笑了。笑聲彷彿不由自主的從他身上撕出來的，好像是從他的悲痛，他對自己的蔑視，對自己本性絕望的納罕之下，用強拉扯到表面上來的。

「想起我當初認識她，好像整個生命還不夠拿來……然而現在我一看她！都是她幹的。我一定是瘋了，我確是瘋了。每次我一見到她，就想起自己發瘋的事，這嚇壞我了……而且每當我想起我的一生，我全部過去的時光，整個將來，我的才智，我的事業，全都蕩然無存，就只剩下她，這害死我的女人——而且我還把你冒犯盡了……」

他用手掩面，過了一會兒，把手拿開時，已經失去鎮靜的神色，變得狂亂苦惱起來。

「林格船長……隨便什麼……一個荒島……隨便那裡……我答應……」

「閉嘴！」林格厲聲叫道。

他突然完完全全的靜了下來。

陰霾密布的早晨那黯淡的光芒漸漸從院子、從墾地、從河流上退去，好似不情不願的離去，藏匿在陰鬱沉靜的森林裡謎樣的孤寂中。他們頭頂上的雲層越來越厚，聚成烏黑一團、罩得低低的圓拱，空氣凝聚不動，悶窒得難以言喻。林格解鬆衣鈕，把外套敞開，微側著身子，用手拭抹額頭，然後用力向後一甩。接著他望住威廉斯說：

「你應承什麼，有啥用處？你的作爲。我要親手處理注意聽著我的話，你現在落在我手裡了。」

威廉斯的頭難以察覺的輕輕一晃，然後變得僵直不動，好像沒有了呼吸似的。

「你留在這裡，」林格陰陰沉沉地從容說下去。「你不適合生活在人群當中。誰能防得到、猜得到、想像得到你心裡想的是什麼？我就不能夠。你是我的錯，我要把你藏在此地。假如我放你出去，你就會爲幾個小錢，爲一個女人，在疑心不起的人群當中撒謊、偷竊、行騙。我懶得打死你，這倒會是最妥當的辦法，可是我不想這麼做。別指望我饒恕你。要去饒恕一個人必須先生了氣，然後再瞧不起，可是現在我心中什麼都沒有——沒有氣，沒有輕視，沒有失望。在我眼裡，你不是威廉斯，不是那個我鼎力協助結交的人，那個我曾經看重的……你不是個可以弄死或原諒的人。你是個想起都不舒服的念頭，一個沒有形體的東西，必須藏匿起來……你是我的恥辱。」

他住了口，緩緩的遊目四顧，這裡多黑啊！在他看來好像時辰未到，大地上的光芒就已熄滅，空氣也已經死寂了。

「當然，」他說下去，「我會關照，不讓你餓死的。」

「林格船長，你不是要我住在此地吧？」威廉斯用一種沒有抑揚的呆板聲音問道。

「你聽我說過什麼不坦率的話嗎？」林格問道，「你說你不想死在這裡——好吧！你就活著……除非你改變主意。」他加上一句，好像無意間的事後追想。

他緊盯著威廉斯瞧，然後搖搖頭。

「你孤單一個人，」他說下去，「什麼都幫不了你。也沒有人肯幫。你又不是白，又不是褐的。你沒有膚色，就跟你沒有心肝一般。你的同謀人把你送到我手裡，因爲我仍然是個値得看重的人。你除了那邊的女人之外，沒有人理你了。你說你是爲了她而幹這些事的，好吧，那她是你的了。」

威廉斯咕噥了幾句之後，猛然用雙手抓著頭髮，就那樣站著，愛伊莎一直望著他，現在轉向了林格。

「海大王，你說了些什麼？」她叫道。

她那蓬亂的頭髮，一縷縷細絲之間微微吹動起來，河邊的草叢開始顫動，頂上的大樹突然窸窣作響，頻頻點頭，像是從不安的睡夢中猛然驚醒——炙熱的微風在旋轉，在連綿而又波動起伏的雲層下吹過，輕促而灼人，正如陰沉的大海上那飄忽不定的幽靈。

林格開口前憐憫地望著她：

「我告訴他，他須一生住在此地……而且跟你在一起。」

太陽像是終於消失了，就如一線游移的微光，離升至雲層之外，在院子裡那使人窒息的沉鬱中，三個身形站著，暗淡朦朧，好比罩在一層炙熱的黑霧中。愛伊莎望著威廉斯，他仍然不動，彷彿在抓頭髮的動作中已化成了石頭。她轉過頭對著林格叫道：

「你撒謊，你撒謊——白人，你們全都撒謊……你……阿都拉比你強多了。你撒謊！」

她的話隨著內心的蔑視，以及她那不顧後果、不惜一切損人的願望迸發出來，又尖刻又狠毒。她以女性不顧一切、不惜代價要使人受罪的願望，用自己的聲音叫人受罪，這聲音能將她思想裡的怨毒帶到仇人的心中。

威廉斯放下了手，又自言自語起來。林格直覺地側耳傾聽，只聽到什麼像是「很好」之類的話，然後又是一陣咕噥——一聲嘆息。

「所有的人都會覺得，」林格聚精會神的等待片刻之後說，「你這一輩子已經完了。誰也不能再把你的醜事扔到我面前；再沒有人能夠指著你說，『看看這個林格一手提拔的混蛋』。你給埋葬在這裡了。」

「你以為我會留下來……我會服了嗎？」威廉斯大叫道，好像突然恢復了說話的能力。

「你不必留在此地——在這塊地上，」林格冷冷的說道。「還有森林——這裡又有這條河，你可以游水。往上有十五哩，往下四十哩。在一端碰上奧邁耶，另一端是大海，隨你選。」

他得意的嘿嘿一笑，然後厲色凝重的加上一句：

「還有一條路。」

「你若是想逼我自殺，好使我靈魂下地獄，那你辦不到，」威廉斯發瘋似激動的說。「我要活下去。我會悔改，我也可能逃……你把那個女人帶走——她真是活作孽！」

遠處漆黑一片的給電光一閃撕裂爲二，炫目森冷的閃光照亮了陰沉的大地，遙遙傳來雷聲，像是令人不可置信的巨聲，在發出低沉的恐嚇。

林格說道：

「出了什麼事我不管，但是我告訴你吧，沒有了這個女人，你的命就不值得什麼了——不值一錢了。此地有一個傢伙……而且阿都拉自己也不會跟你客套，想想吧！再說，她也不肯走。」

他一面說著話，一面就慢慢向小門走去。他沒有看，但是確知威廉斯在後面跟著，就像他用一條繩子牽著他似的。他筆直穿過小門走到大院子裡，聽見背後有個聲音說道：

「我看還是她對，我早該一槍把你打死。那樣我也不會比現在更糟。」

「還有時間嘛，」林格答道，既不停下也不後望。「可是，你瞧，你辦不到，你連這個也辦不到。」

「林格船長，別刺激我。」威廉斯叫道。

林格突然轉回身，威廉斯跟愛伊莎停下來。又一下叉狀閃電劃破了頭上的雲層，在他們臉上投下一閃亮光——一閃凶暴、駭人、短暫的亮光；他們馬上便給近處的一聲霹靂震聾。緊隨的是隆隆之聲，像是受驚的大地在慌張的嘆息。

「刺激你！」老冒險家一待說話的聲音能聽得見就開口道：「刺激你！嘿！你還有什麼刺激得動的？我才不管呢。」

「你明知道全世界——全世界——我一個朋友都沒有，這時候來說這種話是很容易的。」威廉斯說道。

「是誰的錯？」林格尖刻的說。

他們的聲音，在那陣深沉宏亮的嘈聲過後，連自己聽來也很不足道——聲音細小微弱，像是侏儒的聲音——就像是爲了那個原因，兩人突然靜了下來。在院子上方，林格的船夫們走下來，越過他們身邊，排成單行，槳放在肩上，挺著頭，眼睛直望著河道。阿里走在最後，在林格面前停下來，挺得直直的，說道：

「那獨眼巴巴拉蚩走了，家眷全帶著。他把什麼都帶走了，所有的鍋子箱子，又大又重，足足三大箱。」

他咧嘴笑了笑，好像這件事很好笑似的，然後用憂慮的神色加上一句，「雨來了。」

「我們回去了，」林格說道。「準備船。」

「是，是，先生！②」阿里很精神的應道，然後向前走去。他從前在決定留在森巴

② 原文"Aye, aye sir!"是海員和水兵對上級應諾的典型方法。

鎮給奧邁耶當工頭之前，曾經當過林格的舵手。他神氣十足的走向碼頭，得意的心想他跟那些無知無識的船夫可不一樣，他可是知道如何合乎規矩的應對那白人之中最了不起的船長的。

「林格船長，你一開頭就誤解了我，」威廉斯說。

「是嗎？那沒什麼關係，只要我的意思沒弄錯就成了，」林格答道，慢慢的踱向碼頭。威廉斯跟著他，愛伊莎就跟著威廉斯。

有兩隻手伸出來接林格上船，他小心翼翼然而步履沉重的踏上那狹長的小艇，坐在安放當中的帆布摺椅上，身向後靠，回過頭來望著在他上方的河岸上站著的兩個人。愛伊莎的眼睛盯著他的臉，顯然急於等他離開；威廉斯的眼睛越過小艇，直直的望著河流對岸的森林。

「阿里，行了，」林格輕聲說。

船輕輕一動，使各人臉上抖擻起來。划手行列傳過一陣低語。領班操槳一點，船頭一斜，小艇就從靜水轉入激流，在黃褐色的水流沖激下快速的盪開，艉部輕擦著低低的河岸。

「我們會再見的，林格船長！」威廉斯叫道，聲音很不穩定。

「再也不見了！」林格說，在椅子上半轉過身來望著威廉斯。他那威武的紅眼睛，在高高的椅背上，毫無悔意的閃閃發光。

「得渡過河去，那邊的水沒這麼急，」阿里說。

現在輪到他用盡全力來推了，他不顧一切的把身子伸到船尾外去，然後及時收回身來，以猴子踞坐高木的姿態蹲踞著，叫道：「划槳！」

眾槳一齊划水，小船向前一竄，然後穩穩的橫過水面，因爲本身的速度及向下的激流而略向側傾。

林格望著船尾的河岸，那女人跟他揮揮手，然後蹲在那木然站著的男人腳下。過了一會兒，她站起身來，站在他身旁，伸手到他的頭部——林格接著看見她把身上的覆衣弄濕了些，想去拭抹那男人木無表情臉上的血漬，那張臉似乎對這一切都渾然不覺。林格別過頭，靠在椅子上，疲困的嘆息一聲伸出了雙腿。他的頭俯向前，在他紅色的臉下，那把白鬍子就像扇子似的散在胸前，長長的美髯末端在快船帶動的微風中飄拂。船載著他離開他的囚犯——離開此生中他唯一想要掩藏起來的東西。

船越過河面時，映入威廉斯的視線之中，他一眼瞥見船時便緊緊地目隨著它。船向前滑進，小而清晰，後面襯著黑色的森林，他可以清楚看到那個坐在正當中的人的身影。他有生以來一直感到這人在他背後，一個可以信靠、隨時準備施以援手、給予忠告讚揚的人；責備時善意，嘉許時誠摯；這個人因爲精力過人、無畏無懼的優點，也爲了心地純樸的缺點，而使人信靠。但是現在這個人在逐漸遠去。他一定要叫他回來。

他大聲叫喚，可是他的話，他想傳送過河面去的話，全都無可奈何的摔落在腳下。

愛伊莎把手放在他臂上想制止他，可是他把它甩開了。他想把正在離他遠去的生命喚回來，他又叫了一次——可是這一次連他自己都聽不到。沒有用。這人永遠不會回頭了。於是他憂鬱沉默的站著凝望對岸那白色的身影，在船正中靠在椅子上。他突然感到這身上非常可怕，沒心肝而且非常奇怪，以倦怠休憩的姿態，飛越過河，看來極不自然。

一時裡大地上的一切都好像毫無動靜，只見小船逆水上溯，平穩順暢得不像在移動的樣子。頭頂上那團雲層看來堅固穩定，就像給什麼有力的手攫在那裡似的。可是在雲層不平的表面上，微光卻不斷閃爍，是遠處閃電的反照，暴風雨已在海邊吹起來了，正用低沉憤怒的咆哮聲沿河而上。威廉斯注視著，與他身旁頭上的萬物一般毫無動靜。只有他的眼睛好像是活的，追隨著那艘小船，沿著航線，穩定的，毫不遲疑的，一去不回，跟他越離越遠，好像它不是沿著大河上溯至熙攘熱鬧的森巴鎮，而是筆直駛過去，逝向擁擠而又空虛的過去，就如荒塚處處的古老墓地埋葬著已逝的希望，永不回頭。

在他臉上不時感到一陣陣從林外吹來的微風，輕忽溫暖，就像受壓制的世界在喘息。然後圍繞著他的鬱悶空氣給一陣疾風穿破了，帶來陣雨清涼、潮濕的感覺。森林中數之不盡的樹梢都向左搖，然後枝葉亂顫的彈回來，保持平衡。河面微微起皺，雲層緩緩變動，面貌起了變化但位置不移，好像笨重地翻了個身。最細的樹枝急速戰顫之後，一切靜止下來，有短暫的片刻，萬物寂然不動，只聽見雷聲隆隆，聲音拖長，振盪加強，夾雜著猛烈響亮的霹靂之聲，宛如冒火的天神在口出震怒、恫嚇之言。雷聲靜了一會兒，然後又掠過另一陣風，吹來一層白色的霧，在空間罩上濛濛水氣，在威廉斯眼前，突然把小船、森林、河流本身都掩蓋起來了。這使威廉斯從麻木中驚起，淒涼的打個寒顫。他絕望的四處張望，什麼都看不見，只見雨水在清涼的微風中打轉，沉重的大雨點迅速而響亮的打落在他四周的乾地上。他急步向院子走去，幾步後就有一大片雨倒下來了，雨水驟然落在他身上，從雲端忽地傾盆而下，窒住他的呼吸，湧到他頭上，貼在他身上，沖下他的軀體，淋到臂上、腿上。他喘著氣站在那裡，雨水筆直的照頭淋下，又一陣陣斜斜的吹在他身上，他感到水滴從上頭、從四面八方來打他，沉重的一滴滴，壓著他，沖著他，就似由一群暴眾狂怒的手從四周扔過來似的。腳底下一大團水氣飄升起來，他感到地下變軟了——在腳下化了——還看到乾地裡冒出水來，去迎接自天而降的雨水。他感到瘋狂的恐懼，懼怕那所有圍繞著他的水，怕那流下院子衝著他而來的水，怕那從四面八方逼來的水，怕那斜裡一陣陣迎面劈來的水，水層映著透過雨水的閃電微光，變得淺紅發亮，看來恰似水火同降，在受驚的大地上詭譎的交織成一片。

他想逃開，可是腳下的地突然變得泥濘不堪，使他舉步維艱，行動緩慢。他向院子掙扎著走去，就如要擠開人群似的，頭朝下，一肩向前，時時停下來。有時一陣水沖過來，使他心慌得無法抗拒，必須倒退一、兩步。愛伊莎亦步亦趨的跟著他，他停下時，她也停下，跟他一起退縮，一起向前，朝著泥濘陡斜的院子進發。院子裡的一切似乎已經給強勁有力的第一陣驟雨沖刷殆盡了，他們什麼都看不見，大樹、草叢、房子，還有籬笆——一切都在滂沱大雨中隱去了。他們的頭髮滴著水，黏在頭上；他們的衣服貼著，緊緊裹在身上；水從他們身上流下來，從頭上流下來，流過肩頭。他們走著，耐性的，挺直的，緩慢而陰晦的，在雨滴清晰猛烈的閃光中，在隆隆不絕的雷鳴中，就像兩個溺斃的遊魂，因遭天譴必須永遠在水中出沒，現在剛從河裡冒出來瞧瞧洪水中的世界。

左手邊那棵樹像是走出來迎接他們似的，看來模糊高聳，毫無動靜又很有耐性；無數的樹葉在窸窣哀訴，雨水在葉隙急速的紛紛降落。右手邊的房子在霧中升起，看來黑魆魆的，高聳的屋脊上，驟雨急打，激起一片喧噪之聲，雨水從屋簷兩側流瀉而下，隨著通到門口的板梯流下一道細細的清流。威廉斯登上梯階時，腳面沖破了水流，好像正在狹窄湍流的河床中攀登陡削的山澗似的。他的足後跟拖著兩條泥水，暫時把那道沖下來的清流玷污了，然後他一衝濺水而過，站在竹台上，在敞開的門前，伸展出來的屋簷的庇護下——終於在庇護之下了！

威廉斯聽到一聲低吟，繼而變爲斷斷續續哀怨悲嘆的嘀咕，便在門檻上止了步。他在屋頂下半明半暗中四處張望，看見那老嫗在靠牆處，蜷成一堆，形狀莫辨；他望著時，感到肩上有一雙手臂在觸摸。愛伊莎！他把她忘了。他一轉身，她立即摟住他的脖子，緊緊依偎著他，深怕他會動武或逃脫似的，他在厭惡、恐懼、內心神祕的反叛中僵住了；然而她卻緊靠著他——靠著他，當他是不幸、風雨、疲乏、恐懼、絕望之中的避難所；正因爲這擁抱如此可怕、激越而又悲戚，她傾注了全力使他成爲俘虜，把他永遠擁爲己有。

他沒說什麼。他掙扎著要脫開她那圍著他後頸的手指時，目光直逼著她的眼睛，然後突然把她的雙手扯開，猛力捏住她的手腕把她雙手拉起，浮腫的臉湊近她說：

「全是你幹的好事！你……」

她不懂他說什麼——一個字也不懂。他用他自己種族的語言說話——那些不懂憐憫羞恥爲何物的種族！他也很生氣。天哪！他現在總是很生氣，總是說著聽不懂的話。她靜靜站著，眼睛很有耐性的望著他，他把她的手臂搖了一會兒就甩下了。

「別跟著我！」他叫道。「我要自己一個人——我是說，別老是跟著我！」

他走進去，沒把門關上。

她沒有動。用這種聲音說的話，了解又有什麼用呢？聽來好像不是他的聲音——不像那時他在溪邊說話的聲音，那時他從不生氣，總是微笑著！她的眼睛望著黑沉沉的門口，可是雙手機械式的向上游移，把頭髮全部挽起，頭部在肩上微側，擰乾那些黑色的髮縷，不斷的扭著；一面站在那兒，傷感而又若有所思，像是一個人在傾聽內心的聲音——悲痛、哀愁、追悔莫及的聲音。雷止了，風息了，雨水穿過清淡澄澈的天空，筆直穩定的下著，遠處太陽的光芒漸漸從散開的黑雲堆裡勝利的露出來。她靠近門口站著。他在裡面——一個人在陰沉的屋子裡。他人在，卻不說話。他現在心裡在想些什麼？怕些什麼？想望什麼？並不是像從前他時常歡笑的日子那時一般想著她……她怎能知道？……

她從心底升起一聲嘆息，從微啓的嘴唇輕吐出來，一聲微弱、深沉、間歇的嘆息，一聲充滿痛苦恐懼的嘆息，就像一個人即將面臨未知的嘆息，在孤寂、疑惑及毫無指望中面臨未知。她把頭髮放下來，散落在肩上，就像喪禮中的黑紗，然後突然跌坐在門口。她的雙手緊握著足踝，頭枕在縮起的膝蓋上，動也不動，在那頭有如喪服般垂下的頭髮中，非常沉靜。她在想著他，想著溪畔的日子，她在想著他們愛情中的一切——就那麼死了心似的坐著，恰似那些坐在死人身旁哭泣和守望屍體哀慟的人一樣。

第五部

23

奧邁耶獨自一人在他屋子的露台上，手肘撐著桌子，雙手捧著頭，眼睛凝望著前面，越過院子裡萌芽的那片嫩草，也越過窄窄的碼頭，碼頭上麇集著小小的獨木舟，獨木小船當中，他那艘大鯨艇高高聳起，看來像是個帶領著成群黑色水族兒女的白母親。奧邁耶的眼光再越過停泊在中流的縱帆船，載運左岸的森林，直望著河流，他在凝望中，已經超越大千世界的幻象了。

落日正在西沉，蒼穹下展開一張白線織成的網，一張細緻精密的網，網中四散著一團團濃密的白色蒸氣。向東望去，參差不齊的林梢，湧起串串的雲朵，在不知不覺中逐漸脹大，似乎立意不去打擾天上人間煥發的沉靜。靠屋的河上，除了那艘寂然不動的縱帆船之外，就空無一物了。再向前望去，只見一根孤木從上游轉彎處流下，慢慢向筆直的河面漂來，是一棵死樹，在兩岸毫無動靜卻生意盎然的林木中，向著它的海中墳墓飄蕩而去。

奧邁耶捧著頭坐著，望著這一切，心裡怨恨不已。泥濘的河，淡藍的天，那根漂流而過、經歷著最初及最終旅程的浮木，那一片綠林碧海——在黑沉沉、密不透風的叢林之上，閃閃發光，粼粼波動，煥發生輝的碧海；綠油油、喜洋洋，在斜陽夕照下，撲上一層金粉。他痛恨這一切，怨恨生命中每一天每一分鐘都消磨在這些事物當中：他狠狠的，氣憤的怨恨，怒火中燒，痛悔無比，就像是一個吝嗇鬼被逼跟一個近親分家產似的。但是這一切仍然對他十分珍貴。這是目前的指標，預告著飛黃騰達的未來。

他煩躁的把桌子推開，漫無目標的走了幾步，然後又憑欄站著，眺望河流──望著這條原可以成爲他發達工具的河流──要是……要是……

「多可惡的畜生！」他說。

他獨自一個人，可是說話說得很響，人心中有個強烈無比、壓倒一切的念頭時，衝動之下，就會這樣做的。

「真是個畜生！」他又自言自語道。

河上現在很黑了，縱帆船那裡，一個黑沉沉、孤零零，而又優美雅緻的影子，纖細的桅檣形成兩條脆弱的直線向上竄起。黃昏爬上了樹梢，從一枝攀到另一枝，最後長長的斜陽，從西天輕輕掠過樹尖的枝葉，向上飛到層層疊疊的雲端，給雲天平添一副陰鬱而火紅的面貌。突然間，亮光盡消，宛如失落在無邊無際虛穹青冥的遼闊中。太陽下山了，森林變成一幅直直的黑牆，形狀莫辨。在森林上端羈留不散的雲際，一顆孤星斷斷續續的發出亮光，在高處一陣陣迅掠而過看之不見的霧氣中，忽隱忽現。

奧邁耶跟內心的不寧交戰。他聽到阿里在背後走來走去準備晚餐，就出奇的留神傾聽他發出的聲音──聽著他把盤子放在桌上時短促、枯燥的碰擊聲，聽著玻璃杯叮噹作響，金屬刀叉互相敲撞。傭人走開了，又走回來了，他馬上要開口說話了；奧邁耶雖然心裡專注的在轉念頭，耳裡還是等著意料中的話。他聽到了，是很費勁的用英文清楚說出的。

「開飯了，先生！」

「好的，」奧邁耶簡短的應了。他動也不動，仍然背對著桌子在沉思，桌上放著阿里點亮的燈。他心想：林格現在在那裡？也許在下游中段阿都拉的船上。他大概會在三天之內回來──也許更早些。然後呢？然後這縱帆船會航行出海，在船開走後，他們──他與林格──會留在此地；單獨兩個人，可是心裡卻一直想著那另一個人──那另一個近在咫尺的人！把他永遠留在那裡，真是匪夷所思。直到永遠！這是什麼意思──永遠？也許一年，也許十年。簡直荒謬！把他留在那裡十年──或許二十年！這傢伙可以活上二十多年的，這樣長的一段時間當中，還得看守他、餵養他、照顧他。除了林格誰都不會想出這種念頭，二十年！哎，不成！在十年之內他們會發了達，然後離開這個地方，先去巴達維亞──對了，巴達維亞──然後去歐洲。去英國，毫無疑問，林格會喜歡去英國。到時他們會不會把這個人留下？這傢伙十年後會變成什麼樣子？也許很老了。好吧，見他的鬼去！到時候妮娜已經十五歲了。她會很有錢、很漂亮，自己到時也不會太老……

奧邁耶在黑暗裡微笑起來……是的，有錢！噢！當然啦！林格船長是個有辦法的人，他現在就很有錢了。他們已經富有了，可是還不夠。絕對不夠。錢滾錢。那淘黃金的事是很好的。真不錯！林格船長是個傑出的人。他說那兒有黃金就有黃金，林格很有把握的。不過他盡多些怪主意，比方說，關於威廉斯。他要留他活口，到底是爲了什麼？爲了什麼？

「那混蛋！」奧邁耶自言自語起來。

「老爺，用飯了！」阿里突然喊道，聲音很響的催促著。

奧邁耶走到桌旁坐下，他那焦慮的面容從上移到燈罩投下的光圈中。他心不在焉的用膳，大口大口的吃起來。

……毫無疑問，林格是個靠山！他是個不會氣餒、能夠支配，而且能動手的人。威廉斯出賣他們，把他們在森巴鎮建立的地位毀掉後，他多麼快就想出新的計畫！就算現在情況也不算太壞。林格在所有的那些人，不論阿拉伯、馬來或其他人的心目中，地位是多麼崇高啊！啊，能叫一個這樣的人做父親實在不錯，好吧！不知道那老傢伙到底有多少錢，人家說——他們當然過甚其辭，可是他只要有人家所說的一半財富就……

他喝了一口，頭向上仰一下，又吃起來。

……喏！那個威廉斯要是早知道怎麼好好玩他的牌，他要是好好的跟定那老傢伙，他就會取自己的地位而代之，他現在就會娶了林格的養女，前途有了保障——一片光明……

「畜生！」奧邁耶在兩口飯之間這樣咆哮。

阿里直挺挺站著，一臉漠不關心的樣子，茫茫然望著黑夜。夜色圍繞在那照在桌上、杯上、瓶上，以及照在據案大嚼的奧邁耶的頭上的一小圈光暈外。

……林格是個很不錯的人——可是你總不知道他下一步會做什麼。他有一次把一個白人槍殺了，弄得惡名遠播，這白人所做的事還比不上威廉斯這麼糟。還比不上？……哈，真要比起來，簡直是不算一回事！根本就不是跟他本人過不去，是一個什麼朝聖回來攜妻帶子的馬來人的事。給人綁架了、搶了，還是什麼的。傻兮兮的故事——老故事。現在他去見那個威廉斯——居然沒事發生，回來還誇口說把人關起來了！不過始終說得很少。那個威廉斯對他講了些什麼？他們兩人之間發生了些什麼事？老傢伙放過那混蛋的時候，心裡一定在想些什麼事情。還有喬安娜！她當然會說服那老傢伙，這樣他也許會饒過他的。不可能！不過無論如何他會在他們身上浪費很多錢。這老傢伙恨起來，跟愛起來一般固執。那個禽獸不如的威廉斯他是自小看大的。他們在一、兩年之內會和好如初。什麼事都有可能。他為什麼不一開始就馬上宰了那畜生？這樣做會更像林格的性格嘛……

奧邁耶突然放下湯匙，把盤子推開，向椅後一靠。

……不安全。絕對不安全。他不想跟任何人分享林格的財富。林格的錢說起來就是妮娜的錢。萬一威廉斯想辦法跟老傢伙和好了，那他——奧邁耶就有危險了。這麼一個不擇手段的混蛋！他會把他一腳踢開的。他會說謊，講閒話。那就什麼都完了。完了！可憐的妮娜，她會變成怎麼樣？可憐的孩子。爲了她的緣故，他非把那個威廉斯除去不可，非除去不可。可是怎麼除去呢？林格要人服從他的意思，不可能去殺了威廉斯。林格會生氣的，不可置信，可是事實是如此，他會……

一陣熱流通過奧邁耶的身體，使他滿臉通紅，汗流浹背。他在椅子上扭來扭去，在桌子下緊握雙手。前進是多麼糟糕啊！他在幻想中見到林格與威廉斯和好如初，把臂離開，把他一個人留在這鬼地方，這死氣沉沉的沼澤森巴鎮上！他所有的犧牲——犧牲了他的獨立自主，他的J年，來屈從林格的種種怪主意、怪念頭——全都會付諸東流！真可怕！接著他想到自己的小女兒——他的女兒！於是這樣胡思亂想中的可怖情況就把他懾住了。一想起這年輕的生命在羽翼未豐之前就遭摧折，不由得心情激盪，突如其來的激盪，使他委頓不堪。他心肝寶貝兒的一生啊！他靠在椅背上用雙手掩了面。

阿里向下望著他，漠然的問道，「主人用完膳了？」

奧邁耶失落在對他自己及他女兒的無比憐憫中。儘管林格承諾過，他女兒也許不可能變成世上最富有的女人了。他不明白阿里在問什麼，就用哀戚的聲調在手指縫中悄悄自言道：

「你說什麼？什麼？什麼完了？」

「收拾桌子，」阿里解釋道。

「收拾！」奧邁耶衝口而出，莫名其妙的光起火來。「你和桌子一起見鬼去！笨蛋！長舌鬼！Chelakka①！滾！」

他俯身向前，瞪著他的工頭，然後靠回椅上，雙臂垂在椅子的兩旁，一動也不動的坐著沉思，集中精神全神貫注，用盡了全副精力心血，連臉上所有的表情都消失了，看來一副茫茫然的樣子。

阿里在收拾桌子，他隨手把平底大玻璃杯放在油膩的碟子上，拋進了刀和叉，然後用手一撥，把殘菜剩餚推入碟中，拿起碟子，腋下挾著瓶子，走了出去。

「我的吊床！」奧邁耶在他背後叫道。

「Ada（在）！就來了，」阿里在門口用不快的聲調答道，扭轉頭向後望……他怎能一面收拾桌子一面掛吊床呢？呀！嗶！——那些白人可都一樣，什麼事一叫就得做好，就像小孩子似的……

他那含糊不清的批評聲隱下去了，隨著他在黑暗走道上赤足走路的輕柔腳步聲，一起退沒消失了。

奧邁耶有好一會兒沒有動靜，正忙於動腦筋要做出一個重要的決定。在寂靜無聲的屋子裡，他相信自己聽得見這計畫動工的聲音，好像是用鎚子敲擊似的。他的確感到——

① 顯然是土語罵人話。

鎚子在敲，隱約、深沉、驚人，在他胸口低處的什麼地方，他的耳中也覺得出沉悶的敲擊聲，突兀而急促。他時而不知不覺的屏住了呼吸，屏得太久了，又不得不深深吐口氣來鬆弛一下，那口氣就緩緩的從翹起的口唇裡呼嘯而出。桌子對面擱著的燈，把光圈的一角投射在地上，照見他從桌下伸出的兩腿，雙腳僵硬的向上翹，就像是具屍體的腳似的，而他那張定睛木然的臉，若不是那茫然的眼神仍有知覺，也好像是死人的一樣。這是張發僵、發呆、石塊似的臉，還沒有死，卻埋葬在個人的念頭、卑下的恐懼，及自私的欲望的塵土、灰燼及腐蝕中了。

「我會幹的！」

他聽到自己的聲音才知道自己說了話，吃了一驚站起身來，指節向後擱在桌緣上。他站著不動，一足向前，嘴唇微微張開著思忖：去愚弄林格是不成的。可是我必須冒冒險，這是我所能想到的唯一途徑。我必須告訴她，她還有一點點腦筋。要是他們已經在千哩之外就好了。十萬哩之外！我要幹。可是萬一失敗了呢？萬一她洩漏了給林格聽了怎麼辦？她好像很蠢。不：他們可能會離開。要是他們離開了，林格會相信我嗎？會的，我從來沒有跟他撒過謊，他會相信的。我不知道……也許他不會……「我非幹不可！非幹不可！」他和自己大聲的爭辯起來。

他站著好久沒動，用力凝視著前面，全神貫注而寂然不動的凝視著，好像在看一個精細天平的微細顛動如何完全停頓下來。

在他的左方，露台後面那幅刷白了的牆上，有一扇關上的門。門上漆著黑字，宣報道門背後是林格公司，房子裡邊是當初林格為他的養女及女婿搭建這屋子時，自己布置的，而且還陳設得揮霍無度。屋裡頭有一張辦公桌、一張旋轉椅、書架、保險箱：全部都是為迎合奧邁耶的虛榮心而設的，奧邁耶認為這些家具，是生意成功的必備行頭。林格嘲笑過，可是仍費了很大的勁去把這些東西弄來，因為他以受保護者——他的養女婿高興而引以為榮。在大約五年以前，這是森巴鎮上膾炙人口的事。當這些家具運來時，整個鎮上的人確實都擁到海大王屋子前的河岸上來張望，既詫異，又羨慕……多麼大的桌子啊！邊上底下還有這麼多盒子，那白人要這麼一張桌子來幹什麼？看哪！看哪！唉呀呀！還有一個方形的綠櫃子，上面鑲了金牌，這箱子這麼重，二十個人還不能把它拉上岸來。我們去吧，弟兄們，去幫忙拉繩去，也許會看到裡面有什麼。一定是寶藏，毫無疑問。黃金是又重又難拿的，哎呀呀！我們過去在那威武的海大王那兒賺點外快吧，他在那兒脹紅了臉叫著。看哪！有個人從船上帶了一堆書下來，這麼多書呀！要來做什麼的？……接著有一個殘廢的老頭兒，曾經遍歷四海，在遼遠的國度聽過聖人講話，他對一小群未涉世故的森巴鎮鎮民解釋說，那些書是魔術書——這種魔術引領著白人船隻橫渡海洋，並且給予白人邪惡的智慧與力量，使白人活著了不起、有力氣、難以抵禦，可是——讚美阿拉真神——死後卻成為撒旦的犧牲品，地獄裡的奴隸！

奧邁耶看到房間布置妥當時，感到很得意。在他這種沒頭沒腦、小錄事心態的狂歡中，認爲由於這些家具，自己已成爲一番大事業的首腦，他爲了這些東西把自己賣了給林格——爲了這些東西以及那巨大的財富，他娶了林格收養的馬來女孩，那財富只要殷殷勤勤的做簿記必可隨之而來的。他很快就發現在森巴鎮上做生意是一樁完全不同的事，他不能用紙筆墨水來引導巴塔魯魯，來控制難馴的老沙哈明，或遏阻凶猛年少的巴哈索恩的種種劣行。他在那總帳簿的空頁上找不到成功的魔術；他逐漸省覺到自己的處境，不再有以前的想法了。那間稱爲辦公室的房間變得備受冷落，就像是迷信打倒後的廟堂。最初，在他妻子又再凶蠻如昔之後，奧邁耶常會躲到這裡來避她；等到女兒學說話，開始認人之後，他變得比較勇敢，因爲他對女兒非理性的深切愛護中找到了勇氣與慰藉——他用自私那牢不可破的斗篷把兩人的生命包圍起來——包圍著自己，也包圍著那個屬於他的小生命。

林格命令他在家裡收容喬安娜時，他在辦公室裡放了一張有轉輪的矮床，這是他唯一可以挪用的房間。那張大辦公桌給推在一邊，於是喬安娜就帶了她那破舊的小箱子，帶了她的孩子，做夢似的，懶洋洋半醒半睡的占用了這間房間。房間裡灰塵僕僕，污穢邋遢，使她覺得自自在在得其所哉，就這樣憂鬱沉悶的拖著日子過活，這種生活是在毫無起色的一片雜亂中，由追悔往事、憂慮未來而組成的。所有文明商業的標誌，白白無謂的爛成一大堆，在房間裡不可收拾。一片片的白東西；黃色、粉紅、藍色的破布，纖細、發亮而污垢的破布，拖曳在地上，躺在桌上黑沉沉的書簿堆裡。這些書簿又髒又舊，卻是硬封的，也許是因為源自歐洲的緣故。最大的書架部分給一條襯裙蔽住了，裙的腰帶夾在一本薄書的書背上，這本書給挪出來一點，正好成為一個臨時衣夾。那摺起的帆布床架幾乎就擱在房間中央，就這麼擱著，跟那邊牆壁都不平行，好像是在運往什麼偏僻地方的途中，給疲倦的扛夫隨手扔在那裡的。在床邊皺成一團的起褶毯子上，喬安娜就幾乎整天坐在那裡，不穿襪子的腳擱在一個老是在地上踢來踢去的枕頭上。她坐在那裡，有時想起了不在身旁的丈夫，就微覺受罪，可是多數時候眼淚汪汪的什麼都不想，濕著眼睛望著她的小兒子——望著那大腦袋、白臉孔、病懨懨的路易斯．威廉斯——他在地上滾一個玻璃墨水盂，盂裡乾涸的墨水結得硬硬的。路易斯在盂後蹣跚的走著，態度凝重，全神貫注手上的事，正表現出幼兒消遣的特徵。穿過半開的簾子，一線陽光、一線無情天然的陽光射入室內，清晨時照在屋子盡頭一角的保險箱上，然後，隨著太陽反向而行，在正午時，用結實、清晰而炙熱的亮光把大辦公桌切成兩截。在亮光中，成群蒼蠅在什麼髒碟子上飛舞著，那髒碟子已經在黃紙堆中給人遺忘了不少時日了。近黃昏時，這刻薄的陽光似乎爬到殘舊的襯裙上，逗留在那兒，邪氣的享受著它揭示了一整天的愁苦，逗留在塵封的書架的一角，照出強烈嘲譏的紅光，直至它突然給西沉的落日攫走，黑夜來臨為止。然後，黑夜進入房內。夜晚突然降臨，夜色不可穿透，瀰漫全室。清涼仁慈的夜，那看不見一切的盲目的夜，只聽到孩子煩躁的嗚咽，床架在吱吱作響，以及喬安娜翻身時的深深嘆息。她睡不著，糊裡糊塗的相信自己作惡多端，想念著那個淺色頭髮、專橫強壯的男人——這人也許是鐵石心腸，不過是她丈夫呀。她這聰明英俊的丈夫，她誤聽小人之言（雖是自己的家人），還有她那可憐可親、受騙的母親的話，竟然殘忍的來虧待他。

對奧邁耶來說，喬安娜在場始終教人放心不下；這事並不引人注目，卻使人難以忍受。她之在場，很多時候不聲不響，但不斷提醒他前面可能有危險。由於林格心腸太軟，任何一個他略表關注的人，在奧邁耶眼中看來，都自然而然成為敵人。他對這種感覺相當敏銳，私底下也時常因為能有此覺醒而沾沾自喜。在這種情形下，也在這種動機驅策下，奧邁耶曾經在不同時候恨過許多不同的人，不過他從未對任何人又恨又怕得像他對威廉斯一般。甚至在威廉斯做出背信棄義的勾當之後，雖然這種行徑已使他遭萬人唾棄，奧邁耶仍然放心不下，每次看到喬安娜時，定會內心惶恐不安。

他在白天很少看見她，但是在短暫朦朧的黃昏，或星光閃爍的薄暮時分，他時常在睡前看見那高高瘦瘦的身影在屋前河邊的乾泥地上，曳著那白色長袍破舊的衣尾來回踱步。有一、兩回他很晚還坐在露台上，雙腳擱在做買賣的桌子上的油燈旁，閱讀著林格帶來的七個月前的《華北先鋒報》，只聽得樓梯吱吱作響，從報上抬頭一望，看見她那瘦削羸弱的身影一步一步走上來，辛辛苦苦的抱著那壯大肥胖的孩子走過露台，孩子的頭垂在母親瘦骨嶙嶙的肩膊上，看來好像跟母親的頭一般大。有好幾次，她哭哭啼啼吵鬧或瘋瘋癲癲懇求著他，問他關於她丈夫的事，想知道他的下落，什麼時候會回來；而每次這樣發作之後，就呼天搶地，前言不對後語的自艾自怨一番，聽奧邁耶莫名其妙。有一、兩回，她把主人痛罵一頓，說她丈夫不在都是他的緣故。這些吵鬧，開始得毫無預兆，結束得突如其來，或者是哭泣而逃，或者是嘭的一聲關上了門。這種突然發作，猛烈、短暫的騷擾，弄得家宅不寧，就像那些無法理解的旋風在天旱貧瘠的平原、日炙死寂的地平線上，毫無來由的發生，來得快，也去得快。

可是今晚屋子裡很靜，一片死寂。奧邁耶站著不動，好似望著精細的天平，在衡量自己所有的機會：喬安娜沒多少智慧，林格輕信於人，威廉斯不顧一切，膽大妄為，又極想逃跑，隨時準備去抓緊任何出乎意料的時機。奧邁耶權衡輕重，既心焦又專注，他的各種恐懼與欲望在一邊，另一邊則是與林格失和的大險……會的，林格會生氣的。林格也許會懷疑他縱容這個囚犯逃脫——但是可以確定的，那些人一旦已經離開，林格也不會跟他爭吵。那些自己去見鬼的人！而且他藉著小女兒，可以抓住林格的心。好！多麼惱人的事！一個囚人！說得好像可以把他關在那兒似的。他遲早會離開的，當然啦！這種情況不經久，誰都看得出。林格真是怪得可以！你可以把人殺死，可是不能折磨他。這幾乎是一種罪嘛。這樣做會引起憂慮、麻煩，以及不愉快……奧邁耶一時裡對林格很生氣，他認為自己這樣擔驚受怕的痛苦都是林格的緣故。他這樣一個實際而又無辜的人，是林格逼他煞費心思，替這可笑的局面找出一些結果來，這局面是由於林格不講道理，感情用事，在不切實際一時衝動之下造成的。

「這傢伙要是死了，一切都好辦了，」奧邁耶對著露台說。

他挪動了一下，沉思著搔搔鼻子，沉迷在短暫的幻想中，只見自己的形象蜷伏在一艘大船中，大船在靠著威廉斯的登岸處大約五十碼外停下來，艙底有一根槍，上了子彈的槍。有一個船夫會喚話，威廉斯會在草叢中應話。這混蛋當然會起疑，於是船夫揮著一張紙，催促威廉斯到登岸處來，說是有重要的消息。「海大王交來的」——這船靠岸時，這人就這麼叫道，這樣就會把威廉斯引出來了。會不會？多半會！奧邁耶看到自己在適當時刻跳出來，瞄準了，拿起槍一扳——於是威廉斯翻身滾下，頭沒在水裡——這死豬！

他好像聽到了那一槍之聲，使他站著自頂至踵一陣興奮……多簡單！……不幸……林格……他嘆了口氣，搖搖頭。真可惜不能這麼做。也不能就把他留在那兒！要是阿拉伯人又把他找上了——譬如找他領航到上游去探察！天曉得會造成怎麼樣的災害……

現在已平靜下來，傾向於立即行動這一邊。奧邁耶向門口走去，走到很近的地方，大聲敲門，然後扭轉了頭，一時裡爲自己所做的事驚惶失措。待了一會兒他把耳朵貼在門上聆聽。沒什麼動靜。他一面站著聆聽，一面裝出一副討人喜歡的表情，心裡想著：我聽見她在哭呢？自從我開始使她對丈夫的死訊做點思想準備以來——是林格要我這麼做的——我相信她連那一點點理智都已經失去了，只是日哭夜哭的，我不知道她在想什麼。父親就是這樣，毫無道理的要我編造出這些故事來。算是出於仁慈。仁慈！該死的！……她肯定不是聾的吧！

他又敲門，然後對著關上的門寬厚的笑著，以友善的聲調說道：

「是我呀，威廉斯太太，我有話要跟你說，我有……有……重要的消息……」

「什麼事？」

「消息呀，」奧邁耶清晰的重複道，『關於你丈夫的消息。你丈夫……該死的！」

他悄悄加上一句。

他聽到裡面跌跌撞撞急急忙忙的聲音，有什麼東西打翻了。喬安娜焦躁的聲音叫道：

「消息？什麼？什麼？我出來了。」

「不忙。」奧邁耶叫道。「穿上衣服，威廉斯太太，讓我進來吧。這是……很祕密的，你有蠟燭吧？」

她正在屋裡家具當中東碰西撞。燭台給打翻了，火柴又擦不亮，火柴盒掉在地上，他聽見她跪下來在地上摸來摸去，一面心神不寧發瘋似的呻吟著。

「噢，我的天！消息！是的……是的……啊！那裡……那裡……蠟燭。噢！我的天……我找不到……別走開，看在老天爺分上……」

「我不想走開，」奧邁耶不耐煩的對著鑰匙孔說，「不過機靈點，是祕……是很緊急的。」

他輕輕地跺著腳，手放在門把上等著，心裡焦躁的想，這女人十足是個白癡。我為什麼要走開？她簡直昏了頭了。她再也弄不明白我的意思，她太蠢了！

她現在在屋裡靜悄悄、急急忙忙的東摸西摸。他等著。有一陣子裡面寂靜一片，然後她用筋疲力竭的聲音快要斷氣似的輕輕長嘆一聲，就像一個女人即將昏死般說道：「進來。」

他推開了門。阿里剛從走道上進來，雙臂抱滿了枕頭床單，在胸口緊貼著直堆到下巴，一眼看見了主人進房掩上了門。他大吃一驚，連手上的東西都拋下了，站著盯住門口瞧了好一會兒。他聽見他主人說話的聲音，對那個西蘭尼女人說話！她是什麼人？他其實從沒好好的想過這一點。他迷迷糊糊的把事情約略猜測了一會兒。她是個西蘭尼女人——而且長得很醜。他扮了個鬼臉，把被枕等撿起來，開始忙自己的事，把吊床掛在露台兩根柱子上……這些事情與他無關：她很醜，是海大王帶來的，而他的主人在夜裡跟她說話。很好，他，阿里，有自己的活要幹。掛好吊床，去巡視一下看門的是否醒著，去瞧瞧船上的繫泊用具，看看大倉庫的扣鎖，然後睡覺去。睡覺去！他高興得抖起來。他雙臂放在主人的吊床上靠著，輕輕的打起盹來。

一陣突如其來的刺耳尖叫聲——一陣女人以最高音發出的尖叫聲，突然停了，停得急促，像是猝然死亡一般。這叫聲使阿里從吊床邊一躍跳開，接著是一片沉寂，對他來說，好像跟那可怖的尖叫聲一般驚人。他給嚇得怔住了。奧邁耶從辦公室走出來，打開了門，從阿里身旁經過，可是並沒留意到他，就筆直朝通風處掛在一根釘子上的水杯走去。他把杯取下來往回走，就在發楞的阿里身邊擦過。他跨著大步走，雖然走得急，卻在門口停下來，頭向後仰，把一道細細的水流注入喉中。在他走來走去，停下喝水，做這做那的當兒，黑漆漆的房子不斷傳來隱隱的哭泣聲，是一個夢中受驚的孩子的哭聲。喝過了水，奧邁耶又走進去，把門小心的關上。

阿里一動也不動。那西蘭尼女人剛才尖聲大叫！他感到無比的好奇，這種好奇心，以他那遲鈍的天性來說，極不尋常。他沒法子把眼睛從那扇門口挪開。她死在裡頭了？多有趣，多可笑！他張著嘴巴站著，直至又聽到門把轉動聲為止。主人出來了。他很快的旋轉腳跟，裝出一副全神注意著夜色的模樣。他聽到奧邁耶在他身後移動，挪開椅子。他的主人坐下了。

「阿里，」奧邁耶叫道。

他的臉色陰沉沉若有所思，望著正走到桌旁的工頭，然後拿出了手錶。錶在走著。每當林格在森巴鎮時，奧邁耶的錶就在走，他會對著船艙的鐘來對錶，每次都告訴自己，為了將來，他必須使錶走動。可是每次林格一走，他就會任由錶停下來，然後以日出日落來量度他的厭倦，對鐘點懶洋洋不起勁。僅僅是鐘點而已，對森巴鎮上的生活，對沉悶、呆滯的空虛日子並沒有重要性。除了樹膠的品質及藤條的大小之外，一切與他無關。此地沒有小小的機會可以期待；也沒有什麼有興趣、可欲求、可嚮往的事來盼望；除了時光慢慢流逝，也沒什麼值得抱怨的事；更沒有什麼甜蜜的事，除了希望，那遙遠光輝的希望，使人煩思、叫人心痛、而且彌足珍貴的希望——離開此地！

他望了望錶，八點半。阿里呆頭呆腦的在一旁候命。

「到鎮上去，」奧邁耶說，「叫馬麥特・班九今天晚上來見我。」

阿里嘴裡嘰嘰咕咕的走開了，他不喜歡這差事。班九跟他的兩個兄弟是巴扎烏的流氓，他們最近才到森巴鎮上來，占據了一座頹倒荒棄的小屋，那小屋是屬於林格公司的，屋子下只有三根柱子撐著，就蓋在他們的圍籬外。阿里不贊成優待這些陌生人。那時候在森巴鎮上，什麼住所都很珍貴，要是主人不要那間發霉的老屋，大可以送給他阿里呀！他是他的工頭呀！可不必贈給那些壞人。人人都知道他們壞，大家都知道他們從希諾巴里處偷了一條船，希諾巴里，又老又弱又沒有兒子。他們不但肆無忌憚，胡作非爲，事後還恐嚇那可憐的老人對這件事不准聲張，可是人人都知道這件事。這是森巴鎮上大家容忍下來的醜聞之一，雖然爲人不齒卻仍然接受下來。這是對於成功的默認，卑鄙低劣；是對於強權的屈從，懦弱而暗許；這種事在每一個社會，每一個人心中都存在著，無恥可卑，無可救藥。人一旦聚居，不論在森巴鎮上或在比森巴鎮更大、更有道德的地方，不分此地彼地，全都一樣，有人可以偷掉整艘船而不受懲罰，有人卻連望一眼槳木的權利都沒有。

奧邁耶靠著椅背沉思著，他越想越覺得班九弟兄們正是他所需要的人。這些傢伙是海上的吉普賽人，可以失蹤而不惹人注目。就算他們回來了，也沒有人——尤其是林格——會夢想到從他們身上打探消息。再說，他們對森巴鎮上的事情也沒有任何興趣——他們沒有立場——他們什麼都不會知道的。

他大聲叫道：「威廉斯太太。」

她很快的出來，幾乎把他嚇著了。她出來得這麼快，就好像是從桌子他方的地板上冒出來的。奧邁耶把兩人之間的燈移到一邊，從椅子裡向上望著她。她在哭，靜靜的、溫柔的哭。眼淚不停的湧上來，淌下時不是一滴滴的，而像是從眼皮上亮亮的整片湧下來的，瞬息間流遍了整張臉，流在兩頰、下巴上，在燈光裡濕淋淋的發亮。她的胸、肩因爲無聲的抽噎而抖動，每一陣斷斷續續的飲泣之後，她那用紅巾包著的可憐的小頭，就在細脖子上搖晃著，瘦骨嶙嶙的手捏著亂七八糟的衣服圍在脖子上。

「威廉斯太太，定定心，」奧邁耶說道。

她發出含含糊糊的聲音，好像是遭逢不測時隱約、遼遠，幾乎連聽都聽不見的叫聲，然後又一聲不響的流起眼淚來了。

「你得明白，因爲我是你的朋友——真正的朋友，才告訴你這些事，」奧邁耶很不滿的望了她一會之後說道。「你是他的妻子，應該明白他目前有危險。林格船長是個可怕的人，你知道。」

她一把眼淚一把鼻涕的哭著說：

「你……你……現在說的……是真話？」

「人格擔保，憑我孩子的性命擔保，」奧邁耶說道。「我是爲了林格船長，才一直瞞著你。不過我沒法子忍下去了。想想吧，我告訴你這件事冒了多大的風險呀！萬一林格知道了，可怎麼好！我爲什麼要這麼做？純粹是爲了朋友的交情。你是知道的，彼得是我在錫江時多年的老同事。」

「我該怎麼辦呢？……我該怎麼辦呢？」她有氣無力的喊道，東張西望的，彷彿不知道該向那邊衝出去才好。

「趁現在林格走開了，你得幫他逃走。他得罪了林格，這可不是鬧著玩的。林格說要殺了他，他真會這麼做的，」奧邁耶懇切的說。

她揉著手。「噢！那個壞人。那個可惡的壞人！」她呻吟著，身體晃來晃去。

「對！對！他很可怕，」奧邁耶附和著說。「我說呀，你千萬別浪費時間。你明白我的意思嗎？威廉斯太太，想想你丈夫，想想你那可憐的丈夫，他會多開心啊！你去救他的命，救他的性命呀！爲他想想吧！」

她停下來不晃了，頭縮在肩裡，雙臂摟著自己，睜大眼睛瞪著奧邁耶，嘴裡嘮嘮叨叨，不斷激動的大聲吵鬧，打破了屋中的沉寂。

「噢！聖母呀！」她嚎啕大哭著。「我真命苦呀！他肯原諒我嗎？他好冤枉好可憐哪！他肯原諒我嗎？噢，奧邁耶先生，他好嚴厲的呀！噢！救救我……我不敢……你不知道我是怎麼待他的……我不敢……我不能……老天爺救救我呀！」

最後的幾個字說得像是叫救命似的；她就算活活剝皮，也不能叫得比這一聲更可怕、更痛苦、更令人摧心裂肝了！

「噓！噓！」奧邁耶叫她別鬧，跳了起來。「你這麼一嚷，會把所有人都吵醒的。」她於是一聲不響的繼續哭下去，奧邁耶在無比的驚詫中瞪視著她。想起跟她吐露這件事，走錯了棋，不由得十分懊惱，一時裡腦中混亂起來。

最後他說，「我跟你發誓，你丈夫在現在的處境當中，就算魔鬼……好好聽我說……就算魔鬼自己划著小船去救他，他也會歡迎的。除非我是大錯特錯。」他輕輕加上一句，然後又大聲說：「假如你跟他有什麼小小的歧見要和解，我擔保——我向你發誓——這就是你的機會了！」

他以為自己這番話中懇切勸諭的口氣，連泥塑木雕的人都打得動。他滿意的看到喬安娜好像在他的意思中得到些端倪，他慢慢的說下去。

「威廉斯太太，你瞧，我無法子做什麼事。不敢做嘛。可是我告訴你我會怎麼辦。大約十分鐘後，有一個布吉斯人會到這裡來——你從錫江來，應該能說他們的話。他有一艘大艇，他能把你帶到那裡去。告訴他說，是到新族長的墾地去。他們是三兄弟，只要你肯付錢給他們，什麼都肯幹……你手上有點錢，是不是？」

她站著，也許在聽著，可是好像沒聽得懂，突然動也不動的盯住地板瞧，好像目前處境的可怕，她自己幹的壞事，她丈夫的危難，這一切嚇呆了她的頭腦、她的心、她的意願——讓她除了呼吸及站在地上外，什麼能力都沒有。奧邁耶心裡賭神罰咒說，從未見過一個人比這女人更沒用、更蠢！

「你聽見我說什麼嗎？」他提高嗓子說：「不必弄明白怎麼回事。你手上有錢沒有？錢。鈔票。金幣。錢哪！你怎麼啦？」

她眼也不抬就說話，聲音虛弱不定，好像拚命在回想似的：

「房子已經賣了。胡迪先生很生氣。」

奧邁耶盡力抓牢桌子邊，死命忍住一陣難捺的衝動，恨不得衝上前去摑她幾巴掌。

「我猜房子是爲了錢出賣的，」他小心地用銳利的平靜語調說道。「你拿到錢了？誰拿到錢了？」

她舉頭望他，費勁的睜開發腫的眼皮，嘴唇下垂，臉上污跡斑斑，淚痕滿面，露出一副可憐相。她無可奈何的低語道：

「倫納德拿了點錢，他想結婚。還有安東尼奧叔叔，他坐在門口不肯走。還有阿歌絲汀娜，她那麼窮……還有很多，很多孩子——很小的孩子。還有那工程師路易士，他從沒說過我丈夫一句壞話。還有我們的表親瑪麗亞，她大叫大嚷的上門。我的頭這麼痛，心情這麼不好。後來又來了薩瓦多表兄，和老頭兒丹尼．達．索薩。他……」

奧邁耶聽她說，氣得話也說不出來。他想：我現在只好拿錢給這個白癡。只好這樣！非要在林格回來之前把她打發走不可。他想開口說話，說了兩次都沒說成，終於發作起來：

「誰要聽這些臭名字，你說，這批死傢伙到底有沒有留下什麼錢給你？給你？我只要知道這個！」

「我有兩百五十塊錢，」喬安娜驚惶的說。

奧邁耶鬆了口氣，很友善的說：

「那就成了。錢不多，但是夠了。現在等那人來了，我會避開，你跟他說。給他一點錢；記住，只給一點點，但答應再給些。等你到了那裡之後，當然有你丈夫照料。別忘了跟他說，林格船長是在河口上——北部的入口處。你會記得的，對不對！北部的支流。林格就是——死路一條。」

喬安娜發起抖來，奧邁耶急急忙忙說下去：

「本來你要是需要錢用，我會給你的。天地良心，跟你丈夫說，是我把你送到他那裡去的。你叫他別浪費時間。還有，別忘了代我告訴他，有一天我們會再見的。說我若不能再見他一面，我死都不會瞑目的。只見一次面。你知道我愛他。這一點我可以證明，這次的事情，我冒了好大的風險啊！」

喬安娜抓住他的手，他還沒弄清楚怎麼回事，她已經把手壓到唇上了。

「威廉斯太太，別這樣！你怎麼……」奧邁耶發窘的叫道，把手扯開。

「噢！你真好！」她叫道，突然興奮起來，「你真了不起……我要每天祈禱……向所有的聖人……我要……」

「不打緊……不打緊！」奧邁耶囁嚅道，弄糊塗了，不知道自己在說什麼。「只要當心林格……我很高興能夠……在你這麼慘的時候……相信我……」

他們隔著桌子站著，喬安娜向下望著，她的臉在檯燈半明半暗的光輝中，看來像一個陳舊污穢的象牙雕刻品……這件雕刻，是用非常、非常陳舊的象牙雕成的，滿是凹陷的窟窿。奧邁耶望著她，既不放心而又滿懷希望。他對自己說道，她多脆弱啊！我只要一口氣就可以把她吹倒了。她好像有些頭緒了，知道要做些什麼了，可是她有沒有力氣去做呢？現在只有靠運氣了！

在院子後面某處，突然傳來阿里氣憤憤訓斥的聲音：

「你爲什麼把大門關上，你這惡作劇的老祖宗？身爲看門的，只不過是個野人吧！我不是跟你說過我就回來的嗎？你……」

「我走了，威廉斯太太，」奧邁耶叫道，「那人來了——跟我傭人一起來了。鎭靜點，想法子……」

他聽到走道上兩個人的腳步聲，話沒說完，就急忙下樓梯向河邊跑去。

24

爲了要給喬安娜充裕的時間，奧邁耶在接著的半小時裡，在他院子裡遠遠的木材堆中踟躕徘徊，沿著籬笆旁偷偷摸摸走，屏住了呼吸，在屋外廁所後的草牆上貼著身子。他這樣做，是爲了避開麻煩的阿里，阿里正在巴巴結結的找他。他聽見他對看更說話——有幾次在暗裡就近在身邊——然後聽見他走開去，折回來，納罕不明，時間越久，越變得不放心起來。

「他不會掉到河裡去吧？——說呀，你這瞎看更！」阿里凶巴巴的對那人吼道，「他叫我去找馬麥特，等我急急忙忙的回來，他卻不在屋裡。不過那西蘭尼女人在這裡，馬麥特也偷不了東西的，可是我總是不放心，等我可以去休息，晚上都過了一半了。」

他叫道：

「主人！主人呀！主……」

「你這麼大叫大嚷幹什麼？」奧邁耶厲聲說著，從近處走出來。

這兩個馬來人大驚之下，都向後躍開。

「阿里，你可以走了，今天晚上沒你的事了。」奧邁耶說著。「馬麥特在嗎？」

「除非是那沒規矩的蠻子等膩了。這些人一點禮貌都不懂，白人不該跟他們說話，」

阿里憤憤的說。

奧邁耶向屋子走去，他的僕人們心中納罕，他究竟是從那裡這麼出其不意的跳出來的。那看更的隱隱暗示主人有隱身術，時常在晚上……阿里很不屑地打斷他。不是每個白人都有隱身術的。喏，海大王才能隱身不見，而且他分身有術，人人都知道的，除了他這個沒用的看更不知道。他對白人的了解，比野豬多不了多少！呀——嘩！

於是阿里就朝著屋子踱回去，大聲的打呵欠。

在奧邁耶爬上樓梯的時候，聽見一扇門匆匆關上的聲音。他走進露台，只看見馬麥特一個人在那裡，靠近走道的門口，看來好像正想偷偷溜走，奧邁耶看在眼裡樂在心中。那馬來人看到了這個白人，就靠在牆上不再溜了。他是一個又矮又壯、兩肩寬闊的人，皮膚很黑，一張闊闊的嘴巴，染成鮮紅色，說話時，露出一排密密的微微發光的黑牙。他的眼睛很大，炯炯有神，像做夢似的游移不定。他東張西望，怏怏的說道：

「白老爺，您了不起，又有力氣，我嘛是個窮小子，您有什麼吩咐請快說，說了，請您看在老天爺分上放我走吧！時候不早啦！」

奧邁耶沉著的把這個人端詳一番。他怎能看出他是否……有了！最近他雇用過這個人跟他的兩個兄弟當船上短工，運一批補給糧食、斧頭等到距此相當遠的河流上游一個採藤營裡去。路上要三天來回。他現在就用這個法子來試探他。他漫不經心的說：

「我要你立即出發到那營地去，給船長送封信去，一天一塊錢。」

這傢伙看來迷迷糊糊猶疑不定，可是奧邁耶對馬來人瞭若指掌，從他臉上看來很有把握，知道沒有什麼可以打動這傢伙去走一趟了。他催促道：

「這是很要緊的——你要是去得快，最後一天算兩塊錢。」

「不可，老爺，我們不去，」那人低聲用粗嘎的聲音說。

「爲什麼？」

「我們要到別的地方去走一趟。」

「到那裡去？」

「到一個我們知道的地方去，」馬麥特說，聲音略微響一點，態度非常固執，眼望著地下。

奧邁耶感到高興萬分，佯怒著說：

「你們這些傢伙住在我的房子裡——就當是自己的房子了。過些日子我可能要收回的。」

馬麥特抬起眼來。

「我們是海上人，只要我們有一艘船，能載得起三個人，每人一把槳，就不在乎有沒有屋住了，大海才是我們的家。您請吧，老爺。」

他轉過身匆匆走開了，奧邁耶聽見他接著就在院子裡叫看更的開門。馬麥特靜悄悄的穿過門口，可是在門閘尙未在身後門上之前，他已經下定決心，萬一這白人要把他逐出小屋的話，他就把它一把火燒了，另外，還盡可能把那白人其他的房舍能燒多少就燒多少。他還沒踏進破房子，就把兄弟喚起來。

「都妥當了！」奧邁耶喃喃自語的說著，從桌上一個抽屜裡拿出些爪哇煙絲。「現在萬一有什麼事情發生了，就跟我不相干。我叫過那人到河流上游去，我催過他的。他會自己這麼說。好的。」

他開始裝上他那煙斗，這煙斗有條長長的櫻桃木柄，一個弧形的煙嘴。他用大拇指把煙絲往下按，心想：不可以，我不該再見她。不想見。我會先讓她好好動了身，再在後面追趕——再差一艘快船追趕父親。對了！就這樣辦。

他走近辦公室的門口，把煙斗從唇上拿開，說道：

「威廉斯太太，順風！別耽擱時間。你可以沿著草叢走；那邊的籬笆壞了。別耽擱時間，別忘了這是一樁……攸關生命的事。別忘了我什麼都不知道的啊。我信任你。」

他聽到裡面響了一聲，像是箱子蓋落下來。她走了幾步，然後是深深的長嘆一聲，說了幾句隱隱約約、聽不真切的話。他躡足從門口走開，在露台一角踢開了拖鞋，然後抽著煙斗進入通道裡，小心翼翼的走進去，腳下地板輕輕的作響，轉入左邊掛上簾子的入口。這是間大房間，地板上有一盞小小的羅經櫃燈——這是多年前由「閃電號」的舊物堆藏室中拿來的——作爲夜燈之用，在無邊的黑暗中，微弱昏暗地發著光。奧邁耶走過去，拿起燈來，用手指捻短燈芯，使火焰亮些，但立刻抖著手指，痛苦得皺起臉來。

屋裡睡著的人由頭至腳用白布覆蓋著，平躺在地上的蓆子上。房間中央放著一張小床，罩在白色的方形蚊帳下，是四壁之間唯一的家具，看來就像是一所陰沉的廟堂中透明大理石造成的祭壇似的。一個女人半躺在地上，頭枕著自己的手臂，手臂擱在小床的床腳上。奧邁耶跨過她伸開的雙腿時，她醒了，一聲不響的坐起來，俯身向前圍抱著膝頭，悒悒的望著地下，一副睡眼惺忪的模樣。

奧邁耶一手拿著冒煙的燈，一手拿著煙斗，站在帳子罩著的小床前望著他的女兒——望著他的小妮娜——望著他自己的一部分，望著這人性中無知無覺的一小部分，這對他來說包含了他整個靈魂。他好像沐浴在一股光明溫馨的暖流之中，這溫馨之情比世界更闊大，比生命更可貴。這是在那些難以捉摸、歪曲失形、恐怖嚇人的存在黑影之中，唯一真實、甜蜜、美麗、安全、活生生可以捉摸的東西。他望向她的將來，在他那張給燈火小小的黃暈照著的臉上，湧起專注忘我的表情。他的確看到許多東西。動人燦爛的事，以一幅幅光輝的圖畫，神奇的展示在他面前；是燦爛、快樂、無比光榮的事件組成的圖畫，這些會組成她的一生。他會幹的！他會幹的，他一定會！一定會——爲了這孩子！他這樣在靜靜的夜裡站著，自失在輝煌迷人的美夢中時，縷縷細煙向上升起，在他頭上散成隱隱的藍霧，他看起來出神入定，異常感人；像是一個神祕宗教的虔誠信徒，正在全心全意、默不作聲的膜拜，在一座供奉一個閉目孩童的偶像的透明精緻神壇之前焚香，供奉一個脆弱無力、酣睡無知的小神的純淨、虛空的神壇！

當阿里給他主人大聲不停的喚叫吵醒，跌跌撞撞走出小屋時，只見森林上端有一抹狹窄、顫動的金帶，雲淡星稀，天快要亮了。他的主人站在門前，手裡搖著一張紙，緊張的叫道，「阿里，快來！趕快！」看見阿里出來，就衝上前去，把紙塞給他，吆喝著要他趕快備好那捕鯨船，立即出發。從他的聲調聽來，阿里還以爲有什麼可怕的事情發生了——立刻，立刻，去追趕林格船長。阿里辯著，給他催得心煩意亂，也著了慌。

「假如要快，小艇好。鯨魚船追不上，不比小艇！」

「不要！不要！鯨船，鯨船！你這笨蛋，你這壞蛋！」奧邁耶大聲吼叫，看來像發了瘋似的。「去叫人去，快快備船，快去呀！」

於是阿里就在院子裡衝來衝去，把各間茅屋的門踢開，頭伸進去在裡面嚇人的大叫。他在茅舍中竄來竄去時，那些發著抖、睡眼惺忪的人就走出來，在他背後楞楞的望住他，漠然大惑不解的搔著肋肢。要把這些人動員起來可真是不容易，他們得花些時間來伸伸懶腰，發發抖。有些人要吃東西，有個人說他病了。沒人知道方向舵在那裡。阿里東奔西跑，發命令，罵人，催了一個又一個，不時停下來急急搓手，呻吟嗟嘆，因爲捕鯨船比最壞的小艇還要慢，可是他的主人卻不肯聽他的話。

奧邁耶看著船終於開行了，總算由又冷、又餓、又不高興的人拖走了；他留在碼頭上看著它駛下河道。這時天已大亮了，天上萬里無雲。奧邁耶走上屋子去一會兒，所有人都騷動起來！奇怪那西蘭尼女人怎麼帶著孩子離奇失蹤了，行李卻留在屋裡。奧邁耶對誰也不講話，拿了手槍，又走到河邊去。他跳上一艘小船，自己划著向縱帆船駛去。他划得很悠閒，但是一到跟大船幾乎平行時，就用一種十萬火急的聲調與神色向那沉靜的船喚起話來。

「大船哪，啊嗨！大船哪，啊嗨！」他叫道。

一排茫茫然的臉從舷牆上伸出來，過了一會兒，一個頭髮毛茸茸的人說道：

「先生！」

「找大副！找大副！管事，叫大副來！」奧邁耶說道，很緊張的樣子，死命去抓住什麼人拋下給他的一根繩子。

不到一分鐘，那大副伸出頭來，奇怪的問道：

「奧邁耶先生！有什麼可以爲您效勞嗎？」

「史旺先生，請你馬上把那艘快艇備好，馬上。我以林格船長的名義要的，我一定要這艘艇。攸關性命的事。」

大副看到奧邁耶這麼著慌，也給他打動了。

「先生……小艇給您。快快備船！水手長，幫幫忙！……奧邁耶先生，艇在船尾放下來了。」他說著又朝下看看，「上去吧！先生，划手沿纜索下來了。」

等到奧邁耶攀登艇尾時，四個划手已經在船上，槳木也已經擱在船尾欄杆上了。大副一直看著，突然說道：

「事情危險嗎?你要人幫忙嗎?我來……」

「好哇!好哇!」奧邁耶叫道。「一道去,別耽擱時間。快去拿手槍來,趕快!趕快!」

可是,他雖然心焦的急於離開,卻懶洋洋的向後一靠,靜靜的,漠不關心的樣子。直至大副上了小艇,跨過座板,在他身旁坐下,他這才好像清醒過來的叫道:

「放鬆,放鬆纜索!」

「放手——放了纜索,」前槳手叫道,猛力拉著纜索。

大船上的人也一個傳一個叫著,「放手!」直到最後有人省起丟了繩索,所有的聲音突然靜止下來,小艇就飛快的盪離了縱帆船。

奧邁耶掌著舵。大副坐在他身邊,把子彈裝進槍膛。裝好後,他問道:

「怎麼回事?您在追什麼人嗎?」

「是的。」奧邁耶簡潔的說,定睛望著前面的河道。「我們得去抓一個危險人物。」

「我也挺喜歡追人的,」大副說道。後來,看到奧邁耶一本正經沉思的樣子,有點自討沒趣,也就不再說什麼了。

差不多過了一小時,那些划手用交替的動作,先是頭向前傾,再身向後躺,有規律的划動著推送小艇在河上飛馳,兩個坐著的人,在艇尾坐得筆挺,長長的槳木每有力的划動一下,身子就隨著有韻律的搖動一下。

大副說，「我們是順著水流的。」

「在這河上水流總是順流而下的，」奧邁耶說。

「是的——我知道。」那一個回嘴說，「不過退潮時水流得急些。看看我們經過兩岸的情形！我敢說，這裡的流速起碼每小時五浬！」

「唔！」奧邁耶低吼一下。然後突然說，「在前面兩個島之間有個通道，可以省掉四哩路途，可是這個島，在旱季水低的時候，就像一個島似的，中間只有一條泥溝。不過，我們還是值得試一試。」

「很棘手的事，在退潮的時候，」大副冷冷的說。「到底夠不夠時間划過，您最清楚了。」

「我會試試看，」奧邁耶說道，全神貫注的望著岸邊，「現在小心！」

他在右舷橫舵柄索處用力一拖。

「收槳！」大副叫道。

那艘小艇猛然一轉，從狹窄的入口處衝過去，狹道在艇尚未失去方向前，已經變寬了。

「放槳……剛剛夠寬。」大副咕噥道。

這是一道陰沉的窄流，陽光從頂上交錯高聳成拱形的樹隙透進來，在黑沉沉的水面上，灑落點點金光。高處枝葉濃密處充滿喁喁低語，輕輕顫動，永不止息。爬藤植物爬在密集的樹幹上，大樹斜斜倚著，潮水沖走樹根的泥土，使大樹看來既不安全，又不穩當。在這瘴癘暗流、不見天日的地方，腐葉殘花敗枝枯草的腐蝕氣味濃濁刺鼻，好像隨著那曲折逶迤的河道，永存不屈的陰影，淤積在發亮的死水上。

奧邁耶看來焦躁不安。他掌舵掌得很差，有好幾次槳木被河道邊上的樹叢絆住，使小艇阻滯不前。其中有一次正當他們擺脫羈絆時，有一個划手在另一個耳邊匆匆說了些話，他們向下望著水流，大副也向下望。

「哈囉！」他叫道，「喂！奧邁耶先生，您瞧！水在流出去，看那邊，我們要擱淺了。」

「退回去，退回去，我們一定得往回走，」奧邁耶叫道。

「也許向前進還好些。」

「不！往後，往後。」

他拉著操舵，把船的前端衝入岸上，爲了沒法開脫，又花去了時間。

「用力！大家用力！」大副焦急的催促著。

各人抿緊嘴唇，張大鼻孔氣咻咻的拉著。

「太遲了，」大副突然說。「槳已經碰到底了，我們完了。」

船擱淺了，眾人把槳收起，喘著氣坐下，交抱著雙手。

「不錯，我們擱淺了。」奧邁耶鎮靜的說，「真倒楣！」

水在船邊退去，大副望著一團團泥漿露在水面上。過了一會他笑起來，用手指著這水道說：

「看哪！」他說，「這該死的河從我們這裡流出去，從那邊彎處，水都要流光了。」奧邁耶抬起頭來。水都流光了，只見一道弧形的泥路——軟軟的黑泥在平滑閃亮的表面下，隱藏著狂熱腐敗及罪惡。

「我們要在這裡一直待到黃昏了。」他說道，高高興興的認了輸，「我已經盡力而為了，沒法子。」

「我們只好睡一覺挨過去了，」大副說道。「沒有東西吃，」他快快的加上一句。奧邁耶在艇尾伸長了腿，那些馬來人在座板中間蜷曲起來

「好吧！算我該死！」大副隔了很久之後突然跳起來說道，「我見鬼的急急忙忙的趕去，結果卻在泥裡擱淺。算放一天假！好吧！好吧！」

他們耐著性，靜靜的或坐或躺。太陽升起來時，微風止息了，沒水的澗道中一片沉寂。一群長鼻猴子出現了，擠在向外的樹叢裡，專注肅穆的凝視著小艇以及艇上一動也不動的人群，不時以胡鬧的喧嚷及瘋狂的動作來騷擾一番。一隻胸口藍色的小鳥，映著斜斜的光線在細枝上輕盪，在樹隙間來往穿梭，恍如一顆藍寶石自天而降。牠那小小的圓眼睛凝望著艇上奇異而沉靜的生物。過了一會兒，牠發出一聲細細的鳴叫，在曠野充滿鬥爭與死亡的穆肅沉寂中，這一聲聽來既魯莽、又可笑。

25

林格一走，孤單寂靜就圍繞著威廉斯，這是遭他人離棄後殘酷的孤單；是受同類排斥的放逐者可恥的寂靜。這一片寂靜，沒有一絲希望的低語來打破，無邊無際，不可穿透，吞噬了悔恨的輕訴，反叛的高叫，沒留下回聲。心田中荒蕪失耕，寧靜得辛酸，除了對過去追憶及怨恨外，再別無他物了。不是自責，一個人若是全心全意想著個人的欲望與權力，無可動搖的確信自己比他人重要，而這種重要性是不容置疑及難以更改的，他就會把所有的希望、努力、錯誤都委諸無可避免的命運，在這種人心中，容不下類似自責的感覺。

日子一天天過，過得不知不覺也看不見，在日出的炫目亮光中，在日落的輕柔夕照中，在無雲的正午那逼人的溽熱中過去了。多少天？兩天——三天——還是更久些？他不知道，對他來說，自從林格走後，時間好像在深沉黑暗中向前滾去。他內心幽黑一片，眼中一切都已消逝了。他在荒棄的院子裡，在空置的房屋中，盲目的走來走去，那些房屋高高的停棲在柱子上，不懷好意的俯瞰著他，這個陌生的白人，一個異鄉客，在這些屋子頹敗的四壁之間懷念著故鄉的日子，看來滿懷敵意，沉吟不語。他那雙四處遊蕩的腳，踉蹌碰上了將燼的黑灰，把冷灰踢起一陣黑色的輕塵，飄起一團飛雲，在背風處散落在濃密的樹叢間剛從硬地裡萌芽的新草上。他不停的走著，走著，無止無盡，不眠不休繞著越來越大的圈子，走著之字形的路徑，漫無目的。他疲倦的掙扎下去，滿臉沮喪、頹唐的神色，臉後面困頓的腦中，思潮奔騰起伏，永不休止，陰鬱寒冷，糾纏不清，既可怕又有毒，就像一窩蛇似的。

在遠處，那老僕婦矇矓的雙眼，還有愛伊莎沉鬱的凝視，追隨著這個憔悴、蹣跚的身影在籬笆邊、在房屋間、在河畔豐茂漫生的荊棘叢中不停的徘徊。這三個見棄於世的人，就像是沉船後的生還者，怒海退潮後，給留在危險滑溜的暗礁上，傾聽著遠處的怒濤，既怕潮水回頭，又怕孤寂無望，於是痛苦的生存在夾縫中，生存在激情、悔恨、鄙視及絕望的暴風雨中。其中兩人給風雨拋棄在當地，掠去所有的一切，連聽天由命的餘地也沒有。第三個是兩人掙扎受難的見證人，衰弱老朽，有她自己一套對人對事的模糊觀念：自知青春已逝，體力大不如前，現在年邁無用，近親、主人都不要她，最後還得做牛做馬，在這兩個憂鬱苦悶、不可理解的逐客中度過風燭殘年。她是兩人劫難中一個萎縮而無動於衷的消極伴侶。

威廉斯轉眼凝望著河流，就像一個囚犯死盯著囚室的門口一般。假如世上還有任何希望，這希望必然會從河那邊來，由河上而來。他會在陽光下站立好幾個鐘頭，任由從孤寂的河上吹來的海風輕拂他那殘破的衣衫。在逼人的熱浪下，那帶鹹味的清風會使他不時戰顫起來。他望著褐色發閃的靜靜的流水，那流水在他腳下，泛起漣漪，涓涓潺湲。

世界好像在這裡到了盡頭。河對岸的森林看來謎樣的到達不了，遙遠冷漠得好比天上的群星。頭上腳下，河這邊的森林，一直伸展到水湄，擠得密密的，都是碩壯的大樹，在繁茂的下層林叢上枝葉扶疏、縱橫交叉的高聳著，巨大壯實的樹，看來莊嚴肅穆、魯鈍得不懷好意，像是一大群毫無憐憫之心的敵人，靜悄悄的環立四周，看他受著緩慢的苦刑。他只一個人，小小的給壓死了。他想逃，想做些什麼。什麼呢？一個木筏！他幻想著自己在建造木筏，在狂熱、拚命的砍下樹木，把木材繫在一起，然後趁著水流而下，流到大海，到海峽去，那裡有船——船、救援、白人，像他自己一樣的白人。好人會救他，帶他走，帶他遠遠的到有生意、有房屋，還有可以真正了解他、欣賞他才幹的人那兒去；那裡有像樣的食物，還有錢，那裡有床、有刀叉、有馬車、有銅管樂隊、有冷飲、有教堂，有穿戴整齊的人在其中祈禱。他也會祈禱。那優越的地方，有文雅的娛樂。在那裡他可以坐在椅子上，在白桌布上吃午餐，跟人點頭——熟人；他會很受歡迎；一向如此的嘛！——在那裡他可以敦品勵行，循規蹈矩，做生意，受薪酬，抽雪茄，在商店裡買東西——穿靴子……快快活活，自由自在，發達富有起來，上帝呀！所缺的是什麼？砍下幾棵樹。不用！砍下一棵就夠了。人家時常燒棵樹幹就造出條獨木舟的，他聽說過。對了！一棵就夠了。去砍一棵樹罷了……他向前衝去，卻又驀然停下，就像在地裡生了根似的。他只有一把隨身攜帶的小摺刀呀！

於是他就躺在河邊的地上。倦了，筋疲力盡，就如筏子已經造好，旅程已經完畢，大財已經發過了。他凝望的眼睛蒙上一片薄翳。在這雙眼睛無望的凝視之中，水漲的河道上，大根的浮木，連根拔起的大樹，在閃光的中流漂浮而過，成了一長列殘碎的黑斑。他可以游出河去，坐上一棵浮木漂流出去。任何可以逃脫的方法都好！任何方法！任何危險都冒！他可以把自己綁在那些死去的樹枝當中。在希望與恐懼交集之中，他的內心因為勇氣動搖而絞痛。他翻過身來臉朝下，頭埋在手臂中。他腦中泛起恐怖的幻象，在碧海藍天交界處，水平線一望無際；在圓形、空無一物的海上，只見一個死人跟一棵死樹漂流在一起，在海峽那明亮起伏的波濤中上下浮動，永無止休。那兒沒有船，只有死亡，河流通向的是死亡！

他深深的呻吟一聲，坐起身來。

是的，死亡，他為什麼要死亡？不！還是孤寂好，還是毫無希望的等待好，孤零零一個人等待。孤零零一個人。不！他並不孤單，他看見死亡從四面八方瞅著他；從草叢，從雲端——他聽見它在河流的潺潺聲中對他說話，充斥了空間，用一隻冷冰的手觸摸他的心，他的腦。他看不見、想不起別的事。他看見它——逃不了的死亡——到處都是，他看見它近在眉睫，幾乎要伸出手臂來擋開它。他所見所做的一切，都給它下了毒：他所吃的糟透的食物，他所喝的泥濘的水中都有死亡。死亡亦在晨曦夕照，正午的艷陽，黃昏清涼的陰影中加添恐怖的面目。他在大樹中、在爬藤植物的網中、在奇形怪狀的樹葉中看到死亡猙獰的形象。那些鋸齒狀的大片樹葉，好像是許多寬闊的巨靈掌，伸出僵直的手指要來攫走他；這些手有時輕輕搖晃，有時寂然不動，寂靜得可怕，專心守候著機會，來逮住他、纏繞他、扼住他，把他活活掐死。這些手纏住他便永不放鬆，到死方休。它們伸到他身上來，直至他消滅，直至他在它們瘋狂固執的緊掐中消失於無形。

可是這世界卻充滿生命。所有他知道的人，他知道的事，都生存著，移動著，呼吸著；他看到他們在遠遠的前方，遙遠，縮小，清晰，可求可欲，而不可得，寶貴……永遠失去了。在他四周，寂靜無聲中，熱帶生命正在紛紛擾擾、無止無休的延續。他死了之後，這一切都會繼續下去！他想抓緊擁抱什麼實質的東西；他有一個無比的願意，想去感受、去觸摸、擠壓、觀看、把玩、扯住這所有的一切。這一切會繼續下去，年年月月，生生世世，直至永遠。他孤苦伶仃，命喪異鄉之後，所有這一切都會繼續下去，繼續生存，繼續在歡娛的陽光中生存，在寧謐清涼的夜晚呼吸，這又是爲了什麼呢？到時候他已經死了。他會伸直在溫暖潮濕的地上，什麼也感覺不到，什麼也看不到，什麼也不知道；他會挺挺躺著，事事由人，慢慢腐朽；然而在他之上，在他之下，在他之中——急急忙忙、無人阻擋、無窮無盡的微小昆蟲，形狀可怖的發亮的小怪物，長著角，長著爪，長著鉗子，會麇集著湧進來，衝進來，爭奪他的軀體。小蟲會數之不盡，持續不斷，凶狠、貪婪的擁上來——直至最後，一切都不剩留，只餘下白白的骸骨，在長長的綠草上發亮，長長的草則在光禿擦亮的肋骨間向上茁生滋長。他身後只留下一堆白骨，沒人會懷念他，沒人會記得他。

胡說八道！不會這樣的，還有解決的辦法。有人會露面，有人會來此地。他會陳說，會請求，會使用武力去逼他協助。他感到身強力壯。他很強壯，他會……可是沮喪受挫，知道一切希望全屬枉然的想法，又回到心中，使他痛苦莫名。他又會重新漫無目的的遊蕩起來，他踟躕徘徊直至快要倒下為止，但是身體的疲乏仍然沒法使心中的困擾安靜下來。在他那牢獄的地上，沒有休憩，沒有平安，除了既無記憶又無夢境的沉沉睡眠之外，沒有寬慰的時刻。睡眠來得凶狠沉重，就像殺人的鉛塊一般。在滅絕一切的睡眠中忘懷，像受了驚一般倒頭栽下去，從白日栽入忘卻一切的夜晚，對他來說，是他生活中罕有的憩息。這生活他既沒有勇氣忍受，也沒有勇氣結束。

在愛伊莎靜靜的注視下，他就這樣過日子，與模糊不清胡思亂想奮鬥。她在一旁分擔他的痛苦，可是又對一切大惑不解，殷切盼望著，苦無辦法了解他憤怒、憎厭的原因。她不明白他眼神中的恨意，他沉默寡言的神祕理由，他偶然所說幾句話中的恐嚇——那些話是用白人的語言說的，狂怒、輕蔑的衝著她來，顯然要傷害她，傷害那付出自己、付出生命的她。她所能付出的一切，全都交託了這個白人，她沉溺在女人對於永恆不渝、歷久不變感情的美夢中，曾經想幫助他，指示他達到真正偉大的途徑。在過往生活摧毀之時，她曾經與白人有過短暫的接觸，心中留下不可磨滅的印象，覺得白人的力量殘酷無情，不可抗拒。如今她找到了一個這樣的人，擁有所有白人的特質。白人全都相像；可是這個白人心中充滿了對自己族人的仇恨，除了仇恨之外，還充滿對她的欲求。由於自知深具魅力，她感到既驕傲又甜蜜，不禁沉醉在追求偉大事物的希望中。她在他的猶疑不決、他的抗拒、他的降服中聽見過驚異畏懼的低語輕訴，但是身爲女人，她相信愛情，她能把他不渝，自己的魅力無可抗拒，於是催促著他向前，盲目的寄望未來，以爲只要驅策到不能回頭的地步，一定就可以在他身畔成全生命中殷殷期待的願望，她不明白也無法想像他的任何雄心壯志。她認爲這人是個戰士，是個首領，隨時準備爲了她跟自己的族人一決死戰，施暴叛逆在所不惜。還有什麼更自然的事？他不是一個了不起、有氣力的人嗎？於是這兩個人，各自讓個人願望不可穿透的厚牆團團圍住，毫無指望的孑然一身，互相看不見、聽不到；彼此都是不同遼遠境域的中心。彼此載在不同的地上，覆在不同的天下。她記得他的話，他的眼睛，他哆嗦的嘴唇，他伸出的雙臂；她記得她投入他懷中時無可衡量、難以比擬的甜蜜，那是她力量的開始，這力量應當持續至死方休。他卻懷念碼頭及貨倉，在銀幣中打滾時的興奮生活，黴逐錢財既刺激又輝煌的經歷；他無數次的成功；金銀財富，名譽地位的喪失。她身爲女性，成了自己內心、自己信念的犧牲品，還以爲世界上除了歷久不渝的愛情之外，再沒有其他的東西。他則因爲他自成一格的原則，他那套自制能力，盲目的自信心，以及對自己貧乏無知肅然起敬，而成爲犧牲品。

正當他無所事事、前途未卜、沮喪失望的時候，她來臨了——這牲畜！就因爲她的手一摸，就摧毀了他的前途，摧毀了他身爲一個聰明的文明人的尊嚴；在他胸中喚醒了可恥的意念，驅使他幹出這等好事，如今落得在這曠野中了卻殘生的收場，從此遭人遺忘，就算有人記得，也是滿懷仇恨輕視的。他不敢望她，因爲現在只要一望她，思想就如一隻伸出的手，好像接觸到罪惡本身。她呢？卻只能望住他——望不到別的事物。還有什麼呢？她用怯生生的眼光追隨他，目光中充滿著期待、耐性與哀懇。在她眼神中，流露出驚異哀戚之情，表示她內心只有磨難，她那殘缺不全的靈魂中只知痛苦，不懷希望；不能寄情於人生虛妄不實的莊嚴意義以及身後的高超目標，也不能因爲相信心中仇恨實有重大原因而得到無比的慰藉。

林格走後的頭三天，他甚至連話也不跟她說。她倒寧願他不聲不響，這比他用狠狠的聲調說些不可理解的話好。他最近總是用狂暴的態度對她說話，說完就立即變得不瞅不睬，漠然不理。三天以來，他幾乎沒離開過河畔，好似在那泥濘的岸邊，自覺跟自由接近些。他挨到很晚，直待到日落，望著金光在黑沉沉的雲端消失，變成一大片光亮的紅暈，像是一攤熱血。在他看來，這既不祥又猙獰，預示著他即將橫死——死亡正從四面八方向他招手，甚至也來自天上。

有一晚，他在日落後很久還留在河邊，沒理會四周的夜霧已經把他團團圍住，像一張濕裹屍布似的附著身上，一陣寒噤使他回復了知覺，於是就經過院子向屋子走去。愛伊莎從篝火前站起來，篝火在本身發出的煙中閃著紅光，煙霧繚繞著大樹的枝葉。他走近房子的樓梯時，她從旁走到他身邊來。他看見她停下來讓他先上去，在黑暗中他看到一個女人的身影，伸出緊握的雙手在哀求。他停下來，沒法子不去瞟她一眼。在莊嚴優雅中這亭亭玉立的身軀，四肢五官都朦朧難辨，只有雙眸在微弱星光下閃爍。他扭轉頭走上去。他感覺得到她在身後彎曲木板上的腳步聲，可是他繼續走上去沒回過頭來。他知道她想要什麼，她想走進去。他一想起在漆黑一片的屋子裡，兩人倘若單獨相對——就算是相對片刻，會發生什麼事，就不禁打個寒噤。他在門口停下，聽見她說：

「讓我進來吧！爲什麼這麼生氣呢？爲什麼不聲不響？讓我在你身邊守著……我不是一直忠心耿耿的守著嗎？你閉上眼睛的時候，只要我在身邊，有沒有什麼人來害過你？……我一直在等……等你笑一笑，說句話……我等不下去了……看看我……跟我說話嘛，你中了邪嗎？還是有什麼把你的膽子、把你的愛情都吞掉了？讓我碰碰你，把一切……一切都忘了呢。忘掉那些壞心眼、惡面孔的人……只記得我到你身邊來的那一天……到你身邊啊！我的心肝啊！我的命根子！」

她那苦苦哀求、低沉戰顫的聲調充斥了空間，把滿腔柔情、滿眶熱淚帶到無比寧謐的沉睡世界中。周遭的一切，森林、墾地、河流，全都罩在靜靜的夜幕中，現在甦醒過來，在專注的沉寂中傾聽她的低訴。即使在她哽咽嘆息，沉吟不語之後，它們好像還在傾聽。朦朦朧朧的黑影寂然不動，只有無數的螢火蟲散聚成堆，或成對成雙的滑翔著，或點點孤單的飛動著，像是星塵四散的流光般，在閃閃發亮。

威廉斯慢慢兒、不情不願的轉過身來，像是給強力推動著。她的臉埋在手中，他眼光越過她垂下的頭，望著肅穆輝煌的長夜。是這麼的一個夜，它給人一種遼闊無比的感覺，天空好像比平日高，溫煦的微風陣陣吹來，帶來群星的絮語。空氣中充滿甜蜜的香氣，嫵媚而沁人心肺，強烈得像是愛情的衝動一般。他凝視著這空廓黑暗的地方，瀰漫著生命的氣息，還有那生存之謎，更新，豐腴，而不可摧毀。他怕自己軀體的孤單——也怕在面對著這無自覺而熱烈的奮鬥，這高不可及的冷漠，這使歷代都有奮爭與死亡的無情神祕目的之時，自己的靈魂覺得寂寞。他突然感到自己的重要性，於是在一生中第二次覺得有需要對曠野呼叫求援，第二次了悟到它漠不關懷，而無可奈何。他可以向四處喚叫求援，可是沒有人會回答。他可以伸出手來，可以求人援助、支持、同情、救濟，可是沒有人會來。沒有人。這裡沒有別人——只有這個女人。

他的內心感動了，因爲自憐遭人遺棄而軟化了。他對她——他所有不幸的禍首——的憤怒，也因爲殷切需要慰藉而消失。也許——假如他不得不認命了——她可以幫助他忘懷一切。忘懷一切！有一陣子，由於他已經心如死灰，幾乎覺得平靜起來，他打算從高台上心甘情願的走下來，拋卻優越的地位，拋開所有的希望，往昔的雄心，還有那沒味道的文明生活了。有一陣子，他幾乎認爲在她懷裡可以忘記一切；而受了這種可能性的誘引，心中彷彿充滿了重燃的希望，迸發出對身外之物肆無忌憚的蔑視，狂野的對天上人間不屑一顧。他對自己說絕不後悔。他唯一罪過的懲罰太重了。普天之下都沒有慈悲，他也不需要什麼人的慈悲。他絕望的想，假如他能與她重拾昔日的激情，重拾那曾經把他改變並把他毀滅的譫妄狂喜，他肯永遠沉淪。他陶醉在夜晚淡淡的幽香中；溫煦的微風輕輕吹來，撩撥他的心弦。在那個以馴服忍從的熱情來獻出自己的女人身旁，他因爲目前這種寂靜、安寧，也因爲他回憶中的激越感情而著了魔。那女人以昔日之情來到他身旁，在那些日子裡，他什麼也看不見，什麼也想不起，什麼也不希望——只希望她的擁抱。

他突然把她擁在懷裡，她就用手繞著他的脖子，又驚又喜的低呼一聲。他把她擁在懷裡，期待著那仍然記得但已失落的激動，那種狂亂與感覺。但當他擁著她，她在他懷中低低飲泣時，他卻只感到冰冷、厭惡、疲倦，因爲失敗而憤怒，終之以自咒自怨。她倚偎著他，因爲快樂與愛情而發抖。他聽見她低訴——臉埋在他的肩頭——過去的哀愁、未來的永恆之樂，以及她對他愛情不渝的信心。她一向都信任他，一向如此！就算他別轉了臉、心繫故土故人的那些黑暗日子中，她也一樣信任他。可是他的心現在已回來了，不會再從她身上蕩開了。他會忘記那些無情人的冷面孔、硬心腸。有什麼好去記憶的呢？什麼都沒有。事情不是這樣嗎？……

他絕望的傾聽著這些低語。他僵直安靜的站著，把她木然擁在胸前，心中想著在這世界上，他什麼都沒有了。他已遭洗劫一空——劫走了他的熱情，他的自由，他的忘懷能力，他的慰藉。她欣喜若狂，繼續急急低訴著愛情、光明、平和、長久的歲月……他呢，卻意氣消沉的越過她的頭，向下望著越來越黑的院子。驀然間，他好像窺進一個黑黝黝的洞，一個又深又黑、充滿腐屍白骨的洞；好像望進一個龐大無比、不可避免的墓穴——墓中朽骨纍纍，他遲早會掉下去，逃不了的。

第二天清晨，他很早出來，在門口站了一會兒，傾聽著身後屋裡輕輕的鼻息聲。她在睡覺；他整夜未曾闔眼，他站著搖晃著身子，然後靠在門楣上，他筋疲力竭，胡思亂想以爲自己活不了。在他望著腳下海平面的密霧時，他對自己的厭惡與恐懼變成無動於衷了。他的知覺、他的身體、他的思想好像突如其來的老邁衰退了。他站在高台上，望著一片低低的夜霧，霧中冒出一簇簇竹子毛茸茸的尖頭，還有一棵棵孤樹的圓頂，好像是小小的島嶼，從鬼魅陰森、不可捉摸的海上黑黝黝、堅實實的冒出來。映著東邊天際隱隱發光的背景，大森林的黑線條圍著那一片白色水氣的平靜海域，看來像是光怪陸離、不可企及的海岸。他視而不見——只想著自己。在他眼前，日出的光芒在林梢突然迸發出來。他什麼都看不見。然後，過了一會兒，他深信不疑的喃喃自語——由於思想敏銳深刻，受驚之餘，終於道出：

「我走投無路了。」

他在頭上揮揮手，做一個不在意而又悲愴的手勢，然後走下去，沒入霧中。晨霧四合，在曉風初拂下波動發光。

26

威廉斯懶洋洋的朝河邊走去，然後循著自己的足跡折回來走到大樹旁，坐在樹蔭底下。在那粗大無倫的樹幹的另一端，可以聽得見那老婦人在走來走去，一面大聲嘆氣，自言自語，把枯枝折斷，把火吹旺。過了一會兒，一縷煙飄過來圍繞著他坐著的地方，使他覺得饑餓起來，這感覺就像在他那一大堆已經無可忍受的羞辱上，又加添了一樁。他想哭，感到很虛弱。他把手臂舉在眼前，看著那瘦削的手臂在發抖。皮包骨！天哪！他多麼瘦啊！……他因爲發寒熱挨了很多苦，現在含淚苦惱的想著，林格雖然給他送來食物——可是這算是什麼食物啊！老天爺！一點點米飯魚乾，根本不適合白人吃——他可沒有給他送來藥物。那老蠻子以爲他就像野獸似的從不生病的嗎？他需要奎寧哪！

他用後腦靠著大樹，閉上了眼睛。心裡有氣無力的想著要是能逮住林格，定要把他活活剝皮；可是這只是含糊短暫的一念。他的幻想，因爲不斷用來感懷身世而耗盡了，再沒有足夠的餘力去應付報復之念。他既不憤怒也不反叛；他給唬住了，因爲自己遭受的巨變災難而唬住了。像大多數人一般，他內心曾經莊嚴的盛載著整個宇宙，現在由於自己人格的摧毀，眼看萬物來到盡頭，不由得給嚇癱了。一切都傾覆倒塌下來。他怏怏的眨著眼，在他看來，燦爛的晨曦好像透露出什麼隱晦的凶兆。由於非理性的恐懼，他想躲藏在自己身中。他縮起了腳，埋首兩肩之間，手臂摟著身子，在這高聳碩壯的大樹之下，一動也不動的蜷曲在座位上，嚇得噤不作聲。大樹枝葉扶疏，強勁的穿越晨霧向上伸展，樹上葉片無數，在曦光中不停熱切的顫動。

威廉斯的目光在地上游移，然後呆子似的定眼望住五、六隻黑螞蟻勇敢的進入長草叢中；對牠們來說，這草叢必定像是危險的黑森林一般。他突然想到：那裡一定有些死去的東西，不知什麼死蟲吧！到處是死亡！他又閉上了眼睛，痛苦得發抖。到處是死亡——不論看到那兒都是死亡。他不想看那些螞蟻。什麼人、什麼東西，他都不想看。他坐在自己造成的黑暗中，怨懟的想著自己沒有安寧。他現在聽到聲音了……幻覺！苦楚！折磨！誰會來？誰會跟他說話？他爲什麼要聽到聲音？……可是他隱隱的聽到聲音從河上傳來，隱隱約約的，好像在遠遠的那方叫道：「我們很快回來。」……真是妄想！真是諷刺！誰會回來？沒有人會回來，寒熱會回來。他今天早上發過燒。這就是了……他出乎意料的聽到老婦人在身邊咕噥著什麼，她繞過了大樹到他這邊來了。他睜開眼睛看見她在前面弓著背站著，用手遮著光，向前望著登岸之處。接著她溜走了。已經看過了——現在回去煮她的飯去了。一個毫不好奇、毫無所待的女人；既沒有恐懼也沒有希望。

她回到大樹後面去了，現在威廉斯看得出在登岸處的小徑上有個人影，看來是個女人，穿了件紅衣服，手上抱了些什麼沉重的包裹。這是一個料想不到的幽靈，既熟悉又古怪，他咬牙切齒的詛咒……這就一切齊全了！在光天化日下看見這樣的東西！他身體很糟——很糟……健康情況居然糟得出現這種可怕的症狀，真叫人驚慌。

驚慌之情就像閃電似一掠而過，他接著就看出來這女人是真人，她在向他走來，她是他妻子！他很快的把腳放在地上，可是沒有其他的動靜。他的眼睛睜得大大的，吃驚得一時裡完全忘記了自己的存在。他腦中唯一的念頭是：她到底爲什麼到這裡來？

喬安娜用急切、匆促的腳步向院子走上來。她手裡抱了孩子，用奧邁耶的一塊白毯子裹著，是她離開屋子前最後一刻從床上扯下來的。她好像給映入眼中的陽光照暈了，也給陌生的環境弄昏了。她向前走著，急急忙忙的東張西望，心焦的盼望隨時會看到她的丈夫。然後，走近大樹時，她突然看到一個乾癟癟、黃橙橙的殭屍，直挺挺坐在樹蔭下的長凳上，睜大了一雙活人的眼睛望住她。這就是她的丈夫！

她猝然停下。兩人默不作聲，用詫異的眼睛，用那因爲追憶起似在時光流逝中失落的往事而發狂的眼睛，互相瞪著看。他們的目光交投，彼此掠過，好像是通過神奇旅程，直接從不可思議之鄉投射而來的。

她定睛望住他走上前來，把那包裹著孩子的毛毯放在長凳上。小路易斯經過了大半夜在漆黑的河上受驚號哭之後，現在睡得很熟，沒有醒過來。威廉斯的眼睛追隨著他的妻子，頭部緩緩隨著她轉。由於她的來臨如此超乎常理，難以置信，他只好困倦乏力的默默接受了。什麼事情都可能發生的。她是爲什麼來的？她是他連串不幸中的一部分。

他差點以為她會向他衝上來，拉他的頭髮，抓他的臉。為什麼不會呢？任何事情都可能發生！由於他自以為身體太弱了，竟有點怕她可能會毆打他。不管怎麼樣，她會對他大叫。他很明白她，她會尖叫。他還以為已經把她永遠攆開了。她現在也許是來看看收場結局的……

她突然轉過身來，抱住他，輕輕的溜到地上。這可使他大吃一驚。她把額頭靠在他膝上飲泣，他苦惱的俯望著她的頭頂。她在搞什麼把戲？他沒有力氣移動、走開。他聽到她在低聲說話，就俯身來聽。他聽到這個字，「原諒」。

這就是她來的目的！長途跋涉，女人真奇怪！原諒，他才不呢！……他腦中突然掠過一個念頭：她怎麼來的？坐船。船！船！

他大叫道：「船！」然後一躍而起，把她推翻。她還沒來得及站起身來，他已經跳在她身上，揪住她肩膊把她一把拉起。她還沒站穩腳就把他的脖子緊緊摟住，在他的臉上、眼睛上、嘴唇上、鼻子上拚命的吻。他的頭東躲西避，搖晃著她的手臂，想把她推開，想說話，問她……她乘船來的，船，船……他們掙扎著，摔著，踐踏成一個半圓圈。他衝口而出，「放手，聽著，」一面去扯她的手。這個真心喜悅、夫妻相會的場面看來像在打架。路易斯．威廉斯在毛毯下睡得正甜。

最後威廉斯終於脫了身，推開她，把她的雙臂按下。他望著她，猶疑自己在做夢。她的嘴唇在哆嗦，目光游移，但老是回到他臉上來。他看到在他面前，她還是一向的老樣子。驚慌，戰顫，隨時要哭出來似的。她不能給他信心，他叫道：

「你是怎麼來的？」

她匆匆忙忙的作答，專注的望著他——

「乘著一艘有三個人的大艇來的。我什麼都知道了。林格離開了，我來救你的。我知道……奧邁耶告訴我的。」

「小艇！——奧邁耶——謊話。告訴你——你！」威廉斯心神不寧，結結巴巴的說，「爲什麼告訴你——告訴了什麼？」

他說不出話來了。他盯著他的妻子，驚慌的想著，她這個愚蠢的女人，已經給人在什麼陰謀詭計——在什麼致命的陰謀——中利用了。

她哭起來了——

「彼得，別那樣望著我。我做了些什麼？我到這裡來求——求——你原諒……救——林格——危險。」

他發著抖，既不耐煩，又滿懷希望與恐懼。她望著他，重新哀傷的哭泣起來。

「噢！彼得，怎麼了？你病了嗎？……噢！你看起來病得好厲害……」

他死命搖著她，直搖得她驚恐不解的靜下來。

「你怎麼敢說這種話！我很好——非常好……那隻船在那裡？你能不能告訴我，船到底在那裡？我說，船！……你！……」

「你弄得我好痛。」她呻吟道。

他放開她。她站著發抖，克服恐懼之後，用奇異專注的目光瞧著他，然後向前走了一步，可是他舉起手指，她就長嘆一聲，克制了自己。他突然鎮靜下來，用挑剔的眼光冷然審視著她，很久以前，他就是用這種目光時常在家用上對她吹毛求疵的。這麼一來往昔的情景突然重現，也回復了過去的屈從地位，使她感到深深的喜悅。

他現在表面上看來鎮定自若的站著，聆聽她那斷斷續續的故事。她的話好像嚇人的冰雹般，降落在他四周，令人心神煩亂。他在話裡剛發現一點零星線索，馬上就因為竭力想找出可以理解的事實而變得茫無頭緒。有一艘船，一艘船，一艘大船，必要時可以帶他出海。這一點很清楚。她帶了船來。奧邁耶為什麼對她撒這樣的謊？是否是個陰謀，使他在什麼地方中伏？這樣總比毫無指望的孤寂好。她有錢，那些人隨便那裡都去的……她說。

他打斷了她。

「他們現在在那裡？」

「他們馬上就來了。」她眼淚汪汪的回答，「馬上就來。這裡附近有些攔魚樁子——他們說的。他們馬上就來了。」

她又在邊說話邊哭了。她要求得到原諒。原諒？原諒什麼？啊！在錫江吵的那場架。就像他還有工夫去想這些！她幾個月前做的事他在乎什麼？他好比在複雜夢境的羅網中掙扎，在夢境中什麼事都不可思議，卻又理所當然，過去以將來的面目出現，而目前重重的壓在他心上——就像敵人的手一般掐住他的脖子。在她請求他，哀懇他，吻他的雙手，在他肩上哭泣，以上帝之名懇求他饒恕忘懷，說出那個她盼望著的字——原諒她，看看他的孩子，相信她多麼傷心，多麼愛他時，他眼中發亮的瞳孔一動也不動，出神的望著遠方，望過了她，過了大河，過了這塊土地，過了以日來算、以週來算、以月來算的時間，一直望到自由，望到將來，望到他的勝利……望到驚人報復極大的可能性。

他突然想要高歌狂舞。他叫道：

「林格船長，到頭來我們還是要再見的。」

「噢，不！不！」她叫起來，握著手。

他驚異的望著她。他忘了她在身邊了，直至她的喊聲打斷了單調的祈求之聲，才把他從紛擾榮耀的夢境中喚回當下的院子中。看到她近在身邊，真是十分奇怪，幾乎感到有點親愛起來。無論如何，她來得正是時候。然後他想起來：那另一個呢！我必須避免爭吵就離開。誰知道呢，說不定她很危險！他突然感到恨愛伊莎恨得無以復加，幾乎連氣也透不過來。他對妻子說：

「等一等。」

她很服從，好像嚥下了什麼想說出口的話。他低聲道：「待在這裡。」然後繞過樹後失了蹤。

火上的鐵鍋裡，水沸得很凶，噴出大量的白色水蒸氣，跟細細的黑煙纏揉在一起。那老婦人在煙、氣中看來，像是身在霧中，用腳跟蹲著，無動於衷又神祕怪誕。

威廉斯走近問道，「她在那裡？」

那老媼甚至連頭也不抬，但是立即回答出來，好像已經期待著這個問題好久了。「你剛才在樹下睡覺，那陌生小艇還未來到，她便從屋子走出來。我看見她望著你，經過時眼裡閃閃發光，很亮的光。然後她向我們主人拉坎巴以前種果樹的那地方走去，以前我們許多人在此地，許多，許多，男人身旁帶著武器，許多……男人……又談話……又唱歌……」

她就這樣說下去，在威廉斯離開她之後，還對自己輕輕的胡言亂語了很久。

威廉斯回到他妻子身邊，他走近她身旁發現自己無話可說；現在他的全部精力都集中在避開愛伊莎的意願之上，她可能整個早上都待在那園林裡。那些流氓船夫爲什麼要走開？他看到她，感到深惡痛絕，而且，在心底深處，他還怕她。爲什麼？她能做些什麼？現在世上再沒有什麼可以阻止他了。他感到身強力壯，無所顧忌，冷酷無情又優越出眾。他希望在他妻子面前維護品格的崇高純正。他心想：她不知道這事的。奧邁耶對愛伊莎的事絕口不提，可是倘若她發現了，那我就完了。要不是爲了那孩子，我會……她們兩個都不要……這念頭在他腦中一閃。他不會！結了婚……莊嚴的宣過誓。不！……神聖的結合……望著他妻子，他有生以來第一次有些悔恨之感。他的悔恨，是因爲對於在聖壇前起誓的意義有所敬畏而引起的……她一定不可以發現……爲了那艘船哪！他必須跑進去拿他的手槍，不能不帶武器就把自己交在三個巴扎烏人手上。趁她不在現在去拿。爲了那艘船哪！……他不敢到河邊去大聲召喚；他想，她也許會聽到我的……我去拿……子彈……然後一切就妥當了……沒什麼別的了。沒有了。

當他站著沉思，不能決定是否要奔去屋內時，喬安娜抓著他的手臂哀求著——絕望的哀求著，她一望到他的臉，就感到心碎無望，他的臉，在她看來似乎帶著不饒人的正直，有德行的嚴厲，以及公正無情的神色。於是她卑微的哀求著——在他面前，在這個她曾經違背人情天理而錯怪的人不爲所動的神色之前，她感到羞赧慚愧。她所說的話他一個字也沒聽見，直至她提高了聲音做最後的懇求。

「……你難道不知道我一直愛你嗎？他們說你的壞話……我自己的母親！他們告訴我——你曾經——你曾經對我不起，可是我……」

「這是鬼話！」威廉斯大叫道，一時清醒過來，義憤填膺。

「我知道！我知道——請你寬宏大量點……想想自從你走後我受的苦——噢！我差點兒沒把舌頭拔出來……我誰也不再信任了——看看這孩子——發發慈悲——我找不到你，怎麼也不能安心……說——一個字——一個字。」

「你他媽的到底要什麼？」威廉斯叫道，眼望著河流。「那艘鬼船在那裡？你剛才爲什麼讓他們走了？你這蠢貨！」

「噢！彼得！——我知道你在心裡已經原諒我了——你這麼寬宏大量——我要親耳聽到你這麼說……告訴我嘛，你原諒我嗎？」

「好啦！好啦！」威廉斯不耐的說，「我原諒你，別發傻了。」

「別走開，別扔下我一個人。那兒有危險？我好害怕……你一個人在這裡嗎？真是一個人？我們離開這裡吧！」

「這倒還像話，」威廉斯說，仍然焦急的朝河面望去。

她輕輕的哭泣著，靠在他的臂上。

「放手。」他說。

他看見沿著陡峭的河岸上，有三個人的頭在平穩的滑動著。然後在河岸下斜到登岸處的地方出現了一艘大艇，正在慢慢靠岸。

「他們來了，」他精神抖擻的說。「我得去拿槍去。」

他朝著房子急急走了幾步，可是好像看到了什麼，突然扭轉身來回到他妻子旁。她望著他，看到他臉色大變，不由得吃了一驚，他看來驚惶失措，說起話來結結巴巴。

「抱起孩子，到船上去，叫他們把船藏起來，快，藏到矮樹叢裡。你聽見了沒有？快！我會馬上到那邊來會你的。快點！」

「彼得！怎麼回事？我不要離開你。這嚇死人的地方有危險。」

「你照我的話去做好不好？」威廉斯煩躁的悄悄說。

「不！不！不！我不離開你，我不要再丟了你。你跟我說吧，是怎麼回事？」從屋子那頭傳來隱約的歌唱聲。威廉斯搖晃著他妻子的肩膊。

「照我的話去做，快跑！」

她抓緊他的手臂，死命的纏著他。他抬頭望天，好像要蒼天見證，這女人是多麼愚不可及。歌聲越來越響，然後突然停頓下來，愛伊莎在眼前出現了，她走得很慢，手裡捧滿了花。

她繞過了屋角，走到朗日之下，燦爛、溫柔、愛撫的陽光，像是受到她臉上煥發的快樂所吸引，躍到她身上。為了他已回到自己身邊，為了他重拾恆久不渝之愛這值得紀念的一日，她穿戴得好似過節一般。絲紗龍腰部的繡花皮帶上，橢圓的扣針攝取了朝陽的光芒；上衣的白色發亮質料上斜斜掛住一條黃、銀相間的絲巾；小小的頭顱上高高挽起的黑髮裡，戴滿鮮紅與白色星狀的花朵，花間閃爍著金色髮夾的小圓球，這是她戴在頭上來引他注目的，這雙眼睛自此之後在世上再也看不到別的，只看到她那華麗的形象了。她輕移蓮步，俯首湊近擁在胸前的純白金香木與茉莉花，如夢如幻的陶醉在甜蜜的花香及更甜蜜的希望中。

她好像什麼都看不見，在通向屋子的樓梯中逗留了一會，然後，把她那高跟木屐脫下，輕快地跑上了木梯；挺直、優雅、婀娜多姿，而無聲無息，好似藉著無形的雙翼，向門口飛上去的。威廉斯狠狠的把他的妻子推到樹後面，匆匆下了決心要衝進屋去，抓他的槍，然後……各種想法、疑惑、權宜之計好像在他腦中沸騰，他在腦中幻象一閃，想猛然一擊，想把那個鮮花滿身的女人綁在黑黝黝的屋子裡——幻想以火快的速度把事情匆匆辦妥——爲了挽救他的聲名，他的優越地位——無比重要的事……他還走不了兩步，喬安娜在他身後一躍向前，一把抓住他那殘破的外套，撕出了一大塊，再而用雙手在他領口勾住，幾乎從後把他拖倒在地上。雖然事出意外，他仍然設法站穩腳跟。她在身後對著他耳朵氣咻咻的說道：

「這女人！這女人是誰？啊！那些船夫所講的，就是這個了。我聽見他們——聽見他們……聽見……在晚上說，他們說起什麼女人。我不敢去了解。我不肯去問……去聽……去相信！我怎麼能夠呢？那麼這是真的了。不，說不……這女人是誰？」

他搖晃著向前拖。她扯他，直扯得鈕扣都掉了，他便半從外套掙出來，轉過身，出奇沉靜的站在那裡。他的心好像在喉嚨口跳，他哽住了——想開口——找不出話來。他狂怒的想：我把她們兩個都宰了。

約有一秒鐘時間，在明朗清澄的大白天，院子裡毫無動靜，只有在登岸處有一棵沃林根樹，一樹上紅漿果纍纍的像團火，小鳥在過重的纏結樹枝間瘋狂的振翼穿梭，使整棵樹抖動得像是活了似的。這群五色斑駁的小鳥突然飛起，形成一團輕柔的漩渦，然後散開了，發硬的翅翼形成尖銳的輪廓，戳衝進日光揚輝的薄霧中。馬麥特跟他的一個兄弟從登岸處走上來了，手上拿了魚叉在找尋他們的乘客。

愛伊莎正空手從屋子出來，一眼瞥見了兩個手執武器的人。感到意外，她輕輕驚呼一聲，退回屋裡，然後閃電似的重新在門口出現，手裡拿了威廉斯的手槍。在她來說，任何人在那裡出現都只有凶險不祥的意思；在外面的世界，什麼都沒有，只有敵人。她跟她所愛的人是孤獨的，包圍著他倆的除了威脅性的危險，什麼都沒有。她不在乎這個，因爲假如死亡來臨，不論來自何方，他倆都會死在一起的。

她那果敢的眼睛把院子環掃一周，發覺兩個陌生人已經不再走前了，現在正站在一起靠著發亮的矛柄。她接著看到威廉斯背向著她，顯然在樹下跟什麼人在搏鬥，她看不清什麼，然而，毫不猶疑的衝下了樓梯，口裡叫道：「我來了！」

他聽見她的叫聲，冷不防的將他妻子向後推向凳子那兒。她跌倒在上面，他整個人掙脫了外套，她就用那殘舊的破衣蓋住臉。他把嘴唇湊近她問道：

「說最後一次，你帶了孩子走好不好？」

她在他那污垢殘破的外套下面呻吟著，嘴裡在嘀咕著什麼。他彎下身去聽，她在說：「我不走。叫那個女人走開，我不要看見她！」

「你這笨蛋！」

他好像是把這幾個字唾吐在她身上似的，然後，下定了決心，轉過身來面對愛伊莎。她現在正在慢慢的向他們走過來，臉上帶著無比驚奇的神色。她停下來瞪著他瞧——他站在那裡，上身赤裸著，沒帽子，很陰沉的樣子。

在稍遠處，馬麥特跟他的兄弟在低聲迅速的交頭接耳……這就是那已逝聖人的強壯女兒了。那白人很高。船上要載三個女人一個孩子，加上那個帶著錢的白人……那兄弟返回船上去，馬麥特留下來觀望。他像個哨兵似的站著，他那魚叉的葉狀刀鋒在頭上閃閃發光。

威廉斯突然開口道：

「把這個給我！」他說著，向手槍伸出手。

愛伊莎向後退。她的嘴唇在發抖，輕輕的問道：「你的家人？」

他微微點了點頭。她若有所思的搖搖頭。幾瓣在她頭髮上凋謝的纖弱花瓣，就像大點紅紅白白的水滴似的灑落在她腳下。

「你事前知道嗎？」她悄悄說。

「不知道！」威廉斯說：「他們來接我的。」

「叫他們走吧。他們去死去吧。他們跟你之間有什麼關聯——你，我的命就在你心裡！」

威廉斯沒說什麼，站在她面前眼望著地下，對自己反覆道：我一定得從她手上拿開手槍，立刻就要、立刻。我不能沒有武器就把自己交在那些人手中。我一定得拿到槍。

她靜靜瞧了正在輕輕飲泣的喬安娜，然後問道：

「她是誰？」

「我妻子，」威廉斯答道，沒向上望。「根據我們白人法律的結髮，上帝的法律！」

「你們的法律！你們的上帝！」愛伊莎不屑的咕噥著。

「這手槍給我，」威廉斯用專橫的口吻說道。他不情願和她打鬥，動武去搶。

她沒留神，繼續說下去：

「是你的法律……還是你的謊話？我該相信什麼？我看見那些陌生人時，我來——我跑來護衛你，你用你的嘴唇、你的眼睛對我撒謊，你心術不正！……啊！」她突然一頓之後再加一句：「她是第一個！那我該做奴婢了？」

「你喜歡做什麼就做什麼，」威廉斯忍心的說，「我要走了。」

她的目光停留在那毛毯上，她發現毛毯下有什麼東西在微微蠕動，一個箭步跨上前去。威廉斯轉過了半邊身，兩腳好像是鉛做的。他感到昏眩虛弱；一時裡深怕還未能逃脫罪孽、災禍，就會死在當地，這念頭在一陣絕望中掠過腦際。

她拉起毛毯的一角，當她看到熟睡中的孩子時，突然全身一震，好像看到了什麼難以言喻的可怕事物一般。她望著路易斯．威廉斯，不可置信，惶恐驚懼的呆住了。然後，她的手指緩緩張開，臉上蒙上一層陰影，誠如有什麼暗沉致命的事物，來到她與陽光之間。她站著向下俯望，望得出了神，恰似望見了黑色深潭的潭底，她自己那哀愁的思潮正在起伏。

威廉斯沒有動。他全心全意的思量著如何脫身。就在這時候，心中猛然感到把握十足，定可脫身，就好像聽到一個響亮的聲音來自天上，說一切都過去了，說再過五分鐘或十分鐘，他會進入另一生；所有這一切，這女人，這瘋狂，這罪孽，這悔恨，都會消逝，成爲過去，煙消雲散，化爲塵土——化爲烏有！不錯——一切都會消失在無可平息的過去，過去會吞噬所有的事物——甚至連他受引誘及墮落的追憶都吞噬掉！什麼都不要緊了。什麼他都不介意。他忘了愛伊莎、他妻子、林格、胡迪——他在對未來的展望憧憬中，把所有的人都忘了。

過了一會兒他聽見愛伊莎在說：

「一個孩子！一個孩子！我幹了什麼，要強忍這樣的悲傷哀愁？你的兒子跟孩子的母親還活著，你卻告訴我，你在家鄉無牽無掛！於是我以爲你可以成爲我的，我還以爲我會……」

她的聲音停下來，變成斷斷續續的低語，這樣低訴著，在她心中好像連新生活中最大最寶貴的希望也消滅了。她本希望將來能有個孩子纖弱的手臂來把他倆的生命繫在一起，這聯繫世上任何的事物都拆不開，這是愛戀、感激與柔情敬意繫成的結。她是第一個——唯一的一個！可是在一瞬間她看見了這另外一個女人的兒子，她感到自己給扔到陰暗寒冷、不可穿透的無邊孤寂之中，離得他很遠，再沒有任何的指望，無以挽救的鑄成了大錯。

她向喬安娜走近幾步。她感到對那女人既憤怒，又羨慕，又嫉妒。在她面前她感到屈辱與激憤，她一把抓住那喬安娜用來蔽面的垂著的外套衣袖，把它從她手裡扯出來，大聲叫道：

「讓我看看這張臉，這張讓我做奴做婢的臉！好哇！我看到你了！」

她那出其不意的大叫好像充斥了曠地上日照的空間，高高升起，越過森林裡寂然不動的樹梢奔向遠方。她站著突然靜下來，驚奇、輕蔑的望住喬安娜。

「一個西蘭尼女人！」她用一種詫異的口吻慢吞吞的說。

喬安娜向威廉斯衝過去——靠著他尖叫道：「彼得，你保護我！別讓那女人對付我！」

「安靜點，沒有危險的，」威廉斯口齒不清的咕噥道。

愛伊莎不屑的望著他們。「偉大的上帝啊，我坐在你們腳下的塵土裡。」她譏嘲地叫道，握著雙手舉在頭上，佯裝謙卑的樣子。「在你們面前我微不足道。」她凶凶的轉向威廉斯伸開了兩臂。「你使我變成了什麼？」她叫道：「你這遭瘟的母親生出的撒謊胚子！你使我變成了什麼？一個奴婢的奴婢！別開口！你的話比毒蛇的毒更凶。一個西蘭尼女人，誰都瞧不起的種族的女人！」

她用手指指著喬安娜，身向後退，大笑起來。

「彼得，不許她說！」喬安娜尖叫著。「信邪教的女人。邪教！邪教！彼得，打她呀。」

威廉斯瞥見了愛伊莎放在凳上孩子旁的手槍，他用荷蘭話對他妻子說，頭部沒有動。

「快去抱那孩子——還有那兒我的槍。明白了。跑到船上去。我會制伏她。是時候了。」

愛伊莎走近來，她瞪著喬安娜，在斷續短促的笑聲之中，一邊叫罵，一邊心不在焉的把玩著腰帶扣。

「給她吧！給了她——這個將來會講到你怎麼智慧怎麼勇敢的孩子的母親。什麼都給她。我什麼都不要，都不要。拿去，拿去！」

她解下皮帶扔到喬安娜的腳邊，再匆匆忙忙扯下了手鍊、鮮花、金色髮針，那把長長的頭髮鬆開了，披散在肩頭上，黑黑的襯托著一臉瘋狂激動的表情。

「彼得，把她趕開，把這個邪教野女人趕跑，」喬安娜一勁兒說著。她好像完全昏了頭了，跺著腳，雙手勾住威廉斯的手臂。

「看哪！」愛伊莎叫道，「看看你兒子的母親！她怕了，她爲什麼不在我眼前走開？看看她，真醜！」

喬安娜好像了解這些話中侮蔑的語調。愛伊莎再向後退靠近大樹時，她放開了丈夫的手，發瘋似的向她衝去，摑了她一巴掌，然後轉過來衝向孩子。孩子在不察中已經哭了一陣子，她把孩子一把抱起，衝到河邊去，在瘋狂的驚懼中一聲又一聲的尖叫著。

威廉斯跑去拿槍，愛伊莎很快的追上，出其不意的推他一把，使他跌跌撞撞，離開樹旁。她抓起了那支槍，放在身後叫道：

「不給你。跟她去吧，去找危險去——去找死去……不帶武器……兩手空空，滿嘴好話那麼樣去吧……就像你當初來就我那時一般……無援無助的去對森林、對大海撒謊去……對死撒謊吧，等著你呢……」

她彷彿窒息似的住了口。在過去那幾秒鐘的驚懼之中，她看到這身上半裸、一臉狂野的人在她面前，也聽見喬安娜在河邊某處瘋狂求救那隱約的尖叫聲。陽光流瀉在她身上，在他身上，在沉靜的大地、呢喃的河流上——一個寧謐早晨柔和的陽光，可是在她看來，恰似讓變易不定的黑暗那鬼魂般的閃光從中橫截了。憎恨充斥在世上，充斥在他們兩人之間——種族之恨，無望的分歧之恨，血之恨，恨這男人生於罪惡謊言之鄉，那地方帶給非白種人的只是不幸，別無他物了。她瘋狂地站著，只聽得身邊一陣絮語，那是死去的奧馬在她耳旁悄聲說道：「殺！殺！」

她看到他在動，叫起來——

「別走近來……不然你就死在眼前！快走吧，趁我還記得……記得……」

威廉斯振作起來想鬥一鬥。他不敢不帶武器就離開。他跨了一大步，看見她舉起了手槍。他注意到她沒有扳起機關，就對自己說，就算她開火，也一定射不中的。舉得太高了；這個扳機很緊。他走近了一步——看見那長槍管在她伸出的手臂末端不穩的移動著。他心想：這是我的時機了……他微微彎下膝蓋，探身向前，跳一大步，想撲到她身上。

他看見眼前紅光一亮，給一聲聽來似乎比雷聲霹靂更響的槍聲震聾了。有什麼使他停下來，他站著，鼻孔裡嗅著那飄過眼前、狀如巨雲的藍煙的辛辣氣味……沒射中，老天哪！早猜到是這樣……於是他看見她在很遠很遠的地方，舉起雙手向天，而手槍卻很小，掉在兩人之間的地上——沒射中！他現在可以去把它撿起來了。在此刻之前，他從來未曾這麼了解過陽光與生命的歡樂與狂喜！他的嘴裡滿是些什麼又鹹又熱的東西。他想咳嗽；吐出來……誰在尖叫：憑上帝之名，他死了！他死了！——誰死了？一定得撿起來——夜晚！——什麼？……已經是夜晚了……

* * *

很多年後，奧邁耶講起森巴鎮上的大變革故事給一個從歐洲偶然來到的生客聽。他是個羅馬尼亞人，半是個博物學家，半為了採集蘭花做商業用途。他時常在相識五分鐘之後，就對誰都宣布他打算要寫一本關於熱帶國家的科學書。他在到內陸去的途中，居住在奧邁耶家。他是個有點教育的人，可是喝起杜松子酒來不羼水，或許最多把半個小青檸榨汁加在純酒裡。他說這樣對他健康有益。有此良藥在前，他便向驚詫的奧邁耶描述歐洲各大都會的奇景，奧邁耶則以津津有味的闡述他對森巴鎮的社會及政治生活的不滿作為回報，使來客煩悶不堪。他們直談到三更半夜，面對面坐在露台的交易檯前，在兩人之前，成千上萬翅翼透明的小蟲，既不喜歡月光，就成群蜂擁進來，死在那氣味難閒的油燈的黯淡光暈裡。

奧邁耶臉上泛紅，說道：

「當然，我沒看到這個。我跟你說過，我在山溪處擱了淺，爲了父親——林格船長——那敏感的脾氣。我敢說我做這件事，只是爲了要方便那傢伙逃跑；可是林格船長是那種——你知道——不可違逆的人。正好在日落之前，水又漲了起來，我們就划離了溪澗。我們在約莫天黑時候來到拉坎巴的墾地上。各處都靜得很，當然，我還以爲他們走了，於是，感到非常高興。我們向院子走去——看見一大堆什麼東西躺在中央。從那堆東西之中，她站起身向我們衝過來。我的天……你知道那些忠心耿耿的狗守著主人屍體的故事……不讓人家走近……不得不把牠們打開，諸如此類……哼，天地良心，我們只好把她打開。不得不這麼做！她像瘋了似的，不肯讓我們碰他，死了——當然啦。我看是了，一槍穿過胸膛，在左邊，相當高，而且在近處射的，因爲兩個洞孔都很小。子彈從鎖骨穿出。我們把她制伏之後——你才想不到那女人力氣有多大，我們得三個人合力——就把屍體搬到船上，划開去。我們以爲她那時候暈過去了，可是她站起來，在我們後面衝到水裡，好，我就讓她攀上船。我有什麼法子呢？河裡到處是鱷魚。我這輩子永遠忘不了那次船在黑夜裡逆水上划的經歷。她坐在船艙裡，抱著他的頭枕在她膝上，不時用頭髮拭拂他的臉。他的嘴巴和下巴那兒，有很多乾了的血。一路上整整六個多鐘頭裡，她不停的對這死屍溫溫柔柔的低訴！——我身邊有那個從帆船上來的大副，那人事後說，這種事他再也不要看了——就算給他一把鑽石也不成。我相信他——我的確相信。整件事教我發抖。你以為他聽得見嗎？不！我的意思是，某個——某些東西——聽得見嗎？……」

「我是個唯物主義者。」那科學家說道，一面抖著手把酒瓶傾側在空杯上。

奧邁耶搖搖頭接下去說：

「除了那個馬麥特之外，沒人親眼看見事情是怎麼發生的。他始終說他距離他們不會超過兩矛之遠。好像在兩個女人爭吵時，威廉斯是站在兩人當中的。然後馬麥特說，喬安娜摑她一巴掌跑開之後，那另外兩個好像突然一起變瘋了，他們衝來衝去。馬麥特說——他是這麼說的：『我看見她站著抓住了槍，開了許多次，指住院落各處亂瞄。我很怕——說不定她會射我，我便跳到一旁，然後就看見那白人飛快的向她衝過去。他的去勢就像我們的虎大王從叢林中向人抓著的長矛衝去一般。她沒有對準目標，她那武器的槍柄就這樣動——東搖西擺，可是我突然看到她眼中非常驚惶。只射了一槍。她尖叫起來，那個白人就直挺挺站著眨眼，直挺挺，你可以慢慢的數一、二、三，然後他才咳起來，面朝地倒下。那奧馬的女兒氣也不透的尖叫，直叫到他倒下為止。接著我就走開了，身後是靜寂一片。這些事與我無關，在我船上又還有那另外一個女人，她答應過給我錢的。我們馬上離開，不聽她叫。我們是窮人罷了——費了這麼多工夫，只得回小小的報酬！』馬麥特是這麼說的，從沒改過口，你自己去問他。他是你雇用的船上的船夫，你是乘他的船上來的。」

「我沒見過更貪心的強盜！」那旅客口齒不清的叫道。

「啊！他是個正經人。他兩個兄弟給人家插死了——活該！他們去偷掘達雅克人的墳，墳裡有黃金飾物，你知道。他們活該！可是他正正經經的過得不錯。是的！人人都過得不錯——除了我。這一切都是因爲那混蛋帶了阿拉伯人來的緣故。」

「De mortuis nil ni……num,②」奧邁耶的客人喃喃說道。

「你最好說英語，別用你們自己的話嘰嘰咕咕，這種話沒人懂，」奧邁耶不快的說。

「別生氣，」那人打著嗝說：「這是拉丁文，這是智慧，意思是：別費口舌去詛罵鬼魂了。我沒有惡意。我喜歡你呢。你跟命運不和——我也是。我原本是該當教授的，可是——看哪！」

他的頭點了點，坐著抓緊了杯子，奧邁耶來回踱著步，接著突然停下來。

「對了，他們全都發達了，除了我，爲什麼？我比他們誰都強。拉坎巴自稱爲蘇丹，每當我去找他談生意，他就差那獨眼妖怪——巴巴拉蚩——來告訴我說首領在睡，要睡很長一段時候。而那個巴巴拉蚩呢！他算是邦裡的港務長——你若不見怪。天啊！港務長！這死豬！這流氓最初來時，我還不准他踏上這些梯階……看看現在的阿都拉，他住

② 拉丁格言「不要說死人壞話」。

在這裡，因爲——他說——他在此地可以遠離白人。可是他有千千萬萬的錢。他在檳榔嶼有幢房子，很多船。他把我生意搶了還少得了什麼？他把這裡的一切全都破壞了，把父親先趕去淘金——然後去歐洲，在那裡失了蹤。想想看，一個像林格船長那樣的人，竟然像個普通苦力般失了蹤。我的朋友寫信去倫敦打聽他的下落，那裡沒有人聽說過他。想想看吧！居然從未聽說過林格船長的大名！」

那有學問的蘭花採集人抬起了頭。

「他是一個，感——感情——用事的老海——盜。」他結結巴巴的說，「我喜歡他，我自己也感情——用事。」

他對奧邁耶慢慢的眨眼，奧邁耶笑起來。

「對的！我告訴過你關於那墓碑的事。對的！又把一百二十塊錢給扔了。我現在有這筆錢就好了。他會這樣做的，有碑上的文字，哈！哈！哈！『彼得．威廉斯，因上帝垂憐脫離敵人之手』。什麼敵人——除非是林格船長他自己，然而那樣就沒意思了。他是個了不起的人——父親是——可是在許多方面都很古怪……你沒見過那墳墓嗎？在那山頂上，那邊，河的對岸。我一定得指給你看。我們會到那裡去。」

「我才不去呢！」另一個說，「沒興趣——在大太陽下——太累人了……除非你揹我去。」

事實上，幾個月之後，他是給人揹了去。他的墳墓是在森巴鎮上的第二座白人墳。

可是在目前，他是活生生的，雖然醉醺醺。他突然問道：

「那個女人呢？」

「噢！林格，當然啦！把她跟她那醜陋的小子養在錫江。浪費這種錢真罪過——這樣浪費！鬼才知道自從父親回家之後他們變成怎麼樣。我有自己的女兒要照顧。你回去時，我有個口信請你捎給新加坡的文克太太，你會在那裡見到我的妮娜。你真幸運呢！她很美，我聽說還那麼嫻雅，那麼……」

「我已經聽了二十……一百多遍關於你女兒的事了。那另外一個，愛伊——莎，怎麼——樣啦！」

「她！噢！我們把她留在此地，她有很長一段時間發了瘋，是發那種斯斯文文的瘋。父親很關懷她。他給了她一幢房子！住在我的院子裡。她蕩來蕩去，跟誰都不說話，除非看見了阿都拉，那時她就會突然發作，像什麼似的尖叫大罵。很多時候她會失蹤——然後我們就得全部出動去找尋，因爲父親會擔憂，非把她找回來不可。我們在各種地方都找到過她。有一次是在拉坎巴丟荒的院落裡；有些時候只是在矮樹叢裡遊蕩。她有一個心愛的地點，我們通常最先去那兒找，十居其九會找得到——在一條小溪畔的青草地。她爲什麼偏愛那地方，我可猜不到！而且要把她從那地方弄走可真不容易，必須用力硬把她拖走。然後，日子過去了，她就變得更加沉靜，安定下來了。可是我所有的手下仍然非常怕她。是我的妮娜把她馴服的。你知道這孩子生來就天不怕地不怕的，而且向來有她自己的一套，所以她就會走去她那裡拉拉她的紗龍，命令她做這做那，就像她命令別人一樣。最後，我真心相信，她開始愛上這孩子。沒什麼可以抗拒那小東西的——你知道。她是個第一流的保母。有一次那小鬼頭從我身旁跑開，在碼頭邊上跌到河裡去了，她立刻跳進河裡去把她拖上來。我幾乎給嚇死了。現在她當然是跟其他的女傭人住在一起，可是她喜歡做什麼就做什麼。只要我有一把米一塊布在倉裡，她就不會有什麼短缺。你見過她了，她跟阿里一起送晚餐進來的。」

「什麼！那個彎腰駝背的乾癟老太婆？」

「啊！」奧邁耶說，「他們在這裡老得很快。而且，在矮樹林裡消磨長長的霧夜，再強健的背脊也會很快就經受不起的——你自己不久就會知道了。」

「叫……叫人作嘔！」那旅客咆哮道。

他打起盹來了。奧邁耶憑欄眺望著月夜帶藍的天幕。森林沉鬱依舊，好像懸在水上，正在傾聽大河不斷的喁喁細語；黑色的森林牆上，那座林格在峰頂埋葬囚犯的山，黑黝黝的聳起，圓圓的一堆，映著天空那淡淡的銀色。奧邁耶注視著山巔明顯的輪廓，過了好一會兒，似乎要在暗裡隔遠看出那昂貴墓碑的形狀來。他回過頭來，看到客人已經睡著了，手臂擱在桌上，頭枕在手臂上。

「喂！看哪！」他大叫道，用手掌拍桌子。

那博物學家醒過來，縮成一團，像貓頭鷹似的瞪著眼。

「看哪！」奧邁耶繼續說道，聲音很響，還用拳打桌子。「我想知道，你，你說自己遍覽群書，你就告訴我……為什麼世上竟有這種該死的事。我這個人！也不去害誰，日子過得規規矩矩的……一個這樣的混蛋在鹿特丹，還是在地球那一頭什麼地方出了世，跑到這地方來，偷了他老闆的錢，丟下了他老婆，接著就毀了我跟我的妮娜——他毀了我，我跟你說——最後自己又給一個可憐、可悲的女蠻子殺了，那蠻女其實對他一無所知。這些事情到底有什麼意思？天理在那裡？這些事對任何人有什麼好處？這世界是個大騙局！大騙局！我為什麼要受苦受罪？我作了什麼孽要得到這個下場？」

他把一連串的問題叫出來之後，突然靜下來了。那原本應該當上教授的人使盡力氣想說得清清楚楚——

「老朋友，你不——不明白，事——事實，你的生活是叫……叫人作嘔的……我——我喜歡你——喜歡……」他向前倒在桌上，突然鼾聲大叫，結束了這番話。

奧邁耶聳了聳肩膊，走回欄杆處。他很少喝他自己經營的杜松子酒，可是只要喝一點點，就能使他對整個宇宙的大計興起反叛的態度。現在他探身在欄杆上，魯莽厚顏的向著黑夜大叫，別過臉朝著遠方那塊看不見的進口花崗石，在那石上林格認為該錄下上帝如何慈悲以及威廉斯如何逃脫的事。

「父親錯了——錯了！」他嚷道。「威廉斯，我要你為這件事受苦，你一定要受苦！你在那裡？嗨？……嗨？……最好是在一個不能寬恕你的地方——我希望！」

「希望，」受驚的森林、河流、山崗，輕輕回應著複述這兩個字。奧邁耶唇上帶著含醉專注的笑容，站著等待，可是再也聽不到其他的回音了。

康拉德作品集2

海隅逐客

2006年9月二版　　定價：新臺幣480元

著　者　康拉德
主　編　孫述宇
譯　者　金聖華
發行人　林載爵

出版者　聯經出版事業股份有限公司
台北市忠孝東路四段555號
編輯部地址：台北市忠孝東路四段561號4樓
叢書主編電話：(02)27634300轉5226
台北發行所地址：台北縣汐止市大同路一段367號
電話：(02)26418661
台北忠孝門市地址：台北市忠孝東路四段561號1-2樓
電話：(02)27683708
台北新生門市地址：台北市新生南路三段94號
電話：(02)23620308
台中門市地址：台中市健行路321號
台中分公司電話：(04)22312023
高雄門市地址：高雄市成功一路363號
電話：(07)2412802
郵政劃撥帳戶第0100559-3號
郵撥電話：26418662
印刷者　雷射彩色印刷公司

叢書主編　張素華
校　對　呂佳真
　　　　吳淑芳
封面設計　李東記

行政院新聞局出版事業登記證局版臺業字第0130號

本書如有缺頁，破損，倒裝請寄回發行所更換。
聯經網址：www.linkingbooks.com.tw
電子信箱：linking@udngroup.com

ISBN 13：978-957-08-3058-3（平裝）
ISBN 10：957-08-3058-1（平裝）

國家圖書館出版品預行編目資料

海隅逐客 / 康拉德著．孫述宇主編．
金聖華譯．二版．臺北市：聯經
2006年（民95），（康拉德作品集：2）
376面；14.8×21公分．

ISBN 978-957-08-3058-3（平裝）

873.57　　95016617